思想觀念的帶動者

文化現象的觀察者

本土經驗的整理者

生命故事的關懷者

{ PsychoAlchemy }

啟程，踏上屬於自己的英雄之旅
外在風景的迷離，內在視野的印記
回眸之間，哲學與心理學迎面碰撞
一次自我與心靈的深層交鋒

EGO AND ARCHETYPE

自我與原型

愛德華·艾丁傑 著

EDWARD F. EDINGER

深度剖析個體化與心靈的宗教功能

Individuation and the Religious Function of the Psyche

王浩威——審閱　王浩威、劉娜——譯

| 推薦序 |

從自我－自性軸談永恆心靈的永恆創造

蔡怡佳／輔仁大學宗教學系教授

自性（Self）是榮格心理學的核心概念，來自榮格始於 1913 年的幻象體驗，以及之後繪製曼陀羅（mandala）的經驗。榮格認為自性是精神發展的終極目標，朝向目標的道路不是直線，而是蜿蜒曲折、朝向中心點的過程。榮格曾經以複製在《紅書》與《黃金之花的秘密》中，命名為〈望向永恆的窗戶〉這幅曼陀羅作為自性與中心的本質表現。這兩本著作是榮格開展對自性之理解的里程碑，其後在 1951 年出版的《伊雍》（*Aion*）中，榮格更以「自性現象學」為副標題，從宗教象徵（基督象徵）來闡釋這個以自我作為入口，無法直接認識，只能透過象徵來理解的整體人格。榮格曾經引述《浮士德》中的「成形、變形、永恆心靈的永恆創造」來勾勒這個仍在不斷生成中的完整性。從這個脈絡來看，《自我與原型：深度剖析個體化與心靈的宗教功能》可以視為對「永恆心靈之永恆創造」的持續書寫。延續榮格圖文並行的書寫風格，艾丁傑在書中以神話、聖經、宗教文獻、煉金術文獻、文學、藝術與夢境等豐富的資料，為自我朝向自性開展的歷程提出了精彩的闡釋。

「永恆心靈之永恆創造」如果以特定的意象來表述，會是怎樣的過程呢？艾丁傑在書中以自我－自性軸這個意象來勾勒自我與自性從分離到重新連結的發展歷程。自我與自性可以想像為兩個圓的中心，當自我完全潛伏於自性時，自我－自性軸尚未出現。當自我萌芽湧現，逐漸與自性分離，才出現了兩個圓，以及圓心之間的直線，也就是「自我－自性軸」。隨著自我完全獨立於自性，自我－自性軸也從無意識進入意識的層次。換言之，個體發展包含兩個歷程的進展：自我與自性漸進的分離，以及自我－自性軸逐漸進入意識層次。自我從自性分化而獨立，是生命前半生的發展方向，艾丁傑以自我的膨脹與疏離／異化兩種狀態來說明這個歷程。當生命進入後半段，自我對一己之相對性有越來越多的覺察，也越來越意識到對自性的依賴，這是自我－自性軸開始進入意識的過程。這個階段的主要特徵是自我與自性之間有意識的辯證關係，也就是個體化（individuation）的歷程。

艾丁傑認為個體從出生到死亡的基本心理發展過程就是自我與自性從融和、分離到重新連結的歷程，呈現為螺旋式的循環。從這個意象來看，自我－自性軸的意識化歷程可以理解為螺旋式開展的運動。「軸」在漢語中的兩個意義也呼應了這個運動的意象。「軸」是紡織時承受經線的器具，透過梳理雜亂交纏的紡線，讓經、緯交織為工整有序的織布。自我與寬廣自性的關係可以類比為紡線與織布的關係，如果以艾丁傑對「單子」的詮釋來說，每一條線既是獨一無二、不可分割的存在單元，又是織布整體連續光譜其中的一部分。「軸」的另一個意義是旋運輪轉的中樞；從這個意義來看，自我對於自性的覺察可以理解為「中心」的發現。榮格所繪的〈望向永恆的窗戶〉是對這個新發現之中心的表達，他對圖像的說明也提到了「輪軸」與「中心」的意象：「中間的玫瑰畫得像紅寶石，它的外環被看做是輪子，或是有門的牆……八條主要街道……都在一個閃亮的紅點上交會。整個就像是一個朝向永恆開啟的窗戶。」輪子的意象為這幅曼陀羅增添了運轉的動感，牆的意象則指向要被保護的神聖中心。

自性作為精神發展的終極目標，最常以宗教象徵呈現。在這個意義之下，自我與自性的相遇，以及交會軸的出現，也就可以理解為與神聖象徵的相遇，以及透過象徵而走向神聖的過程。艾丁傑在書中討論了許多的神話、文學作品以及宗教經典，從自我與自性的交會為這些文獻進行重新詮釋的工作。這些文獻蘊含的心理學洞見在艾丁傑的「重讀」中被揭示，是閱讀本書最大的樂趣。艾丁傑的「重讀」不限於文字論述，除了他在著作中一貫擅長的圖示說明，他更大量引用藝術作品，以及病人的夢境與創作，透過文字與圖像的交織、古代文獻與現代人夢境的共鳴，讓讀者深刻體會「永恆心靈的永恆創造」。艾丁傑指出自我與自性的相會對生命意義的重要性；在追尋生命意義的途中，本書對自我－自性軸既豐富又深刻詮釋將成為讀者追尋生命意義途中的佳糧、旅途的良伴。

｜審閱者序｜

一位美國分析師：關於艾丁傑這個人

王浩威／榮格分析師、精神科醫師、作家

1

愛德華．艾丁傑（Edward F. Edinger）1998 年因膀胱癌去世以後十一年，2009 年，一本向他致敬的書出版了，書名就叫做《一位美國的榮格分析師》（*An American Jungian: in honor of Edward F. Edinger*）。

「一位美國的榮格分析師」，這是一個相當有意思的稱呼。

對二次大戰後受到美國強大流行文化與經濟結構深刻影響的我們，很難想像在二十世紀初的階段，美國在歐洲各國的眼中還只是一個沒有文化的暴富土豪。然而，如果仔細注意一下，這樣的例子其實是到處可見。如果我們去看看描述那一時代的電影，譬如《鐵達尼號》裡上等艙的美國商人夫妻，他們的富有是其他歐洲貴族當面時極盡阿諛奉承的，然而一轉身卻又對他們全然不屑。這正是當時的美國：1869 年，橫跨美洲的鐵路才完成、大西部的開發如火如荼；1867 年從俄國手上買下了阿拉斯加，一塊面積等於美國原來 13 州兩倍的土地；1894 年在檀香山推翻夏威夷國王；1898 年爆發美西戰爭而併吞現在的墨西哥州以後又兼併了夏威夷群島。而佛洛伊德與榮格拜訪美國的那一年才 1909 年，我們現在所認識的美國版圖，才剛剛完成十年多而已。

當時的美國，在客觀地理上才終於整合完成，然而在心靈上才剛剛誕生沒多久。在一塊還在蹣跚學步的心靈文化上，要成熟到可以誕生出自已的分析師，還有著十分遙遠的距離。

所以艾丁傑的存在，確實是代表著美國深度心理學發展的一個里程碑。他在美國成長，在美國受教育，也在美國完成分析心理學分析師的訓練。然而，他也是一位充滿創造力，且作品受到全世界榮格分析師所肯定的作家。根據湯瑪士・克許（Thomas Kirch）的說法：「（艾丁傑）作為一個內傾思維感覺型的人，他清晰地表達了許多宗教和煉金術方面的象徵，這些工作也是榮格傾注了多年的工作，許多人比較他的作品和那些由榮格撰寫的作品，發現艾丁傑的書更容易懂。艾丁傑運用其優勢，清晰地表達了榮格複雜的思想。因為他有較強的感覺功能，因而能持續關注特定的想法。艾丁傑畢生的工作就是在深度和強度上持續探索榮格的思想，並且把這些表達出來，分享給那些有相同熱情的人。」

2

榮格和美國的關係是相當淵遠流長的。在 1913 年和佛洛伊德決裂以前，榮格其實到過美國三次。一般人知道的是 1909 年，當時才三十四歲的他和佛洛伊德一起被邀請到克拉克大學慶祝心理學二十五週年的會議。佛洛伊德對於自己受到歡迎的程度是相當滿意的，他甚至說：「他們不知道我們給他們帶來了瘟疫！」然而，在那一場美國之行，當時還是佛洛伊德信徒的榮格，所受到的歡迎其實比佛洛伊德還更強烈。

這一方面是榮格對於靈性現象還是充滿興趣的。在克拉克大學會議以前，他們先到哈佛醫學院詹姆遜．普南（James Jackson Putnam）在佛蒙特州阿迪朗達克（Adirondack）的大宅院待了五天。普南比佛洛伊德還大十歲，他在麻州綜合醫院設立了神經精神科診所，後來成為哈佛醫學院的神經內科。他是美國神經醫學學會的創始成員，並於 1888 年擔任該學會的主席。他還是 1911 年美國精神分析學會的創始成員，並擔任了第一任主席。1893 年，他被任命為哈佛大學神經系統疾病教授，直到 1912 年退休。除了這一切，他同時也是美國心理學之父威廉．詹姆斯（William James）的好友，參加詹姆斯的通靈研究學會（Society of Psychic Research）長達二十五年之久。自然而然地，他與榮格的交流比跟佛洛伊德還更深遠，不只在日後將生病的表妹送到榮格那裡做分析，甚至在 1918 年去世以前都很榮格保持密切的通訊聯絡。身為美國神經醫學暨精神醫學的權威，普南的態度在美國是有一定的影響力的。

另外一方面，比起佛洛伊德，榮格的英文顯然要傑出許多。他不止是能夠用英語來跟美國人是互動，甚至是可以用英語演講和寫作。更重要的，就是榮格在寫給妻子的信當中還說：他愛上了美國，但佛洛伊德卻沒有。

第二年，榮格又到美國，是因為一位病人的邀約成行，這個病人是芝加哥的富二代，喬瑟夫．梅迪爾．麥考米特（Joseph Medill McCormick），繼承了外公約瑟夫．梅迪爾（Joseph Medill）創辦的《芝加哥論壇報》，卻開始陷入嚴重的酗酒。在接受榮格的分析以後，他脫離了家族的報業，開始從政，成為美國國會眾議員。

再兩年後，1912 年，榮格又到了美國，這次是受紐約佛登（Fordham）大學的醫學院邀請來做精神分析的系列講座。這次的演講，後來編輯成為《力比多的轉化和象徵》這本書，也是他第一次對於佛洛伊德的理論用文字提出挑戰的出版品。同時，他也在這一次行程去參觀黑人專屬的精神病院，去研究黑人精神症狀表現是否跟白人有著相同的原型，來證明自己所創見的原型觀念是否果真如他的理論所說的，所謂的原型是放諸四海皆準的。

3

美國第一個榮格學者是一位叫做碧翠絲・辛克爾（Beatrice Hinkle）的醫師。1909 年她到維也納追隨佛洛伊德，然而身為美國女權運動先驅之一，她很快就對於佛洛伊德理論中貶抑女性的傾向反感。1911 年，她開始尋求榮格的分析，也積極加入精神分析學會中比較支持榮格理論的團體。1915 年回到美國後，就將剛剛出版的《力比多的轉化和象徵》翻譯成英文版，即《無意識心理學》，於第二年出版。回到紐約以後，他加入另外三個人的團體：康斯坦絲・朗（Constance Long）、埃莉諾・伯廷（Eleanor Bertine）和克麗斯汀・曼（Kristine Mann）。1919 年他們在蘇黎世榮格那裡遇到了英國來的埃斯特・哈汀（Esther Harding, 1888-1971），邀請她移居紐約。埃斯特・哈汀和埃莉諾・伯廷兩人發展出密切的關係並且維持了四十年之久。而埃斯特・哈汀可以說是美國第一位真正重要的榮格分析師。

榮格的理論對於這四個支持女權的女性提供了分析心理學的基礎，而哈汀在 1933 年更寫出了暢銷一時的《所有女性的道路》（*The Way of All Women*），還有後來的《心靈能量》（*Psychic Energy*）、《女性之謎》（*Women's Mysteries*）、《父母意象》（*Parental Image*）、《我和非我》（*The I and the not-I*）等被視為第一代榮格弟子重要著作的書籍。

1936 年，以哈汀為核心的這一群人，成立的紐約分析心理學俱樂部；1946 年成為開始培訓榮格分析師的分析心理學會美東分會。

1937 年榮格又到了的美國，這一次是應泰瑞講座（Terry Lecture）的邀請。他在這裡的一系列演講，後來結集成為《心理學與宗教》一書。同時也在紐約分析心理學俱樂部的邀請下，進行了五次名為夢的象徵性和個體化歷程的系列演講，也就是集結為《心理學與煉金術》這一本書。這是榮格最後一次訪問美國。

紐約的榮格社群變得開始熱鬧了。許多榮格分析師，也許是從美國去蘇黎世再回來的，也許是歐洲其他國家過來的，例如後來為瑪莉和保羅・梅隆（Melon）夫妻分析的范・韋弗仁夫婦（Ann and Erlo van Waveren）等。因為他們的影響，梅隆夫妻參加的榮格在紐約的演講，因此而追隨榮格到蘇黎世繼續接受分析，後來也因此成立了波林根基金會（Bolligen Foundation），來支持《榮格全集》（*Collective Works*）的編輯、翻譯和出版。

榮格的著作和理論，從一次大戰後一直到二次大戰後，在美國，在一般閱讀人口裡，就流行的程度而言，是遠遠超過佛洛伊德的。

4

艾丁傑於 1922 年 12 月 13 日出生於愛荷華州錫達拉皮茲（Cedar Rapids），於 1946 年在印第安納大學獲得化學學士學位，並於 1946 年在耶魯大學醫學院獲得醫學博士學位。1947 年 11 月，作為剛上任的中尉，他在德州薩姆休斯頓堡（Fort Sam Houston）的布魯克陸軍醫療中心訓練四週，第二年成為在巴拿馬的美國陸軍醫療隊軍醫。

在接受榮格分析師勞倫斯・亞菲（Lawrence Jaffe）的一次長時間的訪談裡，艾丁傑提到的他為什麼走向榮格分析師的這一條路。他是這麼說的：

> 當我在醫學院修精神醫學時，我對它沒有絲毫興趣，甚至這課也沒有提到榮格。我從來沒有想過我會對精神醫學感興趣。我本來打算進入內科。但當我完成實習並且不得不在軍隊度過幾年的義務役時——主要是在巴拿馬運河區——它對我產生了相當大的影響。當時我迷失了方向，我不知道自己要去哪裡。我曾經夢見自己開車時，擋風玻璃上起了霧；我看不到自己要去哪裡，我拼命地想把頭伸出窗外，看看自己要去哪裡。我非常清楚那些夢意味著什麼，它們告訴我，我不知道我要去哪裡……因為我知道我不能像一名治療身體疾病的醫生那樣過日子；意義不存在了，所以我在任何地方都感覺到意義的匱乏，一切似乎都毫無意義。當然，那是因為我失去了自己內心的意義感。

我與任何令人著迷的對象都沒有了聯繫。這種情況持續了一段時間，直到我發現了榮格。

我透過閱讀菲利普·威利（Philip Wiley）所著的《毒蛇群出的世代》（*Generation of Vipers*）一書，以一種有趣的方式發現了他，菲利普·威利是一位二十世紀四〇年代的諷刺作家。記得他的人可能不多，但他的議題之一是「媽媽主義」（Momism）。無論如何，他已經認識了榮格，並且正在讚揚他的美德。我想：「我最好對這個人進行了解，」然後開始這樣做，當最終站穩腳跟，當最終開始記錄下他所說的話時，我知道就是這樣了。這花了一段時間，但有一天的早上，那是在 1950 年 10 月；我不能告訴你確切的日期，我想是在 10 月 12 日和 10 月 19 日之間的某個時間，醒來的剎那我意識到我必須成為一名榮格分析師。突然間，一切都水到渠成了。然後我所要做的就是去做！這是最簡單的部分。一旦一個人找到了方向並知道他在生活中應該做什麼，那麼最容易的部分就是去做。困難的部分是找到自己的任務。

甚至精神醫學的訓練，也都是人生突然之間的共時性作用：

不，不，我甚至沒有接受過精神醫學，當時我正在康乃狄克州進行內科住院醫師實習。但我讀到了埃斯特·哈汀的《心靈能量》，並付費拜訪了她。她說：「好吧，如果你有這個想法，那麼第一步就是進行分析，並且進行精神醫學住院醫師訓練。」所以，我在紐約市郊奧蘭治堡（Orangeburg）羅克蘭州立醫院（Rockland State Hospital）獲得了住院醫師資格，並於次年開始進行分析。

他提到的作家菲利普·威利（1902-1971），雖然現在知道的人很少了，但在四〇年代他確實是美國相當重要的作家。他的作品深深受到榮格思想的影響，幾乎可以在他每一本的創作中都很明顯的看出來（這一點也可以看出榮格思想對大眾文化的影響程度）。作品範圍包括通俗科幻小說、懸疑小說、社會諷刺和批判，以及生態學和核浩劫的威脅。他 1942 年（二次大戰期間）所著作的《毒蛇群出的世代》是二十世紀四〇年代的暢銷書，也許是有史以來對美國生活方式發起的最尖刻的攻擊——從政客到教授到商人到媽媽，從性道德到宗教。這本書在對美國性格的定義和指出不適方面，是與與托克維爾（Alexis de Tocqueville）和愛默生（Ralph Waldo Emerson）的作品並列的。這書所啟發了「媽媽主義」一詞，更是延續了幾十年來的討論。直到今天，這本書都還是有新的印刷版本推出。

5

然而，一位美國分析師是怎麼誕生的？

對於他從 1951 年起，開始與哈汀的分析，他是這麼形容的：

這是一流的分析。她將分析歷程中的還原（reductive）

面向，出色地與綜合（synthetic）面向結合起來。[1] 你知道，平衡並不經常保持得住；很容易就失去了平衡。她在保持這些方面做得非常出色，我和她一起工作了大約六、七年。我將向您朗讀我的第一個夢，如您所知，初始夢通常特別重要。我在《自我與原型》使用過這個夢：

「在經過一些困難的努力後，我終於抓住了一條金色的魚。它從地板上跳起來；我用一種特殊的方法成功地抓住了它。我的任務是萃取出這魚的血液，然後加熱，直到它成為永遠的液態。所以我在實驗室裡，我有一個裝有魚血的燒杯，將其加熱以使其永久呈液態。危險的是，這血可能在這過程中凝塊。我是在實驗室煮著這魚的血。一位老人——他是一位科學家，曾與我一起從事研究工作——走進了實驗室。我在書中把他描述為「科學傳統的代言人」，告訴我這根本沒有用。他說，血液注定是會凝結的。然而我不這麼認為，加熱的工作一直持續著，夢者知道這是會成功的。」[2]

現在，那是我最初的夢。它提到了一個非常痛苦的個人問題，涉及情慾——這是魚的象徵意義之一。但是，正如我後來意識到的那樣，它具有榮格在《伊雍》中所討

---

1 榮格在〈綜合或建構方法〉（The Synthetic or Construcive Method）一文中提到：「我第一次徹底的了解，在分析中到目前為止除了還原就沒有別的了，這個時候必須要加上綜合，因為如果只是簡單地分解，某些心靈材料幾乎是沒有任何意義的……因此綜合程序將其整合成為普遍且易懂的陳述。」（C.W. Vol. 7, § 122）

2 在書中，作者並沒有提到這是他自己的夢。加底線的部分，是將他書中的他改成我，還有省略掉的部分。

論的是有更大的參考意義——整個基督教時代的轉化以及「血液」（生命本質）從一種形式到另一種形式的提取。當然，這是很久以後才意識到的。

在我的分析過程中發生的另一件重大事件是，我發現了化學對我小時候的意義。那時我已經忘記了這一切。你知道，年輕時，我當時二十多歲，不會考慮童年時期什麼是重要的；我的想法正在考慮未來。但我做了一個夢，夢見自己在兒時的家裡，沿著路走，我看到一朵美麗的藍色鳶尾花，晚開的品種。我摘了那朵花。然後，我走著的時候，對著它吹了一口氣。當我向它吹氣時，它完全打開了。然後，它就像有了自己的生命一樣，脫離了我的手，開始漂浮在空中。它穿過一些樹的樹枝。我一度擔心它會被困在樹上，但它沒有。它一直漂浮著，我也跟著它。它帶我回到了我的家，回到了我家的後院，回到了一座小小的附屬建築，它曾經是一個雞舍和一個木棚，現在我把它變成了化學實驗室。那朵花直接飄到了那個小小的實驗樓上；當它接觸到屋頂時，突然燃燒起來，變成一朵朵火焰。

你看，那個夢教會了我對化學的熱愛所帶來的神祕感。這兩者結合在一起，花和後院實驗室，這是一個結合。當它們結合在一起時，就會產生一種構想，其結果是「火焰」，同時也是「玫瑰」。這是我分析的重點之一。

我的分析中另一個特別有趣的事件，我認為對一般人有啟發性，是我在分析結束時所做的夢。發生的一件事讓

> 我認識到哈汀的心理局限性，並起到了打破移情的作用。當這種情況發生時，我夢見我兒時家的後院裡有一棵大樹倒了，現在必須被砍成柴火。當病人做類似的夢時，我有機會時不時地向他們提及這個夢。因為這個意象表明，相當大的一部分被限制在植物性人生的存在模式中的力比多，已經下降了，並且正在經歷從一種表現形式到另一種表現形式的轉化。但我很幸運有哈汀作為我的分析師。我非常感謝她。

他們的分析持續了六、七年。

艾丁傑先是在紐約州羅克蘭州立醫院的精神科擔任醫生，後來成為曼哈頓榮格基金會（C.G. Jung Foundation in Manhattan）和紐約榮格研究所 C. G. Jung Institute in New York）的創始人成員。1968 年至 1979 年，擔任該研究所所長，然後搬到了洛杉磯。在那裡，他繼續執業十九年，成為洛杉磯榮格研究所的高級分析師。據其家人稱，他於 1998 年 7 月 17 日在洛杉磯的家中因膀胱癌去世，享年七十五歲。

他著作了四十多本書，一直到現在還受到年輕的榮格心理學者熱衷的閱讀。

/第二部/ 個體化：一種生活方式

/第三部/ 目標的象徵

圖片列表

圖板列表

世界靈魂，羅伯特．弗拉德*繪作。自我－自性軸在這裡化身為阿尼瑪，將引導和支持從原型心靈傳送到自我。

---

* 譯註：羅伯特．弗拉德（Robert Fludd, 1574-1637）是英國一位著名的醫師，是帕拉塞爾蘇斯（Paracelsus）醫學學說的提倡者，也是占星家、數學家、宇宙學家、辯護律師和畫家。

前言

直到最近，高教育程度的世界才終於開始認識到，榮格早已實現了對人類知識加以整合的宏偉計劃。榮格本身是精神科醫師和心理治療師，他在患者和自己身上所發現的心靈現實和心靈深處所表現的現象，是人類從未有系統地觀察過的。因為這樣的體驗，他認識到人類文化的產物，包括神話、宗教、哲學、藝術和文學等，都展現了同樣的現象。他因此深入地透徹了所有宗教和文化的根源，從而發現了人類的知識和體驗是如何找到進行新的有機融合的基礎。透過這一切，我們可以找到了新的觀點，而且這將是如此全面性而無所不在的；一旦掌握了這一點，人類對自身和世界的看法也必然會產生革命性的後果。

然而，如果只是加以清楚地說明，還是不足以傳遞意識所可達到的新水準。這樣的新的世界觀可以讓「心靈現實」到處都清楚可見；如果要加以實現，只能每個個體願意投入時間，努力實現自己個體的發展。這樣的個人功業，就是榮格所謂的個體化——在這個過程中，自我越來越意識到自我本身是起源於原型心靈，並且是依賴於原型心靈的。而這本書就是關於個體化的過程——它的階段、它的起伏變遷，以及它最終的目標。我希望這對榮格的工作最終確定的目標，也就是科學與宗教之間的和解，會是一個小小的貢獻。

人類的意識創造出來以後，將會一直成長，最後開始可以（1）認識到自己是更高統一體的後代；（2）對這個源頭給予應有和用心的關注；（3）有智慧且負責地執行它的指令；（4）從而為整個完整的心靈提供最佳的生活和發展境界。*

——榮格

* 原註：榮格對依納爵．羅耀拉（Ignatius Loyola）一段聲明的心理釋義。出自榮格《伊雍》，《榮格全集》（以下簡稱 *C.W.*），*Vol. 9i*，§253，紐澤西，普林斯頓大學出版社。

譯注：聖依納爵．羅耀拉（San Ignacio de Loyola，1491-1556），西班牙人，耶穌會創始人，羅馬公教聖人之一。他在羅馬公教會內進行改革，以對抗由馬丁．路德等人所領導的宗教改革。羅耀拉當過職業軍人，組織力強，領導力強，將軍隊的組織運用到建造主基督的精兵，並且宣誓絕對服從教宗。羅耀拉及同伴們立志過著像使徒般清苦的生活，耶穌會就這樣慢慢形成了。他們的成員自稱為耶穌會會士，宣誓絕對服從教宗，將教宗奉為「最高統帥」，將軍事管理、神祕主義及修道主義融於一體。耶穌會在世界各地的宣教活動相當活躍，羅耀拉的好友，耶穌會共同創始人之一的聖方濟．沙勿略，到過印度、日本、印尼，為第一個也是最偉大的宣教士。當時耶穌會並不是以抗衡基督新教的改革為唯一目的，但慢慢也演變成為他們的主要任務之一了。另一個值得一提的是，耶穌會相當注重兒童的工作及教育。

第一部

個體化及其發展階段

如果說，我們在誕生之前其實就已經學得所有的知識，只不過在出生的那一刻遺失了它們；而誕生之後，我們透過對世間萬物的感知，重新獲得這些曾經擁有過的知識。那麼，我想，我們所稱之的學習，不過只是曾經擁有的知識的重現……

——柏拉圖*

* 原註：《斐多篇》（*Phaedo*），收於休．特雷登尼克（Hugh Tredennick）譯，《柏拉圖對話集》（*Collected Dialogues*），Princeton, New Jersey, Princeton Press, Bollingen Series LXII, 1961。

膨脹的自我

太陽不會僭越自己的權限，否則，正義（Justice）的女使，也就是復仇女神（Erinyes）[1]，也會發現。

——赫克力士[2]

1 譯註：復仇三女神（Erinyes）是——不安女神（Alecto）、妒嫉女神（Megaera）和報仇女神（Tisiphone）的總稱，責任是追捕並懲罰那些犯下嚴重罪行的人，只要世上有罪惡，她們就必然會存在。在《正義之鏡：法律危機的文學省思》（〔美〕西奧多．齊奧科斯基著，李晟譯，北京大學出版社，2011）中，談到正義女神分為三代，第一代以正義女神以忒彌斯（Themis）為代表；後來人背棄了神，使得神法秩序出現危機，報復正義開始大行其道，復仇三女神成為正義的第二代象徵；再之後，復仇女神代表的報復正義，最終讓位於雅典娜主導的司法正義。

2 原註：巴內特（Buenet, John），《早期希臘哲學》（*Early Greek Philosophy*），New York, Meriduan Books, p. 135。

1. 自我與自性

榮格最主要的，也是影響最深遠的發現，是集體無意識和原型心靈（archetypal psyche）。透過他的研究，我們現在知道個體心靈並不只是個人體驗的產物，它還存在著人類以前（pre-personal）和超個人（transpersonal）的維度。在全世界的宗教與神話中，普遍存在著一些共有的模式（patters）與意象（images），我們可以在其中看到這些維度的呈現。[3] 榮格還進一步發現，這些心理原型有結構，或者說秩序法則，將不同的原型內容整合在一起。榮格把其中核心性的原型，或者說是整體性的原型稱之為自性（Self）。

如果說自我（ego）是意識層面之人格的中心，那麼自性則是全部心靈（意識和無意識）秩序的整合中心。或者，換句話說，自我是主觀同一性（subjective identity）[4] 的中心，而自性則是客觀同一性（objective identity）的中心。所以，自性才是至高的心靈權威，而自我是從屬於它的。自性，最簡單來說，是指內在體驗的神
4 性，等同於上帝意象（imago Dei）。榮格指出，自性有其獨特的現象學。它是由某些典型的的象徵意象（image）來表現，也就是曼陀羅（mandalas）。所有這些意象以圓形為主，有中心點，同時輔以四邊形，交叉十字，或是一些其他的四位體來共同構成。

也有許多其他和自性相關的主題和意象。這些主題包括：圓滿（wholeness）、總體性（totality）、對立的融合（union of

---

3 原註：引自榮格，《原型和集體無意識》（*The Archetypes and the Collective Unconscious*），*C.W., Vol. 9i.*, §1-147。

4 譯註：Identity 有認同的意思，也有同一性的意思；identify 或 identification 也是依此類推。本書根據前後文，來決定如何翻譯。

opposites）、萬物起源的核心（the central generative point）、世界之臍（the world navel）、宇宙的軸心（the axis of the universe）；神與人初遇的創世紀之點；超個人能量灌入個體生命之點；與時間流動對抗的永恆、永不朽腐、有機和無機的矛盾統一；為混沌帶來秩序的保護結構；能量的轉化、生命的萬靈丹（elixir）——所有這一切所談的就是自性，這個生命能量的核心，我們存在的泉源，最簡單的說法就是上帝。事實上，研究自性的現象學，最豐富的資源是在於人們對神的無數解釋與理解之中。[5]

心靈存有著兩個獨立自主中心，兩者的關係至關重要。這兩者就是自我和自性，它們的關係極容易出問題，就像是宗教神話裡所描述的人與其造物主之間的關係。的確，神話可說就是自我與自性兩者之間的關係象徵性的呈現。許多心理發展的起伏變化，都可以理解為不同階段的心靈成長當中，自我與自性兩者關係出現的變化。而自我與自性關係這種逐步發展的演化，正是我主張大家應該切入的方向。

榮格對自性的現象學最初的描述，是出現在生命後半段個體化（individuation）的進程。最近這些年，我們已經開始探討生命早期自性的角色。諾伊曼（Neumann）[6]從神話學和民族誌材料的基

5　原註：曼陀羅象徵所出現的自性，更多的討論可以參考榮格收錄在《原型與集體無意識》一書中〈關於曼陀羅象徵〉（Concerning Mandala Symbolism）一文，*C.W., Vol. 9i*, §627f。

6　譯註：艾瑞旭．諾伊曼（Erich Neumann, 1905-1960）是心理學家、哲學家、作家和榮格的學生。1934 年諾伊曼和他同為猶太錫安主義的妻子朱莉，因為恐懼納粹政府對猶太人開始出現的迫害，搬到特拉維夫。二次大戰後他定期回到瑞士蘇黎世，參加艾瑞諾斯（Eranos）論壇，是國際分析心理學學會的成員和以色列分析心理學家學會的主席。他在特拉維夫從事分析工作，直到 1960 年因腎癌去世。他一生有其理論和哲學的分析方法，對發展心理學、意識和創造力心理學做出了貢獻，不同於英美的臨床取向。

礎上，以吞食尾巴的環形意象，也就是烏洛波洛斯（uroborus），來描繪自我意識還沒誕生以前的心靈狀態。這個意象代表著太古之初的自性，是原初所有一切的曼陀羅狀態，而個體的自我就是從中誕生的。[7] 佛登（Fordham）[8] 通過對嬰兒和小孩的臨床觀察，也主張自性是在自我出現之前就有著原初的完整性。[9]

在分析心理學中，一般都接受這說法：生命前半段的任務是關於自我的發展，以及自我與自性之間的漸進分離；而生命的後半段，是當自我體驗到自性並和自性有所連結時，自我要臣服於自性，至少是自性的相對存在。所以，當下進行的公式是：生命的第一階段，自我－自性分離；第二階段，自我－自性再次聯接。這個公式，雖然適用於一般大範圍的情況，卻忽略了在兒童心理和成人心理治療中許多經驗上的觀察。根據這些觀察，下圖所示的這種循環公式更為準確：

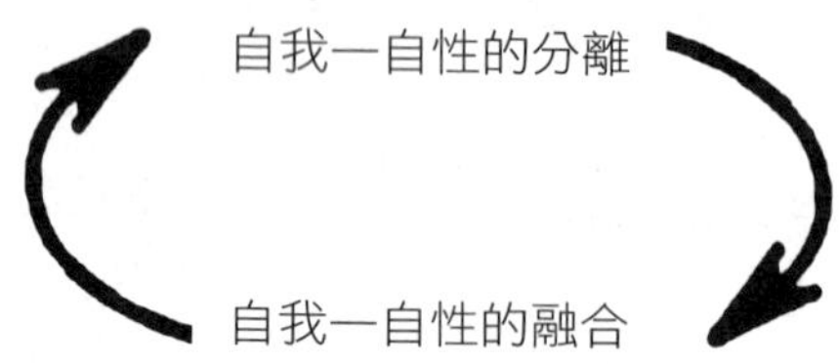

---

7 原註：艾瑞旭·諾伊曼，《意識的歷史與起源》（*The Origins and History of Consciousness*），Bollingen Series 系列 XLII，普林斯頓大學出版社，1954 年。

8 譯註：麥可·佛登（Michael Scott Montague Fordham, 1905-1995）是英國兒童精神科醫師和榮格分析師。他是《榮格全集》英譯本的共同主編輯。他與當時佛洛伊德精神分析中開始發展的英國克萊因學派和中間學派關係深厚，彼此影響而各自開啟了很多思考。這樣的臨床和理論合作使得他對榮格精神分析做出了重要的理論貢獻，形成了著名的分析心理學「倫敦學派」（或稱發展學派），這與蘇黎世榮格研究中心形成了鮮明對比。他對嬰兒和童年的開創性研究導致了對自我及其與自性關係的新理解。

9 原註：麥可·佛登，《分析心理學的新進展》（*New Developments in Analytical Psychology*），London, ROUTLEDGE KEGAN PAUL, p. 1957。

自我－自性融合與分離的轉變過程，在童年期與成熟期看來是不斷重覆出現的，並且貫穿了個人整個生命過程。事實上，這個循環的（或者更好的說法是，這個螺旋形的）公式，可以說呈現了從出生到死亡的心理發展基本過程。

從這觀點來看，自我與自性在不同發展階段的關係，正如下圖形所示：

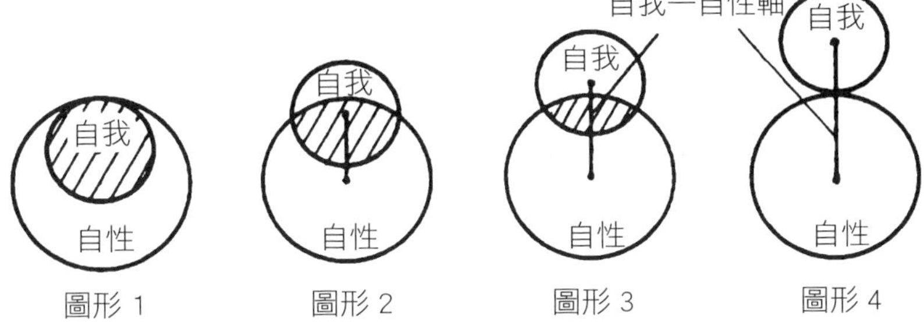

圖形 1　圖形 2　圖形 3　圖形 4

這些圖形呈現出在心理發展的過程中，自我－自性分離各種漸 6
進的階段。有斜線的自我區域，指的是自我－自性中依然殘留同一性的部分。自我中央與自性中央之間的連線，代表的是自我－自性軸（ego-self axis）：自我和自性之間生命力產生接合的連結，可以確保自我的整合性。而必需明白的是，這些圖形是用來顯現出某個特定的點，所以從其他面向來看可能不會那麼準確。舉例來說，我們平常將自性定義為心靈的整體，也就必然會包含自我。然而按照這些圖形，按照這樣的展示，自我與自性卻似乎是兩個分開的獨立存在；而且從整體來說，自我好像較小，自性則較大。這個難題原本就是相關議題的主題中必然會有的。如果要很理性地描述，不可避免地就要將自我和自性加以區分，而這點和自性本身的定義就是衝突的。事實是，自性這觀念的建構本身就是悖論。它既是整體性的核心，也是整體性的周界。我們將自我與自性當成兩個分開的實體，只是討論這一切時必要的理性做法。

圖形 1 是諾伊曼所講的原初的銜尾狀態（urobouic state）。一切只有自性曼陀羅的存在。自我的芽種還只是潛在可能的狀態。自我與自性還是一體的，這意味著還沒有自我。這是自我－自性完全同一的原初狀態。

圖形 2 裡，自我漸漸萌芽湧現，開始從自性中一點一點分離出來，但它的中心與大部分領域都還是在與自性原初的同一裡。

圖形 3 所呈現的則是更進一步的發展階段；然而自我－自性的同一仍有部分殘留。在前面的兩幅圖形上，自我－自性軸原先是完全處於無意識層次，所以與自我－自性同一性是無法區別的；如今，自我－自性軸開始有一部分進入了意識。

圖形 4 在理論上是理想的界線，但在現實中並不存在的。這圖形呈現出自我與自性的完全分離，以及自我－自性軸完全進入了意識層次。

這些圖形用來展現的論題是，心理發展的特點是，兩個過程其實是同時在發生，也就是自我－自性漸進地分離，以及自我－自性軸逐漸湧入了意識層次。如果這點正確地呈現了發展中的事實，也就意味著這兩點，也就是自我－自性的分離，以及自我越來越能意識到它對自性的依賴，事實上這也是從出生到死亡漸進湧現的同一
7 個歷程的兩個面向。另一方面，這些圖形也同樣適用於生命後半段中，對自我的相對性必然有越來越多的覺察。如果我們用圖形 3 來對應中年階段，就可以看到，直到這階段，自我－自性軸的上部才

開始湧進了意識。

這些發展階段逐一展現的這個歷程，是輪流交替的循環，呈現在本書稍後討論的圖形裡（圖形 5）。隨著這循環在整個心靈發展過程中一次次出現，自我和自性也就漸進地分化開來。其早期階段，所呈現的幾乎是生命的前半段，而體驗到的循環是兩種交替的存有狀態，也就是膨脹（inflation）和疏離／異化（alienation）[10]。隨後，第三種狀態出現了（圖形 3），自我－自性軸進入意識層次，主要的特徵是自我與自性之間有意識的辯證關係。這個狀態就是個體化。在這一章裡，我們將討論第一階段：膨脹。

2. 膨脹與原初圓滿

膨脹這個字在字典上的定義是：「吹氣變大，經由空氣的擴大，不切實際的誇大和自以為重要，超出了應有的程度；以及由此擴展出的含義，包含虛榮、浮誇、驕傲、放肆。」[11] 我用「膨脹」這名詞，來描述自我認定自己與自性同一時所呈現的態度與狀態。在這個狀態下，小的我（自我）篡奪了大的我（自性）之品質，並由此誇大而超越了原本應有的大小。

我們誕生時，是處於膨脹的狀態。嬰兒最初的時期，自我或意識都是不存在的。一切都是在無意識之中。潛在的自我是與自性完全認同而同一的。自性是與生俱來的，而自我則是後天形成的；在一開始時，一切都是自性。這樣的狀態，諾伊曼稱之為烏洛波洛

10 譯註：Alienation 這個字在中文中同時有異化和疏離之意，翻譯會根據前後文作調整。

11 原註：《新韋伯國際字典》，第二版。

斯（銜尾蛇）。自性既然同時是存有的中心和整體，那麼和自性完全同一的自我，它所體驗到的自己就像神一樣。我們在回顧這一切時，雖然可以用這些話來描述，然而嬰兒當然不是這樣思考。嬰兒還完全不會思考，但他們全部的存有和體驗都是圍繞著對神的先驗（priori）假設而指定的。這是無意識圓滿且完美的最初狀態，也正是我們回看了自己的源頭時，不論個人的還是歷史的，所出現的鄉愁。

8 許多神話都將人類最初的狀態描繪作圓形、圓滿、完美或天堂一般的狀態。譬如赫西俄德（Hesiod）[12]所記錄的希臘神話中，人類的四個時代。第一個，也是最初的時代，是黃金時代，是天堂（paradies，或譯樂園）。第二是白銀時代，一個母系社會的階段，男人要服從於母親。第三是青銅時代，這是個戰爭四起的階段。第四是黑鐵時代，在赫西俄德筆下，一個極端墮落的階段。關於黃金的天堂時代，赫西俄德寫道：

> （黃金時代的人類族群）生活像神一樣，沒有失去真心所帶來的悲哀，也遠離了所有的辛勞和悲傷……他們擁有所有的美好；肥沃的土地自然地帶給他們豐沛瓜果，源源不斷。他們很自然就生活在閒適自在而平和安寧的狀態，物產優渥，牛羊成群，而眾神護佑。[13]

---

12 譯註：赫西俄德（Hesiod）或譯或海希奧德，據考證是前八世紀的古希臘詩人，以長詩《工作與時日》（*Works and Days*）聞名於後世，世人稱為「希臘訓諭詩之父」，其作品是研究希臘神話、古希臘農業技術、天文學和記時的重要文獻。

13 原註：赫西俄德，《工作與時日》長詩，收於《荷馬式讚美詩和荷馬式史詩》（*The Homeric Hymns and Homerica*），由伊弗林－懷特（Hugh G. Evelyn-White）譯，洛布古典叢書之一，在天堂的時代，人們和眾神融合為一。這代表了自我的狀態，而自我這時尚未誕生，還沒有從無意識的子宮中分離出來，因此還參與著神聖的豐盛與完整。

另一個例子則是柏拉圖有關最早人類的神話。根據這則神話，最初人類是圓形的，是曼陀羅的形狀。柏拉圖在《會飲篇》（*Symposium*）寫道：[14]

> 最早的人類是圓形的，他的背和身體兩側形成圓形……他們的強權和力量是可怕的，內心的想法是偉大的，而且他們還攻擊神……還想要挑戰諸神……而諸神無法忍受他們不受約束的傲慢無禮。[15]

在這裡，膨脹而傲慢的態度尤其明顯。人類在最初存在的階段呈圓形，就等於認為自己是完整與完成的，所以是無所不能的神。神話中裡最初的圓形人類，與羅達・凱羅格（Rhoda Kellog）[16]

Cambridge, Harvard University Press, p. 11, 1959。

14 譯註：《會飲篇》：柏拉圖的對話式作品，參加對話的人有修辭學家斐德羅、喜劇家阿里斯托芬、哲學家蘇格拉底等人。整篇對話主要由六篇對愛神艾洛斯的頌辭所組成的，探討了愛的本質。

15 原註：柏拉圖，《會飲篇》，收於《柏拉圖對話集》，裘韋特（Jowett, B.）譯，New York, Randon House, 1937, par. 189, p. 190。

16 譯註：羅達・凱洛格（Rhoda Kellogg）是幼兒學者和兒童藝術品收藏家，曾擔任幼兒園的主任多年。她於 1945 年加入金門幼兒園協會，此前她曾擔任加州瓦列霍十一所蘭罕（Lanham）幼兒園，及紐約布魯克林 WPA 幼兒園的負責人。她在兒童藝術方面的開創性研究贏得了國際聲譽，特別是她的著作，如《兒童塗鴉和為什麼》（1955）、《兒童藝術心理學》（1967），和《分析兒童藝術》（1969）。她認為所有文化中的兒童在他們的繪畫中都遵循相同的圖形演變，從塗鴉到某些基本形式；並且兒童藝術可以成為理解兒童的心理成長和教育需要的關鍵。

對學齡前藝術的研究[17]，有著有趣的呼應。凱羅格觀察到，年幼的孩子最初學畫畫時，曼陀羅或是圓圈似乎是他們畫作的主要圖形。兩歲的孩子拿起鉛筆或是色筆，一開始只是胡亂塗寫，但很快地似
9 乎就被線條的交叉吸引住，開始畫起了十字。然後，他們用圓圈圈住十字，於是，有了一個最基礎的曼陀羅圖形。當孩子嘗試畫人的時候，他們和所有的視覺經驗相反，一開始反而先出現的是一個個圓圈，胳膊和腿都只是從圓圈引出的線條（如圖 1）。這些研究提供了清晰的實證資料，說明了人在幼童的體驗裡是圓形的，有著曼陀羅一般的結構，同時以讓人印象深刻的方式，確認了柏拉圖神話中最早的人是圓形人的心理事實。兒童治療師們也發現，曼陀羅在幼童的世界是一個操作且具有療癒作用的意象（如圖 2）。從象徵意義上來說，所有這些都表明了，人類的心靈最初是圓形的、圓滿的、完整的；處在一種合一（oneness）和自給自足的狀態，就等同於神自身。

將童年和近乎於神性般聯繫在一起的這種同樣的原型概念，在華茲華斯的詩作〈不朽頌〉（Ode on Intimations of Immortality）也可以看到：

> 我們的出生只是一場沉睡和一次遺忘：
> 這與我們一起升起的靈魂，我們生命的大星，
> 原本已經墜往它另外的處所，
> 如今又從遠處駕臨：

---

17 原註：羅達·凱羅格，《分析兒童的繪畫》（*Analyzing Children's Art*），Palo Alto, National Publisher, 1969, 1970。

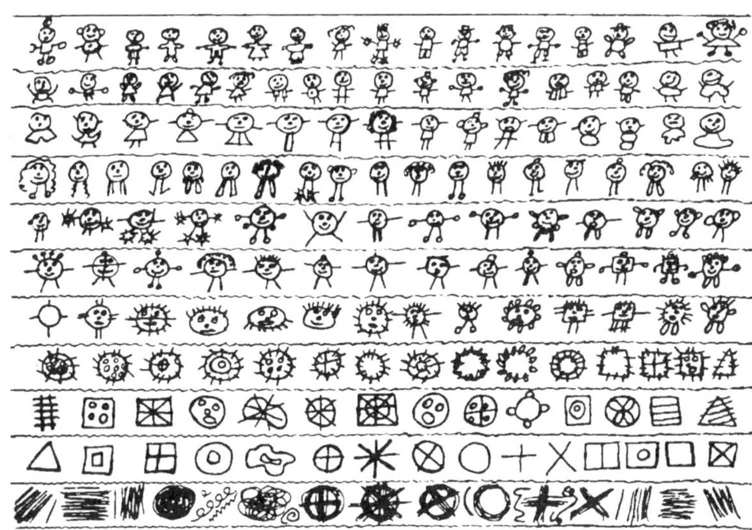

【圖 1】這組圖案的順序，從下到上，呈現了在幼童繪畫中，人類形象可能的演進過程

 10

【圖 2】一位七歲女孩在心理治療過程中的繪畫，顯示她心理恢復了穩定

不是在完全的遺忘中，
也不是絕對的赤裸，
我們是披著榮耀之雲，
從上帝那邊來的，那個我們的家：
天堂迤邐在我們襁褓之際的上方！[18]

從長大以後的觀點認為，兒童的自我與神性的關係如此密切，是一種膨脹的狀態。許多後來的心理問題，就是因為還殘留對神的
11 認同。比方說，我們仔細想想，一個孩子生命最初五年左右的心理。這個階段，一方面是感知和反應所帶來的大量新鮮感；這孩子是在與生命的原型事實密切的接觸中。這個階段是生命初始的詩篇；每個普通日常都潛藏著瑰麗而壯觀、同時又令人震憾恐懼的超個人力量。可是另一方面，孩子可能會是個相當自我中心的小獸，殘忍又貪婪。佛洛伊德把兒童期的這種狀態稱作多態性慾倒錯（polymorphoous perversion）。這個叫法直接冷酷，但至少是部分成立的。童年期天真無邪，卻也毫無責任可言。因此，童年有著所有存有會出現的矛盾，這是因為那和原型心靈及其超個人能量有著密切關聯的緣故，同時也是無意識裡對這一切的認同，以及與這一切不切實際的關聯。

兒童和原始人類一樣，都有著與原型心靈認同合一的自我，也是與外在世界認同合一的自我。他們和原始人類一樣，根本是內在和外在的世界不分。對文明化的心智而言，原始人類令人著迷，因

18 原註：威廉·華茲華斯（W. Wordsworth），《華茲華斯詩集》（*Poetical Works*），London, Oxford Press, 1961, p. 460。

為他們和大自然彼此連接，與生命歷程協調一致；可是，原始人也是野蠻矇昧的，就和孩子一樣，充滿了膨脹自大的錯誤。現代人遭到異化而遠離了生命意義的源頭，發現原始世界的意象成為自己的渴求。這也說明了，為什麼盧梭「高貴的野蠻人」（noble savage）的概念[19]，以及許多新近的著述描寫文明世界對與大自然失去神祕接觸而生的鄉愁，都這麼有吸引力。這是一方面，但還有不好的一面。原始人類的真實生活是骯髒、挫敗，充斥著恐懼。那樣的現實，我們一分鐘都不會想經歷。我們渴求的只是象徵性的原始世界。

當一個人回顧自身這心理根源時，會發現其中有著兩層涵義：首先的一層，那時的狀況是被視為天堂，是圓滿的，與大自然和諸神融合的，讓人無限嚮往；可是到了第二層，人類所意識到的標準是與時間、空間的現實有關聯的，而按這些標準，這是膨脹的狀態，是一種不負責任、不知悔改的貪婪、浮誇虛榮和赤裸裸慾求的情況。對成年人來說，基本問題在於如何獲得與自然、與諸神的融合狀態，這是種孩子起步時出現的狀態，但不會造成了因為這同一性而產生了膨脹。

同樣的困難，也出現在孩子的養育問題上。我們如何才能成功地使孩子脫離膨脹狀態，使他對自己與世界的關係，有著現實而負責的概念，但同時又能與自己的原型心靈保持有生命力的關聯，好

---

19 譯註：高貴野蠻人（Noble savage，法語 Bon sauvage），是一種對土著、外族或他者的理想化，認為尚未遭到文明的「汙染」，因此代表著人類天生的良善，也是文學作品中的定型角色。有意思的是，一般認為盧梭開始使用這個觀念，但其實他從未使用過高貴野蠻人這個詞。目前認為最早在十六世紀的魁北克的殖民者雅克．卡地亞（Jacques Cartier）談到易洛魁人時，以及哲學家蒙田談到圖皮南巴人時，才出現在法國文學中的。

讓人格既強壯又富有彈性呢？其中的困難在於，在消解自我對自性之認同的同時，還要保持自我－自性軸的完整。兒童養育究竟是要自由寬容還是規則嚴格，所有爭論都是來自這一難題。

自由寬容的養育方式強調對孩子自發性的接納與鼓勵，並滋養孩子，使他們和自己與生俱來的生命能量源頭相互鏈接。但是，這也維持也鼓勵了孩子的膨脹，於是和外面世界的要求格格不入。另一方面，規則嚴格的養育方式強調嚴格規範行為，推進了自我－自性合一性的消解，可以十分成功地消解掉膨脹的問題；但在這同時，這卻又會破壞掉無意識中自我與自性之間日漸成長的聯繫，而
12 這聯繫卻又是重要且必須的。這兩者之間是沒有中間路線可選的：他們就是一組對立，卻必須同時進行。

嬰孩完全地把自己當成宇宙的中心。最開始，母親會回應那樣的需求；所以，一開始的關係是鼓勵孩子感覺自己的希望就是在對世界進行的指揮，而且能夠做到這一點是絕對必要的。如果孩子體驗到母親並沒有持續並完全投入於它的需求時，孩子的心理發展就無法繼續。然而，過不了太久，外在世界必然會開始拒絕嬰兒的需求。此時，孩子最初的膨脹也就消解了，面對這體驗時開始難以支撐。但也在此時，異化（alienation）[20]開始；自我－自性軸受到破壞。這個同時，開始受創的心理創傷也出現了，因為孩子日漸了解自己並不是過去自以為的神。他被逐出天堂，永恆的創傷與分離隨之出現。

這樣的異化經驗不斷一次次地重覆出現，一直到成年的階段。

20　譯註：Alienation 這個字在中文中同時有異化和疏離之意，視上下文意選用中文譯詞。

人會一直遭遇兩個層面的歷程。一方面，我們和生命給予的種種現實相遇，而這往往是和無意識中自我的自負和傲慢不斷衝撞的。這是自我成長的方式，也是自我與自性無意識認同分離的方式。與此同時，我們又必須不斷地把自我與自性重新聚合在一起，以保持整個人格的整合性，否則自我在離開自性時會出現十分真實的危險，而造成了兩者之間重要的連接就會受到了毀損。而如果這毀損的發生是到十分嚴重的程度，我們就會與自己的深度有了疏離／異化，而這也造就心理疾病可能出現的空間。

事物最初的狀態——自己是宇宙中心的體驗——可能會延續到童年以後很長時間。譬如，我想起一位想法非常天真的年輕人，他說：「世界是我的畫布。」他認為他遇到的所有一切都是為他而設的：不是帶給他歡娛，就是給他指引。他真的非常確信自己可以為所欲為。外在經驗，除非和他有關，否則內在就不會有任何的現實 13
或意義。另一位個案，他確信自己死時世界會滅亡！在這樣的思維狀態下也就會產生這樣的想法，對自性認同合一（identification）的同時，也與世界認同合一。自性和世界是一起擴展的。對事物的這種體驗方式有著一定的道理，某種真誠的有效性；但是這種視角對成長初期來說完全是毒藥，因為此時自我還在努力從原初的合一中萌芽出來。只有在生命許久以後，認識到內部世界和外部世界有一致性，才可以帶來療癒的效果。這又是煉金術士們的墨丘利神（Mercurius）的典型例子，對某些人來說是萬靈丹藥的玩意兒，對其他人來說則是致命如砒霜。

許多精神病病人都顯示出自我對自性的認同合一，把自己當作宇宙的中心，或者是至高的原則。譬如精神失常者最常出現的妄想，就是認為自己就是耶穌或是拿破崙，關於這點最好的解釋就是該個案退行回到了原初的嬰兒狀態，在這階段自我是對自性認同合一的。關係意念[21]也是自我－自性極端認同合一性而出現的症狀。這樣的症狀下，個體會想像某些客觀的事件和自己有著隱密的關聯。如果這個人很偏執，那麼這種妄想就帶有迫害性質。譬如，我記得有位病人，她看到幾個男性在整修她公寓窗外電線桿上的電線。她的解讀認為這證明了有人在安裝搭線設備，要來偷聽她的電話，找證據對付她。另外一位病人則是認為，電視上的時事評論員正在給他傳遞祕密消息。這樣的妄想就來自於自我－自性有著認同合一性的狀態，將自己認定是宇宙的中心，因此攻擊外界的某些事物，而實際上這和他的存在毫不相關。[22]

這種自我與自性呈現認同合一的膨脹狀態，有個常見的例子，就是貝恩斯（H. G. Baynes）[23]所謂的「暫時性的人生」（provisional life）。貝恩斯是這樣描述這種狀態的：

（暫時性的人生）指的是這樣的態度：對周圍現實裡

---

21 譯註：關係意念（idea of reference）指的是當事人對自己所經歷的無害的或僅是巧合的事件，相信對他們是有強烈的個人意義。這可能是在極大壓力或憂鬱嚴重時才會出現，但更多的時候可能是精神分裂症的前兆症狀。

22 原註：有關精神病表現中的自我－自性認同合一，可以參見佩瑞（John Weir Perry）《精神病歷程中的自性》（*The Self in Psychotic Process*），Berkeley and Los Angelos, UC Press, 1953。
譯註：約翰・威爾・佩瑞（John Weir Perry, 1914-98），1936 年榮格到哈佛大學演講的時候，他是醫學系的學生。二次大戰期間，以醫官的身分在中國地區公誼服務會（Friends' Ambulance Unit）服務。1947 年蘇黎世成立榮格分析中心，開始訓練分析師，他是第一屆的學員。他的研究，主要是以榮格分析心理學的理論，去探討精神病相關的病理及成因。

23 譯註：赫爾頓・戈德溫・貝恩斯，有時稱為「彼得」・貝恩斯（H. G. Baynes, 1882-1943），是一位英國的醫生、軍官、分析心理學家和作家，他是榮格的好友，也是其作品早期的英語翻譯者，一次大戰結束後倫敦分析心理學俱樂部的主要推動者之一。

> 的一切事實有關的責任都天真無知，即便這一切事實都是靠父母、國家，至少是上天提供的……（這是）一種孩子氣的不負責任與依賴的狀態。[24]

馮・法蘭茲（M.-L. Von Franz）也描述了同樣的情況，認為這是對永恆少年（puer aeteunus）意象的認同合一。這樣的人，會這麼行事： 14

> （此人在當前的狀況下做這個或是做那個，但無論是女人或工作，）這些都還不是他真正想要的，他總是幻想著未來的某個時間點，真正想要的就會出現。如果這樣的態度持續下去，就意味著此人內心不斷拒絕在當下給出承諾。其中也常多少帶著救世主情結或是彌賽亞（Messiah）情結，暗自認為有一天自己能拯救世界，無論是在哲學、宗教、政治、藝術，或是其他領域上，那最終的論述將被發現。甚至會進一步演變成典型的病態狂妄自大，或者較輕微地顯現在他自認時不我予的想法中。這類型的男人最最害怕的就是被任何人或事所束縛，無論那是什麼。他們極端恐懼被牽絆住，害怕徹底地進入某一時間或空間，或是害怕被定位，而成為他們原本就是的普通人角色。[25]

---

24 原註：貝恩思（H.G. Baynes），《分析心理學和英國人思維》（*Analytical Psychology and the English Mind*）中的〈暫時性的人生〉，London, Methuen & Co. Ltd, p. 61, 1950。

25 原註：M.-L. 馮・法蘭茲（M.-L. Von Franz），《永恆少年》（*The Problem of the Puer Aeternus*），紐約，Spring Publications, Analytucal Psychology Club of New York, p. 2, 1970。

心理治療師經常見到這樣的案例。這樣的人認為自己前途無量。他才華橫溢，很有潛力。他經常的抱怨之一是，自己的能力和興趣太過廣泛了。而且因為豐富的多樣性而受到了詛咒。他無所不能，卻沒辦法決定要特別投入於哪一件。而問題在於，他答應了所有事，卻一件也無法完成。如果他真的要有一項完成的成就，就必須能夠犧牲掉其他無數的潛能。他必須要放棄對無意識內原初圓滿的認同合一，主動接受自己只是現實中的一小片，而不是非現實的全部。如果要在現實中有所成就，他就必須放棄對所有一切都充滿潛能的想法。永恆少年原型是自性的意象之一，但是如果是認同合一的，就意味著此人不可能產生任何新的現實。[26]

還有許多較不嚴重的膨脹例子，我們也許可以稱之為日常生活的膨脹。每當我們看到某個人（也包括我們自己）開始以神一般的特質來要求自己時，也就是努力要超越了人類極限時，我們就可以認為這是個膨脹狀態。憤怒的詛咒也是膨脹狀態的實際例子。一個人想強行改變自己的環境，是憤怒最主要的誘因。這是某種耶和華
15 情結[27]。報復的渴望也是對神明的同一化。在這些時候，人們也許

譯註：本段譯文參考徐碧貞譯《永恆少年》，頁 24（台北：心靈工坊，2018）

26 原註：文學上永恆少年的例子，其中一個可以參考亨利．詹姆斯（Henry James）小說《叢林野獸》（*The Beast in the Jungle*），收於他的《小說選集》（*Selected Fiction*），Everyman's Library, New York, E. P. Dutton, 1953。

27 譯註：雅巍或亞威（Yahweh），是以色列人對神的稱呼（名字）的代稱，因為他們相信，神的名字太過神聖，不宜直呼，故用此字（Yahweh）代替。中文聖經把它翻譯作耶和華。另外，還有一個代名詞是：耶和華伊利（El），或者是：「以羅欣」（Elohim），中文聖經把它翻譯作「神」。對基督教徒而言，這些都是用以代替神的名字而已，神的名字是自有永有的，世上沒有任何文字可以用來當做是神的名字！「因為耶和華——你們的神——祂是萬神之神，萬主之主，至大的神，大有能力，大而可畏，不以貌取人，也不受賄賂。」（申 10：17）在本書的翻譯，盡可能譯成耶和華而非上帝，除非是上下文的需要。

會想起這句警告：「上帝說：『復仇在我！』」也就是說，復仇不是在你。整部希臘悲劇所描繪的，都是當人類將本屬上帝的復仇而假於己手時，所產生的致命後果。

各種形式的權力動機都是膨脹的徵兆。只要一個人出於權力動機而開始動作，就暗含了無所不能的心態。然而，無所不能的這個屬性僅屬於上帝。理智上如果十分僵化，而試圖要將個人的真理或想法等同於宇宙的真理，也是一種膨脹。這是自以為是的無所不知。色欲和純屬享樂的各種行為，同樣也是膨脹。任何將自我滿足視為核心價值的慾望，都是超越了自我的現實限制，因此都是自以為具有超個人力量的特質。

事實上，我們所有人的內心深處，都有著膨脹的殘餘物，經常呈現出不朽的錯覺。能夠徹底完全不再認同這種膨脹的人其實是非常少的。因為如此，所以一個人如果忽然感受到死亡逼近的呼喚，往往會醍醐灌頂般地體悟到這點。這種驚覺原來時間如此珍貴的頓悟，就是因為這是有限的。因為這樣的體驗，生命於是有了全新的方向，這個人因此更有效率，而且人際上的連結更為人性，而這種情況並不罕見。這體驗啟動了新的躍進，讓整個人的成長大步邁進，因為自我－自性的認同合一終於消解了，新的心靈能量得以釋放而進入意識。

另外，也有所謂的負性膨脹（negative inflation）。這種情形，可以說是將自已認同為獻給神的受害者，一種無窮盡而超乎尋常的罪疚與受苦。我們在憂鬱（melancholia）的個案裡經常可以看到這種情形，他們覺得「這世界上沒有人比我更罪孽深重」。這樣的罪疚感是太過了。事實上，不論是什麼，只要是自己身上承擔過多就顯然是膨脹了，因為它超越了人類適當的極限。太過於謙卑或太過於浮誇，太多的愛和利他或太強烈的權力追求和自私，全都是膨脹的症狀。

對阿尼姆斯（Animus）或阿尼瑪（Anima）的認同狀態，同樣也可以視為膨脹。阿尼姆斯專斷的夸言，神一般的談話；而阿尼瑪上身的男人，充滿怨恨的慍怒時也是如此，他說的一切其實是暗示著「你要依我說的那樣，否則將你的一切都撤走；沒有我的允許，你只有死路一條。」

有個哲學體系，就是基於自我－自性認同的狀態而發展出的。這套體系認為世界上的一切，都是源自個別自我，都是與個別自我有所關聯。該體系被稱作唯我論（solipsism），來自唯我的（solus
16 ipse），也就是只有我自己。布拉德雷（F. H. Bradley）透過下面這些話，呈現出了唯我論的視角：

> 我無法超越經驗，經驗是我的經驗。所以，可以推論：除了我，什麼都不存在；因為所有經驗到的，就是它（自性）的狀態。[28]

席勒（Schiller）關於唯我論色彩更鮮明的定義是：「既然它的

---

28 原註：布拉德雷（Bradley, F. H.），《表象與真實》（*Appearance and Reality*），London, Oxford Press, p. 218, 1966。
譯注：F. H. 布拉德雷（Francis Herbert Bradley, 1846-1924），十九世紀末二〇世紀初的英國哲學家、邏輯學家、新黑格爾主義的主要代表。他拋棄了黑格爾哲學中的辯證法因素，建立了龐大的唯心主義哲學體系，主要著作包括《倫理學研究》、《邏輯原理》、《現象與實在》、《真理與實在論文集》等。

信條是所有的存在都是經驗，而且只有一位的經驗者存在；唯我論者也就會認為他就是唯一（he is the one）。」[29]

3. 亞當和普羅米修斯

在最初膨脹狀態之後，所有一切栩栩如生地呈現在神話裡。伊甸園的故事就是個極好的例子，它被稱作人類的墮落，可謂意味深長。對於這則神話，榮格是這樣討論的：

> 人類墮落的傳說意味深遠；它隱約預示著：自我意識的解放是一種路西法式（Luciferian）[30]的行為。人類的整個歷史從一開始，就是自卑與自大之間的衝突。[31]

根據《創世紀》第二到第三章的記載，上帝將亞當安置在伊甸園中，說：「園中樹上的各種果子，你可以隨意吃；但善惡智慧樹上的果子，你不能吃，吃它之日，即是死亡之時。」隨後，從亞當的肋骨中造出了夏娃，夏娃受到蛇的引誘，蛇告訴夏娃：「你不會死。上帝這樣說是因為他知道你吃它的那日，你的眼睛就會睜開，你就會如他一樣，能辨善惡。」於是，亞當和夏娃吃下了智慧果。「然後，他們都睜開了眼睛，發現自己裸著身體；他們將無花果葉縫在一起，為自己製作了裙子。」上帝發現了他們的悖行，降下咒

29 原註：《大英百科全書》，1955, Vol. 20, p. 951。

30 譯註：路西法（Lucifer）出現於《以賽亞書》14：12，意思為「明亮之星」，即金星，用來影射古巴比倫的君王尼布甲尼撒。在經過了後世的傳播後，慢慢成為了基督教中的墮落天使。

31 原註：榮格，《原型與集體無意識》，*C.W., Vol. 9i*, §420f。

【圖板 1】形成圓形的伊甸園，出自《貝里公爵最美時禱書》
（*Tres Riches Heures de Jean, Duc de Berry*）

語，隨後說了一段富含深意的話。「接著，上主說：『看，那人已經成了我們中的一個，知善惡；現在，不要再讓他摘取生命樹上的果子，如若吃下，他就會永生。』——因此，上主把他驅逐出了伊甸園，將他放逐到從之取土造他的大地上。上帝驅逐了人類；並遣智天使於伊甸園的東方，持旋轉的火焰之劍，護衛生命之樹。」

在人類文化傳統的希伯來分支裡，這段神話是一切的開始， 17
其中的心理意義相當豐富。伊甸園好比是黃金時代的希臘神話，和柏拉圖所談的圓形原初之人。伊甸園有某些曼陀羅的特點，四條河流從其間流過，而生命之樹就位於中心（卷首圖畫：《世界靈魂》）。曼陀羅花園是自性的一個意象，在這裡是代表了自我最初與大自然和神的合一狀態。它是處在起初的、無意識的、動物的存有狀態，是和自性是合為一體的。這有如天堂一般，因為意識還沒有出現，所以沒有任何的衝突。而自我是涵容在自性的子宮裡（圖3）。

另一個顯示這種原初圓滿的特性，是從亞當當中創造出了夏娃。很明顯的，亞當一開始是雌雄同體，否則不可能從他身體創造出女性。這裡可能還殘留有早期神話的痕跡，在其中，最初的人類肯定是雌雄同體的。這個早期的神話故事無疑是受到了希伯來人偏
向男權的態度所修正；希伯來人貶抑心靈中的女性特質，認為這不 18
過就是亞當的一根肋骨。亞當將男性與女性部分的加以分離，這個過程就類同於他離開天堂樂園的過程。無論怎樣，結果都是人類從自己最初的圓滿中分離與異化出來。

當原初的被動膨脹開始成為了特定行為的主動膨脹，誘惑與墮落的戲碼也就開始上演。一整段蛇接近與引誘的過程，都是以膨脹

【圖 3】容器般的天堂，出自十五世紀義大利手稿

的語言來表達：吃下這顆果子，你的眼睛就會被打開，你將如同上帝。於是，果子被吃下，注定的結果於是展開。而這一切的起因，都在於亞當和夏娃竟敢奢求能同上帝一般。

這則神話將意識的誕生描繪成罪行，人類因此而與上帝疏離，與意識出現前的原初圓滿漸行漸遠。很明顯地，這果實象徵著意識。這是智慧樹上能知善惡的果實，意味著這果實帶來了對於對立面向的覺察，而這正是意識的顯著特點。如此一來，依據這個神話，以及基於這神話的神學教義，覺察是原罪，是原初的僭妄（hybris），是人性中的萬惡之源。然而，其他人對此也有不同的理解。奧菲特派（Ohpites）[32]是諾斯替（Gnostic）取向的派系[33]，

32 譯註：奧菲特（Ophites，或稱為 Ophians，希臘字 ophis 意是蛇），是基督教的諾斯替支派，公元二世紀羅馬帝國有幾個興盛的諾斯替教派，羅馬的西波呂（Hippolytus of Rome, 170-235）在他的作品中首次描繪。各種諾斯替教派的信仰各不相同，但它們的核心都是二元神學，它反對一個既是宇宙過程的起源又是至善的純粹精神至上者與混亂邪惡的物質世界相對立。對於奧菲特人來說，人的困境源於他混合了這些相互衝突的精神和物質元素。只有靈知，深奧的善惡知識，可以

該教派崇拜蛇。他們和現代心理學的觀點基本相同，認為：蛇代表了靈性原則（spiritual principle），象徵著救贖，造物主創造了伊甸園而讓人陷於蒙昧，蛇則是將人從造物主創造的束縛中救贖出來。蛇被認為是善的，而耶和華被認為是惡的。從心理學來看，蛇是靈智／諾斯替（gnosis）、知識和覺察的原則。蛇的誘惑代表人內在自我實現的渴望，象徵個體化原則。有些諾斯替教派，甚至將伊甸園的蛇等同於基督。

吃下了禁果，也就意味著從無意識與自性合一的這種永恆狀態（心智闕如而如動物的狀態），過渡進入了時間和空間中真實的，意識層次的狀態。簡單來說，這個神話象徵著自我的誕生。這一過程的結果是讓自我從它的源頭異化而疏離出來。現在，它開始移向了受苦、衝突與不確定的世界。這也難怪我們往往不願意邁出這一步，來獲得更多的意識（圖 4）。

有關「墜入」意識的另一段情節，就是亞當和夏娃察覺到自
己原來是未著片縷。性與本能突然成為了普遍存在的禁忌和羞恥的 20
事物（圖 4）。作為靈性法則的意識，會創造出了對立的另一面，和自然的、本能的動物功能正好相反。當意識誕生的時刻，二元性（duality）、解離（dissociation）和潛抑（repression）也在人類心靈同時誕生。這意味著意識想要按自己的方式存在，而且至少在一

將人從物質的束縛中解救出來，使人認識萬物的真正本源。

33 譯註：諾斯底主義（Gnosticism，或稱靈知派和靈智派）的「諾斯底」一詞在希臘語中意為「知識」，是指在不同宗教運動及團體中的同一信念。這信念可能源自於史前時代，但卻於公元的首數個世紀活躍於地中海週圍與伸延至中亞地區。「靈知／靈智」（Gnosis）在希臘語原文，是指基於個人經驗或感知的知識。在宗教背景下，靈知是基於與神的直接參與的神祕或深奧的知識。在大多數諾斯替系統中，得救的充分原因是這種所謂認識的神性。諾斯底主義者相信透過這種超凡的經驗，可使他們脫離無知及現世。

【圖4】被趕出伊甸園的亞當和夏娃，馬薩喬（Masaccio）畫

開始時想要與無意識相互對抗。這份覺察可以讓我們了解，所有烏托邦傾向的心理學理論，也就是那些認為只要童年沒受到性和本能的潛抑就會人格圓滿健康的理論，其實是錯誤的。在心靈發展中，這些階段是先天就必要的，我們需要對立的兩極化，包括意識相對於無意識、靈性相對於天性等等。

然而，有關「墮落」這神話的調查，如果只侷限於亞當與夏娃的意象上，只是侷限於他們悲慘地開始在現實世界艱難度日、粒粒皆辛苦地圖個溫飽，以及痛苦地生育兒女等等這些狀況，將是不完整的。伊甸園中有兩棵樹，除了善惡的智慧樹，還有生命樹。而耶和華對於這一點的確是有些焦慮，祂擔心人類發現這第二棵樹，而分享掉了神的恩寵。這意味著什麼呢？在金斯伯格（Ginsberg）《猶太人的傳奇》（*Legends of the Jews*）中，有個關於生命樹的有趣故事，其中是有些關於這問題的洞見：

> 天堂，有一棵生命樹，還有一棵智慧樹，智慧樹的枝葉像籬笆一樣擋在生命樹周圍。只有在智慧樹枝葉形成的樹籬中清出一條道路，才能接近生命樹。生命樹非常巨大，一個人要走五百年才能從樹幹直徑的這頭走到那頭，它遮蔽的空間樹冠，一點也不亞於樹幹。伊甸園地下湧出的水灌溉了整個地球，並分成四支：恆河（Ganges），尼羅河（Nile），底格里斯河（Tigris）和幼發拉底河（Euphrates）。[34]

---

34 原註：金斯伯格（Ginsberg, G），《猶太人的傳奇》（*Ledgends of the Jews*），abridged version, Legend of the Bible, New York, Simon and Schugter, 1956, p. 37。

由神話故事延展出的傳奇，通常會擴大或是細化原來故事中的某些方面，就好像是集體心靈需要完成這一幅圖景，讓豐富的象徵意義清晰化。我認為，這裡援引的傳奇也是如此。對智慧樹和生命樹的關係，聖經的記錄非常模糊，而這篇傳奇的講述則要清楚和令人信服得多。其中，生命樹是世界的中心（omphalos），是世界之
21 臍，類似於北歐神話中稱為世界之樹（Yggdrasil，宇宙樹）的世界樹。聖經告訴我們生命樹的果實可以讓人永生。亞當夏娃在墮落之前永生不死，但同時也處於無意識中。如果他們墮落後再吃下生命樹的果實，就會既有意識，又可永生。耶和華絕不會允許任何這類侵犯自己地盤的事，於是安排了手持燃燒利劍的智天使，來阻止亞當夏娃。然而，前文引用的猶太傳奇給了我們一些暗示，暗示我們要如何才能發現生命樹：穿過善惡智慧樹枝葉所形成的樹籬。也就是說，人必須不斷接受來自蛇的誘惑，不斷吃下智慧果，這樣，才能一路穿越到達生命樹。換句話說，要恢復我們失落的圓滿，只有將意識之果好好品嘗和消化到飽足，才能獲得。

墮落的神話所呈現的模式與歷程，不僅是意識從無意識中最初的創生，也是日後以各種不同的方式，一點一點地增加意識完成穿越的過程。我的觀點和奧菲特派的一樣：不能片面地將亞當和夏娃當成只是果園裡的可鄙小偷。他們的行為同樣也可以視為是英雄之舉。他們犧牲了被動順從所帶來的舒適，就為了要獲得更多的意識。如果我們認為意識的獲得比舒適還更重要，那麼從長期的結果來看蛇的一切作為，牠的確是個大恩人。

在分析性治療過程裡的許多夢境中，我們經常可以看到關於人類原初的墮落這一主題的片段。這是意識開始出現新的洞察時最為

常見。夢中遇到蛇，或是正被蛇咬，也是夢常見的主題。被蛇咬，與在伊甸園裡亞當與夏娃沒能抵擋住蛇的誘惑，兩者基本上是同樣意思；事物原來的狀態正在消失，而新的意識洞察正要誕生。這常常令人體驗到有某種的疏離怪異和危險；所以這絕不會是個愉快的夢。可是在這同時，蛇的這一咬往往啟動了全新的態度和方向，所以它一般是非常重要的過渡之夢。同樣地，犯罪的夢也許和偷竊智慧果的原罪有著同樣的含義。在心理發展某一階段的罪行，到了另一階段卻有合法的；如果不敢挑戰過去的法則，一個人的心理發展 22
就不能進入新的階段。所以，每次踏出新的一步，都會有犯罪的感受和伴隨而來的罪疚感，因為過去的標準，過去存有的方式，都還沒被超越。因此，第一步總是帶著罪惡感。夢裡如果是有人給自己蘋果、莓果，番茄等水果吃，也許都有同樣的意義。它們都影射了偷吃禁果的主題，代表著正在引入的這些新的意識覺知已經來到了新的境界，而結果也和最初偷吃禁果的結果一樣。

以下是個現代的夢，但依然是關於伊甸園誘惑的老話題。作夢者的是位男性，四十歲上下。他第一次來見我時，抱怨「江郎才盡」，寫不出東西來，焦慮發作。他很有天賦，極具創造力，充滿靈感。他能做最匪夷所思的夢，堪稱一部完整的劇幕，細節的程度到服裝、音樂、出場與入場；可是，他從來沒法努力工作，把這些落實在紙面上。就好像夢本身就已經是合宜的現實，好像在幻想中有這一切宏偉的組合就已經足夠了，讓他感覺沒有任何去實際完成它的必要。這樣的態度是認同了原始無意識的圓滿，認同了這個暫時性的人生（provisional life），可以不必為了將潛在的可能變成現實而努力工作。雖然他認為他想寫作，無意識裡卻認為幻想本身拿來作為現實就足夠了。這樣的人害怕許下任何的承諾，包括在生活中創作出某種真實的承諾都不願意，因為那樣他會失去隱姓埋名所帶來的安全感，會讓自己暴露而可能被評判。這就好像是在伊甸園裡生活，卻不敢吃下覺知之果。

他的夢是這樣的：

> 我所在地方的佈置和氣氛讓我想到存在主義大師齊克果（Kierkegaard）[35]。我去書店找一本特別的書，找到了，並且買下了它。書名是《荊棘中的男人》（*A Man Among Thorns*）。
>
> 然後，場景變了，我的姐姐為我做了一個巨大的黑巧克力蛋糕。蛋糕上蓋了一層薄薄的紅色糖漿，看起來就像是紅色的緊身衣。我雖然一向對巧克力過敏，但還是吃了這個蛋糕，卻也沒什麼不良的反應。

以下是作夢者的一些聯想。他認為齊克果是個麻煩人物，在各種反題（antitheses）[36]之間衝突，特別是在美學態度和宗教態度的

35 譯註：齊克果（Soren Aabye Kierkegaard, 1813-1855），丹麥宗教哲學心理學家、詩人，現代存在主義哲學的創始人，後現代主義的先驅，也是現代人本心理學的先驅，一般被視為存在主義之父。他反對黑格爾的泛理論，認為哲學研究的對象應從個人的「存在」出發，把個人的存在和客觀存在聯繫起來，哲學的起點是個人，終點是上帝，人生的道路也就是天路歷程。

36 譯註：黑格爾辯證法是由正題（theses）、反題（antitheses）與合題（synthesis）組成的。這三者是指絕對精神不同階段的表現形式：正題必然地派生出它的對立面反題，並且和反題構成「對立」，最終二者都被揚棄而達到「統一」的合題。所以，辯證法就是絕對精神不斷流動、展開的一個歷史過程，它是動態的。

衝突中。他的書《非此則彼》（*Either/Or*）[37] 代表了衝突的全部問
題。這本書的標題《荊棘中的男人》讓他聯想到了基督和祂的荊棘 23
王冠。而巧克力蛋糕，他總認為它有毒，因為它會讓他不舒服。紅
色的糖霜像紅色的「緊身衣」讓他想到了「惡魔可能的穿著」。

這個夢境雖然呈現的是現代與個人的意象，但與過去亞當從天堂中墜落的神話還是有很強的相似性。在這原型相似的基礎上，我們可以推論，這個夢代表這男人的個人成長正面臨一次可能的過渡。這個夢最引人注意的是可食的蛋糕。蛋糕是黑色的，上面履蓋了一層讓人想到魔鬼的紅色糖霜。黑是白的反題，暗示著邪惡與黑暗。就在這作夢者的案例裡，巧克力蛋糕被認為有毒，意味著他感覺到了無意識中的恐懼。吃下這個有毒的蛋糕象徵著要被蛇咬到，或者是要吃下禁果。結果就是察覺到了對立（知善惡），而且這也意味著要進入到意識的衝突狀態。每增加一點新的意識，衝突也隨之而來。這就是新的意識宣告自己存在的方式：透過衝突。

雖然夢者說他吃下蛋糕並沒有什麼不良反應，但真正的結果卻在夢的第一場景裡象徵性地呈現出來。第一幕在吃蛋糕之前就先出現結果，這是沒什麼關係的。因為日常的時間順序和因果關係並不適用於夢。如果一個夢出現好幾個場景時，通常最恰當的理解

---

37 譯註：齊克果自認是反文化基督教的先知，他極其厭惡黑格爾的思想，認為黑格爾把聖經和先知的正宗基督教扭曲為文化性的基督教，而這根本不是正宗的基督教。同時，齊克果認為美學階段的特徵是與人的生存交織在一起的，他所談的美學不是指美學這門課程本身或藝術，而是一種衡量的標準。標準是按照每個人和每件事是否能夠滿足自己的美學，也就是聖經中描述猶太人對於好的事情或正確的事情，就稱這事為善、為美的「美」，因此他曾批評羅馬教宗過往醉心於異教風俗與道德敗壞的希臘羅馬藝術。這樣的論點，就是《非此則彼》（*Either/Or*）這本書所闡述的。書中包含了兩個持不同人生觀者之間的通信。除此之外，文章的先後順序和引言皆由一位編輯完成。但實際上，通信者、編輯者的名字都是假名，作者都是齊克果本人。

是，它們是在用不同的方式描述同一個中心概念。換句話說，夢裡一個接一個出現的意象是圍繞某個中心進行的，而不是像理性思維那樣走直線。在齊克果式的氛圍下，買了本名為《荊棘中的男人》的書，都是吃有毒黑蛋糕的變形。吃下這個蛋糕意味著進入了齊克果式的衝突體驗，並且得以理解在荊棘中的男人：他是基督，既是神又是人，他忍受著這種對立帶來的巨大壓力；這個男人也或是亞當，他正被從天堂中驅逐出去，被迫在生長著荊棘和薊的土地上耕作。

對做夢者來說，這個夢事實上意味著什麼呢？這個夢並沒帶來瞬間出現的洞察與變化。夢者並沒意識到這個夢以後有任何的改變發生。但我們對這個夢的討論，加上隨後的夢，的確在為意識的逐漸增加鋪下了路。

該個案剛開始進行心理治療時，他有症狀，卻沒有衝突。漸漸
24 地，症狀消失了，取而代之的是意識中開始察覺到了內在的衝突。他開始看到他不寫作部分原因是因為他不想寫。他意識到自己的焦慮並不是無意義的症狀，而是通知有危險的信號，想要提醒他在伊甸園拖延太久了，也許會帶來嚴重的心理後果。正如夢所表示的，該是時候吃下分辨善惡之智慧果，並且接受成為有意識的個體就必然會有所衝突。這段過渡期並不是全都是痛苦和磨難。神話在這裡只呈現了其中一個面向。在天堂狀態中待得太久，天堂就會成為監獄；對放逐的體驗不再是不受歡迎，而是一種解放。

在希臘神話中，有一個和伊甸園劇情相似的故事。我指的是普羅米修斯的故事。這是故事的梗概：

> 普羅米修斯主持為眾神和凡人分配獻祭的肉食。先前，因為眾神和人一起就餐而無需分配的，因為自我－自性的同一。普羅米修斯騙了宙斯，只給祂外表由誘人的肥油包住的動物骨頭，把這堆骨頭分給了宙斯。至於可以吃的肉，全留給了人類。宙斯發現上當以後非常生氣，從人類那裡收回了火。但普羅米修斯偷偷溜進天堂，偷走了眾神的火，並交給了人類。作為懲罰他的罪行，普羅米修斯遭鍊子綁在岩石上，每個白天都有一隻兀鷲啄食他的肝臟，而每個晚上傷口每晚又會癒合。他的兄弟埃庇米修斯（Epimetheus）[38]也同樣受到懲罰。宙斯將一位女人潘朵拉（Pandora）打扮地光艷迷人，送給了埃庇多米修斯。宙斯給了潘朵拉一個盒子，從這個盒子裡會跑出所有折磨人類的病痛和磨難：衰老、勞動、疾病、邪惡，以及熱情。

眾神與人類之間獻祭動物肉品的分配過程，指的是自我從原型心靈或自性中加以分離。自我要確立自己是自主的獨立存在，就必須給自己提供充足的食物（能量）。盜火是對同樣歷程的類似意象。普羅米修斯是類似路西法的角色，他敢付出受苦的代價，來啟動自我的成長。

如果我們了解普羅米修斯和埃庇米修斯是同一意象的兩面，

38 譯註：在希臘神話中，埃庇米修斯（Epimetheus，意味著「事後覺知者」）是普羅米修斯（傳統上解釋為「遠見」或「先驅者」）的兄弟，一對代表著人類的泰坦人。他們是伊阿珀托斯（Iapetus）的兒子，而他也是阿特拉斯的父親。普羅米修斯被描述為巧妙和聰明，而埃庇米修斯則是被描述為愚蠢的。

就可以注意到普羅米修斯和伊甸園的故事之間，有著許多類似的地方。宙斯收回了神火，耶和華不再讓人類碰智慧之果。無論是神火還是智慧之果，一定程度上都代表著讓人類脫離上帝而能自主或獨
25 立意識的一種方法。一如普羅米修斯偷了神火，亞當和夏娃也偷了智慧之果而拂逆了上帝。在兩個故事裡，都有故意違抗權威的行為。這種故意行為目的是要掌握意識，在兩個故事裡都是以罪行來作為象徵，並且懲罰緊隨其後。普羅米修斯遭到詛咒而有了無法痊癒的傷口，埃庇米修斯的詛咒則是潘多拉和她盒子裡所有的那些東西。無法癒合的傷口和從伊甸園逐出一樣，都是一種傷口。潘多拉釋放出的疼痛、辛勞和折磨，是相當於亞當和夏娃離開伊甸園而遭遇的辛勞、折磨和死亡。

這一切指的是在擁有了意識之後不可避免會有的結果。疼痛、折磨、死亡的存在是先於意識的誕生，但如果沒有意識去體驗這一切，在心理上這一切就不曾存在。在這樣的情況下，如果意識沒存在，這一切就沒有實現，痛苦也就完全歸零。這也就解釋了，為什麼人會對原初的無意識狀態有著強烈的「鄉愁」。在這樣的原初狀態，人們可以擺脫意識必然帶來的痛苦。普羅米修斯的肝臟在白天被兀鷲吃掉，到了夜晚肝臟就再長出來，這其中也有重要含義。白天是屬於光、屬於意識的時間。夜晚是黑暗的，無意識的。我們每個人到了夜晚，都會回到我們從中誕出的原初圓滿，而這就是療癒，就好像受傷的影響其實不再作用了。這表示意識本身就是產生傷口的原因。普羅米修斯永遠無法癒合的傷口，象徵了無意識原初圓滿有了破裂的結果，是來自原初合一狀態的異化。它將是永遠的肉中刺、骨中釘。

這兩個神話所要說的基本上是同一回事，因為它們正在表達的都是心靈的原型現實及其發展過程。意識的獲得是一件罪行，是一件反抗當權者的僭妄（hybris）之舉。但這是必要的罪行，是必要的異化，因為這樣才能從先天無意識的完整狀態中有了必要的異化。如果我們對意識的發展有一定的堅持，就必須將這個視為必要的罪。有意識的狀態，總比處於動物般的矇昧還好。然而為了全然的湧現，自我勢必要起身來和它所源自的無意識進行對抗，並且以膨脹的行動來確立自己相對的自主性。

這樣的理解，我們可以應用在幾個不同的層面。最深一層，
這是反抗無所不在的諸多權力、反抗自然的諸多力量、反抗上帝的
罪行。但在一般日常生活中，所體驗到的並不是在這類宗教範疇之 26
事，而是相當個人的。在個人層面上，敢於獲取新的意識，這種行為在個人體驗中是種罪行，或是，對個人生命中的權威所進行的叛逆，先是叛逆父母，然後是叛逆其他外界的權威。個體化中所邁出的任何一步，都是對集體犯下罪行的體驗，無論這個集體是家庭、黨派、教會還是國家，因為這樣的行為挑戰了個體對集體的某些代表原有的認同。在此同時，既然這每一步都是膨脹的行動，那麼每邁出一步不僅都伴隨著罪疚，同時也有真實的風險，可能掉進了膨脹所帶來的墮落後果。

我們在心理治療中遇到很多人，他們的成長恰巧受困，就是在這一點是否將必要的罪行付諸行動。有些人說：「我不能讓父母或家庭失望。」和母親同住的男人說：「我希望結婚，但這會逼死我那可憐的老母親。」也許真的會，因為原來這種共生關係可能有一種心靈的餵養；如果不再有人提供這精神食糧，共生伙伴也許真的

會死！而這個案例的情況，他對自己要為母親負擔的責任看得是如此的重，以至於無從想像任何其他生活標準的組合。對自身的個體發展應有的責任感，根本就還沒誕生。

我們在心理治療關係中，有時也會看到同樣的主題。病人對分析師可能湧現負面或叛逆的回應。在這樣的反應下，病人也許同時伴隨極為強烈的罪疚和焦慮，特別是分析師如果接受了原型權威的投射。這樣的情境下，要以真實的情感來表達負向的反應，感覺上就非常類似於反抗眾神的罪行。這種似乎肯定會引發嚴懲的膨脹行為，看起來是很危險的。但在某些時候，還是非得要吃下禁果，或敢從眾神那裡竊走神火，否則他就會一直受困在這移情的依賴裡，所有成長也就無法往前推進。

4. 僭妄和罪罰

許多神話故事談到了膨脹狀態，譬如伊卡洛斯（Icaurs）的故事：

> 代達羅斯（Daedalus）和兒子伊卡洛斯被關在克里特
> 27 島。代達羅斯為自己和兒子各做了一對翅膀，這樣他們就
> 可以逃走了。但代達羅斯警告兒子：「不要飛得太高，否
> 則太陽會融化掉翅膀上的蠟，你會從天空墜落。跟著我緊
> 一點。不要單飛。」但是伊卡洛斯對自己可以飛翔十分欣
> 喜，忘記了父親的警告，隨興自己飛翔。他飛得太高，而
> 蠟融化了，於是掉進了大海。

這神話所強調的的是膨脹所帶來的危險面。雖然有些時候如果要有達到更高成就的意識層次，膨脹是必要之舉；但其他的時候，這卻變成了匹夫莽勇，是會帶來災難的。一個人除非有自知之明，否則是無法臆測自己是否可以規劃出安全的航線。而願意依賴他人更高的智慧，往往才是對現實情況的正確評估。正如尼采所說的：「許多人在放棄被人奴役時，也放棄了最後的價值。」[39] 前面我談到膨脹是必要的罪，但它同時也是真實的罪，涉及了真實的後果。如果一個人誤判了形勢，就會遭受與伊卡洛斯相同的命運。

我認為所有飛翔的夢，都暗指伊卡洛斯神話；那些沒憑藉任何設備的飛翔夢，尤其是如此。當一個人離開地面，就有可能墜落的危險。大地象徵現實，來自現實的突然衝擊，也許是危險的撞擊。有關飛機失事、從高處墜落、對高處的恐懼等等的夢或症狀意象，都源自於伊卡洛斯神話所代表的心靈基本的設置。

下面這個例子講的就是一個伊卡洛斯式的夢。做夢的是位年輕人，他相當認同一位有名的親戚。他買了別人做的翅膀，並用它們來飛翔：

> 我和人們在高高的懸崖邊上。他們跳下懸崖，潛入淺淺的水中，而我確定他們將會死掉。當還在夢中，或剛醒的那一刻，我立刻想起了布勒哲爾（Breughel）的油畫《伊卡洛斯的墜落》（*Fall of Icarus*）[40]。

39 原註：尼采，〈查拉圖斯特拉如是說〉（Thus Spoke Zarathustra），I, 17, in *The Philosophy of Nietzsche*, New York, Modern Library, Random House, 1942, p. 65。

40 譯註：老彼得．布勒哲爾（Pieter Bruegel de Oude，約 1525-1569），文藝復興時期布拉班特公國（曾在十五到十七世紀建國，領土跨越今荷蘭西南部、比利時中北部、法國北部一小塊）的畫

布勒哲爾的《伊卡洛斯的墜落》是一幅描繪義大利鄉村的油
畫。左邊，是忙碌犁地的農夫。右邊是大海，飄浮著幾艘船。右下
角的地方，我們可以看到伊卡洛斯的腿正漸漸消失進水裡。這幅油
畫重要的特點之一是，畫作左邊的人完全沒注意到右邊伊卡洛斯的
命運，沒有意識到有個原型故事就正在他們眼前上演。做夢者講述
28 了油畫的這一面向，表明了自己身上所正發生的事情的重要性，他
自己其實也沒有意識到。他正處於從非現實的高處開始墜落的過程
中，直到後來才覺察到了這一點。

【圖 5】伊卡洛斯的墜落，布勒哲爾（Pieter Breughel）繪

以下是另一個伊卡洛斯之夢的案例。

家，以地景與農民景象的畫作聞名。善於思想，天生幽默，喜愛誇張的藝術造型，一生以農村生活作為藝術創作題材，是歐洲美術史上第一位「農民畫家」。

> 做夢者是位女性：我正沿路旅行，看到空中有一個男人，像是伊卡洛斯。他舉著火把。突然，他的翅膀起了火，一切都燒了起來。地面上的消防車用消防管對著他，火撲滅了，但他重重地摔下來死了，仍舉著火把。我看見他落在我附近，我嚇壞了，哭叫著：「天啊，天啊！！！」

這位做夢者是強烈而頻繁的阿尼姆斯投射的受害者。這個夢表示這樣投射中的死亡，已經誘惑她對自己有著膨脹的態度。

另一個適合講膨脹的神話，是關於法厄同（Phaëton）[41] 的神話：

> 母親告訴法厄同，他的父親是太陽神赫利俄斯（Helios）。為了向自己證明這點，法厄同到太陽宮問赫
> 利俄斯：「你真是我的父親嗎？」赫利俄斯為了向法厄同 29
> 保證自己確實是他的父親，而犯下錯誤：「為了證明我說的是真的，我可以給你你要的任何東西。」法厄同要太陽神允許自己在天空中駕馭太陽神的馬車。赫利俄斯立即為自己衝動的承諾感到了後悔，但法厄同不願意改變願望，也不願意接受父親提出的更好建議。法厄驅動太陽神的戰車，但這項任務完全超出了一個年輕人的能力，他於是隕

41 譯註：法厄同（Phaëthon）在希臘神話中一般認為是太陽神赫利俄斯的兒子。也有說是曙光女神厄俄斯與克法羅斯的兒子。傳說中，法厄同為了誇耀自己是太陽神的兒子，去向父親請求駕著載太陽的馬車一天，結果，他慌亂中失控造成大地生靈塗炭，天神宙斯不得不用閃電把他擊殺。

落在一片熊熊火海中。

這個故事再次告訴了我們，膨脹必然的結果：墜落。法厄同是現代「魯莽快車手」的鼻祖。也許，這個神話也是講給那些縱容孩子的父親聽的，他們不但沒作更準確的判斷，反而太快就交給孩子太多權利，無論是開家裡的車，還是其他過多的自決權，遠遠早在孩子還沒有與這權力量可以抗衡的責任感之前。

我想起一位有「法厄同情結」的病人。他給人的初始印象是無憂無慮，漫不經心。他不遵守其他人會遵守的規則。他的父親相當的弱勢，因此不受他尊重；他同時也不斷貶低、嘲笑那些比他更有權威的人。他做過幾個夢，夢見自己待在高處的夢。在討論其中一個夢的時候，治療師向他講了法厄同的故事。心理治療以來，這個個案第一次深深地被打動。他之前從未聽過這個故事，但立刻意識到這是他的神話。他在神話的描述中明白了自己的生命，瞬間意識到他生活其中的這場原型大戲。

然而，所有的神話意象都是曖昧的。我們永遠也無法事先確認這一切的解讀究竟應該是正向還是負向。舉例來說，夢見黑巧克力蛋糕的那個人就作過一個正向的法厄同之夢。就在這個夢以後，他有了相當重要的一次經驗：在工作場合面對某個專橫而令人膽怯的權威人物時，他第一次能夠切實地堅持自己的主張。如果這個夢是在這件事之後，也許會認為這個夢是由外部經驗「造成」的。但既然這個夢是在事件之前，之後才有勇氣十足的那次遭遇，我們有理由認為是夢引發了外部的事件，或至少是夢創造了讓這事可能發生的心理態度。

這個夢是這樣的：

> 我是法厄同，我成功地駕著太陽車橫過了天空。場面恢弘壯麗——亮藍的天空，雪白的雲朵。我感受到極度的喜悅與滿足。我的第一個念頭就是：「關於原型，榮格完全正確。」

在這裡法厄同的神話融入了夢，但有所改變好去適應夢膨脹的 30
目的。神話故事中法厄同失敗的地方，做夢者的法厄同卻成功了。很顯然的，做夢者的前進步伐是超過他的力量範圍。他所做的行為是有風險的。這確實一定程度上涉及了膨脹的方式。然而，夢境是在這舉動之前，所以我的理解是，這是一個必要的英雄式的膨脹，讓做夢者自己的內在對外界的力量能達到新的水平，一如事實也的確如此。到了這裡，我們已經很明白了，整個膨脹的問題相當曖昧。一方面，膨脹有著相當的風險，另一方面又有其必要。究竟重心要放在哪端，完全取決於個體和他所處的特有情境。

另一個有關膨脹的神話是伊克西翁（Ixion）的故事。伊克西翁的膨脹舉動，是他試圖引誘赫拉（Hera）。宙斯將雲做成赫拉的樣子去阻止這企圖，伊克西翁卻依然強求交歡。宙斯對這行為感到驚訝，因此懲罰伊克西翁而將他綁在燃燒的火輪上，從天空的這一端到那一端永不停旋（見圖 6）。在這個故事裡，膨脹以淫慾與歡愉的追求來呈現出來。伊克西翁代表著膨脹的自我，試圖要將超個
人的力量據為自己所支配。這舉動的結果在一開始就已經注定了。 31
伊克西翁至多只能觸碰到雲朵的赫拉，一個幻想。伊克西翁的懲罰

【圖 6】被綁在輪子上的伊克西翁，古代畫瓶畫

是被綁在火燃的車輪上，這呈現了一個相當有趣的觀念。基本上，輪子就是曼陀羅。這暗指著自性和屬於自性的圓滿，但在這個故事中變成了行使酷刑的工具。這表示了當自我與自性認同合一持續太久時會發生的結果。這樣的認同合一於是變成了折磨，來自本能的烈火激情，於是成為地獄的火焰，將人綁在輪子上，直到自我能夠與自性分離，明白了本能的能量是超越個人的動力。如果自我還把本能的能量視為個人的歡愉，他就會一直被綁在伊克西翁的火輪上。

希臘人對他們所謂的僭妄（hybris）懷著極端的恐懼。這個詞最初是指毫無節制的暴行或是因驕傲而生的強烈情緒。這和我們所講的膨脹有相同意義的一面。僭妄是人類因為自己的傲慢，將屬於神的東西挪用給人類。這是人超越了自己應有的限界。吉爾伯特．

默里（Gilbert Murray）[42]講得很好：

> 心存艾多斯（aidos[43]，即敬畏）的人，會有一些隱形的邊界，是不希望有所超越的。僭妄則完全不顧這一切。僭妄者從不明白窮者或流放者源自宙斯：僭妄是不敬的傲慢：是濫用權力。這一方面表現出低劣而懦弱的罪行，是不敬的；對更高的存在是缺乏艾多斯的。可這同時也一向是出自太強大和太驕傲的罪行。這源自克洛諾斯（Koros）[44]，或是源自於飽足：「太過富足了」；它蔑視路途上的那些懦弱與無助，而這「蔑視」，正如古希臘悲劇詩人埃斯庫羅斯（Aeschylus）所說的：「是狄刻（Dike）[45]的祭壇。」（《亞伽曼農》，383）而僭妄是早

42 譯註：吉爾伯特．默里（Gilbert Murray, 1866-1957），英國古典學者，翻譯了古希臘戲劇大師埃斯庫羅斯、索福克勒斯、歐里庇得斯和阿里斯托芬——讓他們的作品在當代舞台上重新流行起來。

43 譯註：艾多斯（aidos）是希臘的恥辱、尊重和謙遜女神。而作為一種特質，則是一種抑制人們犯錯的崇敬或羞恥感。它的意涵還包括富人在窮人面前可能會感受到的情感，即他們的財富差距，無論是運氣還是功績，最終都是不值得的。涅墨西斯（Nemesis，「報應」）是希臘神話中被人格化的冷酷無情的復仇女神，亦稱為拉姆諾斯的女神（Rhamnousia/Rhamnusia），其神殿位於馬拉松以北的拉姆諾斯（Rhamnous）。在神話中涅墨西斯會對在神祇座前妄自尊大的人施以天譴。她又名阿德剌斯忒亞，意為「無法逃避的人」。

44 譯註：克洛諾斯（Koros，亦作 Kronos，英語 Cronus），他是泰坦族，第一代泰坦十二神的領袖，也是最年輕的。人們經常把他和古希臘的時間之神柯羅諾斯（Chronos）混淆。他是天空之神烏拉諾斯和大地之神蓋亞的兒子。他推翻了他父親烏拉諾斯的殘暴統治並且領導了希臘神話中的黃金時代，直到他被他自己的兒子宙斯推翻。其他的第一代泰坦神大多被關在地底的塔耳塔羅斯之中，而他自己卻逃走了，並救了大家。克洛諾斯和雷亞結婚，但他怕自己會被孩子們給取代，所以吞下所有的孩子，唯獨宙斯沒有被吞下。

45 譯註：狄刻（Dike，字面意思為正義 Justice）是希臘神話中代表公正，公平判決的權利和法律的正義女神，與羅馬神話的正義女神朱斯提提亞（Justitia）相互對應。在赫西俄德的《神譜》中，她是天父宙斯和正義女神忒彌斯的三個女兒之一，和她的母親一樣是伸張正義的女神。

> 期希臘常譴責的典型罪行。其他的罪行，除了和特定宗教禁忌相關，以及出自「醜陋」或是「不宜」詞義的罪行之外，一切幾乎都是僭妄的表現或衍生。[46]

默里認為敬畏（艾多斯）與報應（涅墨西斯〔Nemesis〕）是希臘人感情經驗中，最核心的概念。敬畏意味著對人類之外的力量保持敬意，如果踰越了這些力量就應感到羞恥。報應是缺少敬畏所引發的結果，也就是僭妄。

有個很好的例子，就是希羅多德（Herodotus）[47] 筆下波利克拉
特斯（Polycrates）的故事，展現了希臘人對人類超越適度邊界的恐
32 懼。波利克拉特斯是公元前六世紀愛琴海薩默斯島（Samos）的君
主。毫無疑問，他一帆風順。他經手的每件事都圓滿成功。他似乎
總是好運不斷。希羅多德寫道：

> 波利克拉斯的齊天洪福，沒有逃過法老王亞馬西士（Amasis，埃及王的朋友）的法眼，亞馬西士因此而感到不安。所以，當波利克拉斯的成功不斷累增，亞馬西士給他寫了下面這封信，並送到了薩默斯島：「亞馬西士給波利克拉斯的信是這樣寫的：聽到朋友及盟友飛黃騰達令人開心，但你那非比尋常的興旺發達卻並未讓我喜悅，因為

---

46 原註：默里（Murray, Gilbert），《希臘史詩的興起》（*The Rise of the Greek Epic*），London, Oxford University Press, 1907, p. 264f。

47 譯註：希羅多德（Herodotus），公元前五世紀的古希臘作家、歷史學家，他把旅行中的所聞所見，以及波斯第一個帝國阿契美尼德的歷史記錄下來，著成《歷史》一書，成為西方文學史上第一部完整流傳下來的散文作品，希羅多德也因此被尊稱為「歷史之父」。

據我所知，眾神也會嫉妒。我希望我自己，以及我愛的人，時而成功，時而經受一些挫折，在起起伏伏的好運壞運中度過一生，而不是一直都是在好運之中。因為我從來沒有聽說過有人可以心想事成，而且無災無禍，最後還躲開了徹底的毀滅。因此，現在且聽我一言，依我的建議來延續好運吧。想一想你所有的財富當中，你最看重什麼、最不捨放棄是什麼；不論是什麼，且拿著它，將它扔掉吧，保證它不再被人看到。如果此後，你的好運依然不會轉壞，還能長久延續。就按我建議消災避禍！」[48]

波利克拉斯採納了這個建議，他將一枚鑲嵌著珠寶的戒指扔進了大海。然而，幾天以後，一位漁夫抓住了一條魚。這條魚又大又漂亮，漁夫覺得自己不該賣掉它，必須將它當作禮物獻給波利克拉斯王。當魚被剖開，它的胃裡躺著國王所扔掉的那枚寶石戒指。亞馬西士聽到這個故事的原委之後，十分害怕，因此結束了和波利克拉斯的友誼。他害怕一旦捲入了這如此無邊好運，伴隨而來的將是巨大災難。果不其然，波利克拉斯最終在一場暴動與成功的叛亂後，被釘死在十字架上。

我們對過度好運的恐懼，是深植於人類的心裡。人類本能地感覺到，上帝對人類的成功是會妒嫉的。從心理學來上來說，這意味著：如果不把無意識考慮在內，意識層面的人格發展也不會長久。對上帝的嫉妒心存恐懼，因此我們隱約意識到自己一旦膨脹，是會

---

48 原註：希羅多德，《波斯戰爭》（*The Persian Wars*），by George Rawlinson, New York, Modern Library, Random House, 1942, p. 231。

受到審視的。侷限的確存在於事物及心靈結構自身的本質之中。當
33 然，有時也可能是過度恐懼。某些人不敢接受任何成功或是任何正面事物的發生，害怕因此會產生某些未知的懲罰。通常，這些似乎都是源自於童年不當的制約；因此這情形需要根據情況再重新評估。但除了針對個人的制約，往往也涉及了原型的現實。所有上升的一切，終究必然會下降。奧斯卡・王爾德（Oscar Wilde）就曾說過：「只有一種情況會比得到不想要的東西更糟，就是得到它。」波利克拉斯就是個例子。

愛默生（Emerson）也表達過同樣的觀點。他在〈論補償〉（Compensation）中，將這理論以文學的形式加以展現；而根據這觀點，榮格後來發展了有關意識與無意識之間補償關係的理論。以下是愛默生文章中摘取的片段。他在文中描述了各種狀況，不論好壞，都會在事物本質中得到相應的補償。他這樣寫道：

> 一位有智慧的人會將這教訓應用到生命的每一處，知道要審慎地面對每個要求，要為每個合理要求付出你的時間、才智，或是你的心。因為早晚你都必須清償所有的債務。也許因為一時的人和事，審判還沒來到眼前，但這只是暫時的拖延。最終，你必須還清自己的債務。如果你有智慧，你就會畏懼那些讓你負債更多的財富……因為你所受的每分利益之後，都會要你償付代價。[49]

晴空無雲正午的恐怖，波利克拉斯的綠寶石，對繁盛

---

49 原註：《愛默生文集》（*The Writings of Ralph Waldo Emerson*），New York, Modern Library, Random House, 1940, p. 181。

> 的敬畏，引導著每個寬厚的靈魂甘心去過高貴的禁慾式苦行僧生活，情願替人承受過錯，這些本能都是透過人的聽覺和心靈的顫抖來進行正義的天。[50]

我們在希伯來和基督教有關罪行神學理論的概念中，找到更多有關膨脹理念的闡述。在希伯來經典中，關於罪行的概念很顯然是出自禁忌心理。[51]那些屬於禁忌的事被認為不潔，但其中也有著不容褻瀆、神聖的含義，以及充滿過多的危險能量。起初，所謂罪行指的是違背禁忌，碰觸了這些充滿超個人能量而且不該被碰觸的禁忌之物。觸碰或佔用這些東西會給自我帶來危險，因為這踰越了 34
人類的界限。所以，我們也可以把禁忌看作是讓人類免於膨脹的保護。後來，人們以上帝意願的名義重新解釋了禁忌，也就是如果踰越了上帝的意志，懲罰將在所難免。在這個新的解釋背後，禁忌的觀念和對膨脹的恐懼依然潛伏其中。

基督教義也幾乎是將罪行等同於自我的膨脹。耶穌山上寶訓的真福八端[52]，從心理學的角度來看，最好的理解就是：這是對沒有膨脹的自我的讚揚。在基督神學中，奧古斯丁所精妙呈現的罪行就是膨脹的觀點。他在《懺悔錄》裡，生動闡述了膨脹的本質。他回憶了自己童年時，從鄰家梨樹上偷梨的動機，他紀錄著，自己並非

50 原註：同上。

51 原註：布羅斯（Burrows, Millar），《聖經神學概要》（*An Outline of Biblical Theology*），PhiLadelphia, Westminster Press, 1956, p. 165。

52 譯註：「天國八福」（The Beatitude；天主教作「真福八端」）是詳細記載在馬太福音裡八段的山上寶訓，耶穌早期在加利利傳福音時的祝福，每段祝福都以諺語形式來宣告，在拉丁語系、希臘語和阿拉姆語中，都是以「有福了」作耶穌祝福的開頭，而中文語境中則是在結尾，例如：「虛心的人有福了，因為天國是他們的。」

因為想要享有那些梨，而是享受罪惡這件事，也就是那無所不能的感受。隨後他繼續談論著，這些罪行的本質就是在於要仿效神：

> 因此驕傲是在模仿高高在上的狀態；而只有天主祢，是凌駕於一切之上的。人們的企圖，想要尋求這一切，但真有榮光與尊榮嗎？但只有天主祢，才享有無上榮光，才永遠享有尊榮。有權勢之人想用暴行讓人恐懼，但只有上主祢，才能讓人畏服……好奇心似乎在探求知識；但只有祢才通曉一切……怠倦美其名曰寧靜；但怎能與在祢身邊的寧靜相比？奢侈偽之以充裕有餘與富足豐盛；但只有祢才是永不枯竭、永不腐朽的歡愉源頭……吝嗇希望多多擁有；而唯有祢擁有一切。嫉妒為卓越爭辯：還有什麼可以比祢優秀？憤怒尋求復仇：誰又能比祢的報復更為公正？……為損失而悲苦憔悴，希望不要有任何失去……所有對你倒行逆施的效仿，都是在遠離你，在不自量力地反對你……靈魂最深的罪惡就是某種對天主的效仿。[53]

同樣有關膨脹的看法，也出現在佛教的觀念無明（avidya）[54]裡，也就是「沒有覺察」或沒意識到。按佛教的觀點，人類的苦難是來自無視現實的執著與欲念。有幅畫呈現了這樣的情形，人的意

---

53 原註：《聖奧古斯丁懺悔錄》（*The Confessions of St. Augustine*），translated by Edward b. Pusey, New York, Modern Library, Random House, 1949, p. 31f。

54 譯註：無明（dvidy，源自巴利語 vijj　），是佛教術語，意指智慧、知識，而其相反詞則為無明。在古印度，明有多個意思：它可以是知識、智慧之意，也可以用來指某種特別技術、科學知識、學問，包括對於神祕力量的學問也稱為明，如咒語、占星等。

象被綁在生命之輪上，象徵不同私慾的豬、雞和蛇等各種動物，推 35
動著這個轉輪（圖 7）。印度的生命之輪，類似於伊克西翁被縛的火輪；兩者都代表自我與自性的認同合一時，就是自我想將自性的超個人能量據為己用時，痛苦就會持續不斷。只要自我的無意識中保持著與自性的同一，這個痛苦之輪就永遠不會停息。這個輪子就是自性，圓滿的狀態。但只要在無意識的層面，自我想要同一，這輪子也就變成子永遠無止息的酷刑。

各種不同的膨脹狀態，是因為自我－自性同一的殘餘而產生 36
的，這在心理治療的實務上是經常可見。誇大和不切實際的態度，

【圖 7】生命轉輪，西藏圖畫

還有各式各樣的想像，隨著治療歷程中逐漸揭顯的無意識背景，也就一一浮現。對於這一些嬰兒期無所不能的想法，佛洛伊德和阿德勒的理論與技術都有著特別突出的關注。這些取向的化約法（reductive method），能夠有效處理因為自我－自性的同一產生的症狀。然而即便如此，千萬不要忘了要維持住自我－自性軸。病人對於化約法在體驗上，會覺得自己受到批評與貶抑。而這些特色確實是客觀的一種存在。經由詮釋而將心靈內容化約為嬰兒時期的源頭，對這內容在意識中明顯的意義是加以拒斥，這會讓病人覺得自己也被輕視和否定。這方法也許在推動自我－自性的分離時是必要的，但這也是把利刃，必須小心使用。這樣做的目的是要阻止膨脹，正是這個內在目的，讓精神科醫生們有了個外號：縮頭人（head shrinker）[55]。對於化約法，即便是小心使用，還是會令某些病人感覺憤憤然，這時我會引用老子說過的話：

> 將欲歙之，必固張之；
> 將欲弱之，必固強之；
> 將欲廢之，必固興之；
> 將欲取之，必固與之。[56]

---

55 譯註：在美國的通俗文化裡，一般將精神科醫師，甚至是心理治療師，通俗的稱呼是 shrinker。這個名詞是縮頭人（head shrinker）的簡版。所謂縮頭人是指醫生治好滿腹心事的個案後，病人心理壓力減輕了，腦袋也就恢復了原來的大小。這個詞組略帶貶意，往往用於半開玩笑或是自嘲。

56 譯註：將欲歙之，必固張之：想要收藏它，一定先要擴開它，例如摺；將欲弱之，必固強之：想要弱化它，一定先要強化它，例如割草；將欲廢之，必固興：想要廢掉它，一定先要興盛它，例如焚化；將欲奪之，必固與之：要奪取它，一定先要給予它，例如釣魚。後面再加上「是謂微明」四個字：後續的微妙變化，總是隱藏在不明顯的表象裡，即所謂的「微明」。

異化疏離的自我

危險所在，亦是救贖生處。

——荷爾德林[1]

1 原註：出自《帕特摩斯》（*Patmos*）。Wo aber Gefahr ist , wächst das Rettende auch。

譯註：荷爾德林（Johann Christian Friedrich Hölderlin, 1770-1843），德國著名詩人，古典浪漫派詩歌的先驅，可惜三十五歲起精神失常，曾被世界遺忘了將近一個世紀。他的詩歌運用大量隱喻、象徵、悖論等現代技巧，突破古典時代的規則束縛，表達對自由的強烈嚮往和對詩意棲居的生命境界持之以恆的想象。他被認為是世界文學領域裡最偉大的詩人之一。他與黑格爾（Hegel）和謝林（Schelling）曾在圖賓根（Tübingen）的新教神學院同窗，互為好友。《帕特摩斯》是荷爾德林的代表作，這裡引用的是戴暉的譯文。帕特摩斯是愛琴海東南小亞細亞（今土耳其）沿岸十二群島中，最北的一個火山形成的多石小島。《約翰福音》的作者使徒約翰在該島流放時，口授了《新約》最末一篇《啟示錄》。荷爾德林在洪堡伯爵弗里德里希（Friedrich of Homburg）的建議下，寫下了這首詩。它涉及黑暗、短暫、死亡和復活。由於弗里德里希伯爵的遺體就在這裡，荷爾德林這首詩銘刻在城堡教堂裡地下室的入口。

1. 自我－自性軸和心靈生命週期

自我的開始，雖然是來自與自性認同合一的膨脹狀態，但這情形並不會持續太久。因為和現實開始出現的碰撞，讓過高的期待因此受到了挫折，自我與自性就會拉開距離。這樣的疏遠，是透過墮落、放逐、無法癒合的傷口、永久的折磨等等意象作為象徵。很顯然地，當這樣的意象出現時，自我所感受到的不僅僅是遭到懲罰，而是進一步的受傷。這樣的傷害，如果理解為自我－自性軸的受損將更恰當；關於這一點，在介紹自我－自性軸這個概念時，將會進一步討論。

從臨床的觀察，我們可以得出以下的結論：自我的整合與穩定，取決於所有的發展階段是否都可以與自性保持著切實的聯繫。佛登（Fordham）[2] 曾以一些孩子畫的曼陀羅為例，當孩子們的自我面臨毀滅性力量的威脅時，這些曼陀羅就會湧現出來，成為有魔法的保護圈。他還引述了幾個情況，孩子們所畫的圓圈與主詞的「我」有所聯結時，會引發一些他們原本不曾做出的有效行動。在
38 成人的心理治療中也有類似的情況：無意識也許會創造出一個曼陀羅意象，對混亂、困惑的自我傳遞出寧靜、涵容的感覺。這些觀察表明自性是自我的靠山，可以對自我的整合（integration）形成保護的作用。榮格也講述過同樣的觀點，他說：「自我之於自性，就像是被移動者（moved）之於移動者（mover）……自性……是先驗

---

2 原註：佛登（Fordham），〈有關童年自我與自性的一些觀察〉（Some Observations on the Self and the Ego in Childhood），收於《分析心理學新發展》（*New Developments in Analytical Psychology*），Routledge and Kegan Paul, London 1957。

的存在，而自我從自性中演化而誕生的。我們可以說，自性是自我在無意識裡的預先顯現（prefiguration）。」[3] 自我與自性之間，存在著在結構和動力上的親密性。這種極其重要的親密性，諾伊曼稱之為自我－自性軸。[4]

《舊約》的教義以神話的方式呈現了這一關係：人（自我）是按上帝（自性）的樣子創造的。與此同樣有關的是「我是自有永有」（I am that I am.）[5]，人們認為這是耶和華所說的話。「自有永有」（I am）不也等於界定了自我的根本本質嗎？因此，我們可以很確定地推斷說，自我和自性最根本的連結，對自我的功能與整合有著決定性的重要。本書第一章的圖形，透過自我圈的中心和自性圈的中心兩者加以連接的軸線，來呈現這一關係，並稱之為自我－自性軸。如果自我要在壓力與成長中存活下來，自我－自性軸所呈現的自我與自性之間重要的連結，在相當程度上必須完好無損。這條軸是意識人格與心靈原型之間進行溝通的大門或通道。如

---

3 原註：榮格，《心理與宗教：東方與西方》（*Psychology and Religion: East and West*），*C.W., Vol. 11*, § 391。

4 原註：諾伊曼（Erich Neumann）刊載於《春泉季刊》（*Spring*）的〈自戀，自性的正常形成，和與母親的原初關係〉（Narcissism, Normal Self-Formation, and the Primary Relation to the Mother），Published by the Analytical Psychology Club of New York, 1966, pp. 81。這篇論文影響深遠，所有分析心理學家都應該仔細閱讀。

5 譯註：《舊約》的時代，神與以色列人立約的名字直譯即「我是」，「自有永有」是中文加上的翻譯。神是「自有永有的」，所以萬物因祂而有。神對摩西說：「我是自有永有的。」又說：「你要對以色列人這樣說：『那自有的打發我到你們這裡來。』」（《出埃及記》3：14）「自有永有」即「自我存在」，意即神的存在或不存在不受任何外界力量影響，祂是絕對自我的永遠存在者，是超越受造界存在的存在者，萬物尚未存在時，祂已是「自有永有」、「自存自在」。「自有」即非受造而有，是超越時間與空間的「自有永有者」，希伯來文稱為「我是」，而神是永恆不變的「我是」。

編註：本書引述聖經之譯文，參考現今通行之譯文（多為和合本），依行文之需要改寫而成。

果傷害了這個軸，就傷害了意識與無意識間的聯繫，進而導致自我的異化[6]，而疏離了源頭與基礎。

當我們開始思考「到底是什麼導致了自我－自性軸在童年期受損」之前，有些前提的說明是必要的。每個原型意象，至少都包含了自性的某一個側面。在無意識中，不同的事物之間並沒有任何的區分。每一事物都是彼此融合一體。所以，如果個體對這一切還沒有覺察，那麼這些我們後來會知道的連續性層級，像陰影、阿尼姆斯和阿尼瑪以及自性等等，彼此之間是沒有分離的，而是融合在同一個動態的整體中。在陰影或阿尼姆斯的問題背後，或是父母問題
39 的背後，都潛藏著自性的動力。因為自性是中心原型，所有其他原型的主要角色也就都從屬於它。自性包圍也包涵了這一切。所有的異化疏離問題，不論是自我與父母形象之間的，還是自我與陰影之間的、自我與阿尼瑪（阿尼姆斯）之間的，最終都是自我與自性之間的異化疏離。雖然我們為了講述上的便利而對這些不同的形象加以區分，但在實際經驗裡，這些通常是彼此不分。因此，在所有嚴重的心理問題中，我們首先要處理的，基本上都與自我－自性的問題有關。特別在兒童心理，尤其是如此。

諾伊曼認為在童年，自性是在和父母的關係裡體驗到的，而一開始則是來自與母親之間的關係。諾伊曼把這種最初的母子關係叫做原初關係（primary relationship），他說：「……在原初關係裡，母親是指引著、保護著，滋養著這個源頭，代表著無意識，也代表著最初階段之自性這個源頭。依賴的孩子所呈現的，是孩子模樣的

6 譯註：Alienation 這個字在中文裡面經常翻譯成異化或疏離。在本書裡，會衡量上下文脈絡而決定用字。

自我與意識。」[7] 這意味著對自性最初的體驗，必然是透過對父母的投射而來。所以，自我－自性軸的發展早期，就相當於父母和孩子的關係。恰恰在這個點上，無論是個人生命歷史的要素，還是先驗存在的原型要素，我們對這兩者都要特別小心公平處理。自性是我們內在先驗存在的決定因素。然而，如果沒有穩固的親子關係，自性就無法湧現。諾伊曼注意到了這點，將之稱為「個人對原型的召喚」（the personal evoction of the archetype）。[8] 在透過投射來體驗自性的這個階段，自我－自性軸是最脆弱的，最容易遭到不利環境的傷害。在這個時候，還沒有能力區分其中有什麼，而其中又沒有什麼。所以，沒能體驗到接納與和諧，在感覺上就相當於是失去了來自自性的接納。換句話說，這是自我－自性軸受到了傷害，而導致了自我－自性的異化疏離。這一部分於是脫離了整體。父母對孩子人格某個面向的拒絕接納，在心理治療中，幾乎是每位病人都曾有過的經驗。這裡使用「拒絕」這個字，並不是指父母為了讓孩子對自己原始慾望有約束能力所進行的必要訓練與管教，而是指父母因為將自己的陰影投射到孩子身上，而做出的拒絕。這是無意識的過程，而孩子所體驗到的是某種非人的完全徹底、不可拒絕的事物。這就好像是來自無可辨駁的神。這一切的發生有兩個源起。首 40
先，孩子將自性投射在父母身上，這使得父母的行為有了超越個人的重要性。其次，在無意識中行拒絕之實的父母，在自己的領域中將他們的自我－自性加以同一，因此會膨脹得相當於神明。從孩子

7　原註：諾伊曼（E. Neumann）：〈分析心理學中遺傳學問題的重要性〉（the Significance of the Genetic aspect for Analytical psychology），《分析心理學期刊》（*Journal of analytical psychology*），IV 2, p.133。

8　原註：同上，p. 128。

的角度來說，這個結果就是傷害了孩子的自我－自性軸，而這對孩子的心理可能造成永久的傷害。

自性是心靈的中心，是心靈的全部，可以協調所有的對立，也是極其優異的接納組織。既然自性包括了全部，也就可以接納心靈生活的所有元素，哪怕彼此之間多麼不相容。然而，正是自性的這種接納感，讓自我有了力量與穩定。這種被接納的感覺，是透過自我－自性軸傳遞給自我的。而自我－自性軸受損的症狀之一，就是缺乏自我接納，個體感覺自己不值得存在，不值得成為自己。心理治療提供給人們有個機會體驗這樣的接納。在成功的治療案例中，重現這樣的接納將會修復自我－自性軸，因而病人與力量和接納的內在源頭恢復了連結，可以自由自在地生活與成長。

對於自我－自性軸受傷的病人而言，心理治療讓他們印象最深刻的是治療師對他們的接納。一開始，他們無法信任治療師。他們只把治療師的接納當成一種專業技術，而不認為是真誠的現實。然而，一旦治療師的接納被視為真實，強有力的轉變立刻就會發生。這一移情的源頭似乎是來自自性的投射，特別是自性的功能作為一種接納的組織時。在這一點上，治療師－自性的核心特點最為重要。治療師身為人的這部分，成為病人生活和思想的中心，約診作心理治療則成為每週的重心，過往的混亂和絕望裡，如今出現了意義和秩序的中心。這些現象顯示自我－自性軸的修復正在發生中。從和治療師的會面中，可以體驗到生命彼此間生機勃勃的聯繫，其間傳遞了希望和樂觀。要達到這樣的效果，一開始需要持續聯繫，而效果在每次約診治療之間空檔會變弱。然而漸漸地，自我－自性軸的內在功能將越來越居主導。

被接納的體驗不僅可以修復自我－自性軸，還會活化殘餘的自我－自性同一性。只要自我－自性軸還是完全處在無意識中，這 41
樣的情況就一定會出現（如圖形 2 所示的情況）。所以，膨脹的態度、佔有的期待等等就會浮現，而這會激起治療師和環境更多的拒絕。一旦自我－自性軸又再次受傷，相對異化的情況就會再發生。在理想的情況下，包括在心理治療和自然的發展中，人們會希望自我－自性同一性盡量和緩、漸進地消解，不至於傷到自我－自性軸。可是在現實裡，我們期待的這種理想狀態很少會發生。

意識的發展過程正如下頁圖形 5 所示，以一種循環的方式進

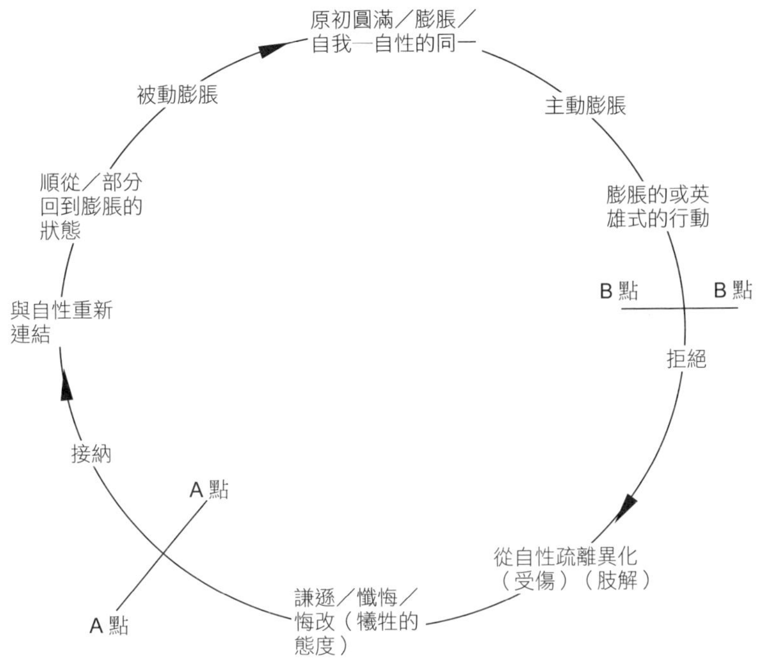

【圖形 5】心靈生命的循環

行。一如圖形中所標示的那樣，心靈的成長包含了一系列膨脹和英
42 雄式的行動。這些行動引發排斥，隨後疏離、懊悔、補償和接踵而至的重新膨脹。這個循環的歷程，在心理發展早期一次次地重覆發生；而每一次循環，都可以讓意識更為擴大。就這樣，意識漸進積累起來。然而，這樣的循環也可能出現問題。尤其是在生命的早期階段，這循環可能會受到干擾。在童年時期，孩子與自性之間的聯繫，大體上是等同於與父母的關係。所以，如果孩子和父母間的關係有問題，那麼孩子和自身內在存有的中心彼此之間的聯繫也可能會出現問題。正因如此，早期的家庭關係才會對人格的發展如此重要。如果家庭中人際關係受損嚴重，這個循環也可能被完全阻斷。而阻斷可能發生的地方有兩個：圖形 5 的 A 點和 B 點。

在 A 點如果沒有來自愛的足夠的接納與修復，就會發生阻礙。如果孩子因為犯錯而被懲罰，之後卻沒有獲得充分的接納，成長循環也就會出現狀況。孩子的自我會陷入在膨脹與疏離之間毫無價值的來回擺盪，日益深陷在越來越強烈的挫折與絕望裡，而循環也就不能正常運轉，無法朝向下一個的節點來獲得休息和接納。

另外一個可能發生阻礙的地方是在 B 點。如果孩子在過分放任的環境中長大，完全沒有過受挫的經歷，如果父母從不說「不」，這道循環也會出現問題。這整個異化疏離的經驗原本是會帶來相應的意識覺知，如今卻疏漏了；孩子的膨脹所得到的只是接納。這造成了受寵兒童的心理，帶來了暫時性人生（provisional life）的態度，從來就不曾有過受限與被拒的經驗。

圖形 5 所呈現的是發生在早期階段，膨脹與異化相互轉換的過程。但這圖形並沒有呈現出在稍晚以後，也就是這個階段結束以後

所取而代之的發展。自我一旦發展到了一定的水準，就不再需要重複這個循環，至少是以不一樣的方式。而取代這循環的是，自我與自性之間開始出現多少能意識到的對話。

2. 絕望和暴力

在異化疏離的狀態下，自我一如我們預期中的，不僅是不再與
自性認同而同一，也出現了我們不想看到的一面，就是與自性失去 43
聯繫。自我與自性之間的聯繫對心靈的健康非常重要。它為自我提供了根基、架構和安全，也給予了自我包括能量、興趣、意義與目標等等。若這個聯繫斷裂，造成的結果就會是空虛、絕望、無意義感；在最極端的例子中，還會出現精神疾病或是自殺的情況。

聖經所呈現的幾個神話人物，所代表的就是異化疏離的狀態。亞當、夏娃被趕出伊甸園（圖 4），處在難過而與過往決裂的狀態。該隱也是個異化疏離的角色。我們在《創世紀》中讀到：

> 亞伯是牧羊人，該隱是耕夫。一天，該隱將土地所產的蔬菜和糧食獻給耶和華；亞伯也將羊群中的頭生羊和羊脂油獻上。耶和華看中了亞伯和他的供物，卻沒看中該隱的供物。該隱大怒，變了臉色。耶和華對該隱說：「你為什麼發怒呢？又為什麼變了臉色？」[9]

9　原註：《創世紀》，4：2-6，RSV（標準譯本修訂本）。
編註：本書聖經英文來源有四，代號如下：RSV（標準譯本修訂本）；NEB（新英語聖經）；A.V.（欽定譯本）；JB（耶路撒冷聖經）。

耶和華似乎並沒意識到，正是他自己拒絕了該隱和他的供物而帶來了所有的麻煩。

> 該隱對他的兄弟亞伯說：「我們出去，去地裡。」當他們在田地裡，該隱起身打他的兄弟亞伯，並殺死了他。耶和華對該隱說：「你的兄弟亞伯在哪裡？」該隱說：「我不知道；我難道是看守我兄弟的嗎？」耶和華說：「你做了什麼？你兄弟的血發出聲音從土地裡向我哭訴。土地開了口，它從你手裡接下了你兄弟的血，你將被土地詛咒。你種地，你將不再收穫；你將流離逃亡在這土地之上。」[10]

因此該隱被放逐到荒野，在另一層次上等於是重演了亞當被逐出天堂的故事。如果可以從客觀而非傳統的視角來看這個神話故事，我們就可以看出問題的源起，是來自上帝毫無理由地拒絕了該隱。在故事中，亞伯是牧羊人，該隱是農夫。也許該隱是在牧人社會中首先開始務農的人。這可以解釋該隱為什麼會被拒絕；他是一個創新者，固定不變的社會總是害怕變化，試圖引入新理念的創
44 新者則會招來恨意。該隱所遭遇到的，是所有這些創新者典型的命運。無論如何，該隱都是個原型人物，代表著被拒絕與被疏離的體驗。他對過度而不合理的拒絕，反應也很典型，也就是暴力。一個人經歷了難以忍受的疏離與絕望時，隨之而來的就是暴力。這暴力

10 原註：《創世紀》，4：8-12，RSV。

的方式可能是內在的，也可能是外在的。而極端的形式，就意味著殺人或是自殺。殘酷的是，任何暴力形式的根源都來自疏離的體驗：太強烈令人無法忍受的拒絕。

我想起一位我在精神病院裡見過和該隱有著相同命運的病人。從童年有記憶以來，他生命中最大的問題和最核心的主題就是和哥哥的競爭。他的哥哥無論做什麼都很成功，是雙親最愛的孩子。這種愛，甚至到了父母經常將他的名字錯喊成哥哥名字的地步。這件事當然是很容易理解的，也經常令他憤怒抓狂；他從來沒有被當成獨立的人，在父母眼裡甚至幾乎不存在。病人因此極為痛苦挫敗，極度沒有價值感。有一次觀看電影的經歷，他的反應更顯現出他和「被拒絕的那個」有多麼的相同。電影是根據約翰・史坦貝克小說《伊甸之東》改編的《天倫夢覺》[11]，這是該隱與亞伯故事的現代版本。故事中有一對兄弟，一個是父親的至愛，另一個則被忽視與拒絕。病人完全把自己強烈地認同成了被拒絕的那個，以至在電影進行到一半的時候，他焦慮和沮喪到不得不離開現場。

後來，這位病人結婚了，但他和妻子間的關係也沒能好好發展。他的妻子和其他男人有染。這強烈地喚起了他被拒絕的舊傷，他蓄意謀殺妻子，但沒能成功。後來，他又試圖自殺。第一次還是沒有成功，但最後，他第三次再自殺，且成功了。他體現了神話的命運，結果非常令人苦楚。

11　譯註：小說《伊甸之東》（*East of Eden*）是 1962 年諾貝爾文學獎得主約翰・史坦貝克（John Ernst Steinbeck, 1902-1968）在 1952 年出版的作品，也是他的代表作之一。小說雖然是現代的背景，主題圍繞在舊約聖經中該隱殺掉親兄弟亞伯的情節。這小說後來改編成電影《天倫夢覺》（?????????），1955 年由伊力・卡山（Elia Kazan, 1909-2003）導演，而英年早逝、一生僅主演過三部電影的電影詹姆士・狄恩（James Byron Dean, 1931-1955）則主演這弟弟。

45

【圖 8】沙漠中的夏甲和以實瑪利，古斯塔夫·多雷（Gustave Doré）畫

從內在的觀點來看，謀殺與自殺沒有什麼大的區別。唯一的不同只是在方向上毀滅能量走向不同。在抑鬱狀態下，人們經常會做殺人的夢，作夢者在夢中殺了自己。這種夢的意象，表現出殺人與自殺從象徵意義上來說，本質上是同一回事。

聖經的另一位人物，也是典型的異化狀態的代表的，就是以實瑪利（Ishmael）（圖 8）。他是亞伯拉罕和女僕夏甲（Hagar）的私生子。當以撒（Isaac）這個合法兒子出生之後，以實瑪利和他的母親就被驅逐趕到了沙漠（圖 8）。不合法的婚外私生這個主題，是異化經驗中的一個面向。這些確實是私生的孩子，常常會有異化疏離的問題，有人稱之為以實瑪利情結（Ishmael complex）。

梅爾維爾（Melville）的小說《白鯨記》提供了一個美麗的例子，述說了一個人想要走出以實瑪利情結的故事。小說的主人公就叫以實瑪利，故事描寫了膨脹與異化之間的來回擺盪。小說的第一段是這樣的：

> 叫我以實瑪利！很多年前——不要在意到底有多久——我身無分文，對於岸上的一切興味索然，我想我該去海上四處轉轉，看看世界上被水覆蓋的那些地方。我想用這法子來平心靜氣，好好調節血液循環。每當我發現自己嘴角陰冷；每當我發現自己不由自主地停在了棺材鋪前、尾隨在每場葬禮之後；尤其是每當我發現自己又開始尋求刺激，要是沒有強勢道德準則束縛，我就會衝上街去有條不紊地敲掉人們的帽子——我就知道，我該出海了，越快出海越好。它們代替了手槍和子彈幫我了此一生。加

圖（Cato）[12] 帶著哲學家風範飲劍自盡，我則是靜靜地登船出海。沒什麼可吃驚的。如果他們知道，每個男人或多或少在某個時侯，都會對海洋有和我近乎一樣的情感。[13]

小說中的一切，都按第一段的邏輯上演著。整部悲劇的暴力與膨脹，依循著最初的這種異化狀態而展開，一種自殺式的絕望。這是循環出現了短路的一個例證，異化狀態重新回到膨脹，結果卻是更加不幸。

另一部文學經典也是以這樣的異化狀態開頭的。但丁（Dante）的《神曲》開頭這樣寫道：

方吾生之半路
恍余處乎幽林，
失正軌而迷誤。
道其況兮不可禁
林荒蠻以慘烈
言念及之復怖心！
慼其苦兮死何擇……[14]

---

12 譯註：這裡指的是小加圖（Cato Minor），全名 Marcus Porcius Cato Uticensis（95BC-46BC），與他的曾祖父老加圖區別。小加圖是羅馬共和國末期的政治家和演說家，一位斯多噶學派哲學的踐行者。他堅定支持羅馬共和制，當凱撒進軍羅馬時，他堅決抵抗，戰敗後以劍自殺身死。小加圖也因為其傳奇般的堅忍和固執而聞名，他不受賄、誠實、厭惡羅馬共和國末期猖獗的政治腐敗。

13 原註：梅爾維爾（H. Melville），《白鯨》（*Moby Dick*），New York, Hendrick's House, p. 1。

14 原註：但丁，《神曲》（*Devine Comedy*），Trans. Lawrence Grant White, New York, Pantheon。
編註：中文參考錢稻孫譯文。

歌德（Goethe）的《浮士德》也是這類型的開頭。第一幕，他 47
就表達了自己內在的空虛與荒蕪：

哦，我還深陷牢獄嗎？
這該死的牆上破洞，
仁慈的天堂之光
從中虛浮地穿越彩繪玻璃
被困在胡亂堆置的書間
被蟲蛀，滿是灰塵……[15]

荷爾德林（Hölderlin）描寫了從兒童到成人的轉折，一如從天堂到荒原：

童年的金色的夢啊，滿是祝福，
為我遮蔽生命的慘淡淒苦；
凡心靈善美籽種，你攜它綻放；
凡我所無法企及，你賜我所有；
自然啊，你之美，之光，
解放所有辛苦，所有強求。
愛碩果累累，呈王者之儀，
其豐盈富饒如阿卡狄[16]的收成。

---

15 原註：歌德，《浮士德》（*Faust*），Trans. L. MacNeice, London, Oxford Press。

16 譯註：阿卡迪亞（Arcady 或 Acadia）是伯羅奔尼撒半島中部的一個地區。它的名字來源於神話人物阿卡斯，在希臘神話中這裡是潘神的家。在歐洲文藝復興時期的藝術中，阿卡迪亞被譽為一片未受破壞、和諧的荒野。因此，它在流行文化中被引用。

那養育我的一切已然消亡、破碎；
那曾庇護我的青春世界，枯萎凋謝；
那曾是天堂的這片胸膛，
如同收割後的田野，凋蔽死寂。[17]

對於異化狀態，有很多現代的表現方式。事實上，這狀態幾乎無所不在，而我們的時代就可稱作是個異化的時代。比如艾略特（T. S. Eliot）在《荒原》裡的片段：

這是什麼根在抓著，是什麼樹杈
從這片亂石裡長出來？人子呵，
你說不出，也猜不著，因為你只知道
一堆破碎的意象，受著太陽拍擊，
而枯樹沒有陰涼，蟋蟀不使人輕鬆，
乾石頭髮不出流水的聲音。
……
有石而無水，只有砂石路
砂石路迂迴在山嶺中
山嶺是石頭的全沒有水
要是有水我們會停下來啜飲
在岩石間怎能停下和思想
汗是乾的，腳埋在沙子裡

17 原註：《致自然》（*To Nature*），引自榮格《轉化的象徵》（*Syrnbols of Transformation*），C. W., Vol. 5, following §. 624.。

要是岩石間有水多麼好 48
死山的嘴長著蛀牙，吐不出水來
人在這裡不能站，不能躺，不能坐
這山間甚至沒有安靜
只有乾打的雷而沒有雨
這山間甚至沒有閒適
只有怒得發紫的臉嘲笑和詈罵
從乾裂的泥土房子的門口[18]

這首強勁有力的詩歌，描繪了個體的和集體的異化疏離，而這正是我們這個時代的特點。「一堆破碎的意象」想必是有關傳統宗教的象徵，對現代人來說，宗教已經失去了意義。我們生活在沙漠之中，找不到生命之水。重山，原本是人類遇到上帝之所，如今只剩了無雨而乾打的雷鳴。

現代的存在主義被公認是集體的異化狀態所代表的症狀。當代的許多小說與戲劇都描繪過這種失落、無意義的生活。當代藝術家似乎不得不一而再地描繪這樣毫無意義的經歷，將這一切帶回來給我們。然而，這樣的需求並非全然負面現象。異化疏離並不是無解的盡頭。它也可以充滿希望，而引領我們對生命的深處與高處有更大的覺察。

18 原註：艾略特，《詩集》（*Collected Poems*），New York, Harcourt, Brace and Company, p.69 and p. 86f。

3. 異化與宗教經驗

就像主動膨脹的體驗是自我的發展必要的陪伴，異化疏離的體驗則是對自性的覺察必要的序曲。齊克果是現代的存在主義的源頭，他下面這段話中認可了異化疏離體驗的重要性：

> 關於被浪費的生命，已經已經有太多的討論了——但是，人只有從自己的生活中荒廢了自己的生命，讓生命的歡愉或難過來如此矇騙自我，否則他將不會如此毫不猶疑而堅定永恆地明白自己的靈性……或者說（是同樣一回事）如果從來沒有真正察覺到在內心最深處只覺知和接受
> 49 只有一個上帝存在的這個唯一事實，他，他自己……存在於這上帝的面前，**永恆是永不可能的，除非通過絕望。**（粗體是作者所加。）[19]

榮格在心理學的討論，也講過基本上類似的一段話：

> 自性，在實現自性的努力中，每一面向都努力超越自我的人格；因為自性包括了一切的這個特質，所以可以比自我光明，也可以比自我黑暗，因此必然會觸碰到自我想規避的那一切問題。一個人不論是道德勇氣的不足，還是判斷失誤，或者兩者兼而有之，命運終將決定……你會

---

19 原註：齊克果，《恐懼與戰兢，由病至死》（*Fear and Trembling, the Sickness Unto Death*），New York, Garden City, Doubleday Anchor Books, 1954, p. 159f。

> 成為大腦的受害者，因為你讓它做決定，卻不肯聽從你的內心。從這點，我們可以看到自性的聖祕（numinous）力量[20]，這是我們體驗自性的唯一方式。所以，對自性的體驗總是意味著自我的又一挫敗。[21]

有許多這類的宗教體驗記錄，其中最典型就是聖十字若望（St. John of Cross）[22]所謂的「靈魂黑夜」。齊克果稱之為「絕望」，榮
格的叫法是「自我的挫敗」。所有這些名詞，指的都是心靈的異化 50
狀態。我們在宗教體驗文獻中一次又一次地讀到這類的深刻感受，也許是憂鬱、內疚、犯罪、無價值感等等，以及完全失去了一個人賴以存在的的那些來自超個人的支持或基礎。

異化的古典象徵，是曠野這個意象。而且就是在這裡，典型的情況就會遇到上帝顯靈。流浪漂泊的人迷失在沙漠裡，就要死亡了，神聖滋養的源頭就出現了。曠野中的以色列族人，幸虧天降嗎哪（按：以色列人出埃及時，於曠野中上帝所賜的食物），得以活命（《出埃及記》，16：4）（圖 9）。曠野裡的以利亞，渡鴉為

20 譯註：Numinous 或 numinosity 是源自拉丁語 numen 的詞，意思是「喚起心靈或宗教的情感，是神祕或令人敬畏」。德國神學家和哲學家魯道夫．奧托（Rudolf Otto）在其 1917 年頗具影響力德文著作《論神聖》中賦予了這個詞的現在意義。他還使用短語 mysterium tremendum（巨大的神祕感）來作為對這一現象的另一種描述。受到奧托影響的思想家，包括榮格、米爾恰．伊利亞德（Mircea Eliade）和路易斯（C. S. Lewis），這觀念已被應用於神學、心理學、宗教研究、文學分析和迷幻體驗的描述。Numinous 這一詞很難翻譯成中文，所以比較常見用「努曼」或是「努祕」，本書的翻譯採取的是用「聖祕」，比較接近意譯，也與「神聖」（sacred）做出區別。亦有人譯成靈畏或聖畏，這翻出了敬畏的意思，但被神聖無限吸引的那種情感就比較難傳達。

21 原註：榮格，《神祕結合》（Mysterium Coniunctionis），C. W., Vol. 14, § 778。

22 譯註：聖十字若望（John of the Cross，西班牙文 San Juan de la Cruz，本名 Juan de Yepes Alvarez，154 2-1591）是公教改革的主要人物，西班牙神祕學家，加爾默羅會修士和神父。他的主要著作包括《心靈的黑夜》（加爾默羅聖衣會譯，星火文化出版，2011）等。

【圖 9】以色列人在曠野收集嗎哪，收於《克利夫斯的凱瑟琳祈禱書》（*The Hours of Catherine of Cleves*）

他叼來食物。（《列王記上》，17：l2-6）（圖 10）。據傳說，沙漠隱士聖保羅也同樣吃過渡鴉叼來的食物（圖 11）。在心理上這意味著，最可能體驗到心靈原型支持的時刻，就是自我即將耗盡，而且開始意識到自己基本上無能為力時。「人力之所不能處，上帝初現。」

威廉 詹姆斯（William James）[23] 在他所著的《宗教經驗之種

23 譯註：威廉．詹姆斯（William James, 1842-1910），美國心理學之父，美國本土第一位哲學家和心理學家，自稱「基進的經驗主義者」，1904 年當選為美國心理學會主席。佛洛伊德在早期的有力支持者，但其理論反而對榮格影響甚深。

【圖 10】**渡鴉餵食的以利亞，華盛頓‧奧爾斯頓（Washington Allston）繪，細部圖**

種》（*Varieties of Religious Experience*）中，提供了大量關於發生在聖祕體驗之前的疏離／異化狀態的例子。其中有一則是托爾斯泰的故事：

> 托爾斯泰表示，自己大約五十歲上下的時候開始， 51
> 有些時刻很迷惘，他自稱是受困了，好像不知道接下來來「要如何活下去」，或有什麼好做的。很顯然在這些時刻，我們平常作息的所應有的興奮和趣味，全都停下了。生命受到詛咒，變得平淡地清醒，甚至比清醒還清醒，一片死寂。那些理所當然很有意義的事，現在也變得毫無意義。「為什麼？」「接著怎麼辦？」這樣的問題開始困擾

他，越來頻繁地出現。一開始，似乎必須為這些問題找到答案，花時間去找到答案也比較容易；然而，隨著這些問題開始變得比以往越來越急迫，他對這些的感受好像是一位病人對自己最開始時的不適，起初是注意到了，但也沒太大關注，但後來發現這痛苦持續不斷，才意識到自己原本以為只是一時失調，卻是他在這世界上最重大的那樁事，也就是死亡。

這些問題，像是「為什麼？」「原因何在？」「目的為何？」通通無解。「我感覺」，托爾斯泰寫道：「我的內在有個東西破碎了，那是生命一直以來的依託，如今我再無可秉持，而精神上來說，我的生命已經終止。一種無可戰勝的力量強迫我放棄自己的存在，以各種層出不窮的方式。然而這並不能因為這樣就說是我『願意』殺死我自己，只是那股將我從生命拽離的力量要比生之欲的微薄力量還更飽滿，更有力，也更無所不在。這股力量和之前我對生命的渴望是一樣的，只是這次它把我拉向的是另一個方向。我的整個存在都在渴望遠離生命。」

「看看我吧，一個幸福且相當健康的男人，現在卻藏起繩子，以防我在每夜獨眠房間的屋樑上上吊自盡；我也不再去狩獵，以防我一時軟弱飲槍自盡。」

「我不知道我想要什麼。我害怕生命；有一股力量驅使我離開它；儘管我仍希望從中得到什麼。」

「在這些發生的時候，我外在的一切境遇十分順利，我應該是個非常幸福的人。我有位賢妻，我們兩情相悅；

有一群乖巧的孩子，還有一大筆財產，不用費力它們的數目就在不斷增加。我在親朋和熟人中得到的尊重超越以往；來自陌生人的讚美車載斗量；毫不誇張地說，我已經功成名就了。而且，我既沒精神失常也沒有生病。相反地，我有著我這個年齡少見的身體和精神的強健狀態。我割草可以像農夫那麼熟練，我可以連續工作八個小時，而不覺得有什麼不良影響。」

「然而，我為我生命的任何行為都找不到合理的意
義。而且，我很驚訝我竟然一開始就無法理解。我的心智 52
狀態就好像是什麼人和我開了一個既邪惡又愚蠢的玩笑。人只有在爛醉、酗酒的狀態才會如此，一旦清醒，必定會明白這一切就是個愚蠢的騙局。對此，最真實的是其中甚至索然無味，甚至荒唐也沒，就只有最純粹而簡單的殘忍和愚蠢。」

他陷入了這些無解的問題，「……我今天所做一切有何用處呢？而我明天又該做些什麼？我的一生最終又會如何？我為什麼要活著？我為什麼要做這些事？既然必然的死亡在前方等我，生命中又有什麼目標是不會被挫敗摧毀的？」

「這些是世界最簡單的問題。從愚蠢的小孩子到最睿智的老人，這些問題存在於每個人的靈魂之中。如果沒有答案，如我經驗的那樣，生命就無法繼續。」[24]

---

24 原註：威廉．詹姆斯，《宗教經驗之種種》（*Varieties of Religious Experience*），New York, Random House, Morden Library）, p. 150f。

53

【圖 11】聖安東尼和聖保羅，渡鴉為隱修士叼來食物，丟勒（Dürer）繪

這個例子，很適合用來說明急性的異化發作。托爾斯泰所問的困惑，是每位精神官能症在他的根部發展許多年的困惑。因此，榮格才會說，在他所看過的病人當中，超過三十五歲的病人如果治癒了，都是因為找到了對待生命的宗教態度。[25] 所謂的宗教態度，從

25 原註：榮格，《心理學與宗教：西方與東方》（*Psychology amd Religion: West and East*）。引文全文

心理學視角來看，是基於聖祕（numinosum）的體驗，也就是，自性。但只要自我還是在無意識裡與自性認同而同一的狀態，自我就不可能體驗到已經分離的自性。這就解釋了為什麼宗教態度，是需要以異化經驗為前提。自我只有從自性中分化出來，才有可能遇到「他者」。只要一個人無意識中還是將自已認同於上帝，他就不能體驗到自己的存在。但自我－自性的分離過程會帶來異化，因為自我－自性同一性的失落會傷害到自我－自性軸。因此，典型的「靈魂黑夜」，總出現在聖祕體驗之前。

另一個是約翰·班揚（John Bunyan）的例子，詹姆斯報告過 54
他所自述的異化疏離經驗：

> 但我自己原有和內在的汙染，是我的瘟疫與苦惱。因此，在我的眼裡我是比蟾蜍更令人厭惡；我想上帝眼中的我也是如此。就像那隨泉水泛起的氣泡，罪惡與墮落就是我心靈泛起的氣泡。我可以和任一個人交換一顆心。我想只有魔鬼本人，才有和我有一樣邪惡的內心和骯髒的思想。我想，我一定已被上帝拋棄，而且已經這樣子很長一段時間，甚至好幾年了。
>
> 現在，我對於上帝讓我生而為人感到很抱歉。獸類、鳥類、魚兒等等，我喜歡它們的樣子，因為它們不是生而有罪；它們不會討厭到讓上帝盛怒；它們死後不會入地獄

如下：「在我所有處在人生下半場的病人中，也就是說，超過三十五歲的病人中，沒有一個人最後的問題不是關於找到一種宗教的人生觀。可以肯定地說，他們每個人都生病了，因為他失去了歷代活生生的宗教所給予其追隨者的東西，而沒有恢復宗教觀的人都沒有得到真正的治癒。這當然和特定的信條或某個組織的成員身份去是無關的。」（C. W., Vol. 11. § 509.）

> 之火。如果我能如它們一般，我將欣喜非常。現在，我求上帝降福如狗，如蟾蜍，是的，如果可以我很高興可以像狗，像馬那樣，因為我知道他們沒有靈魂，不會在地獄或是罪惡的持久重壓下死去，而我的靈魂卻會。而且，雖然我看見、感覺到了這點，因此破裂成碎片，然而，讓我更難過的是，我並沒發現我正用我的全部靈魂去渴求救贖。有時候我的心特別堅硬。如果我可以因為落一滴眼淚就獲得一千英鎊，我都無法落下一滴眼淚，不會的，有時候我連落下一滴眼淚的意願都沒有。
>
> 我是我自己的負擔，也是我自己的恐懼；我從來沒有像現在這麼明白，是什麼在消磨我的生命，然而我卻害怕死亡。我可以變成任何事物，只要不成為我自己，這樣我就無比開心！只要不當人就行！怎樣都行，只要不是我自己。[26]

班揚的心智狀態有很明顯的病理特質。這種罪孽深重、不可能得到救贖的感覺，是精神病性抑鬱才會出現的。他感覺自己是地球上罪孽最深的，這是負面膨脹。然而，它也是一種異化疏離。班揚內心對動物的欽羨，一次又一次地出現在宗教體驗之前對異化狀態的描述。這種對動物的欽羨提供給我們一個線索，關於如何治癒這種異化的狀態，也就是要和自然本能的生命之間重建聯繫。

雖然異化是原型的，所以也是普遍的人類經驗，然而像班揚這

26 原註：詹姆斯，《宗教經驗之種種》。

種形式讀誇張經驗，通常在某些有童年創傷的人身上更為常見。這
些孩子童年期有過嚴重地被父母排斥或遺棄的經歷，自我－自性軸
受損，因此種下的因，讓他們在之後的生命中就有可能遭遇無法忍 55
受的異化情形。會出現這些事件的發展行徑，是因為被父母遺棄就
如同被上帝遺棄。這樣的經驗以形成了自我－自性永遠的異化。

在基督教心理學的脈絡裡，異化的體驗通常被理解為因為罪而受到神的懲罰。安瑟莫對罪的定義和此有關；按他的說法，罪是搶奪了上帝專屬之權，因而使上帝受辱。這樣的折辱是需要清償的。聖安瑟莫（St. Anselm）[27] 寫道：

> 理性生物的每個願望都應該符合神的意志……這是我們對上帝，及上帝要求我們清償的唯一，也是全部的債務……凡不給於上帝這專屬的榮光，從上帝那裡搶奪這榮光並折辱上帝，就是罪。更且，他一日不歸還他所取，他就一日在錯中；而且僅僅是歸還他所取走的也不足夠，因為想想他帶來的輕視，他是要付出更多才能補償。因為如果一個人威脅到了另一個人的安全，那僅僅恢復原來的安全是不夠的，他還要為所發生的痛苦做出補償；所以，若

---

27 譯註：坎特伯雷的安瑟莫（Anselm of Canterbury, 1033-1109），又譯安瑟倫，天主教則譯為安色莫，義大利中世紀天主教經院哲學家、神學家，1093 年至 1109 年任天主教坎特伯里總教區總主教，被尊稱為最後一位教父與第一位經院哲學學者。他運用形式邏輯論證基督教正統教義，提出關於上帝存在的「本體論證」及救贖論的「補贖說」，將中世紀的神學議題，推向理性關切的新方向。其著作《神為何成為人？》（*Cur Deus Homo?*）為中世紀贖罪論教義開創了新的紀元。他認為世人因犯罪而冒犯神的尊嚴，為維護神統管的權威秩序，有罪必罰成了神絕對的「公義」展現，對世人施以刑罰，才不致違反神自己所定下的規矩。而基督以無罪之身代人受死，滿足了神的「公義」，這個理論被稱為救贖論的滿足說或補償說。

> 冒犯了他人榮譽，僅僅歸還榮譽是不夠的，必須根據傷害的程度，想辦法讓榮譽受損的人獲得補償。我們也必須注意到當一個人清償自己的不當索取時，如果他沒偷別人的東西，他就要交出他沒被要求交出的東西。所以有罪的人要償還從上帝身上劫去的榮耀，這是每個罪人虧欠上帝的補償。[28]

罪是自我膨脹的傲慢，取代了自性的功能。這罪行會受到懲罰（異化）並要加以補償（悔過，懺悔）。但按安瑟莫的觀點，所需的全部償還要超過原來的所取。但這是不可能的，因為人即使沒有罪，原本就全然服從上帝。他也就沒有額外的資源來償付這個懲罰。因為如此，他必須要動用上帝人子基督耶穌的犧牲而獲得的恩典。在這樣一連串的罪行和懺悔下，上帝自己也需要大量的恩典來付此罰疚。這正如聖保羅所說：「罪惡加倍處，恩典亦加倍。罪以死為界，而上帝恩典以公正為界，且以我主基督耶穌永恆之名。」
56 （《羅馬書》，5：20、21）保羅接下來的一句說：「我們要執著於罪，以多求恩典嗎？」當然，答案是否定的。然而，這個問題暗示了讓人難過的事實，也就是，恩典與罪行相連。

從心理學觀點來看，這些神學教義指的是自我與自性之間的關係。膨脹（罪行）是要盡可能避免的。一旦不可避免，自我唯一的補救之道是恢復自性所失落的榮耀（悔過，懺悔）（圖 12）。然而，這依然不足以補償所有。唯有自性犧牲自己而得的恩典，才能

---

28 原註：安瑟莫，《神為何成為人？》第六章，出自《基礎著作》（*Basic Writtings*），La Salle, ill, Open Court Publishing Co., 1962, p. 202f。

完成全部補償。甚至有些許跡象表明，自我的罪行和隨後得到的懲罰是必要的，如此自性產生的療癒能量（恩典）才能得以流動。這情形也證明這個事實，自我必須擺脫與自性的同一，才能感受到自性的支持。如果沒有清空自己因膨脹而過度的充滿，也就沒辦法成為源源不斷之恩典的容器；而這樣清空，唯有通過異化疏離的體驗才能完成。

馬丁・路德（Martin Luther）[29] 表達過同樣的觀點：

> 上帝的工作方式是相反的，所以人們直到感覺到迷失的那一刻，才及時站上得到救贖的位置。上帝為一個人辯護之時，祂會譴責此人。祂讓之生必先讓其死。上帝的恩寵是用怒的方式溝通，這一切既在手邊又似乎遙在天際。人必先因不再健康而哭求。人必先因恐懼而形神俱疲。這是煉獄之痛……唯有困窘，才能啟動救贖。當人相信自己已經跌落到底時，光才破曉而出。[30]

4. 自我－自性軸的修復

有個典型的臨床現象，在心理治療的工作中經常可見，我們可

29 譯註：馬丁・路德（Martin Luther, 1483-1546），十六世紀宗教改革運動發起人、基督教新教的創立者、德國宗教改革家。他 1517 年撰寫《九十五條論綱》，反對羅馬教廷出售贖罪券，揭開了宗教改革的序幕。他在神學上強調因信稱義，宣稱人們能直接讀聖經獲得神啟；提倡用民族語言舉行宗教儀式，將聖經翻譯成德文，以聖經的權威對抗教皇權威。

30 原註：班頓・羅蘭德（Bainton Roland），《我立於此》（*Here I Stand*）。New York, Abingdon-Cokesbury, 1950, p. 82f。

以稱之為異化精神官能症（the alienation neurosis）。有這樣精神官
能症的個體，對自己存在的權利是猶豫不決的。他有深深的無價值
感，有著我們一般會歸結為自卑情結的許多症狀。他無意識中就會
認定他自己最深的渴望、需求和利益等一切念頭，一定都是錯的，
或不可能被人接受的。在這一態度下，心靈能量就完全被抑制了，
但它必然會以隱約、無意識或破壞性的方式再次湧現，包括身心
症、焦慮或原始情感（primitive affect）的發作、自殺衝動，酗酒等
等。從根本上來說，這類病人所面對的是自己在上帝面前仍存在是
57 否正當的問題。在這裡，存在之正當性（justification）這個神學問
題，有著心理學的基礎。我們存在的正當性該由什麼判定，是對上
帝的忠誠，還是我們的作為？這一點就概括了內傾觀點和外傾觀點
的差異。異化的人內心深處覺得自己沒有存在的正當性，無法為自
己的最佳利益行事。同時，他也失去了與意義之間的連結，生命沒
有任何的心靈內容。

要打破這樣的異化狀態，我們必在自我與自性間重新建立起聯
繫。如果這一點可以實現，全新的世界就得以開啟。以下是關於這
類經驗的描述，這是羅洛·梅（Rollo May）博士報告中的一則案
58 例。病人二十八歲，女性，她本身是私生子，有著我稱之為疏離精
神官能症的嚴重病徵。她這麼講述她的經歷：

> 我記得那天我正走在貧民區的高架軌道下時，又感受到了那個想法：「我是個私生子。」我還記得努力接受這個事實時，痛苦得汗水不斷湧出。然後我理解到，那感覺就如同要我接納「我是在一群特權階級白人們當中的一

【圖 12】大衛的懺悔。大衛王被先知內森（Nathan）斥責，並為自己和拔示巴通姦懺悔。右邊是懺悔（悔改）擬人化的形象。這圖是出自拜占庭手稿中的彩飾

個黑人」或「我是在一般明眼人當中的一個盲人」，是一模一樣的。後來，在那天晚上，我半夜醒過來，想到說：「我接納我是一個私生子的事實」，但是現在「我不再是孩子了」，所以就成為「我是私生的」。但也並非完全如此：「我是父母未婚生下的」。那麼，還剩下什麼？剩下的是「我是」。這樣有關「我是」的聯想和接納，一下子讓我明白了，讓我（我想，對我來說是第一次）體驗到

「既然我是，我就有權利成為」。

這個經驗意味著什麼？這是一種最初的感覺——就好像一幢房子有了房產證。這是我終於體驗到了我自己是活著的，而且無關於我是否只是顆飄浮的離子，或只是一波海浪。就好像，當我還非常小的時候，我拿到一個核桃，並在上面砸破一個洞。我不知道我會發現什麼，然後我感覺十分神奇，它裡面的種子竟然可以吃，帶著些微苦澀的甜美……它像一艘帆船，停泊在海灣裡，有著一支以大地素材製成的錨。有了這支錨，這艘船可以再次觸碰到這片大地，這片地面，製作這帆船所用的木材的來源地。這船可以起錨航行，但也可以在暴風雨時，在休息時，可以放下船錨，稍作休息……這就像退回到我自己的伊甸園，所有善惡和其他人性觀念都被拋在腦後了……就像是地球，在高山海洋陸地都還沒形塑其上的地球。這就像還在牙牙學語的孩子，還在語法中尋找自己要使用一輩子的主詞。這樣一來，「自己只是自己的一套理論」的這種感覺，也就慢慢消褪。[31]

羅洛·梅稱這個為「我是」體驗（“I am” experience），的確是十分恰當的描述。這也可以把理解為自我－自性軸的歸還（restitution），必定是在充滿強烈移情的脈絡中才能發生。

下面這個夢是來自一位正接受治療的年輕女性，同樣也顯示了

31 《存在》（*Existence*），羅洛·梅（Rollo May）、英格爾（Engle, E）、艾倫伯格（Ellenberger W. F.），New York, Basic Books, 1950, p. 43f。

受損的自我－自性軸正要開始修復。她夢見：

> 我被放逐到西伯利亞天寒地凍的荒原，漫無目的地
> 遊走。接著，過來了一隊騎著馬的士兵。他們將我扔在雪
> 地上，一個接一個地強姦我。一共發生了四次。我感覺自
> 己被撕裂了，凍得失去了知覺。然後，第五個士兵又走過 59
> 來。我以為他會像前四個人那樣對我，但讓我驚訝的是，
> 我在他的眼睛中看到了憐憫與人性的理解。他沒有強姦
> 我，相反地，將我溫柔地裹在毯子裡，將我帶到了附近的
> 小屋。我被安置在火邊，有人給我喝了些熱湯。我知道這
> 個男人會治癒我。

這個夢是移情剛開始發生時做的。當病人還是孩子的時候，遭到雙親的嚴重排拒。她的父親尤其是如何，在與母親離婚後，就完全忽略了她的存在。這對她的自我價值是幾乎粉碎的一大打擊，讓她和原本來自父親的價值觀完全異化疏離，最後也和自己部分自性異化疏離了。這個夢生動地呈現了她的異化感受，或者說被遺棄的感受，同時也呈現了她新湧現的修復感受：自我－自性軸已經開始修復了。這個過程的發生，往往同時會開始意識到強烈的移情感受。當然，這樣的體驗在心理治療中會經常遇到，而且透過人類美好的感覺或現有有關移情的理論，或多或少都可以成功地處理。然而，我相信，當我們體會到自我－自性軸的修復歷程正在自己的內心深處發生時，可以從多個面向來理解移情的現象。更進一步地，可以從更大的脈絡，也就是從從人類皆想和超個人的存有建立關係

的這個需求，來理解治療的體驗。

另一個例子，同樣是因為自我與自性的聯繫重新確立而獲得療癒效果的，是我的來訪者提到的一個非常特別的夢。做這夢的男性童年時期經歷了十分嚴重的親職情感喪失。他本身也是個私生子，由養父母撫養長大，而且養父母是瀕臨精神病的患者，並沒辦法提供男孩實際上應有的正向養育體驗。因為如此，到了成年期，這樣的成長留給他非常強烈的異化／疏離感。他雖然很有才華，但在實現自己潛力上卻有著嚴重的受阻。他在榮格過世（1961 年 6 月 6 日）後的那一天，做了這個夢。我提到這個細節，是因為榮格的死對他有相當大的影響，也因為從某種意義上來說，榮格面對心靈的取向，透過這個夢呈現了縮影。這個夢是這樣的：

> 我們四個人來到了一個陌生的星球。四似乎意味著四體一體，我們各自代表著某一存有的不同面向，好像我們是四個方向人類四個不同種族的代表。我們一到這個星球，就發現在星球上有一個我們四人組的對應組——第二個四人組。這個團體講的語言和我們並不相同，事實上他
> 60 們每個人講不同的語言。所以，我們首先想做的，就是建立一種共同語言。（這點在他大部分的夢中都會出現，這裡我先忽略這一部分。）
>
> 在這星球上有個超級秩序，施行在星球上的所有居民身上。但這樣的施行並非是透過某個人或是某個政府，而是某個溫良的權威，我們認為就是大自然。在這樣對每個人的管理中，它所擁有的能力，不會威脅任何的個體性

（individuality）。

我這時忽然分心，因為急診艙有事發生了。這個星球上四人組中的一個人突發急病。似乎是，因為我們的到來，他太激動了，以致心跳過快。當發生這類事情時，超級秩序自然地就會開始進行干預。他於是安置為半昏迷狀態，插上了心跳中心，這中心可以吸取所有的「過載」，直到他恢復平衡。

我開始困惑，不知道我們四個是否能獲准留下。接著我們收到了訊息，告知我們可以留下來，但必須安置在某些波段中，這麼一來，當我們造成了這個星球所稱的「危險」和地球所說的「罪行」時，這星球的「能源律則之核心源」才可以隨時監控並檢測出來。一旦我們進入了危險中，超級秩序就會「接管」，直到情況得到改善。所謂的危險，就是出現的任何的行為，只是為了讓自我或任何人格意識層面的部分獲得即時的滿足，而不考慮這行為的原型根基——也就是沒有考慮這行為的原型起源以及，也沒考慮最初根源所涉及的儀式面向。

在這個讓人印象深刻的夢裡，核心的特色是存在於另一星球（無意識）的「超級秩序」和「能源律則之核心源」。這個特別顯眼的意象是對超個人之心靈調律程序的象徵表現，是相當於我們對無意識補償功能的觀念。這夢表示危險出現於「任何的行為只為讓自我……獲得即時的滿足，而不考慮這行為的原型根基」。這是有關膨脹相當精準的描述，自我沒有考慮確實存著在的超個人領域。

而且，夢將這狀態等同於罪行，這點和前面引用的奧古斯丁的觀點確實完全一致。

這個夢告訴我們，自我一旦開始膨脹，「超級秩序」就立刻發揮作用，消除「過載」，去保護隨後可能發生異化的危險。這
61 種保護的或補償的機置，相當於沃爾特・坎農（Walter Cannon）在生理學上提出的恆定原理（principle of homeostasis）。[32] 按照這個觀念，有機體內存在著內建的環境穩定或自我調律的流程，讓身體的基本構成不致於偏離適當的平衡。例如，如果我們攝入過多的鹽，腎就會提高尿液的鹽份濃度。或者，如果血液中二氧化碳的含量太高，大腦中的某些神經中心就會提高呼吸頻率，以呼出過多的二氧化碳。同樣的自我調律或環境穩定的過程，也同樣在我們的心靈運作，只為了讓這一切自由自地運轉，不遭受任何破壞。就像我們的身體一樣，無意識的心靈也有著來自本能的智慧，可以糾正來自意識的錯誤和過量。這樣的糾正功能是源自於自性，而且在自我與自性之間需要有活力而健康的連結，以確保其自由運轉。

既然自我－自性的認同而同一是和原罪一樣地普遍存在，所以即便是對「正常」人，只要心理發展是持續進行的，異化也就是必要體驗。自我－自性的同一和原罪，確實是一回事。卡萊爾（Carlyle）[33] 講得十分巧妙，他說幸福往往與我們的期望程度是成反比的，而我們的期望也就是我們自認為自己應得的。幸福的程

---

32 原註：坎農（Cannon），《身體的智慧》（*The Wisdom of the Body*），New York, 1932。

33 譯註：托馬斯・卡萊爾（Thomas Carlyle, 1795-1881），蘇格蘭哲學家，評論家、諷刺作家、歷史學家、教師，一般認為是那個時代最重要的社會評論員，發表的很多演講在維多利亞時代被讚譽為是重要的，他的作品在維多利亞時代頗具影響力，《英雄與英雄崇拜》一書在中文世界也相當受到歡迎。

度，相當於將我們所擁有的，再除以我們的期待。他寫道：

> 對我們自己的卓而不凡，要經過某些評估、平均，才能多少回到正常的水平線上。這種自命不凡存在於我們的天性中，也是我們不可或缺的權利。就像工資支付，像我們應得的賞罰一樣，既不需要感謝也不需要抱怨；我們只把這樣的存在可能多出來的盈餘認為是幸福；任何的赤字都當成痛苦。現在，想一想我們對自己應得賞罰的評斷，以及在我們每個人內在有多少自命不凡——你會為自己內在天平屢屢偏向錯誤的一方而感到驚訝嗎？……我告訴你，愚蠢的人，這都是因為你虛榮自負；因為你毫無根據地幻想什麼是你該得的賞罰。設想一下，你最應得的是被吊死（像最有可能的那樣），那麼你會覺得被槍殺就是幸福……生命的片段如果要增值，縮小分母更有效，而非擴大分子。而且，除非我的代數知識有誤，那麼如果分母為零，把整體做為分子，所得就將是無限大。如果你不要薪資，你就能把世界踩在腳下。威爾（Well）寫下了我們這時代最有智慧的一句話：「嚴格來講，唯有放棄，才能說生命已然開始。」[34]

34 原註：卡萊爾（Thomas Carlyle），《薩托雷薩圖斯》（*Sartor Resartus*），Everyman's Library, London, Dent and Sons, 1984, p.44。

與自性相遇

62

在我的眼裡，生命是段有著皇室本質的歷程；然而靈魂卻走出她自己的宮殿，去瀏覽這片國度。天國原本就有著人間盛景，但如果靈魂滿足於此，也就不會出走而穿越到地圖之外。但是出色的格局盛讚著這一切的模仿……在她掃視了這一切的對稱性時，也同時形成了對稱性。就這樣，她的後裔依著她的原初方式繼續言說下去。而神愛上了祂自身之美，於是框起了玻璃，透過反射來觀賞之。

——托馬斯・沃恩[1]

1 原註：托馬斯・沃恩（Thomas Vaughn），《神聖魔法人智學》（*Anthroposophia Theomagica*），收於《托馬斯・沃恩作品集》（*The Works of Thomas Vaughn*），A. E. Waite（ed.）, Reprinted by University Books, NewHyde Park, N.Y., p. 5。
譯註：托馬斯・沃恩（1621-1666）是威爾斯的哲學家和煉金術士，用英文寫作，《神聖魔法人智學》是成名之作。現代人對他最主要的印象的是他在自然魔術領域的工作。所謂自然魔術包括占星術，煉金術和我們今天所說的自然科學領域如天文學和化學（分別從占星術和煉金術發展到今天的現代科學）和植物學（從草藥學發展出來）。

1. 集體的角色

從前面的探討，我們知道了膨脹與異化的狀態，都是心靈生命週期的一部分，是為了成為另一種新的形式。當膨脹付諸實現後，會由盛而衰，而導致異化。異化的情況也是類似；在正常情況下，將會走向療癒與修復的狀態。就作為生命循環其中一部分的膨脹或異化而言，只有脫離了這樣的循環才會出現危險。如果兩者的任一種成為穩定、慢性的存有狀態，而不是整體動力的一部分，人格就會受到威脅。在這樣的情況下，就需要心理治療上場了。然而，絕大多數人都受到了集體的、約定俗成的（因此多半是無意識的）方法所保護著，也就避開了這樣的危險。

膨脹與異化所帶來的心靈危機，雖然有許多不同的稱謂，但
63 在所有種族和任何時代的宗教活動與民間智慧裡，都可以看得見它們的蹤跡。無論是針對集體還是個人，都有著很多的儀式來避免膨脹，以免引發神的嫉羨。舉例來說，古代人們提到某件事情進展順利時，就會敲敲木頭。這行為的背後，就是人們在意識上或無意識上知道驕傲與自滿是危險的。因此，就會有一些方式來讓人們保持在謙遜的狀態。在英語裡，人們會說「如果老天允許」（God willing），也是同樣的意思。大多數情況下，我們在原始社會看到的禁忌，都有著同樣的基本目的：保護個體免於膨脹，遠離對自我意識來說可能過於強大而帶來了災難的力量。在古老的習俗裡，得勝歸來的戰士得隔離起來，也是一樣的道理。勝利的戰士們可能因為勝利而自我膨脹，如果允許直接進入村落，這股力量就有可能影響村落。所以，在他們重整自己回到社群以前，需要幾天的冷靜

期。

密特拉教有一個有趣的古老習俗，稱為「皇冠儀式」（the Rite of the Crown），目的是防止膨脹。整個程序大概如下：如果一位羅馬士兵要進行入教的儀式，首先會先用劍尖挑起王冠，再交給候選的戰士；但這位將入教者會被告知，要用手推開這頂王冠，並堅持說「密特拉才是我的王冠」。此後，甚至慶功宴或是戰鬥的勝利，他也絕不會戴上王冠或是花環。無論何時，對賜予的王冠，他都要拒絕，並說：「這屬於我的神。」[2]

在禪宗細膩的說法中，已經發展出顛覆世智膨脹的方法，也就是破除了「知障」的幻相。其說法形式之一是公案（koans）或是機鋒（enigmatic sayings，即高深莫測的應答）。比方說，類似以下這樣的例子：「學生問他的老師：『狗有佛性嗎？』這位老師回答：『汪汪』。」[3]

基督教的傳統裡，也有許多防止膨脹的努力。致命的七宗罪：傲慢、暴怒、嫉妒、色慾、暴食、貪婪、懶惰，都是膨脹的表現。當某人被貼上這些標籤，便需要告解與懺悔才能被赦罪。耶穌的真福八端，最根本的訊息就是福將佑施於未膨脹之人。

至於如何保護個體免於異化，則是有很多的傳統程序。從心
理學角度來理解，所有這些宗教活動的核心目的都是在讓個體（自 64

---

2 原註：威洛比．哈羅德（Willoughby B.Harold），《異教復興》（*Pagan Regeneration*），Chicago, University of Chicago Press, 1929, p. 156。

3 譯註：在禪宗故事中，有一則著名的公案「狗子佛性」，此公案出自宋朝法應法師的《禪宗頌古聯珠通集》，原文是：「趙州因僧問，狗子還有佛性也無，師曰無，曰上自諸佛下至螻蟻，皆有佛性。狗子為什麼卻無？師曰，為伊有業識性在。又問，狗子還有佛性也無？師曰有，曰既有，為什麼入這皮袋裡來？師曰，知而故犯。」

我）繼續和自性保持聯繫。所有宗教都是超越個人體驗與原型意象的寶庫。各式各樣宗教儀式的內在目的，都是幫助個體與這些超個體的範疇建立起有意義聯繫的經驗。彌撒也好，天主教告解也好，都是一種更個人化的方式，讓個人有機會擺脫因為環境所造成的、與上帝的疏離感。我們將神職人員當成上帝的代理人，透過他們，也是某種回歸上帝、與上帝再次連結的感覺。

所有的宗教活動都支持超個人範疇的存在，並嘗試讓個人與這部分建立起關係。宗教是最好的集體性保護，可以防止膨脹與異化。就我們所知道的，每個社會在生命的集體儀式中，都有著超個人範疇的存在。如果集體的人類生命對超個人範疇沒有普遍而共同的覺知感受，不禁令人懷疑這是否能持續存在。

然而，集體性的方式雖然可以保護人們免於心靈深處的危險，卻也剝奪了這些個別體驗的深度以及這些體驗所帶來的發展可能性。只要這個充滿活力的宗教可以涵容自性，將自性的動力傳遞給信徒們，個人與自性單獨相遇的需求也就會較少，人們也就因此沒必要自己去尋找和超個人範疇的個別聯繫。這份工作會經由教會來為他來完成。

然而，這將帶出另一個嚴肅的問題，也就是：西方現代社會作為一個容器，究竟有沒有足夠的功能以涵容超個人的諸多範疇或原型。或者，正如艾略特說的那樣，我們除了「一堆破碎的意象」什麼都沒有？事實是，許多人並非藉由教會或其他這類機構所提供的這種充滿活力、具運作功能的超個人的範疇，而得以理解自己的生命經驗。如果是這樣，這將會相當危險，因為這些範疇不存在時，自我很可能會認為自己無所不能，或認為自己一文不值。更嚴重的是，當原型找不到宗教組織這類的合適容器時，就不得不往他處尋找，畢竟原型就是心靈生活的事實。於是，其中的一個可能，就是這些原型投射到平庸或世俗的事務上。於是，原來的超個人價值也就開始轉變，使得人們以為自己的生活水準有多高，個人的權力就多強大，或是投入某些社會改革運動，或者成為任何政治活動的一 65
員。這些包括納粹、基進右派、共產主義、基進左派等等，都是如此。同樣的動力機制也會被投射到種族問題上，不論是種族歧視或反歧視。個人的、世俗的或是政治的，這些活動都會在無意識中被賦予了宗教的含義。這是相當危險的，因為宗教動機一旦在無意識中展開，所帶來的狂熱可能就會帶來種種的毀滅性後果。

當集體心靈處於穩定狀態時，絕大多數的個人心中存在著共有的神話或神祇。每個人都把自己內在上帝意象（God-image）（自性）投射到社群的宗教上。於是，集體的宗教對來自各界的成員而言，是他們自性的容器。超個人的生命力量這一現實，也就鏡映在外部的意象上，教會於是具體化為一切的象徵、神話，儀式和教義。只要這一切確實有適當地發揮了功能，教會就可以發揮保護這個社會不致於有普遍膨脹或異化的危險。圖形 6 就是以圖形來呈現這種穩定狀態。雖然這種狀態很穩定，但也有缺點。自性或上帝意象依然是位於無意識的層次，也就是還不能視之為內在的心靈實體。雖然透過這樣共享的投射，社群裡具有相同信仰的人彼此相對來說相當和諧，然而這種和諧也是種幻相，在某種程度上可以說是虛假的。如果與教會有所關聯，個體可以因而處於集體認同或神祕參與（participation mystique）的狀態，卻不是和自性有著獨有、個別的關係。

66

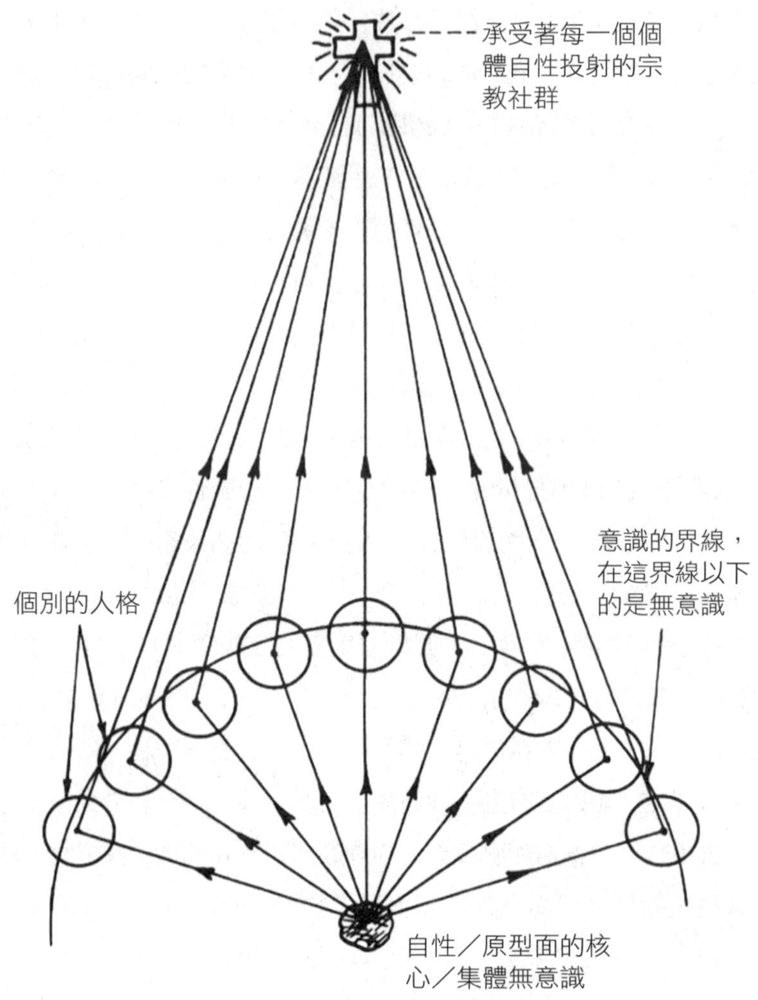

【圖形 6】穩定狀態下的宗教信仰者社群

如果外在的教會失去了涵容自性投射的能力，這時就會出現尼采對現代社會所宣稱的「上帝已死」的情況。所有曾經一度由教會來涵容的心靈能量和心靈價值，這時都回流到個人身上，活化了他的心靈，從而造成了嚴重問題。這種情形下會帶來怎麼樣的狀況？可能有好幾種可能性，而且在當代的生活中，每一種都可以看到很多例子（見圖形 7）。（1）第一種可能性是，在失去了投射在教會上的上帝意象後，個體同時也失去和自性的內在連接（圖形 7 情況 1）。隨之，個人開始屈從於異化，屈從於如今十分常見的許多空虛或無意義的生活導致的症狀。（2）第二種可能性，個體將原 69
先賦予神祇的所有能量，如今全都歸諸於自己，歸諸於自己的自我和個人的能力（圖形 7 情況 2）。這樣的人會將屈從於膨脹。在這樣的例子裡，他們的驕傲表現在過於看重理智和掌控的力量，否認生命與自然內在的神聖神祕。（3）第三種可能性，過去投射在宗教容器的超個人價值，如今重新投射在一些世俗的或是政治的運動上（圖形 7 情況 3）。但世俗的目的對宗教意義而言，永遠都不可能是合適的容器。當宗教的能量運用於某種世俗目標時，就會出現偶像崇拜的現象，一種偽造、完全無意識的宗教。對於這種再投射，共產主義和資本主義之爭就再好不過的例子了。共產主義明顯就是一種世俗宗教，它十分積極地試圖將宗教能量導向世俗與社會性的目的。

當「自性」的價值被對立的團體投射到相互衝突的政治意識形態中時，這時就好像「自性」最初的整體性被分割成相互對立的碎片，相互爭鬥。在這種情況下，「自性」或「上帝」的二律背反（Antinomy），在歷史上是常出現的情況。黨派衝突的兩邊都是從

67

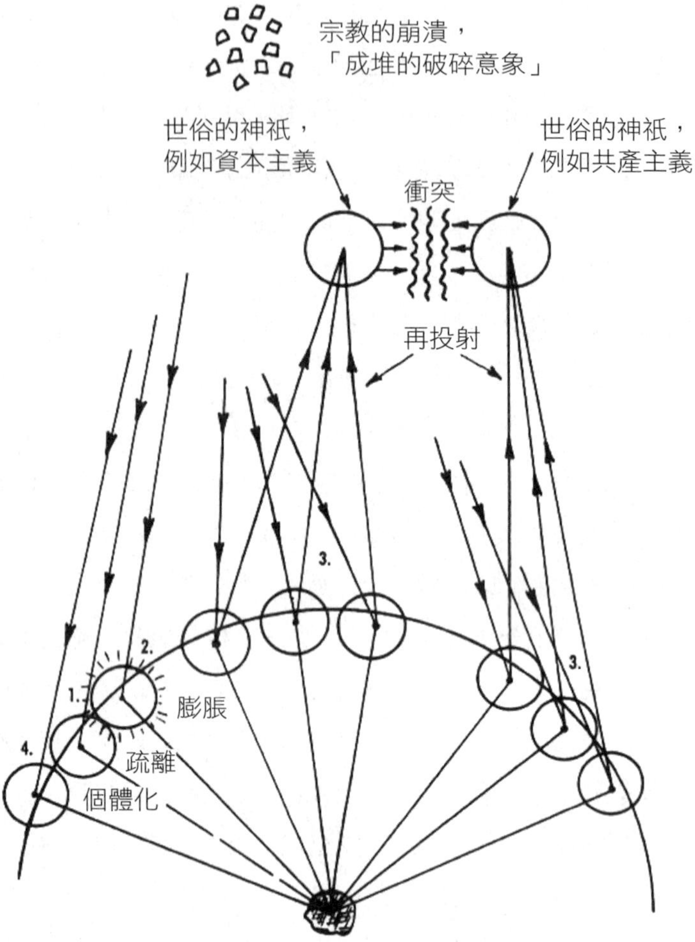

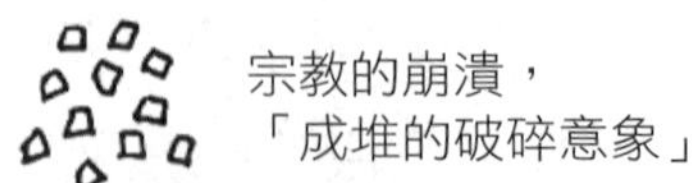

宗教的崩潰，
「成堆的破碎意象」
世俗的神祇，
例如資本主義
世俗的神祇，
例如共產主義
衝突
再投射
3.
2.
1.
膨脹
4.
疏離
個體化
3.

【圖形 7】宗教投射的崩潰

同一處來獲得能量，也就是共有的自性；可是，由於意識不到這點，他們也就注定了終其一生都陷於這悲劇的衝突中。上帝自己也被捲入了黑暗衝突的漩渦裡。在西方文明史的每一場戰爭，雙方都是向同一個上帝祈禱。正如馬修・阿諾德（Matthew Arnold）所說的：

> 而我們在世，猶如在一片昏暗的荒原，
> 紛爭和潰逃的驚恐在荒原上交織，在那裡
> 無知的軍隊在黯黑裡朝向彼此轟然的撞擊。
>
> 〈多佛海灘〉[4]

（4）對於宗教投射的失落，第四種可能的處理方式，就是在標誌為 4 的情況。如果個人因為失去了原先投射所擁有的宗教價值，他也就會被扔回來面對自己，因此開始面臨了等待他許久的諸多關於生命終極探問。他也許能利用這次的機會，讓意識有了決定性的發展。如果他對無意識的活化是意識能加以察覺，並且願意負責任地為此進行工作，他也許會發現過去遺失的價值，也就是上帝的意象，其實就在心靈內部。在這一張圖表裡，這樣的可能性以圓圈來呈現，圓圈的大半已經浮現在無意識的弧形之外。在這樣的情況下，自我與自性如何連接，已經是意識層面可以實現的事了。如此一來，自性雖然不能投射在宗教上，但反而成就了相當有意義的

4　譯註：馬修・阿諾德（Matthew Arnold, 1822-1888）是英國近代詩人、評論家、教育家，〈多佛海灘〉（Dover Beach）是他最著名的詩作，主要是表現維多利亞時代的信仰危機。作者在這裡引用的是此詩的最後三句。

結果；這形成了一股刺激，推動了人格的個體化。

當超個人範疇出現了集體的喪失時，會出現一個相當顯著的特
69 徵，也就是個體的主體性反而可以得到更多的關注。這的確是現代才有的現象，如果傳統的集體宗教能夠好好涵容這些超個人價值，就不會出現這樣的情況。然而傳統的象徵系統一旦瓦解，就如同一波能量不足的巨浪回頭捲進個體的心靈，於是，比過去更多的興趣與注意力開始落在個人的主體性上。因為這一現象，深度心理學才得以為人們所發現。深度心理學的存在，恰恰是我們這個時代的症狀。其他的同樣例證也可以在各種藝術形式中看到。戲劇與小說中那些平淡無奇的普通人物，關於他們最瑣碎和私密的一切，成為被極盡所能細膩描寫的對象。對於內在主體性所給予的價值重視與關注度如此之大，是過去任何時候都沒有的。而事實上，這一趨勢正預示了未來。如果我們繼續追蹤，必然可以看到這樣的結果，也就是越來越多的人開始在自己的內在重新去發現一度失落的超個人範疇。

2. 突破

心理的發展到了某一節點，特別是體驗過嚴重的異化後，自我－自性軸會突破進入了意識。圖表 3 所呈現的就是這一情況。自我透過體驗，意識到一個它所歸屬的超個人中心。

榮格對這種狀況發生描述如下：

【圖板 2】達那厄[5]，提香[6]繪

5 譯註：達那厄（Danae）是古希臘神話中阿爾戈斯（Argos）國王阿克里西俄斯（Acrisius）與歐律狄刻（Eurydice）之女，預言說阿克里西俄斯的女兒的一個兒子將對他不利，因此阿克里西俄斯將達那厄與她的保姆一起關在宮殿下面的一個地窖里。宙斯看到了達那厄後乘她睡覺的時候化做一陣金雨與達那厄交配，而生育了珀耳修斯（Perseus）。

6 譯註：提齊安諾．維伽略（TizianoVecelli 或 Tiziano Vecellio, 1488-1576），英語系國家常稱呼為提香（Titian），他是義大利文藝復興後期威尼斯畫派的代表畫家。

當到達了生命的頂峰，當花蕾綻放盛開，這些渺小中湧現出了偉大，這時刻正如尼采所說：「一成為二」，那個以前一直存在卻總是隱而不見的偉大人格，如今帶著啟示的力量出現在渺小的人格面前。然而那個無可救藥的渺小人格，總是把偉大人格的啟示拉下到自己的渺小水平，完全不知道對他這渺小的審判之日已然降臨。然而內隱著偉大的這個人將會知道，他所期待已久的靈魂之友，這位永生之友，現在果真是到來了，「引導被囚禁的靈魂之囚」（《以弗所書》，4：8），也就是說，一直被困住而淪為囚犯的永生者如今被解放出來了，讓生命得以匯入更廣大的生命——千鈞一髮的危險時刻！[7]

70 在神話與宗教裡，許多意象象徵著這突破的時刻。無論何時，只要人意識到自己與神明的代表相遇，也許是提供幫助、發佈命令或給予指導，這一切都可以理解作自我與自性的相遇。

這些相遇多半發生在曠野中或逃亡時刻，也就異化的狀態下。當耶和華在燃燒的荊棘裡與摩西對話，傳達給摩西生命應許之責時（《出埃及記》，3），摩西正因觸犯律法而在逃亡路上，在曠野中為岳父牧羊。因為兄長以掃之怒而不得不背景離鄉的雅各，也是在曠野中夢見了天梯（圖 13），而與上帝立約（《創世紀》，28：11-22）。弗朗西斯．湯普森（Francis Thompson）[8] 在他的詩

7 原註：榮格，《原型與集體無意識》（*The Archetypes and the Unconscious*），*C.W.*, Vol. 9i, §217。

8 譯註：弗朗西斯．湯普森（Francis Thompson, 1859-1907）是英國詩人和天主教神祕主義者。在他醫生父親的要求下，他十八歲時進入醫學院，但二十六歲時離家，追求他作家和詩人生涯。他在倫敦街頭待了三年，靠苦力養活自己，卻也沉迷於鴉片以緩解精神官能症問題。1888 年，梅

【圖 13】雅各的夢，古斯塔夫・多雷（Gustave Doré）畫作

作〈天主的國度在你心〉（The Kingdom of God is Within）就使用了這個意象：

天使仍駐於他們許久以來的所在；
隨意的石頭翻轉，卻生出了羽翼
這是的，這是你們已然疏遠的面龐，
許久以來錯過了這擁有許多光輝的事物。

但是，（當再也不可能更難過的時刻）
哭泣——為如此痛徹心肺的失落，
雅各的天梯之路將閃現
就斜掛於天堂與查令十字街間。[9]

約拿的故事是另一個例證。他初次遇見耶和華時，還是在平常的生活裡，但對這次的相遇他無法接受，也就是他的自我還太過膨脹，所以不能認識到自性的威望。直到後來陷入了鯨魚魚腹內，所有可能想到的努力都徒勞無功，再不可能逃離的時候，這樣的絕望才使得約拿認識並接受了耶和華超個人的威望。

當女性（或者男性心裡的阿尼瑪）和自性的相遇時，經常是以

內爾夫妻欣賞他的詩，將這位鴉片成癮而無家可歸的作家帶回家休養了一段時間，後來在 1893 年出版了他的第一卷《詩篇》。1897 年，他開始寫散文，從農村、威爾斯和斯托靈頓的生活中汲取靈感。他的健康一直不好，繼續惡化，1907 年死於肺結核。這時，他已經出版了三本詩集以及其他的作品和散文。最著名的詩《天堂的獵犬》（*Hound of Heaven*）描述了上帝對人類的追逐，就像獵犬追趕野兔一樣，永不停止。

9 原註：弗朗西斯．湯普森（Francis Thompson），《詩作集》（*Poetical Works*），London, Oxford University Press, 1965, p. 349f。

使人因來自天國的力量而受孕的方式來表現。被父親囚禁在密室中的達厄納（Danae），因為宙斯所化成的金雨而受孕，因此有了珀耳修斯（圖板 2）。同樣的，受天國之光而孕，天使向聖母瑪莉亞的報喜，通常也描述成來自天堂的受孕光芒（圖 14）。同樣意象的另一種更為心理學的版本，出現在貝尼尼（Bernini）[10] 自己的雕塑作品裡：〈聖．特蕾莎的狂喜〉（The Ecstasy of St. Theresa，又譯〈聖女大德蘭的神魂超拔〉）（圖 15）。

有一個涉及這主題的當代例子，一位已經進行了相當長的心理

【圖 14】天使向聖母瑪莉亞報喜，波提切利（Botticelli）繪畫

---

10 譯註；吉安．洛倫佐．貝尼尼（義大利語 Gian Lorenzo Bernini；又名 Giovanni Lorenzo Bernini，1598-1680），義大利雕塑家，建築家，畫家。早期傑出的巴洛克藝術家，十七世紀最偉大的藝術大師之一。貝尼尼主要的成就在雕塑和建築設計，他同時也是畫家，繪圖師，舞台設計師，煙花製造者和葬禮設計師。

治療的女性，做了個相當驚人的夢：

我看見一位年輕男性，赤裸著，汗液微微閃著光。他一開始吸引我的是身體的姿態：既有《聖殤》（又譯《聖母憐子像》）（*Pieta*）身體往下沉墜的移動，也有希臘
72 著名的《擲鐵餅者》（*Greek Discobolus*）散發著精力的姿態。他在其他的一群男性中間，那些人曖昧的狀態似乎是在支持他。他在這群人中之所以出色，部分原因是他的膚色（古銅色）和皮膚的質地（好像塗了一層的汗水），但最主要的原因還是他巨大的陽具，就好像是伸展出來的第三條腿（圖 16）。

這個男人因為陰莖勃起的負擔而讓他感到痛苦。這不僅能從他如運動員般的辛苦鍛鍊（肌肉線條和汗水）可以看出來，也能從他臉部扭曲的表情一窺端倪。我既同情他的痛苦，也為他的男性特質感到驚訝（喜愛、魅惑），這一切吸引了我而走向他。然後，我們做愛而彼此結合。單單他進入我的身體，就足以讓我達到的高潮是如此深刻而廣泛，以至於我的肋骨與肺都可以感受到……甚至一直到我醒來後依然能感覺到。我內在的一切，簡言之就是「整個翻騰」了，而我的子宮感受尤其強烈，就好象經歷了一場全面性的革命，究竟是內外翻轉還是一百八十度翻轉，我實在無法確定。

除了《擲鐵餅者》（圖 17）和米開朗基羅《聖母憐子像》

【圖 15】聖特蕾莎的狂喜，貝尼尼（Bernini）畫

74 （圖 18）以外，這個三條腿的男
性還讓這位作夢者聯想到了煉金術
裡的一幅版畫（圖 19），以及一
幅她曾見過的三條腿的太陽輪畫作
（圖 20）。這樣一來，這個夢中
人物成為了許多意象與意義的濃
76 縮，有充分的理由可以廣泛延伸。
我們這裡先不就這方面開展，而是
先注意觀察其中的幾點。作夢者
受到充滿創造性的陽性力量穿透並
改造。這位男子無論是肉體上還是

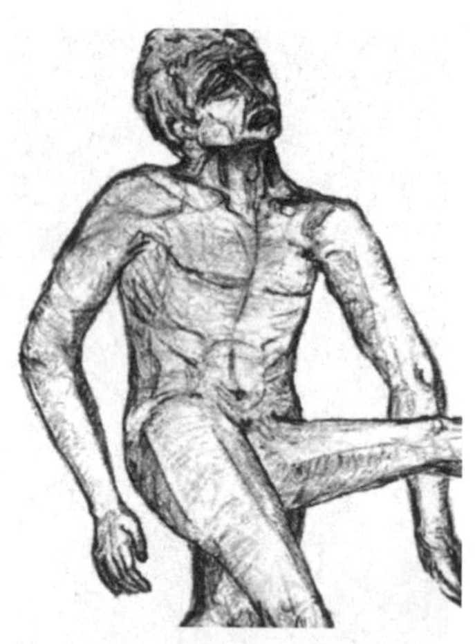

【圖 16】個案自己的畫作

【圖 17】擲鐵餅者，麥倫（Myron）畫，西元前 460-450，羅馬複製品

精神上（聖保羅）都是運動強者。他和終極的精神法則（太陽）有所關聯，並且呈現出了心靈轉化的整個過程（煉金術畫作）。 75

對這位做夢的女性來說，這個夢為她的生命開啟了全新的態度與覺知。正如夢中的性意象所顯示的，身體感受的開放程度到達了新的層次。而且，整個感官的功能，過去一直都處於無意識裡的，現在是意識層面可得的。這一切當中最重要的，是個體原真的自主性得以提升，及相當幅度的創造天賦因此湧現了。藉由這些伴隨的聯想可以明確看出，這個夢所表達的相遇，不僅是與阿尼姆斯的相遇，更是與自性的相遇。這三合一的象徵，是在強調具體出現於時空中的實現過程（參見第七章）。

【圖 18】聖母憐子像，米開朗基羅作品

【圖 19】煉金術畫作

關於自我—自性軸的突破，聖徒保羅的改變信仰也是

【圖 20】各種三腿太陽輪

一個突出的例子（《使徒行傳》，9：1-9）（圖 21）。約拿想逃離自己的使命；掃羅（Saul）試著透過迫害代表他自己命運的人，借此來逃離自己的使命。他對基督信徒十分密集的攻擊，也就不必參與他們的工作，因為，正如榮格所說：「重要的是（這個人）說什麼，而不是他是否同意。」[11] 一個人有著如此強烈的恨意，這必然呈現出他自己命運的某一面向。

3. 約伯記

《約伯記》（*The Book of Job*）透過象徵的描述，以相當全面的
方式，為我們呈現了一次與自性相遇的過程。榮格寫了《答約伯》
（*Answer to Job*）[12] 這本書，討論了約伯的故事。在這本書裡，榮格
78 將約伯的故事視為希伯來－基督教神話的集體發展過程的重要轉捩
點，包括了上帝意象或自性－原型的演化歷程。對人們來說，約伯
能夠與耶和華相遇，代表了人類對上帝本性的覺知的一個決定性轉

11 原註：榮格，《轉化的象徵》（*Symbols of Transformation*），C.W., Vol. 5, § 99。

12 原註：榮格，《答約伯》（*Answer to Job*），收於《心理學與宗教：西方與東方》，C.W., Vol. 11。

【圖 21】聖保羅皈依，木版畫，1515

折，而這也因此需要來自於上帝相對的回應，才有了祂的人類化（humanization），以及祂最後道成肉身（incarnation）為基督。約伯的故事還可以從另一個角度來看，也就是將之視為個人體驗的描述，在這過程中自我第一次在意識層面與自性相遇。我將從後者的角度一起來檢視約伯。

有關約伯的現有文本是不同文獻組合出來的，我們事實上是無法確定這故事是否來自某個單一個人的實際經驗。然而，這一切相當有可能是描述著某個人的積極想像（active imagination）體驗，而我的討論也將依循這一點。這是一段歷程，所產生出來的想像與意象，在體驗上是從自我，一個「汝」（thou）或「他者」（other），所分離出來的，而這些原來是可以和自我有所關連的，也是自我可以與這一切進行對話的。[13] 而實際上《約伯紀》就是以對話的形式所寫成的，是《舊約》中唯一一本用這樣的結構書寫的文本，這同時也支持了該書極可能是以積極想像的體驗為基礎而完成的假設。如果我們將它想成個人體驗的紀錄，這場對話就像電話鈴聲一再重複，終究也是真實的。在積極想像的歷程裡，一次又一次地回到自我所拒絕接受的點上，這往往是在與無意識相遇的過程加以擬人化的典型行為。

這故事一開頭，是上帝和撒旦之間的密謀，想要考驗約伯看看結果如何。他們想問的是，當約伯身處惡運時，是否會因此詛咒上帝。這場天國裡進行的賭局，可以理解為在無意識內對超個人或原型的因素所進行的描繪，這些為約伯帶來了苦難，最後也賦予了相

---

13 原註：榮格對積極想像的描述，可以參考《心靈的結構與動力》（*The Structure and Dynamics of the Psyche*）中〈超越功能〉（The Transcendent Function）一文，C.W., Vol. 8, p. 67f。

【圖 22】上帝之火由天降臨，威廉・布萊克[14]的蝕刻版畫

14 譯註：威廉・布萊克（William Blake, 1757-1827），英國詩人、畫家，是浪漫主義文學代表人物之一。他的一生中幾乎不曾成名，現在則被視為浪漫主義時代詩歌詩歌和視覺藝術史上的開創性人物。二十世紀的評論家諾斯羅普・弗萊（Northrop Frye）表示布萊克所謂的預言作品形成了「在英語中讀得最少的詩歌體而與影響成為不相稱的比例」。他的視覺藝術使得二十一世紀評論家喬納森・瓊斯（Jonathan Jones）宣稱他是「英國有史以來最偉大的藝術家」。許多人注意到榮格《紅書》文字與圖像並呈的方式，與布萊克有一定的相似。榮格熟悉他的作品，在《心理學和煉金術》中運用了他的兩幅圖，一幅來自但丁《神曲・地獄篇》的插畫，一幅是雅各的《階梯》。榮格表示：「布萊克是十分誘人的研究項目，因為他的幻想裡充滿了半意識的或未消化的認識。根據我的想法，他的作品與其說是無意識過程真實的再現，不如說是藝術作品。」

關的意義。如果約伯的惡運僅僅只是巧合，那麼這完全是不會考慮超個人面向上的機率或無意義的偶發。而十分明顯地，約伯對這一機遇從不覺得樂在其中。這一切基本的假設都是源自於上帝，也就是全都來自超個人的目標和意義，而且從頭到尾一致。對於約伯的假設，和這個必要的假設相呼應，也就是如果假設我們想法的所有
80 一切都來自積極想像，討論時就必須堅持這點。一個人的情緒和情感是進行積極想像的起點，如果將這些情緒和情感只視為是巧合或者是外部或身體的原因，也就完全沒有尋找這一切心理意義的立足之地。要對心理意義是否存在有任何的認識，唯有透過體驗。在體驗的一開始，我們至少要有足夠的信念，願意接受心理意義的主張有待檢驗的這項假設。

既然這是耶和華和撒旦的共同計畫，他們兩人也就可以視為一體兩面，也就是自性的兩面。撒旦提供了構陷約伯苦難的啟發和動力，所以必須要打破心理原有的平衡狀態，才能達到新的發展層次。對伊甸園中的亞當和夏娃來說，蛇扮演了與撒旦一樣的角色。而與伊甸園相似的是，約伯所受的折磨其實是被設計為一種誘惑。他受到誘惑來對上帝加以詛咒。從心理學上來說，這意謂著自我受到誘惑而膨脹，將自我置於上帝的意圖之上，這也就是自我對自性的同一。

為什麼所有的這一切是必要的呢？明顯地，約伯有著某些膨脹的可能。儘管約伯的好名聲無可挑剔，但或許也正因如此，才讓人更加困惑約伯是不是真的知道在自己與上帝之間、自我與自性之間，是有所差異的。因此，這整個計劃是將自我放進苦難的火焰中來測試，透過這些磨難，才能讓約伯與上帝這一事實充分相遇。如

果我們基於結果來了解最初的目的，我們可以說，上帝的目的是讓約伯察覺到祂的存在。所以很顯然，自性需要意識的認識，所以自性必須藉由個體化的推動，來對自我加以誘惑和考驗，才能促成自我對自性的存在得以徹底覺察。

一切的故事剛開始時，約伯是個富有、受人尊重、幸福的男人，而與這一切相呼應的是，他的自我是一個心滿意足而「安全」的自我，無憂無慮，全然沒察覺任何的無意識，而隱含於其中的設定可能讓這「安全」變得搖搖欲墜。突然有一天，這一切約伯所珍視與倚靠的，包括家庭、財產、健康等等，都被收回了。

在威廉・布萊克的版畫作品裡，呈現了約伯身上這場驟然而至的災難（圖 22）。在這幅畫上，布萊克印上了一句說明：「上帝之火自天堂而降。」（《約伯記》，1：16）。從心理學角度來說，這一幅畫所呈現的是，在無意識強烈能量的衝擊下，意識原有的狀態於是開始破碎。這一意象預告了個體化的危機，這在心理的發展上是非常重要的一步，我們需要將過去的狀態加以摧毀，才能
為新的狀態挪出空間。毀滅性的效果或解放的效果主宰了一切，而 81
且通常的情況是這兩者兼而有之。在榮格所發表的案例研究裡，有一張圖所強調的是後者（圖板 3）。[15] 在這一張圖中，個體化的決定性階段正在開啟，來自天堂的光照射下來，照亮了周邊一塊區域：自性正開始誕生。而第 16 號塔羅牌（圖 23）的重點，則是強調毀滅的那一面。牌面上的塔，代表了格外膨脹的自我，來自性的能量即將爆發，可能帶來了極大的危險。自性的出現猶如某一版

15 原註：榮格，《原型與集體無意識》（*The Archetypes and the Collective Unconscious*），C.W., Vol. 9ii，§ 525f, picture 2。

【圖板 3】一個病人的畫作，取自榮格《原型和集體無意識》

「最終的審判」的首映典禮（圖24）。唯有從中倖存，才可能保持堅定，好好扎根於現實之上。

在幾乎失去了所有珍視的一切以後，約伯陷入了我們（原書 52 頁）所描述過的托爾斯泰的那種急性疏離的狀態。如果自性被視為最高的價值，所有依附在次要價值上的一切都會遭到摧毀。很明顯地，約伯向來的生命意義聯繫著家庭、財產和健康。然而這一切一旦都被奪走了，他陷入了絕望，進入了靈魂暗夜[16]：

【圖 23】馬賽塔羅牌，牌卡「塔」

> 願懷我那夜湮滅無蹤……

16 原註：聖十字若望（St. John of the Cross）多次以約伯作為典範來討論靈魂暗夜。在談到靈魂暗夜的好處時，他這樣寫道：「……靈魂要學會以更加尊敬、更加謙遜的方式來和上帝交流，這是靈魂在與至高無上者交談時所必須遵守的。這樣都是在繁榮時期所不知道的安慰和慰藉……同樣地，上帝所賜於約伯與他對話之前的準備，並不包括約伯自己報告他過往在上帝那裡萬有的那些快樂和榮耀，而是讓他赤身裸體地躺在土崗上，被朋友拋棄甚至迫害，滿心的痛苦與苦澀，地上還布滿了蟲子。這時，至高無上的神，那個將窮人從糞堆裡攙扶起的神，高興地來到約伯面前，在那裡與他面對面地交談，向約伯展現了他無上深廣的智慧。而這一切在約伯繁盛興旺之時是從未做過的。」（《靈魂暗夜》〔*The Dark Night of the Soul*〕，I、XII、3，也參見 V，5；IIVII，1；II，IX，7&8；II，XVII，8；II，XXIII，6。）

83

【圖 24】天火雨降，取自阿爾佈雷特・丟勒（Albrecht Dürer）為聖雨《啟示錄》所作的木刻版畫

為何我不在母胎而死？

為何我不出母腹而亡？……

受難的人，為何還要賜光亮於他？

受苦的人，為何還要賜生命與他？為何人生下來要在

黑暗中流浪，

被上帝在四面築起藩籬？[17]

約伯用這樣的話，宣洩了自己恨不得尋死的絕望，以及他對於 82
生命及其意義徹頭徹尾的異化和疏離。這個不斷重複的問題：「為什麼？」，顯示約伯正絕望地尋求著意義；如果《約伯記》是關於某一個人的紀錄文獻，那麼意義的失落和重新尋得，可以視為這文獻的終極主題。

在抑鬱和絕望的狀態下，正常情況下維持著意識的興趣與活力的力比多（libido），大部分都沉入了無意識中。這轉而激發了無意識，讓夢與幻想意象開始增多。我們可以猜想，在約伯身上也發生了同樣狀況。來自無意識的意象，擬人化之後成為了朋友和忠告者，經由積極想像開始和約伯展開了對話。

這些人物從不同視角來和約伯對話，漸漸地接引他與聖祕的相會——就是耶和華本人。為約伯獻策這些人確實是來自原真的積極想像的，其中的證據之一就是這是若干元素的汙染混合物。有一部
分是從傳統的宗教視角，詳述了約伯的被上帝拋棄；但同時也有一 84
部分無意識深層的真實而自主的表現。這種汙染的混合物在積極想像中非常常見。因此，這過程中會發生許多事情，需要意識保持警醒而積極的參與，才能不只是被動接受無意識內容，而且能和無意識有真正的對話。舉例來說，以利法（Eliphaz）在第一次對話中這樣告訴約伯：

17 原註：《約伯記》，3：3-23，*New English Bible*，NEB。

想想你曾如何鼓勵那些蹣跚衰弱的人，
你曾如何抱緊那些虛弱的臂膀，
你的言語曾如何支持過那些將要跌倒的人
給他們軟弱的膝蓋力量。
但，現在厄運現在降臨在你身上，你就失去了耐心；
禍患接近你，你就怯懦驚惶。[18]

這也可以理解為約伯自我批評的聲音。他開始意識到自己過去那麼容易就給出了建議，那麼容易就去幫助他人，但現在自己卻無法做到自己過去給出的建言。這些自我批評只會讓他感覺更加挫敗，讓他更加痛苦。以利法表面上繼續以老生常談安慰著他，也許約伯以往也是用這樣的方式來幫忙面對痛苦中的人：

你的行事端正，不再能給你希望了嗎？
請你追想，無辜的人有誰滅亡？
你可曾見正直的人有誰被毀？[19]

這些想法膚淺而脫離現實，其實毫無幫助。這些只是黑暗裡的哨聲，是遠離了此刻正沉重難當地壓迫著約伯的那些生命真相。也許，這樣十分表面而能滿足期望的看法，可以消解約伯的苦難，至少暫時可以，因為以利法很快就轉向陳述一連串更深層的聯想，以利法對約伯述說了一個聖祕的夢。既然《約伯記》裡全部的對話都

18 原註：同上，4：3-5。

19 原註：同上，4：6-7。

是約伯的積極想像，那麼這個夢應該是約伯自己的夢，剛做過的或是回想起來的：

> 只言片語，溜進我的耳朵，
> 他們聽到了低聲私語；
> 焦慮地看著這夜的幻影，
> 當深深沉入了最深的睡眠， 85
> 恐懼於是緊緊抓住我，我因而渾身戰慄；
> 全身的顫抖將我嚇壞了。
> 風刮過我的臉，
> 頭髮因而拂過了我的肌膚；
> 有個人站在那裡，他的身形我看不清楚，
> 原來是個幽魂赫然出現在我眼前，
> 而我這時聽見一道低沉的聲音：
> 品行端正的人啊，難道你比上帝更正直，
> 比他所創的造物更純潔嗎？[20]

沒多久，約伯自己提到了那些恐怖的夢。

> 當我想到，我的床將讓我放鬆，
> 睡眠將讓人不再抱怨
> 而你卻用夢讓我感到戰慄

---

20 原註：同上，4：12-17。

那些幻影，讓我驚懼不安。[21]

威廉・布萊克曾經繪製過約伯的夢（圖 25）。在畫裡，耶和華遭到一條大蛇緊緊纏繞著，而這條蛇很可能就是祂撒旦的那一面。耶和華指向約伯身下敞開的地獄，火燄和神秘不知來歷的人正威脅著要抓住約伯拖下地獄。無意識的深層已經打開，約伯所面對著天性的原始力量。很顯然地，約伯毫無反抗餘地，甚至比偶遇猛虎還更不知所措。但約伯並未從夢裡學到一課，他還必須受到更嚴厲的教訓。

約伯依然相信自己無辜、正直，他還沒意識到自己的陰影。因為如此，他的同伴們必須一遍又一遍地講述著約伯的邪惡與罪惡，來補償約伯意識裡只能單方面地看見自己的純潔與美德。約伯隱隱地意識到他現在所體驗的一切，正讓自己感覺殘忍和骯髒。在某一時刻他這麼說：

我是深處的巨獸嗎？我是。
深海巨蛇，需要你要給我最嚴格的看管嗎？[22]

接著他又說：

雖然我用皂清潔身體，
用鹼潔淨雙手，

21 原註：同上，7：13-14。
22 原註：同上，7：12。

你還是把我扔入泥塵，
讓我的衣服都會教自己惡心憎惡。[23]

曾經在某個時刻，他意識到了自己過往的罪： 86

你要驚動被風吹起的葉子嗎，
你要追逐枯乾的碎秸嗎，
你按罪狀懲罰我，
讓使我承擔年輕時的罪疚……？[24]

【圖 25】耶和華用地獄一角讓約伯感到恐懼，威廉．布萊克作品

23 原註：同上，9：30-31。

24 原註：同上，13：25-26。

他並沒有說年輕時的罪孽是什麼，很明顯地，他並不認為此刻的自己要為此負責。這些過去的罪孽將成為他潛抑下去的內容，不想讓它們浮現進入意識中，因為這太不符合他自認正直的形象。約伯的自以為是，在第二十九和第三十章中表現得十分明顯：

87 唯願我的境況一如從前……
我出城門，在廣場就座，
年輕人見我而回避；
年長者也起身站立，
掌權者中止交談，以手掩口；
貴族們的交談漸漸停息，
每個人都不再開口。
他們殷殷待我言說，默默等我所言……
我主掌他們，規劃他們的道路，
如同王者與他的軍隊一起駐。[25]
……如今，我被年輕一代嘲笑輕視，
而我也曾如此對待其父，
將他們的父親安置於看守羊群的狗中。[26]

約伯對於智慧不如自己的人，態度往往輕蔑，也許這就是一項「他年輕時的罪孽」，也反映了他膨脹的自我，他將自己孱弱的陰影面投射給了他人。個體化過程要求他在意識中接納與同化自身黑

25 原註：同上，29：1-25。
26 原註：同上，30：1。

暗而低劣的面向。

約伯所受的折磨，最終將帶來死亡與重生的體驗。然而，在他還是喋喋抱怨之際，他仍然只是個凡人。下面這段話，就可以看到他對重生的無知：

> 樹若被砍下，
> 它還有望再次發芽
> 嫩芽生發不息。
> 即便地下的根日益衰老，
> 在土裡奄奄一息，
> 然而一旦嗅到水氣，它還會再次迸出新芽
> 如同年輕的植物一般地嶄新生長。
> 然而如果一個人故去，他就會消失不見；
> 人的一生一旦結束，他究竟會在何處？
> 像湖水漸漸消散乾涸，
> 或者像江河縮小絕盡，
> 人也將是如此，躺下，不再起來
> 直到地久天荒。
> 如果人故去，他可否再次復生？[27]

隨著約伯與朋友們對話的持續，呈現出摻雜了深奧的真理與 88
墨所成規而平庸的觀點。約伯得到的多數建議，都是讓他回歸到原

27 原註：同上，14：7-12。

來傳統且正統的態度。大家告訴他要謙遜地接受上帝的懲戒，不要質疑，也不要試圖理解。換而言之，就是要他放棄自己的思考，就好像他沒意識到那麼多問題一樣地繼續生活。這樣的行為是一種退行，恰是約伯最反對的。於是恰恰相反地，約伯是向上帝抗議，他真正說出口的是：「如果祢真是愛人的、仁慈的上帝，祢的行事為什麼並非如此？」約伯敢如此與上帝抗辨，至少從其中一個角度來說，約伯的作為毫無疑問的是膨脹的舉動；但從整個來龍去脈來看，這是必要的，是受控制的膨脹；如果要與上帝相會，這樣的舉動勢必不可少。如果約伯採納妻子的建議詛咒上帝，並且求死，那才是致命的膨脹。但約伯沒有走這兩種極端。他既沒有放棄自己意識中已有的價值尺度，也沒有詛咒上帝。他繼續質疑自己所受的苦難折磨的意義，並且毫不懊悔，直到他明白自己所正在承受的懲罰所為何來。

當然，約伯將這些懲罰視為他和上帝建立關係的方式，這其實是不成熟的，還是孩子和父母的關係。這是與神相遇後，釋放他的態度之一。但更重要的是約伯的堅持，使得他發現了自己這一切經歷的意義。他勇敢地挑戰上帝，說：

> ……將你壓我身上沉重的手徹底拿開，
> 不要再讓對祢的恐懼使我戰慄顫抖。
> 然後傳喚於我，而我將好好應答；
> 或者我先發言，你要願意回答於我。[28]

---

28 原註：同上，13：21-22。

到了第三十二章出現了變化。約伯的三個朋友講完之後，進入了第四個人。這個人名叫以利戶（Elihu），之前沒被提過。他說自己太年輕，所以一直克制沒有加入談話。這在《約伯記》中帶進了「三和四」的主題，引起了榮格的注意。如果將以利戶當成之前未曾注意過的第四功能，約伯的完整性終於聚齊。這種解讀也符合以利戶談話內容的本質，這些談話可以大致理解為是耶和華出現的序曲，呈現的許多觀點是後來耶和華會更強而有力地表達的。其中，特別值得一提的是以利戶所提到的夢：

> 在夢裡，在夜的幻影裡， 89
> 當最深的睡眠降臨了，
> 人們躺在床上沈睡著，上帝於是要他們傾聽，
> 而祂對人的糾正是會讓人恐懼的。
> 神讓人擺脫魯莽的行為，
> 遏止人們的驕傲，
> 在深坑的邊緣攔阻住這人而得以倖存
> 並且制止這人跨入了死亡之河。[29]

這裡提到夢及它們的功能，在心理學上有著驚人的準確性。這一點也進一步證明，《約伯記》是個人真實經歷的報告。很顯然地，約伯的無意識透過夢嘗試著糾正他意識中的態度，卻沒有成功。所以，這些夢可以視為約伯期待著在日後的意識中與耶和華相

---

29 原註：同上，33：15-18。

遇。在這樣的一段古老文字裡，可以看到榮格近代才論證的夢的補償作用，確實是很神奇的。[30]

以利戶一說完了話，耶和華就親自現身了。這聖祕的、超越個人的大自性，於是從漩渦中顯現出來了（圖 26）。耶和華說了一段話，莊嚴而宏偉，這必然是意識努力的結果，想要將隨著原始體驗出現的、未加工的聖祕感加以同化一體。耶和華的回答是對神性（the attributes of deity）的重申，以威嚴的描繪敘述了上帝與人的不同，也就是，自性與自我的不同：

> 我立下大地根基的時候，你們在哪裡？
> 你們若明白，就告訴我
> 是誰定下地的尺度？你們必然明曉。
> 是誰擴展地的邊界？
> 支撐的基柱安於何處？
> 是誰定下地的角石？
> 當晨星齊聚歌唱
> 神的眾子也齊聲高呼？[31]

90 自我不是心靈的締造者，他對自己的存在所依賴的深層根基是一無所知的：

---

30 原註：參閱如：榮格，《心靈的結構和動力》（*The Structure and Dynamics of the Psyche*）。C.W., Vol. 8，§ 477f.

31 原註：同上，38：4-7。

【圖 26】耶和華在曠野回應約伯，威廉・布萊克作品

你們曾下潛入海的噴泉處，或是行過隱密的深淵嗎？
死亡之門曾向你們顯露過嗎？
黑暗之地的守門人你們可曾見過？
你們能理解大地的廣闊嗎？[32]

自我得到了提醒，他原來對心靈的整體是一無所知。部分是無法涵蓋全部的：

你們能繫住昂星的結嗎？

32 原註：同上，38：17-18。

還是能解開參星的帶？

你們能讓十二宮按時顯現？

還是能引導北斗和追隨它的群星？

你們能宣告天的定則？

還是能決定大地的自然法則？[33]

在這裡，自我於是被放在這個位置，拿來跟決定心靈存在之原型的規模與力量來互相比較。

接著，耶和華轉向動物的世界，並審視了神對動物所施與的各種神奇力量，尤其是最駭人的那些：

91 看我如造你般所造的貝希摩斯[34]

……

你能用魚鈎釣上怪獸利維坦嗎？

還是你能用繩索捆住它的舌頭？[35]

---

33 原註：同上，38：31-33。

34 原註：《約伯記》，4：15，RSV。

35 原註：同上，41：1。

譯註：貝希摩斯（Behemoth）也譯作巨獸或比蒙，是聖經記載的神話生物。在希伯萊文中稱Behemot/B'hemot，直譯是「群獸」，暗指它形體十分龐大，唯有群獸相合才能與其並論。貝希摩斯也指貪婪的惡魔。希伯來聖經對貝希摩斯的記載最為詳盡。利維坦（Leviathan）又譯巨靈，聖經現代中文譯本則譯為海怪，是希伯來聖經的一種怪物，形象原型可能來自鯨及鱷魚甚至滑齒龍及滄龍或者龍王鯨。「利維坦」一詞在希伯來語中有著「扭曲」、「漩渦」的含義。而《以賽亞書》第二十七章描述利維坦為「曲行的蛇」；烏加里特史詩則記載利維坦為利坦（Litan），並形容其為「纏繞之蛇」。後世每提到這個詞語，都指來自海中的巨大怪獸，而且大多呈大海蛇的形態。

這時展現在約伯面前的上帝暴虐的一面，以及自己心靈深處容納著遠離人類日常觀念的食人怪獸。神顯（theophany）的這一面向，布萊克在圖 27 中加以描繪了。貝希摩斯和利維坦代表了存有裡原始的強烈性慾。上帝揭露了自己的陰暗面，而既然人參與了其存在基礎的上帝，他也必然也分享了上帝的黑暗。自我的自以為是，在這裡受到了致命的一擊。在耶和華自我揭露的最後總結時，約伯這裡已經出現了決定性的變化。也許是悔改，或者說是元氣大傷：

> 我聽說過祢，卻僅是用我的耳朵
> 但現在，我用我的眼睛看到了祢；
> 因此，我將鄙視我自己，
> 願意在塵和灰裡頭持續懺悔。[36]

約伯的問題已經得到解答，靠的不是理性推理，而是活生生的體驗。他一直在求索的、他一切痛苦的意義，而今找到了答案。這完全不亞於在意識中覺知了那些自主運作的心理原型；這樣的覺知，只有在苦痛中才能得以誕生。《約伯記》真實地記錄了一次神啟（divine initiation）的過程，一次在磨難中的試煉，當這一切終於成功的時刻，將會抵達新的存在狀態。這和所有那些促成轉化的嘗試，從一種存在狀態轉化為另一種狀態，相關的啟示性儀式都很類似。

---

36 原註：《約伯記》，42：5-6，RSV。

92

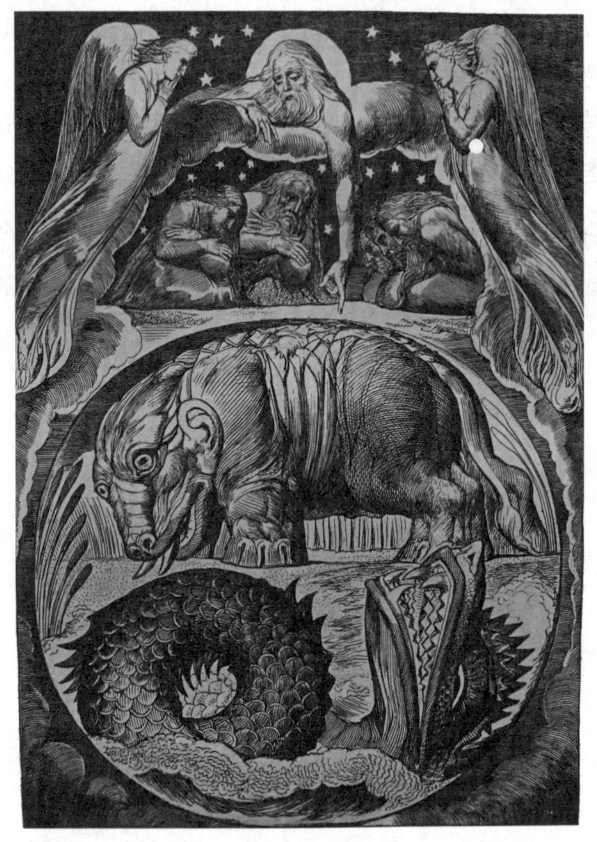

【圖 27】耶和華向約伯顯現深處的景象（貝希摩斯），威廉．布萊克作品

約伯的苦難是來自耶和華，借由祂動力十足的代理人撒旦所引發的。對於撒旦在約伯的故事中所扮演的心理角色，瑞夫卡．沙爾夫．克魯格（Rivkah Schärf Kluger）[37] 做了精準的描述：

37 譯注：瑞芙卡．沙爾夫．克魯格（Rivkah Schärf Kluger），1907 年出生於瑞士伯恩，在蘇黎世大學獲得閃族語言和宗教史的博士學位，並成為榮格的學生，在蘇黎世的榮格學院教授心理學和宗

他（撒旦）這裡的出現是完全在光裡，是平靜生活
和世俗安適的形而上的對手。他的介入，干擾並打斷了生
活的自然秩序，就如同巴蘭（Balaam）在路上時[38]，在場
的耶和華（mal'ah Yahweh）扮作的撒旦，攔在人前進的路
上。但是，當巴蘭的故事是講到不同意願的衝突及願意盲
目遵從的體驗，也就是說第一次意識到必須遵從上帝，而
非個人的意志；在約伯的情況來說，是指在意識中臣服於
內在所洞察的上帝意志。撒旦事實上就是的路西法，那個 93
帶來光的人。他為人們帶來了上帝的訊息，但正是藉由衝
突所帶來的痛苦體驗，人才得以進入「另一個世界」，而
撒旦是這俗世的痛苦，正是祂驅使了人類開始向內的探
求。[39]

教，在歐洲和美國各處講學。1955 年與葉赫茲克爾．克魯格（Yehezkel Kluger）結婚後，在不同的榮格分析中心執業和教學，先是在洛杉磯，一直到 1969 年，然後前往以色列的海法，在那裡一直生活到 1987 年去世，著作包括《舊約中的撒旦》（*Satan in the Old Testament*）、《心靈與聖經》（*Psyche and Bible*）和《智慧建了她自己的屋：女性的心理面向》（*Wisdom has Built her House – Psychological Aspects of the Feminine*）。

38 譯註：一般的故事裡，摩押國王巴勒召巴蘭來詛咒以色列人；但巴蘭依照神的命令祝福以色列人。然而，巴蘭因為貪心，計誘以色列人與摩押人連合，跪拜偶像，違背了上帝的命令，從而自取滅亡。在希伯來聖經的記載，摩西帶領以色列人出埃及後，在約旦河東邊的摩押平原安營。摩押國的國王巴勒看見以色列人，十分恐慌，於是打發人拿著禮金去找巴蘭為他咒詛以色列人。巴蘭並未立即回絕巴勒的代表。那夜，神對巴蘭說：「你不可跟他們去，也不可詛咒那民（以色列人），因為那民是蒙福的。」但巴蘭再度求問神時，神任憑巴蘭跟他們去。後來，巴蘭反倒三次祝福以色列人，說：「就算巴勒國王把滿屋的金銀給我，我也不能越過耶和華的命令，隨自己的心意行好行歹吧？耶和華說甚麼，我就說甚麼。」巴蘭回去後，見詛咒不成功，就計誘以色列人與摩押、米甸女子行淫亂，拜她們的神巴力毗珥（昆珥），令以色列人得罪神，以致有瘟疫爆發。摩西受神的吩咐，在一場與米甸人的戰爭中殺了巴蘭。

39 原註：瑞芙卡．沙爾夫．克魯格（Rivkah Schärf Kluger），《舊約中的撒旦》（*Satan in the Old Testament*），Evenston, Northwedtern University Press, 1967, p.132。

這段關於撒旦的描寫，必須要承認這從心理學的角度來看十分準確，也讓撒旦的形象非常類似於智慧之神（Wisdom）。在《傳道經》（*Ecclesiasticus*）中，智慧之神呈現擬人的女性化形象，經中如此描述她：

> 智慧撫育自己的兒子，
> 並關愛著那些追尋著她的人。
> ……
> 因為，雖然一開始她會帶他經歷崎路，
> 讓恐懼與虛弱加之於他，
> 以一己的嚴律折磨他，以苦痛考驗他，
> 直至她能信任他，
> 最終，她會重新引導他回歸正途，
> 告知他自己的祕密。[40]

依這段的說法，智慧之神借助於撒旦對兒子的考驗，和耶和華借助撒旦之手對約伯所做的，如出一轍。上帝的摯愛所接受的也是最為苦痛的磨難，這也就是個人個體化潛能的強度促成了這測試。約翰・鄧恩（John Donne）[41] 觀察到：

---

40 原註：《耶穌智慧書》（*Ecclus*），4：21-22，《耶路撒冷聖經》（*Jerusalem Bible*）。

41 譯註：約翰・鄧恩（John Donne, 1572-1631），十七世紀英國詹姆斯一世時期的玄學派詩人、也是教士。起初的作品常包含對英國社交界的尖銳批判。他認為人們應仔細考慮宗教信仰，而不是盲目地遵循傳統；約翰後期因生病、經濟貧困和朋友的死亡，而使其詩增添了陰沉的基調。改信英國國教後，約翰的文學作品也多與宗教有關。他充滿感染力的講道方式與宗教詩歌隨即受到肯定。約翰去世前，基於他的信仰主張，寫了許多挑戰死亡的詩，他認為死者被送到天堂是為了永遠活著。1621 年以後，他成為聖保羅大教堂的教長，直到死亡，是那個時代最著名的牧師。

……好人多難。我剛剛聽到上帝說，他發現了一個正直的人，敬畏上帝，遠離惡事（《約伯記》，1：1），緊接著下面幾行，我就發現撒旦得到神許，讓示巴人（Sabeans）和迦勒底人（Chaldeans）劫掠了約伯的牲畜，而僕人所燃起的大火因為大風颳倒而讓房屋壓死了約伯的孩子，至於約伯自己也得了可怕的疾病。我剛聽上帝說，他發現了一個從他心意的人（《撒母耳記上》，13：14），我就看到他的兒子強姦了他的女兒，然後又相互殘殺，接著再背叛父親，讓他陷入人生困境。我剛聽到上帝驗證了一個基督徒的責任，說，這是我的愛子，我所喜悅的（《馬太福音》，3：17），我就看到他的愛子被引到曠野，接受魔鬼的試探（《馬太福音》，4：1）。當我聽到上帝在顯聖容（Transfiguration）時又一次讓考驗降臨（這是我的愛子，我所喜悅的）（《馬太福音》，17：5），我發現他深愛的孩子被迫遠離家園，被拋棄，並被交給了文士（Scribe）和法利賽人（Pharrisees），以及公共承包商，和希律黨人（Herodians），和教士，和士兵，
和人民，和法官，和證人，和執刑者，那個被稱作上帝愛 94
子的人，參享天國榮光的人，在這個俗世，在他顯聖容的時刻，成為了所有惡行、所有人間罪惡集大成者，變得臭名昭著，而不再是上帝的愛子；甚至也不再是人，猶如卑微的蠕蟲。[42]

42 原註：辛普森（E.M. Simpson）編，《約翰．鄧恩關於詩篇和福音書的佈道》（*John Donn's Sermons on the Palms and Gospel*），University of Carlifornia Press, Berkeley and Loc Angeles, 1967, p.

雖然考驗可以帶來智慧，但也令人恐懼，因此人們向上帝禱告要求得以赦免：「不要考驗我吧，請拯救我免於邪惡。」[43]

榮格認為約伯之所以可以擺脫絕望，是透過意識上對這部分神性不斷地加深認識來。克魯格對榮格的話進一步延伸說：

> 在上帝偉大的最後談話中，祂向約伯揭示了自己所有的恐怖。彷彿是對約伯說：「看呀，我就是這樣的人。這就是為什麼我這樣對待你的緣故。」上帝出於自己的本性而對約伯施加苦難，不但自己早有了這種自我認識，並向約伯承認了自己這令人毛骨悚然的力量。而這對約伯個人而言，正是他的救贖。這確實是有關約伯這一謎題的解答，也就是說，為約伯的命運提供了真正的理由。如果沒有這個背景，約伯的命運在其殘酷性和不公正性方面仍然只是沒有答案的問題。約伯在這裡顯然是作為犧牲品而出現的，但也是作為神聖命運的載體而出現的，這使得他的痛苦和靈魂的解放有了意義。[44]

魯道夫·奧托（Rudolf Otto）[45]率先對先驗性的聖祕

97f。

43 原註：《馬太福音》6 1：9，NEB（新英語版）。

44 原註：克魯格（Kluger），《舊約中的撒旦》（*Satan in the Old Testament*），p.129。

45 譯註：魯道夫·奧托（Rudolf Otto, 1869-1937）是德國路德派神學家、哲學家和比較宗教學家，生於德國，先後在哥廷根、佈雷斯勞和馬堡大學擔任教授；研究領域包括西方哲學、系統神學、新約和舊約宗教史學、印度學等，曾潛心探討宗教本質與真理、宗教情感與體驗、哲學認識論、神聖觀念和神祕主義等問題。他被認為是二十世紀初期最有影響力的宗教學者之一，並以其關於聖祕（numinous）的概念而聞名，他認為這種深刻的情感體驗是世界宗教的核心。雖然他的工作

（numinosium）做了清晰的闡述。他使用了約伯和耶和華的例子。我詳細地引用了他的話，因為這一段完美地傳達了他對超自然的神祕聖祕（numinous mysterium）的理解：

> 隨後埃洛希姆神（Elohim）[46]親自出現，為他自己辯
> 護。他的辯護十分有力，使得約伯承認自己一敗塗地，真
> 正打從心底無言以對，而不只是被強大的力量所輾壓而
> 已。然後他承認：「所以我厭惡自己，願在塵土和灰燼中
> 懺悔。」這是內心承認被說服和確信，而不是只是無能的
> 崩潰和對優越力量的服從，而這裡也完全沒有聖保羅時常
> 表達的心態；例如在《羅馬書》第九章第二十節：「形成
> 的東西豈可對形成它的人說，你為什麼這樣造我？窯匠豈
> 不是用同一塊泥土，造一個器皿為榮耀，造一個器皿為不
> 榮耀麼？」如果這麼去解釋《約伯記》中的這段話，就會 95
> 令人有所誤解。這裡並不像保羅那樣地宣佈放棄「神義
> 論」（theodicy）[47]、認識到「神義論」的不可能；相反，

開始於自由基督教神學領域，但其主要推動力始終是護教的，尋求捍衛宗教免受自然主義批評。奧托最終認為他的工作是有關宗教的科學，後人將之區分成部分宗教哲學的宗教史和宗教心理學。

46 譯註：埃洛希姆（Elohim），又譯為厄羅依、以利、耶洛因、伊羅興。希伯來語以此來表達「神」的概念。也亦有時指異教的神。

47 譯註：神義論（theodicy），是一個神學和哲學的分支學科，主要探究上帝內在或基本的至善（或稱全善）、全知和全能的性質與罪惡的普遍存在的矛盾關係，這個術語來源於希臘語 theos（表示「上帝」）和 dike（表示「義」）。由於對其各自對聖典的強調，神義論通常與亞伯拉罕諸教，包括基督教、猶太教和伊斯蘭教相關聯。神義論的根本論點在於人的罪惡問題：它持續的存在與上帝消滅罪惡的意願之間的矛盾。最普遍的支持上帝的三全（全愛、全知、全能）的神義論觀點認為，罪惡事實上並不像我們定義的那樣存在，而且即使是我們所認為「最罪惡」的事情也是上帝能夠預見和確保的。還有些文獻來源則使用這一術語來表示對於上帝行為的解釋。

這裡是要提出自己真正的神義論，而且是比約伯的朋友們的還更優秀的神義論；這種神義論甚至能使約伯信服，而且不僅信服，還能徹底打消正在襲擊他靈魂的每一個內在疑問。因為約伯在埃洛希姆神的啟示下所經歷的怪異經歷，潛藏著對他靈魂的痛苦內在的釋放和平息，而這種平息本身，即使沒有第四十二章講到，約伯所被剝奪的得到補償之外還得到了額外的報酬，包括約伯後來重新獲得了富足，得到了安頓；但即使沒有這一切，僅僅是內在靈魂痛苦的平息，就已經足以解決《約伯書》中提到的問題。但是這樣一個陌生的經驗「時刻」，是上帝在為約伯洗脫沉冤呢，還是上帝於約伯間的和解呢？[48]

在回顧了耶和華的非凡作品，包括利維坦、貝希摩斯等等之後，奧托繼續說道：

可以肯定，如果要苦苦尋找神的「智慧」意圖所在的蛛絲馬跡，這些巨獸會是他能想到的最不幸的例證。但是，它們和任何先前的例證以及整個段落的上下文、其主旨和意義一樣，確實以大師手筆表達出造物者的永恆能力、徹頭徹尾的愚蠢、近乎神奇和完全不可理解的特性；它是如何不可估量和「完全另類」，嘲笑任何預設的想

48 原註：魯道夫・奧托（Rudolf Otto），《論神聖》（*The Idea of the Holy*），London, Oxford Press, 1910, p. 78。
譯註：中譯本有大陸中國社會科學出版社版本，丁建波翻譯。

> 像，卻能激發深層審思，讓心意亂神迷，心潮湧溢。在這裡，mysterium 的含義不單單是神祕，也有著「神魂陶醉」與「敬畏」的意思；而且，對後一種的含義也是活的，沒有任何清晰的概念化，而是在整個論述的語氣、熱情、節奏中。這裡事實上是全篇的核心，包括了所有神義，以及約伯靈魂的平息與平靜。這個神秘體驗若僅僅（如以上所討論的）是內在精神本身「完全不可思議」的聖祕的那一部分，那麼，也許雖然它可以讓約伯啞口無言，卻不能令約伯的內在臣服。我們進一步意識到，是那無可理解的內在價值——難以言傳的、積極的以及「魅力無限，令人意亂神迷的」價值。這無法用人類目的論的理性思想來量度，也無以同化：它存在於其神祕中。但是，正是因為它在意識中得到了感受，埃洛希姆才得到了公正，而約伯的靈魂也同時將獲得安寧。[49]

約伯的情形適用於所有人。這直接觸及了那個最常見的問題： 96
「為什麼是我？」我們的內心深處都有對命運，對現實的怨恨，這是殘餘的膨脹。這些怨恨有很多種形式：「如果我能有更好的童年」、「如果我成家了」、「如果我沒成家」、「如果我有更好的丈夫或妻子」等等，所有的這些「要是如何就能如何」都意味著一個人在給自己找藉口，而不是在想辦法要如何去面對現實。這些膨脹的跡象，說明了他將個人的想像看得比更實際的現實還更重要。

49 原註：同上，p. 80。

約伯也同樣在問，為什麼這樣的痛苦會發生在自己身上。《約伯記》給出的答案讓約伯見到了上帝。

布萊克的畫作描繪了恢復活力而正在懺悔的約伯，他刻畫出了個體化後自我的核心特質（圖 28）。其中所刻畫的正是那種將自己獻祭於神前的態度。在體驗到心靈的超個人核心後，自我接受了自己的從屬地位，準備好要臣服於這全部的整體性，不會再做出個人的需求。約伯已經是個體化的自我了。

【圖 28】向耶和華祭獻的約伯，威廉・布萊克作品

4. 個體化的自我

個體化是一段過程，而非最終完成的目標。如果發展要持續，
那麼在每個新的整合層面上，都必然有新的轉化發生。然而，對於
自我在意識中察覺自性，下一步可能發生什麼，我們的確還是有一
些指徵可尋。一般來說，對個體化的渴望將會推動自我與自性有所
關係，但不再同一的狀態。因為這樣的狀態，在意識的自我與無意
識之間，在外在體驗與內在體驗之間，對話也許有多有少，會但總 97
會持續下去。這雙重的分裂得以療癒的程度取決於在個體化完成的
程度；第一重是意識誕生之際就已經開始的意識與無意識之間的
分裂；第二重則是主觀與客觀之間的分裂。外在現實和內在現實之
間原本的二分狀態，現在由統合的現實感所取代。[50][51]這就像在生
命最初時，無意識是圓滿和合一的，我們由此起步並且開始湧現而
脫離，而今在意識層面有一部分恢復了。在發展的某一階段中代表
著童真幼稚的看法和意象，到了另一個發展階段則代表著智慧。而
今體驗到的自性的意象與特質，是與自我脫離的，也是在自我之上
的。這樣的體驗，隨之而來的是人意識到自己並不是自己房子的主
人。而他開始意識到內在有個自主的方向定位獨立於自我之外，經
常與自我相抗衡。這一覺察有時候是相當釋放的，有時是難以承 98

---

50 原註：艾瑞旭·諾伊曼（Erich Neumann）〈現實水平的心靈與轉化〉（The Psyche and the Transformation of the Reality Planes）」，收於《愛諾思年鑒 XXI》（*Eranos-Jahrbuch XXI*）。我從諾伊曼這篇論文中受益良多，這是我所讀過的，討論這一高難度議題的最好的論文，Zurich, Rhein-Verlag, 1953. Translated in *Spring*, Analytical Psychology Club of New York, 1956。

51 原註：榮格在《神祕結合》（*Mysterium Coniunctionis*）的「一元宇宙」中談過現在統合的現實（unitary reality），C.W., Vol. 4, § 759f。

擔的重荷。人們也許會突然覺得自己像套上了聖克里斯多福（St. Christopher）[52] 的角色（圖 29）。

對那些與自己生活在同一屋簷下的人，某些類型的夢常常預示著事物的認識，為做夢者呈現出矛盾或神奇的事件。這樣的夢打開了一個對意識來說是陌生的、超個人的經驗類別。下面就是這樣一個關於夢的例子。個案是位女性科學家，非常理性，凡事條理分明。這是她的夢。一個男性（她熟悉的科學家）心臟病發作了。他拿起一株康乃馨，緊緊地抱在胸前。他的心臟病立刻就好了。然後，他轉過身，面對著做夢的這位女士，說：「用這樣的療法，我的科學家同事可能把我當笑話我，但這方法很有效，我的孩子還太小，不能沒有父親。」

這個夢後不久，這位女科學家就有了一次奇特的共時性（synchronicity）體驗，鬆動了她理性、機械性的世界觀，開始有了一些印象深刻的體驗。就像本書前述 [53] 的超級秩序（super-order）一樣，植物似乎可以引流帶走心臟病的影響，讓心臟恢復到原來的狀態。植物象徵著生命植物性狀態（vegetative state）；類似於自動化，或是植物性神經系統。從心理的層面上來說，這代表著生命經

52 譯註：聖克里斯多福（St. Christopher）最有名的傳說是曾經幫助耶穌所假扮的小孩子過河，此外他也是他旅行者或遊子的主保聖人角色。傳說他本名為歐菲魯斯（Offerus），孔武有力，立誓要服務世上最強大的君王。他先後找過迦南王，之後找魔鬼。當他發現魔鬼怕十字架後，他就認定耶穌是最強大的君王。然而由於不適應隱修生活，他改在河邊幫助他人，以背負他人渡河作為追隨耶穌的方法。有一天一名兒童請求幫忙渡河，克里斯多福赫然發現那小孩子竟重到他幾乎背不動。在艱難地過河後，他向小孩子說：「你重到有如世界揹在我肩上」，而小孩子則回答說，「你背負的不只是全世界，還包含它的造者。我就是基督，你的君王。」自此歐菲魯斯就改名為克里斯多福（意為背負基督者），決定踏上傳教的旅途，最後也因此被反對基督教的國王處刑而殉道。

53 譯註：原書 60 頁（旁碼）。

【圖 29】聖克里斯多福背耶穌過河，如同背負著全宇宙的重量，梅斯基爾希長老（Master Messkirch）的油畫

驗中原古的、植物性的狀態或模式，其中有著一個蓄積池，可以處理在意識人格中所累積多餘的破壞性能量。在意識心智的體驗上，這奇妙得有如奇蹟一般，也就是，超越了意識可理解的範圍。

關於這個主題還有另一個夢，做夢者是位男性，在三十五到四十歲之間，童年有很嚴重的被遺棄的經驗。父母都酗酒，所以要讓這個家庭維持正常運轉，這位病人就不得不過早地承接了成年人的責任與態度。他長成為一位非常理性的人，非常有責任感。但是，隨後，他開始漸漸失去耐心。不喜歡他的工作，也不知道想要什麼。漸漸地，每件事情都完全失去了意義。他的治療非常困難，因為他完全不討論理性之外的一切。接著，他做了一個夢：他遇到了一位古怪、不尋常的女人。他覺得自己以前聽說過這個女人。這女人是順勢療法的支持者。他在和這位女性談了一會兒之後，突然大聲說：「你怎麼能相信順勢療法這麼一回事？最新的醫療科學建議一定是最好的。順勢療法不過是殘餘的原始巫術罷了。」這個女
100 性神祕地笑了，回答說：「是的，的確如此。」這時做夢者大吃一驚，立刻醒了過來。

在對這個夢的聯想中，病人說他對順勢療法幾乎一無所知，僅是知道其中使用的是類比原則。他想到了弗雷澤（Frazer）[54] 在《金枝》（*The Golden Bough* ）中描寫過順勢療法的魔力，他還想到了我所用以對夢進行釋義的擴大法（amplification），這種方法運用神話意象來延伸夢境，使它的含義變得清晰。他和這個女性沒有聯繫，但這位女性很明顯地是他的阿尼瑪，擁有著無意識中的神祕知識，在自我與集體無意識間擔任著可能的橋樑。

這個夢意謂著無意識正在被活化，因此為他帶來了一種全新的

---

54 譯註：詹姆斯．喬治．弗雷澤爵士（Sir James George Frazer, 1854-1941），出生於蘇格蘭格拉斯哥，社會人類學家、神話學和比較宗教學的先驅。除了義大利和希臘，弗雷澤遊歷其實不廣，其研究工作主要來源是浩瀚的史料文獻以及世界各地的調查報告。弗雷澤在人類學上的啟蒙者是人類學開創者愛德華．伯內特．泰勒（Edward Burnett Tylor）及其名著《原始文化》（*Primitive Culture*, 1871）。弗雷澤一生研究盡呈現在《金枝》（*The Golden Bough*）一書，第一版出版於1890年，兩卷。1915年第三版出版的時候，已經擴充到十二卷。台灣多年前有一節譯本，目前市面可找到是由徐育新、汪培基、張澤石翻譯，五南出版社出版。

經驗模式，有點像是原始的魔法。根據這個經驗模式，類比被視為現實。這就是聯想的類比思維方式，也是無意識的工作方式，即透過象徵的類比來運作。這也是我們對夢進行詮釋的原則——透過類比來擴大。然而如果用這樣的方法來處理外部現實的事物，則是完全錯誤的，因為這可能讓我們陷入各種的魔幻或迷信。但這方法的確是處理無意識的正確方法，也是與原型心靈維持聯繫的方法。

現代人迫切需要和心靈的原始層面重新建立起有意義的聯繫。我這樣說，沒有硬是要認為沒被意識表達的原始情感是一種解離症狀的意思。我想表達的是，最初的生命經驗模式是將生命視為有機的整體。在夢裡，出現動物的、原始的或孩子的意象，通常是象徵性地指出援助與療癒的源頭。一般來說，在童話故事裡，都是動物向主人公指出如何脫離困境的。而原始的和孩子的意象，往往具有療癒的功能，因為他們所象徵的是我們與生俱來的權利，也就是圓滿；這樣的原始狀態，是我們與自然及其具有的超個人支持和引導能量之間的和諧狀態。透過我們內在的孩子或原始部分，我們可以和自性建立聯繫，並且療癒異化的狀態。然而，為了在意識層面與孩子的心智和原始的心智建立關係，而不是無意識且膨脹的，我們必須學習如何將原始的經驗範疇融入我們的世界觀中，而又不會對我們的意識，以及時間、空間和因果的這些科學範疇產生任何的否 101
定或損害。我們必須學習如何在心理上將原始的經驗模式應用到內在的世界，而不是在生理或物理上與外部的世界有所關係。與外部世界建立關係時採取原始的模式是迷信，但對內在的心靈世界保持原始，則是相當的智慧。

榮格自己是成功地達到了這種融合原始的狀態，這也令所有認識他的人都對他的智慧留下深刻印象。在他過世前幾天，一位記者來採訪他如何看待上帝。榮格這樣回答的：「時至今日，上帝這個名字，是我用來稱呼所有那些劇烈地、不顧一切地越過我心之所向，打亂我的主觀觀點、計劃和意圖並改變我生活軌跡的事物，無論好壞。」[55]

榮格在這裡呈現的態度儘管來自意識，而且是世故圓融的，但根本上來說，是一種原始的思維方式。榮格所稱呼的「上帝」，多數人會稱之為偶然或意外。很顯然，他將任何任意的偶發事件視為有意義的，而非無意義的事件。這正是原始狀態如何體驗生命的方式。對原始人來說，每一切事充滿心靈意義，都和超個人力量有著隱密的聯繫。而原始的人和孩子一樣，他們生活的世界是始終和自己連續在一起的。他們和這個宇宙是和諧融洽的。一個人如果在意識上越能與心靈深層有所關聯，他就越接近榮格所說的狀態，也就是所有外在和內在世界的盛衰榮枯都有其意義，都是超自然模式與力量的表現。機遇作為一種經驗的範疇，是生命異化疏離的症狀。然而與自性有所連接的人來說，他們就像孩子和原始人一樣，沒有所謂偶發的隨機事件。也許這就是耶穌那句話的意義：「除非你轉身，變得像孩子一樣，否則你就永遠在天國之外。」[56]

愛默生（Emerson）也表達過同樣的觀點，他說，定律藏於所有看似偶然的背後：

102 世界的祕密在人與事之間的關係……靈魂涵卿容了即

55 原註：採訪刊載在《好家居雜誌》（The Housekeeping Magazine），1961 年 11 月。

56 原註：《馬太福音》，18：13。譯註：應該是 18：3。

將發生的事件……這事件是你形狀的復刻。[57]

事件的成長是與人同氣連枝的。[58]

每一種生物都有自己的條件與領域，就像蛞蝓在梨葉上流出粘稠的液體。[59]

一個人將在看似偶遇的事件中看到自己的性格，但這是因他而起，並且如影隨行。[60]

……沒有偶然……法則的支配始終存在……[61]

在心理發展的早期階段，上帝是隱匿的，隱匿在最機智的藏身之所，也就是和自己或自己的自我同一的。隱藏的上帝這一觀念，是與諾斯替教索菲亞的神話相呼應的，她是上帝智慧擬人化的呈現。在創造的過程中，索菲亞這神的智慧，降身幻化為實相；後來，在降落的過程中，她迷失了自己，被囚困在物質實體裡，這樣她就成為了需要得到釋放與救贖的隱身上帝。聖靈困在物質裡，隱藏於思維的暗處，這樣的看法代表著大自性透過與自我的認同合一而隱匿起來。索菲亞隱身其中的物質，象徵著個別自我的具體的、暫時的和世俗的現實。如果上帝被囚困在物質之中，在不成熟的人格之中，心理發展的任務將不亞於用人類意識來救贖上帝。

上帝的救贖是煉金術最其基本的主題。煉金術的功業（opus）

57 原註：拉爾夫·沃爾多·愛默生（Ralph Waldo Emerson），《生活的行為》（*The Conduct of Life*），New York, Dolphin Books, DoubJeday & Co., p. 29.。

58 原註：同上，p. 30。

59 原註：同上，p. 30。

60 原註：同上，p. 31。

61 原註：同上，p. 35。

就是救贖的工作。整個轉變（transmutation）的過程，是嘗試要將其從基礎物質的限制中釋放並救贖出來。這種基礎物質就是原初物質（prima materia）[62]，是人們起步的所在，與個體自我心靈膨脹的不成熟是相呼應的。這可以轉化成為哲人石，這神聖的精髓。原始物質是自我－自性的同一，殘餘的原始膨脹。將這種物質投入到煉金術的過程，意味著透過意識的努力與關注來徹底完成將這種複合混合物完成精煉和分離的任務，讓大自性或原型心靈從自我的汙染中解脫出來。

這裡和傳統的基督教態度有著懸殊的差異，傳統講的是透過信仰基督而被動地得到救贖，而煉金術的態度是人積極地去救贖上帝。對於這種對立，榮格寫道：

> ……（在基督教態度裡）人類認為救贖是自己的需
> 103 要，所以將救贖工作實際的控制權（the actual athlon）或
> 是功業，交給了一切自主的神聖人物……（在煉金術的態
> 度裡）人自己則承擔起完成救贖功業的責任，而把受苦的
> 狀態和隨之而來的救贖的需要，歸結於囚困於物質之中的
> 世界靈魂。[63]

同時：

62 譯註：在煉金術和哲學中，原初物質（prima materia 或 materia prima）或第一物質（其哲學論述可以參閱 Prime Matter），是煉金術功業和創造哲人石所需要的、但無所不在的起始材料。它類似於是混沌、精華或以太這一切的物質原始的無形基礎。奧祕的煉金術士對原始材料的描述是透過明喻，並將其與世界靈魂（anima mundi）這類的概念加以比較。

63 原註：榮格，《心理學與煉金術》，*C.W.*, Vol. 12, § 434。

……煉金術功業是人類作為救贖者的勞動，是為了沉睡在物質中等待救贖的神聖的世界靈魂。基督徒因基督的工作中獲得恩典的果實，但是煉金士是透過自己的努力為自己創造「萬能靈藥」（略作解釋）。[64]

現代人要向前邁進，必然要透過與煉金術士幾近相同的方式。如果他無法從神聖意象為媒介來被動地獲得救贖，就必須依靠自己，在自己的原初物質，也就是無意識上，積極地下功夫，期盼能將心靈本身超個人的特質解放出來，而帶入意識。這就是核心的主題：每個階段的心理發展都是一段救贖的過程。目標在透過意識的覺察來救贖隱匿的自性，隱匿在自我和無意識兩者同一認同中的自性。

一旦可以覺察到自我－自性軸的存在，膨脹與異化的重覆循環就會被個體化的意識過程所取代。一旦體驗到超個人中心的現實，自我與自性間的辯證過程，在某種程度上，可以取代先前膨脹與異化兩者之間的搖擺。但是，只要自我還認為心靈的一切都出自它的手，個體化的對話就不可能會出現。對於這種錯誤的態度，榮格表示：

……所有現代人在心靈的世界都會感到孤獨的，因為他們認為沒有什麼是不能編造的。這是我們自己上帝般全能（God-almightiness）最好的展現，這只是因為我們認為

64 原註：同上，§ 557。

> 自己可以創造心靈的一切——如果我們不做，就沒人做得來；而這點是我們的基本觀點，也是一種奇妙的預設……於是，一個人在心靈赤裸裸地徹底孤獨了，恰如造物主在創造萬物之前一般。[65]

104 對現代人來說，有意識地與自主的原型心靈相遇，就等同於發現了上帝。有了這樣的體驗，人的心靈就不再孤獨，整個世界觀都會發生了改變。在很大程度上，人從自性對世俗世界的目標和對象的投射當中解脫，不再有認同任何特定黨派的傾向，因此可能活出外在世界對立面的衝突。這樣的一個人，將會有意識地投身於個體化的進程。

《易經》描述了一個人個體化以後的影響：

> ……在大自然中，我們可以看到神聖的莊嚴，基於所有一切的發生都合於道。如果我們觀照宇宙萬物運行背後的神聖意義，那些受到召喚要去影響他人的人，就會有方法可以創造類似的結果。這需要內在有著專注的力量，它來自於宗教性冥想的觀照，讓信仰堅定的偉人得以發展出這樣的力量，讓他們得以理解生命中神祕而神聖的法則，並且透過這種內在最深層的專注，讓他們得以透過自己這個人來呈現這些法則。這樣，隱匿的精神力量將從他們內部顯現出來，在自己不知道發生什麼事的情況下來影響或

65 原註：出自榮格討論《靈視的詮釋》（*Interpretation of Visions*）之研討會（Published in *Spring*, Analytical Psychology Club of New York, 1962, p. 110）。

引導他人。[66]

如果我們盡可能從最廣義的角度來講，所謂個體化，似乎就是生命有意識地實現自身的內在渴求。在自性逐步展開的過程裡，超個人的生命能量利用人類的意識，這種能量自身的產物，來作為完成自我實現的工具。當人們對這一過程稍微瞥見時，對人類生命的盛衰榮枯就有了新的視角，因此而意識到：

> 上帝的磨盤，雖然是緩緩轉移，
> 但這研磨，卻是精細無比。

66 衛禮賢（Wilhelm, Richard）譯，《易經》（*The* I *Ching or Book of Changes*），Bollingen Series XIX, Princeton Universtty Press, 1950. Commentary on Hexagram # 20, Contemplation, p. 88。

第二部

個體化：一種生活方式

……人類之所以工作是為了……透過我們每個人，在我們每個人內在，建立一個完全原創的中心，而宇宙映射其中，以獨一無二而不可模仿的方式。

——德日進[*]

* 原註：《人的現象》（*The Phenomenon of Man*），New York, Harper Torch Books, 1961, p. 261。

譯註：皮埃爾．泰亞爾．德．夏爾丹（Pierre Teilhard de Chardin, 1881-1955 年），漢名德日進，生於法國，為哲學家，神學家，古生物學家，天主教耶穌會神父。德日進在中國工作多年，是中國舊石器時代考古學的開拓者和奠基人之一。他提出了「人的現象」的理論，把整個的人類看作一種現象，應該像其他現象一樣加以描述及分析。人類和他所有的表現，例如人類的歷史、人類的價值等，都是科學研究的對象。在「人的現象」中「演化」（evolution，亦稱「進化」）是最重要的現象，人的「心智創生」（noogenesis）是重要的因素，它是利用人的心智去創造萬事萬物。這樣的觀點，受到教會視為異端。《人的現象》台灣曾經有過聯經的譯本，李弘祺翻譯，陸達誠神父校閱。

追尋意義

每一個人自身的境遇，都是以象形文字的方式對他的探索提出回答。他一生如此生活著，除非領悟了它真理一般的存在。

——愛默生

1. 象徵的功能

普遍存在的無意義感，是當代異化和疏離的症狀之一。許多病人前來尋求心理治療，並不是因為有任何確切的疾病，而是感覺生活失去意義。體貼的心理治療師通常的印象是：這些病人正在經驗的困擾，並不僅僅是導因於不愉快的童年經歷，也來自於文化的重大變遷所帶來的動盪。我們似乎正經歷著一場集體心理的重新定位，其中的震撼程度相當於當年基督教義從羅馬帝國的廢墟中崛起一般。而現在隨著傳統宗教的衰落，普遍的心靈迷失越來越明顯可見。我們已然失去了一言一行的依據。我們與生活的關係變得模糊不清。基督教義那套偉大的象徵系統，似乎不再能夠統轄人們全心的托付，也不再能夠滿足人們終極的需求。這帶來的結果，就是無意義感和生命疏離感的瀰漫。將來是否會有新的集體宗教象徵出現，還要有待觀察。而當下意識到這個問題的那些人，不得不自己努力去尋找有意義的生命。個體化因此成為了他們的生命方式。

108 在這裡我用「意義」（meaning）一詞有著特別的含義。一般來說，一個詞的用法可以分成兩種。最常見的是指涉指抽象、客觀的知識，其中透過符號或再現來傳遞。譬如，「馬」，指的是一種四條腿的特別物種；再如紅色的交通燈號，意謂著止步。這是用符號來傳遞抽象、客觀的意涵。然而，詞彙還有另一種用法，也就是傳達主觀、當下活生生的意涵，指涉的不是抽象的知識，而是可以讓生命有確定感的心理狀態。我們使用詞彙的這種感覺，來描述深層而動人的體驗，認為這是有意義的。這樣的體驗傳遞的不是抽象的含義，至少這主要不是，而是傳遞對當下活生生的意義，其中有著情感，將我們和生命有機地聯結為一個整體。夢境、神話和藝術作品，都可以傳遞這種主觀而活生生的意義，這和那種客觀而抽象的意義非常不同。如果不對詞彙的這兩層意義有所區分，就會提出「生命的意義是什麼？」這種無法回答的問題。這樣的問題無法得到解答，是因為沒有區分「意義」這兩個層面的不同含義。如果我們主觀一些來重述這個問題，就可以這樣問：「我生命的意義究竟是什麼？」這樣，這個問題就有回答的可能了。

生命的意義和個人的認同（personal identity）關係密切。「我生命的意義是什麼？」和「我是誰？」是兩個幾乎一樣的問題。後者顯然是主觀的問題，適切的答案只可能來自內在。這樣一來我們可以說：意義是在主觀當中發現的。可是誰會看重主觀的一切呢？當我們使用主觀這個詞時，通常都會明示或者暗示說「這不過只是主觀的」，好像是主觀因素就不重要似的。既然宗教衰落了，我們對內在而主觀的生活不再有適當而集體的認可，所有的趨勢都往對立的方向去。在西方社會，各式各樣的壓力都微妙地驅動著個人從外在客觀的現實尋找生命意義。不論目標是針對國家、公司組織、優渥的物質生活，還是獲取客觀的科學知識，以上情形，不管是外在的，或是客觀現實的，都是人們尋不到意義之處。個體是獨一無二、與眾不同且有著不可複製的主觀性的，這才是意義真正的源頭，不會因為外部的客觀世界或統計的數據而改變。可是當代世界觀的建構者們卻不這麼認為，他們看不上主觀性這塊基石。

對這點應該更有了解的精神科醫師，大部分往往也傾向主流的態度，不認可主觀性。幾年前，我對一群精神科醫師進行了一場 109
有關象徵功能的演講。隨後，討論人對這篇演講論文做了批評。最主要的反對意見是，他們認為在我的描述中，這些象徵就好像是活生生而幾乎真實存在的，而我的確也這麼認為。這些批評所反映的，正是人們對心靈和主觀性的普遍態度。心靈本身被認為不具有現實性。主觀的意象（image）和象徵（symbol）是完全不被認可的，甚至被認為只是本能性的慾望達成。哈里・史塔克・蘇利文（Harry Stack Sullivan）[1] 甚至極端地表示，獨一無二的個體人格不過是種妄念！一位知名心理學家就這樣無意間成為了集體主義和大眾心理學的擁護鼓吹者。

現代人最迫切的需要，就是發現心靈內在主觀世界的現實與價值，發現象徵的生活。正如榮格所說：

> 人們需要象徵生活……但我們卻沒有象徵生活……在你的房間裡是否有那麼一角，讓你可以做印度常見的那些儀式？即使是在非常簡樸的屋子裡，至少也有簾子遮起的一隅，讓家人可以在那裡過象徵生活，可以讓他們立下誓言或是進行冥想；可是我們沒有……我們沒有時間，也沒有地方……只有象徵生活才能表現出靈魂的需求——靈魂最日常的需求，這一點我特別要提醒！而且正因為人們沒有這一切，也就永遠無法走出這磨坊——這可怕的、無止

1 譯註：赫伯特・「哈利」・史塔克・蘇利文（Herbert "Harry" Stack Sullivan, 1892-1949）是美國新佛洛伊德主義的精神科醫師和精神分析師，曾追隨治療師佛洛伊德、阿道夫・邁耶（Adolf Meyer）和威廉・阿蘭森・懷特（William Alanson White）。他認為「人格永遠不能脫離他生活其中的複雜人際關係」，並且「精神醫學領域是在關係存在的任何情況下的人際關係領域」。不允許弟子違反自己理論的佛洛伊德 1939 年去世以後，蘇利文和包括荷尼、佛洛姆等以美國為主的分析師被稱為新佛洛伊德主義者。

> 盡而反覆碾磨的、平庸乏味的生活，身處其中，人「什麼都不是，除非有例外。」[2]

人們既需要象徵世界，也需要符號（sign）世界。兩者都很重要，但不應該混同。符號代表著已知之具體存在的意義標示。從這個界定出發，語言也是符號的系統，而非象徵。而象徵則是相反，指的是不可知的東西，是一種神秘。符號溝通的是抽象、客觀的含義，而象徵傳遞的是活生生、主觀的含義。象徵有著主觀的動力機制，對個體有強大的吸引力和魅力。這是個活生生的有機實體，釋放並轉化著心靈能量。因此，我們可以說符號是死的，而象徵是活的。

象徵是原型心靈隨意的產物。人只能發現象徵，不能製造象 110
徵。象徵擁有心靈能量，這也是為什麼這些象徵被認為是「活生生的」。不論是意識或無意識，象徵向自我傳遞了可以對個體加以支持、引導以及推動的生命能量。原型心靈會持續而不斷地創造出一股流動的穩定且活生生的象徵意象。一般情況下，這股意象流是意識無法覺察的，只有在注意力的意識水平比較低的時候，譬如透過夢或清醒的幻想才能覺察。然而，我們有理由相信，甚至是在完全清醒的狀態下，這一有著實效能量的意象流，在不為自我所知的情況下還是持續流動著。象徵會滲透進入自我，而自我與之認同，於是將象徵無意識地呈現出來；或者它們會透過投射而「溢出」進入

2　原註：榮格〈象徵生活〉（The Symbolic Life）出自 1939 年德里克・基欽（Derek Kitchin）速記的教牧心理協會協會第 80 場演講稿（Transcript of a lecture given in 1939 from the shorthand notes of Derek Kitchin, London, Guild of Pastoral Psychology, Guild Lecture No. 80, April 1954）。

外部環境，讓個體因此對外在的目標或是活動著迷、甚至參與。

2. 具體化與化約論謬誤

自我與象徵的關係是相當重要的因素。一般來說，它們之間的關係，或者說自我與原型心靈間的關係（兩者是同樣意義的），有三種可能的模式：

（1）自我與象徵同一。這種情況下，我們可以活出象徵性的意象。自我和原型心靈是合一的。

（2）自我可能和象徵疏離開來。雖然象徵生活並不會被毀，但這種情況下，我們會意識不到它功能下降的狀態。這時，象徵將被化約成符號，只從基本、抽象的範疇被理解，而它神祕的迫切性變得無法理解。

（3）第三種可能性是我們希望的。在這情況下，自我清晰地從原型心靈分離出來，對象徵性意象的影響開放並接納。自我和有著推動作用的象徵之間持續地對話是有可能的。這樣，象徵就可以在意識理解全然參與的狀態下，適當地發揮釋放與轉化心理能量的作用。

自我與象徵間的不同關係，會導致兩種可能的謬誤，我將這兩個稱作具體化謬誤（concretistic fallacy）和化約論謬誤（reductive fallacy）。其中，具體化謬誤更為原始一些，在這樣情況下的個體
111 無法區分原型心靈的象徵和具體的外部現實的。他們把內在的象徵意象當作真實的外部現實。這類典型的謬誤包括萬物有靈的原始信仰、精神病患者的幻覺與妄想，以及各種迷信。將心靈與物質現實

混為一體，諸如煉金術、占星學，和當今無數的狂熱儀式團體，都屬於這類。還有一些宗教信徒，他們把宗教的象徵意象十分死板地應用在具體的現實上，或是誤以為他們個人或教區的信念放諸四海皆準，是絕對的真理，這些也都屬於這類。有時，人們將象徵意象應用於外部世界，是為了控制外部的世界，讓外部世界依自己的興趣利益行事，這也是在重蹈具體化謬誤的危險。象徵，只有用來服務於改變心靈狀態或是意識態度時，才是有效與有用的。如果要用魔法的方式對待物質現實，這樣的效應既不合理也很危險。

化約論謬誤則完全相反。這情形往往將象徵只當成是某些已知的其他內容，象徵的重要性反而忽略了。這種錯誤緣自於理性主義的態度，這種態度認為所有象徵背後都可以找到「真實」的含義。這種方法將所有象徵意象簡化成了基本、已知的元素。它運作的基礎假設是，所有的神祕都是不真實的，也沒有任何不可知的、可以超越自我理解能力的領會與存在。如果依這樣的觀點，真實的象徵也就都不存在，存在的只有符號。對這持這觀點的人來說，宗教的象徵作用不過只是無知、原始的迷信。有些心理學流派的理論也持有同樣的錯誤立場，認為象徵作用不過只是遠古自我的、原初的、原邏輯（prelogical）的功能。如果我們以對自然科學適用的這些抽象和統計的方式，來看待自己主觀的反應或意象，就會掉進了此謬誤裡。這種謬誤是前一種謬誤的另一極端；前一種是主觀的象徵意象拿來操控客觀的現實，對其強加諸暴力。而現在的這種情況，則是將用來理解外部現實的抽象、客觀態度，施用在無意識的心靈，這是一種想要加以操控的嘗試。這個態度對自主的心靈現實來說，確實是暴力的。

在具體化謬誤和化約論謬誤之間所發生的衝突，正是位於當
112 代社會裡人類傳統宗教觀和所謂的現代科學觀之間當代衝突的核心上。既然這是集體的問題，我們在自己的內在也必然也很難避開這一衝突。針對這個問題，榮格說：

> 這個問題（宗教象徵作用），不論是誰想要來談，都免不了可能被兩邊撕成碎片的風險，因此在某些事情上兩邊觀點水火不容。這樣的衝突來自一個奇怪的假設：任何事物只有呈現為物質的實體才為真。因為如此，當部分人士相信耶穌是處女之子這事是千真萬確時，其他人士則認為這在科學上不可能。任何人都明白這個衝突找不到邏輯上的出路，可最好以不要捲入這樣毫無益處的爭論。兩邊都對，兩邊也都不對。然而，要達成共識不難，只要他們願意放下客觀存在（physical）這個詞。客觀存在不是唯一的真理標準——除此之外還有心靈真理，雖然這沒辦法用任何客觀存在的方式的證明或考驗來加以解釋。比如說，如果人們普遍相信萊茵河曾經一度從河口倒流回源頭，那麼這一信念本身就是事實，儘管這樣的論斷如果從客觀存在的角度是相當地難以置信的。這樣的信念是心靈事實，無需驗證，也不用證明。
>
> 宗教的（或者象徵的）陳述就是屬於這一類。它們所談論的，毫無例外地都是那些無法構建成客觀現實的事物……然而，如果將這些全都當成客觀的現實，這些陳述也就毫無意義了……宗教的（或是象徵的）陳述和觀察到

> 的客觀現象不一致的這一個事實，說明了（象徵的）精神是自主的，這和客觀感知恰恰相反，相當程度上心靈經驗是獨立於實體資料之外的。心靈是一項自主的因素，而且宗教的（或象徵的）說法是心靈告解的最後依靠，是基於無意識過程的。這些過程是感官知覺所不能達到的，但能透過心靈的告解而證明了它們的存在……每當我們談到宗教的（或象徵的）內容，我們就進入了意象世界，而這些意象則指向某些無法言語的事物。我們並不清楚這些意象、隱喻、觀念，與它們所對應的超驗對象究竟有多清楚或多不清楚……（然而，）毫無疑問的是，在這些意象的背後有些超越意識的事物，並且透過這樣的運作讓這些陳述不會毫無節制或一團混亂，而是清楚地與某些基本的原則或原型都有關聯。而這一切，就像心靈本身，或像是物質，都是同樣的不可知。[3]

既然所有這些都和人格有關，具體化謬誤和化約論謬誤也就 113
不會因受到理性勸訓就發生了改變。事實上，我們可以將它們看作人格發展的兩個連續性階段。自我和無意識象徵彼此認同而同一狀態時，具體化的謬誤就會發生。這種狀態是自我發展早期階段可以看到的特色，比方說，在原始人類和孩子身上。化約論謬誤則來自於自我與無意識的象徵作用開始疏離異化的狀態。這似乎出現在發展稍晚的階段，也許是要與先前自我與無意識同一性相互對抗的必

3　原註：榮格《答約伯》，收於《心理學與宗教：西方與東方》，C.W., Vol.11, 1958, § 553-555。

要反應。在這個點上，自我如果要發展，也許就需要將無意識及其象徵性意象的力量加以貶抑。然而，這卻會讓自我與無意識出現解離，而一個人如果要邁向圓滿的話，遲早還是要在兩者之間建立起橋梁。

榮格學派的心理治療最終的目的，是要讓象徵的過程變成是意識可以明白的。如果要讓這些意象可以被意識到，首先就要知道意象是如何在無意識內運作的。如果我們明白象徵是如何在無意識中作用的，所有那些沒有人性的慣例和儀式的野蠻操作，以及精神官能症的症狀和倒錯，就都可以理解了。而基本的命題是：無意識的意象是人們生活其中卻未能覺知的。無意識意象的動力，只有想要對外行動的願望或迫切性出現時，才能夠被體驗到。迫切性背後的意象是不為人所知的。象徵的意象可以說是掌控著人，然而在這產生動機的力量背後，是無從從中分辨出確切心理學意義的。自我，因為與象徵意象認同同一，而成為了受害者，註定要活出這些象徵的具體含義，而不是只在意識層面加以理解。只有自我和原型心靈到達了認同而同一的程度，意象的動力才能當作對強烈慾望或是力量的驅動力，而讓人體驗到。這一點解釋了榮格的深度心理學和其他所有的心理學理論之間的區別。到目前為止，也只有榮格和他這一學派，才能辨識出這些象徵，以及當自我不再和象徵同一而開始具有功能時，才得以呈現出的原型心靈。舉例來說，在佛洛伊德心理學裡，榮格看到的是超個人的原型心靈，佛洛伊德看到的則是本我（id）。本我是人類靈魂的一幅漫畫而已。原型心靈及其象徵只有在自我與它們同一時呈現的方式中，才能夠明白。本我是置身於本能背後的無意識，某種程度上來說，當意象被處理到一定的程

度，它們也就十分化約地被詮釋為本能，象徵的意象本身並不具有 114
確切存在的現實。理解佛洛伊德學派對無意識的態度非常重要，因為幾乎所有的現代心理治療流派都以各種形式分享著這種的態度。沒有任何精神科醫師會否認本能的推動力量確實是活生生的，且發揮著作用，但他們幾乎全都一起否認了存在於生命與現實之中、並且為了這一切而存在的象徵性意象。

這是現代心理學普遍的態度，他們雖然認為無意識心靈是由本能所推動的，但基本上來說是卻是反精神、反文化，同時是破壞象徵生活的。如果持這樣的態度，某一程度上來說，要蘊育出有意義的內在生活就不可能了。當然，本能衝動的確是存在的，而且豐富多樣。但是象徵的意象才是心理能量的釋放者與轉化者，是它將本能的驅力轉化到另一層次的意義水準，讓原始的動物能量得以人性化、精神化並加以涵化（acculturates）。本能涵容著自己所隱匿的意義，如果要加以揭露，只能好好地去感知這些深嵌本能中的意象。

發現隱匿意象的方法之一，就是透過類比的歷程。正如榮格所說：「創造出……類比，將本能和作為整體的生命領域，從無意識內容的壓力下加以解放。然而，如果沒有象徵作用，本能的世界就會過載。」[4] 關於類比的方法，我想起了一位病人，他遭到無意識中強大的象徵意象的控制，如果沒辦法在意識層面理解這個意象，他就得一直活在這個症狀當中。大的事物比小的還更清晰可見，所以我就選一個擴大的案例，來談談它是精神病理學的症狀這一事

4 原註：榮格，《心理治療實踐》（*The Practice of Psychotherapy*）。C.W., Vol.16, § 250.

實。我想到了一位易裝癖的病人：年輕的男性，有著強烈驅力想穿女裝。當他穿上了幾件女裝，面對自己的態度就出現了 180 度的大轉彎。平時的他羞澀、內向、有點無能、整個人避開眾人的視線。然而穿上女裝後，他就覺得自己自信，有效率，性方面很強大。這樣的症狀意味著什麼呢？這病人活出了無意識中的一個象徵性意象。既然這樣的症狀意象和夢有著共同的源起，我們可以透過對夢進行的擴大法來對這一點加以了解。我們可以問問自己，穿上女人的服裝意味著什麼呢？我們可以找到哪些一般生活中和神話中的相似之處嗎？

《奧德賽》的第五卷，描寫了奧德修斯在卡里普索女神
115 （Calypso）[5]的小島和腓阿西亞人（Phaeacian）土地上的旅程。[6]
在這趟旅程中，海神波塞頓（Poseidon）引發了一場恐怖的風暴，如果不是海洋女神伊諾（Ino）施以援手，奧德修斯就要被風暴吞沒。伊諾要奧德賽脫掉衣服，跟著衣服向前游，並跟著囑咐說：「拿著我的面紗吧，裹在你的胸膛；它有魔法，只要你還穿著就可

5　譯註：卡呂普索（Calypso），希臘神話的海之女神。她曾將奧德修斯困在她的奧吉吉亞島長達七年。英文 Calypso 也用來稱呼土星的天然衛星，是該行星的第十四顆衛星。據說她是被奧林帕斯的天神囚禁在島上的，不時就會有英雄被送到島上來；而卡呂普索所受到的懲罰是：她一定會愛上那些英雄，但那些英雄最後卻不得不離開。最為人所知的就是在荷馬《奧德賽》當中，她將希臘英雄奧德修斯軟禁在島上七年，想讓奧德修斯成為她的丈夫；這幾年時間他們同居共眠，但是奧德修斯仍想回家與妻子團圓。奧德修斯的守護神雅典娜因此要求宙斯幫忙，宙斯派赫密士送信給卡呂普索，表示她與奧德修斯並不會有共同的未來。卡呂普索雖然很生氣，但是最終還是屈服了，於是安排奧德修斯重返回家的路上。而腓阿西亞（Phaeacia）一般是稱為 Scheria 或 Scherie，是希臘神話中的一個地區，《奧德賽》是最早提及這是斐亞基亞人的故鄉，也是奧德修斯耗盡十年返回伊薩卡之前的最後一個目的地。這裡是對烏托邦的最早描述之一。

6　原註：我非常感謝施托爾（Anthony Storr）指出了這個擴大（amplificaion）。參考施托爾（A. Storr），〈戀物癖和易裝癖的精神病理學〉（The Psychopathology of Fetishism and transvestism），刊於《分析心理學期刊》（*Journal of Analytical Psychology*），VoI. 2, No. 2, July 1957, p. 161。

以避免傷害。一旦回到陸地，就要立刻脫下，並且盡你所能地將它扔回大海，能扔多遠就要扔多遠。」伊諾的面紗是易裝癖症狀背後的原型意象。面紗代表當無意識有著危險的激發時，母親原型可以對自我提供給的支持與包容。在危機的時刻，就像奧德修斯那樣，運用這樣的支持是被允許的；然而危機一旦結束，面紗就要立刻歸還給女神。

另一個類比是出自古羅馬和小亞細亞地區大母神（Magna Mater）[7]的僧侶。當獻祭儀式結束後，這些僧侶會穿上女士的服裝，並留起長髮，來代表他們將忠誠於大母神（the Great mother）。這種宗教人士的易裝，至今還殘餘在忠誠於母教會（the Mother Church）[8]的天主教教士中。這些平行類比呈現出，易裝渴求是基於在無意識中想要與女性神祇，即母親原型，有所連結的需要而產生的。這是對這一症狀象徵性理解的方法。當然，只要我們談及神祇的意象，我們就會使用象徵，因為神祇或是超個人的力量是沒法精確界定的。它不是指向已知事物和可以理性理解的符號；它是要表達奧祕的象徵。這樣的詮釋方法如果成功了，可以引導病人走向象徵生活。一個讓人癱瘓無力並且罪疚深重的症狀，就可以由另一個有意義且能豐富生命的象徵所取代，而且這象徵將有意識地被體驗到，不再像以前那樣以無意識的、被動的、症狀化的方式

7 譯註：Magna Mater（拉丁文，字面直譯是「大母親」之意）是安納托利亞地區母神希栢利（Cybele）的名字，是大母神的象徵之一，所以直譯為大母神。

8 譯註：母教會（the Mother Church）指的是將基督教會描述為母親，具有滋養和保護信徒的功能。這也可以指基督教教派或天主教區的主要教堂，即大教堂或大都會教堂。對於個人來說，一個人的母教會是一個人接受洗禮的教會。這個詞在不同的基督教傳統中具有特定的含義。天主教徒稱天主教會為「聖母教堂」。

呈現出來。

這病人是個典型的例子，一旦覺察到症狀的原型基礎，症狀就轉化成象徵。每個症狀都衍自某些原型意象。舉例來說，許多焦慮症狀的原型脈絡是英雄與惡龍的交戰，或是啟蒙的儀式（rites of initiation）。許多挫折與怨恨的症狀是約伯與上帝的原型相遇的再
116 次共演（reenactment）。如果能夠辨識出其原型，就能明白了症狀背後的象徵性意象，這樣就可以立即轉化成體驗了。這也許讓人很痛苦，但現在它具有了意義。這不再是將受苦的人與同伴們隔離開來，而是使得受苦者與同伴們之間建立起更深的和諧關係。現在他感覺到自己是開始參與了人類的集體工作，也就是人類意識痛苦的演化，從遠古沼澤的那一片黑暗開始，而不知終點是在何處。

如果能找到相關的象徵意象，強烈的心境和充滿情感的狀態也就會有其意義。例如，一位被憤怒情緒困住的男性，遇上某些事情的發展和他自己意願相悖，但他既不能採取行動來免除影響，也無從加以控制。最後，他祈禱可以讓自己理解這其中的意義。他立刻想起了《但以理書》裡描繪的那三個被扔進烈火窯的男人。他在聖經中讀過這個章節，一想到這個，他的情緒立刻消失了。《但以理書》的第三章講到，尼布甲尼撒要求他統治下的所有人都要跪拜匍匐於他造的金像之下。但沙得拉、米煞和亞伯尼歌拒絕如此，盛怒的尼布甲尼撒把他們扔進了烈火的窯爐裡。但是他們卻沒有受傷，而且人們還看見有另外一個人走進了火窯，「像是上帝之子」。

這個意象化解了憤怒的情緒，因為這以象徵的方式表現出這情緒的意義。尼布甲尼撒王代表專橫、暴虐，由權力所驅使的人物，想要篡取上帝的權力，在不被當作神來對待的時候就因而暴怒。他

的自我與自性是同一的。他的憤怒就等於是烈火的窯爐。沙得拉、米煞和亞伯尼歌，因為拒絕讓超個人價值屈服於個人意願，寧可承受尼布甲尼撒受挫而起的烈火。這就相對應於病人的能力，避免自己與這情感認同，而是去忍受它，並最終在積極想像中尋找其意義。出現在窯爐中的第四人「像是上帝之子」，代表了在體驗中所實現的超個人的、原型的部分。這帶來了意義、釋放、和圓滿（就像是第四個人）。

這個例子說明了榮格的一段陳述。這段關於他和無意識的面質，他是這樣寫道：

> 我一直活在持續的緊張裡……我嘗試將這些情緒某一 117
> 程度上轉譯成意象，也就是去發現隱藏在這些情緒下的意象，我的內在逐漸平靜，慢慢安定下來。[9]

在某種程度上，如果一個人要是意識不到存在的象徵維度，那麼他會將人生的起伏體驗為一種症狀。症狀是令人無法控制的不安狀態，在本質上是無意義的，也就是說，是不包含任何價值或是重要性的。事實上，症狀是被降級的象徵，自我的化約論謬誤帶來了這種降級。症狀之所以難以忍受，正是因為它們沒有意義。如果我們能識別出其中的意義，幾乎任何的困難都可以被忍受。無意義感才是人性最大的威脅。

我們清醒的生活是由一系列的情緒、感覺、想法和緊迫性所

9　原註：榮格，《回憶．夢．省思》（*Memories, Dreams, Reflections*），New York, Pantheon Books, 1963, p. 177。

構成的。這一連串心靈狀態正是我們要走過的，就像要穿過串在一根繩子上一顆又一顆的珠子。然而我們對這串生命珠的體驗，究竟是一連串無意義的症狀，還是能透過象徵的覺察而去體驗到的一種自我與超個人一系列充滿聖祕的相遇，完全是取決於我們意識的態度。我們的快樂與痛苦，如果沒有象徵意義的話，都是症狀，這是印度的智者在他們的摩耶（Maya）[10] 教義中所認識到的。根據該教義的觀點，痛苦與快樂都是生命的症狀，彼此有著牢不可分的關係。如果要從痛苦中得以解脫，也就不得不放棄快樂。就分析心理學而言，印度人迫切地想從痛苦或快樂中解脫出來的這一切努力，相當於象徵生活的追尋。涅槃並非逃離生活的現實，相反地，涅槃是對象徵生活更多的發現，將人從「可怕的、折磨的、平庸的」生活當中解脫出來，因為這一切不過是一系列無意義的症狀罷了。

3. 象徵生活

象徵生活如果能以某一形式呈現出來，才可能有心靈健康。沒有這一點，自我將從超個人的源頭疏離而去，成為巨大焦慮的受害者。夢因此經常傳遞出某種源頭的感覺，試圖療癒遭到異化疏離的自我。下面所講的這個夢，就是這樣的例子。夢者處在自我－自性異化疏離的這個問題上掙扎，生活和能力上十足的沮喪、無價值與無意義等感受，將她困住了。於是她就做了這個夢：

---

10 譯註：摩耶（Maya），源自梵文，有著多重的意思，最主要的意思是幻影，這是印度宗教與哲學的重要部分，亦可以譯為錯覺。在印度教中世界是大自在天（即濕婆神）遊戲之餘所產生的，人因為無明而不能認知梵（指宇宙的超越本體和終極實在，現世相對來說只是不真的現象），而導致了輪迴。許多哲學和宗教尋求如何穿破摩耶面紗，以一睹超越真理。

> 一位男性長者正在和我交談，他既是牧師，也是拉比。他的話深深地打動了我，讓我感到被療癒了，就好像上帝透過他來跟我講話。我感覺我內在長久以來的問題，現在都在逐漸消解了。忽然之間我明白了原因。在他談話的同時，他讓我和一些我自己許久以前就明白的東西有了連結，那些我早在出生之前就明白了。 118

這個夢對做夢者產生了強而有力的影響。對她來說，這個夢是某一種療癒。與她生命意義有關的那個長期問題，現在有了答案。但答案是什麼呢？剛醒的時候，她忘記了那位長者和她說了些什麼。然後突然間，她想起了自己在書中讀過的一則古老的猶太傳奇故事，她意識到這個故事的核心正是這位牧師－拉比正在和她講的內容。那個傳奇故事是這樣的：

> 如果孩子要誕生，上帝會先將這未來人類的種籽召喚至跟前，來決定它靈魂未來的樣子——男人還是女人，智者還是愚者，富有還是貧窮。上帝會決定一切，但除了一事，就是這個人否正直。如經上所寫：「一切盡在上帝掌握，除卻一樣：對上帝的懼畏。」然而，靈魂祈求上帝不要將自己送走，不要讓自己的生命離開現在的世界。但上帝回答：「我送你去的世界，比你過去所在之地要好；我造你之時，就已經造就了你塵世中的命運。」隨後，上帝命令負責另一世界之靈魂的天使，透過天堂和地獄，引導靈魂進入另一世界的所有奧祕。透過這樣的方式，靈魂就

> 會體驗到另一世界的所有祕密。然而，在出生的那一刻，當靈魂來到塵世，天使將靈魂上方的智慧之光加以熄滅，包裹在塵世的封套裡，進入世間，忘記他崇高的智慧，但總會再一次地去獲取它。[11]

夢將這個美好的傳奇帶進了做夢者的心裡，這是說明了自我－自性軸運作一個很好的例子：自我－自性軸將自我的源頭與意義帶進了意識，並且喚醒了象徵生活。這位男性牧師兼拉比的長者，他的形象代表的是榮格所謂的「智慧老人」原型。他是靈性的引導者，會帶來智慧與療癒。我認為他是自我－自性軸的擬人化。他是
119 牧師和拉比的結合體，雖然講的故事不屬於任何一個宗教體系，但兩個宗教和象徵皆獨立的傳統卻結合在一起。在出生前自我起源的所在，這主題是囊括了許多相關例子的原型意象。譬如在柏拉圖的《斐多篇》裡，就對此有著細膩的描述。按照其中的講法，所有的學習都只是回憶，憶起內在之前就存在、卻暫時忘記的知識。這一點以心理學的方法來說，意味著人類經驗的原型形式是事先存在或是先驗的；它們只是在等待著生命歷程的某一特定時機，好具體成形。柏拉圖學派的記憶論（theory of reminiscence）有時也會以夢的敘述來呈現。人也許會夢見自己捲入某個重要事件，隱隱約約覺得這事以前就發生過了，接下某些早已確定的計劃會出現。有人提到他做了以下這樣的夢：

---

11 引自傑哈德．阿德勒（Gerhard Adler），《分析心理學研究》（*Studies in Analytical Psychology*），New York, C. G. Jung Foundation,1967, p. 120f。

在這夢裡，我好像在兩個層面同時體驗了這個夢。一方面，這個夢是獨一無二的、自發的、沒預演過的。另一方面，我似乎也在其中扮演某個角色，並且重新演出我曾經知道但忘記了的故事。這兩個層面不可分割地聯結在一起。我演得很好，因為在這同時，我當下的生活就是這一切。我一邊走一邊編著台詞，但似乎有股力量幫著我，因為我好像之前就知道這個故事了。當出現了新的情況，記憶中的某根弦就會即時觸動，而帶來幫助。

這個和一篇古老的諾斯替故事很類似。這篇諾斯替故事和前面提及的猶太人傳奇有很多相似之處，但進一步展現了靈魂是如何甦醒的，並且記起了原來在天堂的源頭。當今的譯者將這段傳奇取名為〈珍珠頌歌〉（The Hymn of the Pearl），我從漢斯．喬納斯（Hans Jonas）[12]的書裡引用了其中一段，但略作刪節：

孩提時的我和父親住在一起住在他的王國，幸福地在四周的富饒又奢華的環境下被養育成人。父母將送我離開東方的家園，準備了沿途所需的資糧……他們從我身上脫下了榮耀的衣袍，那是他們以前用愛為我專門訂製的；也脫下了紫色披風，那是依我的體格量身織成的；並且與我立約，將這約寫在我的心上，讓我永誌不忘：「當你下

12 譯註：漢斯．約納斯（Hans Jonas, 190-1993），或譯漢斯．尤納斯，猶太裔德國哲學家，代表作包括《責任命令》、《諾西斯與後期古典精神》、《生命現象》等。英文著作《諾斯替宗教：異鄉神的信息與基督教的開端》（*The Gnostic Religion: The Message of the Alien God and the Beginnings of Christianity*）於 2003 年由漢語基督教文化研究所出版繁體字中譯本。

到埃及，帶回那顆在海中央由咆哮的大蛇所包圍的、獨一無二的珍珠，就可以再次穿上你榮耀的長袍和紫色的披風，和你的兄弟，排行第二的兄弟，一起成為王國的繼承者。」

我離開東方，兩位王室使者陪著我開始走向朝下之路。但這路途如此危險，如此艱難，對這段路途而言我又
120 如此年輕……我下到埃及，同伴們離開了我。我直接奔向大蛇，在臨近牠的小旅店住了下來，等牠漸漸昏沉睡去才好去取珍珠……我與同住小旅店的伙伴彼此陌生……我穿上他們的衣服，以免他們會懷疑我來自外地，是要去取珍珠的，因此而喚醒大蛇。但不知為什麼，他們還是發現了我是個異鄉人。他們和我套交情，狡猾地邀我與他們一起飲酒，分享他們的肉食；於是我忘記了自己是國王的兒子，開始效忠他們的國王。我忘記自己是父母派來取珍珠的。在他們豐厚的滋養中，我漸漸漸昏睡了。

所有降臨在我身上的這一切，我的父母都知道了，他們為我難過……他們寫了封信給我，故鄉的王國中的每位大人物都在信上簽了名。

「來自你身為萬王之王的父親，來自你身為東方女王的母親，以及來自你的兄弟們及以下的順位，向我在埃及的兒子送上問候。醒來吧，並且走出昏睡，看一看我們信上的話。記住你是國王的兒子：瞧瞧你必須忠誠的對象是誰。別忘記那珍珠，那是你離開去往埃及的原因。記住你榮耀的長袍，記起你輝煌的披風，你可以穿上它們來打扮

自己，你的名字將出現在描寫英雄傳奇的書中，然後和你的兄弟，我們的副手，一起成為我們王國的繼承者。」

這信於是自己成為了信使……它以鷹這萬禽之王的外形地振翅飛翔，一直飛到我身邊，然後整個變成了話語。聽到這些的聲音，我醒了，從睡夢中醒來，拿起它，親吻它，打開封印，開始閱讀起來。我記起我是國王之子，我天生自由的靈魂是渴望自己同胞的。我記起來我被派來埃及的那顆珍珠，於是開始對那條恐怖地咆哮的巨蛇施展魔法。我以我父之名，我之後的兄弟之名，以及我母親東方女王之名，來對大蛇施法，使它入睡。我拿到了珍珠，轉身回家到我父親那裡。我脫下他們骯髒不潔的衣服，將它們留在身後，留在他們的土地，引領自己踏上歸途，回到我的家國，東方的光明。

我發現那喚醒我的信，就在我路途的前方；這信就像曾經用聲音喚醒我那樣，現在用光引導著我，在前方為我指路，而且它的聲音鼓勵我不再畏懼，它的愛推動我前行……（然後，在他快到家鄉時，父母給送來了榮耀的長袍和披風）。我伸出手接過了它，這美麗的色彩綴飾著我的身。我用皇室的披風蓋住我整個自己。穿上它，我向上
走過致禮和敬慕之門。我低下頭來向我的父親致以愛意， 121
是他給我這榮耀輝煌，他的命令我已經完成了，而他也實現了他的承諾……他歡喜地接受了我，我於是和他一起在他的國度……[13]

13 原註：約納斯（Jonas, R.），《諾斯替宗教》（*The Gnostic Religion*）。Boston, Beacon Press, 1958,

這篇迷人的故事是關於分析心理學上意識層面的自我如何起源和發展的理論，是段相當美好的象徵表達。自我一開始比較像是皇室或天國家庭裡的孩子。自我和自性或原型心靈這些都還是同一的原初狀態。然後它開始從天堂離開，去執行一項任務。這也就是意識發展經歷中必要的歷程，自我因此而從無意識的母體中分離出來。當他來到了陌生的國度，他忘記了原先自己的任務，陷入了沉睡。這處境相當於自我－自性異化和無意義感的狀態。來自父母的信喚醒了沉睡中的他，提醒他的使命。意義於是回到他的生活之中。自我與它的超個人起源頭之間的聯繫，於是重新建立起來了。我認為這一過程等同於象徵性的覺察終於的甦醒。

這篇故事與牧師－拉比那個夢，兩者之間有一種特別有趣的相關性。在那個夢中，做夢者聽完了智慧老人的話，說：「他讓我和一些我自己許久以前就明白的東西有了連結，早在我出生之前就明白的東西。」同樣的，在〈珍珠頌歌〉裡，主人公讀完信後說：「信上的話，就像是原來寫在我心上的。」在這兩病人例中，個體都回憶起了一些他以前就知道，但後來忘記了的事：他原有的本性。

在〈珍珠頌歌〉的故事裡，覺醒是透過一封信來完成的。這封不斷變幻的信，意謂著這確實是個象徵，整體的意義是無法以單一的具體意象可以來涵括的。這是一封信，也是一隻鷹。除此之外，還可以是全然是話語的聲音。當踏上歸程時，這封信又再一次變形，成為了指引道路的明燈。如果我們的夢中出現了這樣變化豐富的意象時，我們就可以肯定，這必然是個特別強大和活躍的意象。

---

p. 113ff.

這個象徵，在這故事中就是信－鷹－聲音－光這個意象。信是遠距離的溝通工具，而鷹在這文章被視為鳥中之王，讓人想到鳥類一直 122
被視是來自上帝的信使。我曾經治療過一位精神病患者，他告訴我他接到了來自上帝的信息。我問他是如何得到這些信息的，他說是鳥兒帶來的。這裡的鳥，指的是代表聖靈的鴿子，牠是上帝與人之間的紐帶（圖 30、31）。喚醒的聲音讓人想到呼喚或是神諭，大

123

【圖 30】丟勒所繪的天使報喜，天使長加百利遞給瑪麗一封信

124

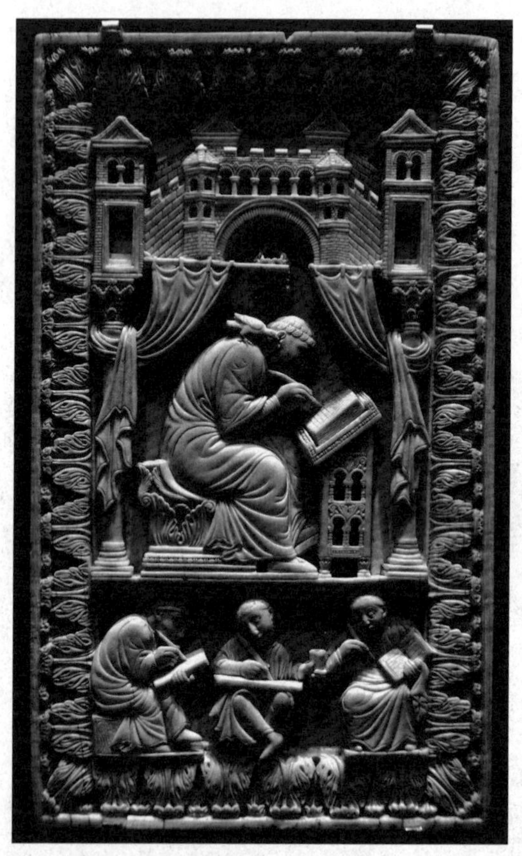

【圖 31】鴿子為聖徒格里高利〔St. Gregory the Great〕傳來聖信，象牙嵌板，九到十世紀

致可以理解成一種召喚。這個主題常常被用來表達覺醒的體驗，因此引導個體走出了個人的迷思，投身到更為重大的天命。而信件就像是導航的光，就像是伯利恆星，引導人們來到耶穌誕生的地方，也就是神性顯現之地。所有這些擴大作用，全在表示這一封信各個方面都象徵了自我－自性軸，是自我與原型心靈之間進行溝通的軸線。如果能意識到這一軸線的存在，對人格就會產生喚醒和轉化的效果。一個新的意義維度因此而得以發現，將價值傳遞給主體性。

靈魂的起源是來自出生以前的這個原型主題的另一個例子，在華茲華斯（Wordworth）的〈不朽頌〉（Intimations of Immortality）當中也能看到（這裡做了較長的引用）：

> 我們的誕生其實是入睡，是忘卻：
> 與軀體同來的魂，生命的星辰，
> 原先在異域安歇，
> 此時從遠方來臨；
> 並未把前緣淡忘無餘，
> 並非赤條條身無寸縷，
> 我們披著祥雲，來自上帝身邊
> 那本是我們的家園；
> 年幼時，天國的明輝閃耀在眼前；
> 當兒童漸漸成長，牢籠的陰影
> 便漸漸向他逼近，
> 然而那明輝，那流布明輝的光源，
> 他還能欣然望見；
> 少年時代，他每日由東向西，
> 也還能領悟造化的神奇，
> 幻異的光影依然
> 是他旅途的同伴；
> 及至他長大成人，明輝便泯滅，

消溶於暗淡的流光，平凡的日月。[14]

華茲華斯的主角就是在這個階段來到了埃及，忘了使命，而漸漸陷入了沉睡。但他從未接到言辭堅定地信來喚醒他，但他有所預感：

……在天朗氣清的季節，
我們雖幽居內地，
靈魂卻遠遠望得見永生之海：
這海水把我們送來此間，
一會兒便可以登臨彼岸，
看得見岸邊孩子們遊玩比賽，
聽得見終古不息的海浪滾滾而來……
感謝人類的心靈哺養了我們，
感謝這心靈的歡樂、憂思和溫存；
對於我，最平淡的野花也能啟發
最深沉的思緒眼淚所不能表達。[15]

詩的最後兩行，無疑是指向了象徵生活。

夢也是自我－自性軸的表達。每個夢都可以看作是被送到埃及

14 譯註：威廉．華茲渥斯（William Wordsworth, 1770-1850），英國浪漫主義詩人，與雪萊、拜倫齊名，也是湖畔詩人的代表，曾當上桂冠詩人。其代表作有與塞繆爾．泰勒．柯勒律治合著的《抒情歌謠集》、自傳長詩《序曲》（*Prelude*）、《漫遊》（*Excursion*）。此譯文是根據楊德豫譯的華茲華斯－柯勒律治詩選》（人民文學出版社，2001 年）的版本稍加修改而來。

15 譯註：同上。

喚醒我們的那一封信。我們也許讀不懂，但至少應該打開它，試著努力看看。我認識一個人，他討厭分析與釋夢。他研究過自己的夢而得出這樣的結論：夢根本沒有意義。這些夢只是睡覺時身體的感覺所造成的，像是腳纏在被子裡，胳膊給壓住了，如此而已。去了解一個意識層面如何看待夢的人，會做什麼樣的夢呢，其實是很有趣的。他做過幾個反覆出現的噩夢。他夢見自己陷在泥淖裡，沼泥淹到了膝蓋，他越陷越深，一動也不能動。他還夢過自己瞎了，有時候則是夢見自己殘廢了，動彈不得。

有時候，夢的意象會直接指向自我－自性軸當下的功能作用。牧師－拉比的那個夢就是如此。我碰過幾個夢者，夢中呈現出島的意象，這傳達了夢者與陸地溝通的需要。以下是其中一個這樣的夢：一個男人夢見自己在離陸地好幾海哩的島上。海島的岸邊有一大堆電話電纜，連接著陸地。當做夢者認出這些是電纜時，他覺得自己從滅亡的處境得救了。這是通訊上一個重大的進展。他的鄰居認為這堆電纜很醜，想把它扔回大海，但做夢者說服他們，讓他們明白這些電纜的價值。

在夢中，鄰居覺得這堆電話線纜很醜陋而討厭它們，關於這一點是很重要的。做夢者有很發達的美學感受。在實際的生活裡，他重大的價值判斷都是依據美學價值。要接受和代表心靈原型的陸地 126
之間新的溝通管道，做夢者就必須放棄對其他的人來說原本沒有價值的美學堅持。這呈現出一項事實：自我－正性軸和象徵生活的相遇，是透過弱勢功能來完成的，而這是人格中最弱的一項。只有覺察並接受我們自己的弱點，才能意識到自我之外的某些事物對我們有著支持的作用。

以下還有一個夢，是有關自我－自性軸的美妙的例子，也顯示了夢具備了聖祕的衝擊。這是病人開始分析的前一年所做的夢，當時他正處於極度的痛苦狀態。儘管治療進行了很久，過程也很艱難，但這個夢意味著最後的成功：

聽到水上傳來美妙音樂的時候，我正站在屋頂上，四周全被水包圍了。這音樂是由站在不同小船上的四位「智者」帶來的。他們穿著隆重的袍服，穿過灰藍色破曉天空的水面時，我意識到每一個人的音樂都有著各自從哪裡來的「指向」特質。這四種音樂特質混雜併融合成的這種聲音，直到三年後的現在，我在描寫這一切時，這聲音還深深地影響著我，一如它們最初在我夢中出現之時。這四位「智者」登上房屋四角的樓梯。這時我整個身體充滿了一股強烈的敬畏與激動，然後隨著他們逐漸登上屋頂，這種感覺才慢慢減輕。當他們近在咫尺，氣勢是讓人難以抗拒的。我意識到他們是來幫我準備進行某些工作的。於是我必須下樓，去完成一件需要持續努力與長期保持專注的工作。直到完成而回來的時候，我看到四位「智者」在個自小船上要滑過水面離開。雖然有一絲失望的感覺，但音樂似乎比之前更加榮耀恢弘了，甚至充滿了勝利的氣氛。我感到十分確定自己已經勝利或是通過了考驗。接著，我看到原來每位「智者」站立之處，現在都出現了一座石像，基本上象徵了「智者」，實際也暗含了智者們的文化和他們所來自的方向。我因此有了一股感激之情，因為藉由這

> 些石像我可以證明他們確實曾經來過。
>
> 接著，我再把我的注意轉向四位「智者」，他們乘著
> 小船朝著各自來時的方向離去，音樂甚至更加壯麗了。我
> 再一次清晰地聽到了四個方向個自特有的人格，十分神祕
> 地混合形成的「超音樂」聲音，天空變得更加明亮了，直 127
> 到電光藍籠罩我整個人，我內在充滿著一股我有生以來最
> 最強烈的安適幸福感，直到夢緩緩結束。

我不想從個人層面討論這場夢，只是想指出這在一定程度上證明了自我－自性軸的作用。這場夢的劇幕發生在屋子的頂端，某種在水面之上的平台，而四角都有台階。這讓人想到早期埃及上神亞圖姆（the God Atum）[16]。他是由這種在遠古海洋中所矗起的世界之丘來代表的。根據克拉克（Clark）的描述，這遠古之丘象徵「很快就固定下來，成為四面是斜坡或牆面或一階一階包圍而上昇的平台……也許這就是階梯金字塔所代表的含義。」[17] 另一個類比是巴比倫的廟塔（the Babylonian Ziggurat）[18]，同樣是四面都有通向頂部平台台階的聖丘，而平台頂部是馬杜克（Marduk）的聖廟（圖 32）。人們認為聖丘的頂部是世界之臍，神聖的創造力量在

---

16 譯註：亞圖姆（Atum 或作 Tem, Temu, Tum, Atem）是埃及神話中的創世神，為九柱神之首。經常以公牛莫努爾的形象來表現，此外也具有蛇、蜥蜴、甲蟲、獅子、公牛和姬蜂的外形。

17 原註：克拉克（Clark, R. T. R.），《古代埃及的神話與象徵》（*Myth and Symbol in Allcient Egypt*）。New York, Grave Press, 1960, p. 38.

18 譯註：Ziggurat 譯成金字形神塔，在蘇美爾語中意思是「建造在一塊高地上」。這是古代蘇美爾人建造來祭奠神祇的神廟，是蘇美爾人神祇崇拜所用的象徵性建築物。這樣的金字形神塔建造者包括蘇美爾人、巴比倫人、埃蘭人、阿卡德人和亞述人。每一個金字形神塔都是一個神廟建築群的一部分。

【圖 32】UR 金字塔，重新繪成

是從這裡顯化的，這裡是神與人相遇的地方。人們對瑪雅人金字塔的理解也與這想法相類似（圖 33）。

129 智者帶來禮物這一意象，讓我們想到耶穌的誕生和三位智者。這個給新生兒帶禮物的主題是英雄誕生這神話的一部分，我們也可以進一步說這也是自我誕生之神話的一部分。[19] 但在後者，智者是四位，而不是三位，這一點的重要性在哪裡呢？有個傳奇故事說，耶穌誕生時，從世界四個方向來到他身邊的並不是三位智者，而是四位，但是第四位有事耽擱了，沒能按時到達。四位智者，來自四個方向，這其中含有曼陀羅的象徵，而且顯示這些智者代表的就是自性，也就是心靈的完整性。這樣，智者就代表著四重的自我－自性軸。他們是信使，也是從海那邊的陸地帶來禮物的人，跨海而來

19 原註：更精準說，英雄代表了自我更迫切想參與個體化歷程。

128

【圖 33】瑪雅金字塔，頂部是上帝神廟

是要和自我建立溝通。我們會想起前述的牧師－拉比的夢，夢裡也有類似的一位智慧老人，他將做夢者和她的超個人來源連結在一起。

讓我們將注意力回到夢中之光的象徵意義上。這場夢開始於破曉。隨著智者到達屋頂而越來越明亮，在夢的高潮時最是光輝閃耀。光代表著意識。所有的民族都有用光來描繪創造的神話。這樣的神話也指著自我的創造，意識之光從無意識的黑暗之中誕生。同樣，破曉是每天陽光的誕生，這對湧現中的意識而言，是個很適切的意象。這麼一來，我們就能夠理解，這個夢指的是做夢者意識的成長與增強。這樣的詮釋也呼應著智者的重要性，他們的特質就是智慧。在心理意義上，智慧就是光。智者帶來了意識的光。

這場夢的另一個特點是，每位智者都留下了代表自己的神像或意象，這些是他們每位所來方向的縮影，為他們的曾經來訪提供了真切實在的證明。這點非常有趣。我認為這代表了象徵過程本身。以智者為代表的原型力量，將自己的意象作為禮物來送給自我，提醒個體的超個人聯結。這些意象在功能上等同於前面故事裡的信
130 件、鷹和〈珍珠頌歌〉光引導的作用。它們是自我與原型心靈之間正在建立的連結，將會傳遞象徵的含義。

象徵（symbol）這個詞是來自於希臘單字 symbolon[20]，它有兩個字根，一個是 sym，意思是一起或是和什麼在一起；另一個字根是 bolon，意思是已經被投擲或丟掉的東西。這樣，這個字的基本意思就是「被扔在一起」。象徵在希臘語的原意，是指一個物體，譬如一根棍子或一枚硬幣，被一分為二來作為信物，將來拿出其中的人可以向持有另一半的人證明自己的身分。它和我們說的 tally（刻痕木棍）一字意義相同，《韋伯大詞典》這麼解釋：「它是商人們的習慣，在小棍上刻下一個痕跡來標示交付貨物的數字或總量，然後在痕跡處縱向折斷，兩部分正好和計量相符，賣家保存一部分，買家保存另一部分。」這樣來說，從字源來看，象徵就是一個刻痕木棍，指的是事物缺失的那一部分，如果透過它的幫助，或

20 原註：參見史丹（L. Stein），〈象徵被認為是什麼？〉（What is a Symbol Supposed to be?），《分析心理學期刊》（*Journal of Analytical Psychology*），Vol. II, No. 1, Jan・1957, p. 73。

是將它和另一部分放在一起時，原有的完整性就再次創造出來。我們就是這樣來理解象徵的心理功能的。象徵引導著我們走向全人所缺失的那部分，將我們聯結起來，回歸到原初的完整。它療癒了我們的分裂，也療癒了因為與生命疏離而出現的異化。全人（the whole man）要比自我大上許多，而象徵將我們與超個人力量聯結起來，至於後者就是我們存有的來源，也我們意義的來源。這就為什麼我們要尊重主體性，並且要培養出象徵生活的緣由。

基督作為個體化自我的典範

我並非是……說給那些擁有信仰的幸福人士聽，而是說給許許多多生命不再有光、奧祕逐漸消散，以及對他而言上帝已死的人們聽的。對他們當中的大多數人來說，一切都已經一去不復返，也不知道再來一次是否就會有更好的選擇。想要對宗教內容多一點理解，如今可能的方法恐怕只有心理學一途了。這就是為什麼我要將歷史中這一切成型的思想形式，加以重新融化，再將它們倒入直接經驗的模具中。

——榮格[1]

1 原註：榮格，〈心理學與宗教〉（Psychology and Religion），收於《心理學與宗教：西方與東方》，C.W., Vol.11, § 148。

1. 對分離的接受

基督的意象，以及在祂四周十分豐富的象徵網絡，有著許多與個體化歷程十分相近的特徵。事實上，如果我們透過分析心理學來對基督教義神話進行探察，必然會得出結論說：基督教義的底層意義就是尋求個體化。

耶穌基督神話的獨特性，是基督有著形成矛盾的雙重身分。祂既是上帝也是人。作為耶穌，祂是一個在時間和空間上有著特
132 別的、有限的和歷史上的存在；作為基督，他是「受膏者」（the anointed one）[2]，是王，是時空之外的鴻蒙之初就已經存在的邏各斯（Logos）[3]，是永恆之神本身。從心理的角度來理解，基督同時是大自性的象徵，也是理想自我的象徵。

榮格在一些細節裡，將基督的觀念發展成大自性的象徵。[4]基督出生的環境；祂的神蹟；「天國」的各種意象；將他等同於原初人類或是遠古人的「人子」名號；環繞著祂四周有關完整性（totality）的許多象徵，例如四位福音傳道者[5]、十二使徒[6]、「阿

---

2 譯註：受膏者（the anointed one），宗教用語，最初指猶太人的王在加冕時受膏油，但舊約聖經的預言指耶穌。

3 譯註：邏各斯（Logos）是古希臘哲學、西方哲學及基督教神學裡重要的概念。在古希臘文一般用語中有著話語的意思；在哲學中表示支配世界萬物的規律性或原理；在基督教神學中，則是耶穌基督的代名詞，因為他是天主的聖言，也是萬物的規律的源頭，新教使用的《新約聖經》一般譯為「道」，而羅馬公教則舊譯為物爾朋（來源於拉丁文的 Verbum），現譯為「聖言」，聖經的恢復本翻譯為「話」。在西方哲學史上，邏各斯是最早關於規律性的哲學範疇。

4 原註：榮格，《伊雍》（*Aion*），C.W., Vol.9ii, § 68-126。

5 譯註：四位福音傳道者，指《聖經》正典四部福音書的作者：馬太、馬可、路加和約翰。

6 譯註：十二使徒：原意為「受差遣者」，指的是耶穌開始傳道後從追隨者中揀選的十二個作為傳教助手的門徒，聖經所記載十二使徒是彼得、安德烈、西庇太之子雅各、約翰、腓力、巴多羅買、托馬斯、馬太、亞勒腓之子雅各、達太、西門、加略人猶大。猶大因出賣耶穌後自盡，補選

爾法和歐米伽」[7]，以及十字架的象徵——所有的這些都指向了自性現象學。儘管榮格對這一主題有過一些有趣的建議，但他從來沒有對基督是象徵著自我的這一觀點，進行過詳細的闡述。在本章裡，我將試著簡要地闡釋一下這一主題。但大家也必然明白，對未來基督教神話的心理學而言，我所談的也僅只是一些初步的想法。

歷史上耶穌的本質，一直都是學者與神學家們探討的議題。[8] 在福音書[9]的描寫中，耶穌的個人實際生活與原型意象是混在一起，細密交錯，幾乎無法區分。雖然福音書裡有關耶穌過往的細節並不盡清楚，但從心理學的視角，還是充分展現了耶穌的人格，可洞察的內容其實令人震驚。耶穌可能是個私生子。他明顯地呈現了個體沒有個己父親（personal father）時所具有的典型特質。當個己的父親缺位，尤其是，當這個個體完全不知道父親是誰的時候，跟許多私生子的情形一樣，沒有個己體驗的層面來作為原型父親之聖祕意象與自我之間的中介。於是，心靈就留下某種空洞，集體無意識中強而有力的原型內容因此得以湧現。這種情況非常危險。自我可能會被無意識的強大動力所淹沒，因此而迷失方向，失去和外部現實的關聯。然而，如果自我能夠在這樣的危機中存活下來，「心

馬提亞為使徒。

7 譯註：阿爾法和歐米茄（英語：Alpha and Omega，和合本譯為阿拉法和俄梅戛），是基督宗教的一個符號象徵。阿爾法是第一個希臘字母（α），歐米伽是最後一個希臘字母（ω），因此，阿爾法和歐米伽具有始終、全部的意思。本詞語原出於《新約聖經．默示錄》（啟示錄）第一章第八節：「主神說：我是阿爾法，我是歐米伽，是昔在今以後永在的全能者。」意思是說上帝是始、是終，是萬物的根源，也是萬物的歸宿。

8 原註：對這一問題的詳細歷史研究，參見阿爾貝特．史懷哲（A. Scheitzer），《歷史耶穌的探討》（*The Quest of the Historical Jesus*），New York, Macmillan, 1961。

9 譯註：福音本意是好消息，福音所持的好消息是神藉由耶穌基督實現了他對以色列的應許，以及祂已經為每個人開闢了一條救贖之途。福音書是《舊約》應許的應驗。

靈的空洞」就會變成一扇窗，藉此洞察到存在本身的深處。

133 耶穌便符合以上描述。他體驗到與上天（原型）之父的直接聯繫，並且以許多生動而聖祕的象徵意象描繪了天國（原型心靈）的本質。從祂的教誨中，我們清晰地看到祂對心靈現實有著深刻的洞察。然而，《摩西律法》[10] 印證的只是功績現實，而耶穌印證的卻是內在心靈狀態的現實。譬如：

> 你聽見有人吩咐古人，「不可殺人；凡殺人者，必受審判。」但我告訴你們，凡向兄弟動怒的，必受審判。」[11]

又如：

> 你們聽見有人說：「不可姦淫。」但我告訴你們凡見婦女就動淫念者，心裡已犯姦淫。」[12]

這些段落有很重要的心理輸入。它們代表了一種轉折，從天然的行為主義心理學，轉而成為可以覺察到沒有具體行為也是存在的心靈現實。福音書當中還有許多其他重要的心理學發現。耶穌在深

---

10 譯註：《摩西律法》（*Mosaic Law*）是《摩西五經》的另一種稱呼，這是《聖經》的第一部分，包括《創世紀》、《出埃及記》、《利未記》、《民數記》、《申命記》五部分，內容描述希伯來習慣、宗教戒律及國王敕令，是公元前六世紀以前唯一一部希伯來法律匯編，是猶太國家的法律規範，至高無上。

11 原註：《馬太福音》，5：21-22，RSV。

12 原註：同上，5：27-28。

度心理學出現的兩千多年前，就提出了心理投射的概念：

> 為什麼看見你兄弟眼中有刺，卻不想自己眼中有樑木呢？[13]

他意識到對父母或家庭心靈認同的危險。今天，分析師們仍然會遇到這樣的情形，將《舊約》中關於尊重父母的誡命，作為對父母無意識認同狀態的理由。耶穌在這問題上清晰地表達了自己的觀點：

> ……我來，並不是讓世間太平，而是讓世上動刀兵。
> 讓人與父親生疏，讓女兒與母親生疏，媳婦與婆婆生疏；
> 人們的仇敵，是自己的家中之人。[14]

一個人的敵人是自己家中的人，因為那些人是他們最親近的
人，也最容易在無意識中對他們認同。這些同一性必須化解，因為 134
對徹底分離的覺察是個體化的先決條件。

對於耶穌所代表的分裂的那一面，諾斯替《多馬福音》（*Gnostic Gospel of Thomas*）記錄得更加清楚：

> 17. 耶穌說[15]：「人們的確以為我是為世界帶來和

---

13 原註：《馬太福音》，7：3，NEB。

14 原註：同上，10：34-36。

15 譯註：這裡應該是《多馬福音》第十六段。多馬福音（*The Gospel of Thomas*），歷史上很長一時間，只有片段希臘文殘篇的考古發現，直到 1945 年，科普特文（Coptic）多馬福音在埃及納格

平。他們不知道我是為世界帶來紛爭：火焰、刀劍與戰爭。一間屋子裡面會有五個（人）：三個人對抗兩個人，而兩個人對抗三個人——父親對抗兒子，兒子對抗父親——然後他們將站立，成為獨自一個人。」[16]

這段末尾清楚地說明，鼓動紛爭真正的目的。這是為了達到獨自一個人的條件，成為自主個體的狀態。而這一點只有無意識地與他者不再認同，才有可能實現。在早期階段，分離（separatio）的感受是痛苦的衝突和憤怒。父母與家庭是無意識認同最常見的對象。耶穌指出，對父親要特別注意：

也不要稱呼地上的人為父．因為只有一位是你們的父、就是在天上的父。[17]

哈馬地（Nag Hammadi）出土，這部福音大致的全貌才重新出現在世人面前。它記錄了耶穌私下對門徒的教導與問答記錄，共有 114 段文字，其中耶穌指出天國已經到來，只因人們盲目而看不見。天國與父親就是光，耶穌自己也是光，只要人能以內在的光明去看清楚，便能夠成為小孩而進入天國。美國的非宗教性學術研究團體「耶穌研究會」，將《多馬福音》列為值得信賴且有關耶穌傳道訓義的「第五福音」。天主教教宗本篤十六世也公開表示《多馬福音》和《多馬行傳》「對基督信仰團體的起源，這兩份文獻是很重要的研究資料」，但天主教不認為這部福音是天啟的。即便是考證上相當的支持，其中的諾斯替思想是讓人很猶豫的原因之一。在保羅時代，哥林多及歌羅西的教會已有諾斯底派的出現。在哥林多教會，他們相信靈與體的對立，主張苦行修煉，否定肉身的復活，認為復活只是靈魂的事。而在歌羅西教會，他們敬拜天使，用各樣的規條苦待己身，以求成聖。諾斯替派在西元八十年至一百五十年間成形，最後與教會脫離關係自成一系。仔細讀多馬福音會發現，多馬福音的主角人物雖然為耶穌，但其對門徒的教導，卻充滿諾斯替思想。

16 原註：珍．德瑞斯（Daresse, Jean），《埃及諾斯替祕典》（*The Secret Books of the Egyptian Gnostics*），New York, Viking Press, 1960. p. 358。

17 原註：《馬太福音》，23：9。

父母對已經成年的子女依然有著控制的力量，因為子女依然將原型父母投射到自己的父母身上。不要稱呼地上的人為父，是說不要再將原型父親投射給任何其他人，而是去自己的內在尋找。耶穌要求大家對大自性——這個超越任何對個人關係之忠誠的大自性——有所承諾。

> 愛父母過於愛我的，不配作我的門徒；愛兒女過於愛我的，不配作我的門徒；不背負他的十字架跟從我的，也不配作我的門徒。[18]

從這裡，我們就找到了效仿基督這想法的起源，他是理想的人（自我），他的生命將成為我們追隨的典範。

《馬太福音》第十六章二四到二六節也表達了同樣觀點：

> 若有人要跟從我，就當捨己，背起他的十字架來跟 135
> 從我。凡要救自己的生命的，（我或真正的我）必喪掉生命，凡為我喪掉生命的，必得著生命。人若賺得全世界、賠上自己的生命，有什麼益處呢？人還能拿什麼換得生命呢？（我或真正的我）？[19]

為了準確地傳遞其中的含義，傳譯者應該將這個字 φυχη[20]

18 原註：《馬太福音》，10：37-38。

19 原註：《馬太福音》，16：24-26，NEB。

20 譯註：希臘文，相當於靈魂的意思。

翻譯成兩個不同的詞，自性（self）和真實自體（true self）[21]。如果可以透過心理學用語，這話就可以讀成「……凡是因為我而喪失自我的，必將找到自性。」

如果從心理學角度來理解，我們可以將十字架看作是基督的命運，是他獨一無二的生命模式必須去完成的。而背起了自己的十字架意味著接受，意識上明白這是為了完成自己特有模式的圓滿。如果試圖要一板一眼地以特有的方式來模仿基督，這是在對象徵的理解犯下了具體論的謬誤。從象徵的角度來看，基督的生命是個典範（paradigm），這是要放在自己特有的現實脈絡來理解，而不是卑屈地模仿照作。關於這個議題，榮格講得很清楚：

> 我們新教徒遲早都必須面對這個問題：我們究竟要在怎樣的意義上來理解「效法基督」？是複製祂的生命，如果是這樣的話，就去模仿祂的聖痕；或是更深深的意義上去理解，我們要像祂一樣，真實地活出我們自己的生命，就如同祂的生命有其個人的獨一無二？以基督為榜樣的生活並不容易，如果要像基督那樣真實地活出自己的生命，那更是難上加難了。[22]

21 原註：榮格，〈心理治療師還是牧師〉（Psychotherapists or the Clergy），《心理學與宗教：東方與西方》，*C.W.*,Vol. 11, § 522。

22 原註：榮格，《對靈視的詮釋》（*The Interpretation of Visions*），取自瑪麗．伏特私研討會筆記，收作修改（Taken from the privately printed seminar notes of Mary Foote. VoI. 1, p. 102. Slightly revised）。

2. 耶穌寶訓

耶穌寶訓[23]一直都是個難題。無可否認，這是無法實現的理想。我們如果只是機械式地照搬，一板一眼地運用到外部世界，對現實的存在是毫無益處的。榮格建議換一種方式，從主觀或是內在的層面來加以理解。1930 年的夏天，榮格在蘇黎士舉辦有關「異象」（Vision）的研討會上，首次對這部分進行了清晰的論述。榮格詳述了一位病人的情況，並且說這病人不該小看她自己的劣勢，而是應該接受它。他繼續這樣說：

> 現在這是一種基督教的態度——例如耶穌說：我們 136
> 弟兄中最小的那個就是他自己，我們應該給他庇護，讓他避難。（《馬太福音》，25：40）在基督身後的第一個世紀，出現了迦坡加德（Carpocrates）[24]等這樣的哲學家認為，一個人弟兄中最小、最弱勢的那個就是自己；因此他們直接從主觀的層面去讀登山寶訓。比如，迦坡加德說：

---

23 譯註：耶穌寶訓一般稱為山上寶訓，天主教思高本作山上聖訓，亦作登山寶訓，指的是《馬太福音》（即天主教《瑪竇福音》）第五章到第七章裡，耶穌基督在山上所說的話。山上寶訓當中最著名的是「天國八福」（虛心、哀慟、溫柔、飢渴慕義、憐恤人、清心、使人和睦、為義受逼迫），這一段話被認為是基督徒言行及生活規範的準則。耶穌基督把天國里的法則說給他的門徒聽，是為要叫每一個基督徒都作天國之子。

24 譯註：亞歷山大的迦坡加德（Carpocrates of Alexandria）是二世紀上半葉早期諾斯替教派的創始人。這人所創的思想與許多諾斯替教派一樣，只能通過天主教早期教父（Church Fathers，或 Fathers of the church）的著作了解迦坡加德，其中最主要是里昂的愛任紐（Irenaeus of Lyons）和亞歷山大的克萊門特（Clement of Alexandria）。但這些作者強烈反對諾斯替教義，因此在使用此來源時存在負面偏見的問題。一般而言，迦坡加德是一位新柏拉圖主義哲學家，諾斯替教領袖。迦坡加德的學派認為善惡只是人類的觀點而已，而人類的靈魂在離開肉體之前，如果不想再次墮入肉體的樊籠，就必須歷經人類體驗的完整過程，直至生命終結。

「……你若將自己的禮物帶到聖壇前，在那裡想起你有什麼不順心的事，那麼就留下禮物，先去走自己的路，和自己和解，再來獻祭你的禮物。」（參見《馬太福音》，5：22 及其後）這是一個偉大的真理，極有可能是基督教誨背後的真實含義……[25][26]

如果持續從主觀的視角解讀耶穌寶訓，將獲得許多的洞見，而這些洞見和深度心理學的發現極為相似。從這方式來看，耶穌的教誨就是推進個體化歷程的某種指南。舉個例子，我們可以考慮透過這樣方式來主觀地解讀真福八端（《馬太福音》，5：3-10）。

虛心的人有福了，因為天國是他們的。我們在新英語聖經裡讀到則是：「……知道自己是窮人的那些人。」這段話在希臘語版本裡原來是 hoiptochoi to pneumati，原意是「靈性乞丐」。因此，這句話的意思是：受福佑的，是那些覺知到自己的靈性貧乏，並且謙遜地尋找他們的需要的人。從心理學來說，這意思是：覺知到自己靈性（生命意義）空洞的自我是幸運的，因為現在它因此向無意識開放，有了對心理原型（天國）加以體驗的可能。

哀慟的人有福了，因為他們必得安慰。哀慟是因為有了某個事務或是某個人的失落體驗，而且這些失落的一切有著投射其上的重要價值。要收回投射，並且將這些內容同化回到自己人格，就必須要體驗到投射的喪失，這是內在要重獲滿足或價值的前提。因此，

25 原註：更多關於迦坡加德和耶穌話語的詮釋之討論，參見榮格《心理學與宗教：東方與西方》。C.W., 11, § 133.

26 原註：相當感謝愛德華．惠特蒙（Edward Whitmont）讓我注意到這些訊息。

哀慟者是幸運的，因為他們進入了成長的過程。當心靈重新找到曾經喪失的那些投射出去的價值，他們必得安慰。

溫和知足的人有福了，因為他們將繼承大地。從主觀的視角來 137
看，溫和是指自我對無意識的態度。有這樣的態度是有福的，因為這樣就可得到教誨，對新觀點保持開放，從而可以實現傳承。而繼承大地意味著個體覺知到自己與圓滿的相連，包括生命的圓滿，整體的人類事業。

飢渴慕義的人有福了，因為他們必得滿足。（杜埃版聖經中說的是：飢渴求公正的人有福了，因為他們必得飽足。）在這裡，正義和公正是指內在正在養育的東西。心理學上來說，這是內在所客觀存在的律法或是指導原則，為在飢渴中摸索的自我帶來了滿足感，也就是說，空洞的自我如果沒有客觀的內在律法，就無法確立自己的選擇與判斷。

心存憐恤的人有福了，因為他們必得憐恤。這是分析心理學的基本原則，也就是無意識對自我的態度，與自我對無意識的態度相同。例如，如果自我對陰影溫和而體恤，陰影就會幫助自我。如果自我仁慈，它就會從內在得到仁慈。反之亦然，「取刀兵者將斃於刀兵」。

清心的人有福了，因為他們必得見神。純潔或是乾淨在主觀上可以呈現出自我的狀態，它沒有因為無意識中的內容或是動機（透過認同）而汙染了。可以意識到的，會是乾淨或清晰的。意識到自己汙穢的自我，是純潔的，因為這樣就敞開了體驗自性之路。

使人和睦的人有福了，因為他們必稱為神的兒子。對自我而言，在心靈內部對衝突中對立的雙方進行協調是應有的功能。如果自我向衝突中的某一方認同，就失去了圓滿的可能。這解離於是會成為永恆。如果自我充當協調者來作用，其行動是為了整體的利益，也就是大自性的利益，因此就如同「上帝之子」。

為義受逼迫的人有福了，因為天國是他們的。（杜埃版不是「為義」〔for righteousness' sake〕是「為了公正的緣故」〔for justice's sake〕）。自我需要忍受痛苦與傷害，卻不屈從於悲苦與怨
138 恨，這樣才能和客觀的內在律法相關連。自我這樣的態度，因而能與原型心靈及其療癒與賦予生命的這些意象得以接觸，從而獲得報償。

從心理學上來看，真福八端的核心是對持虛的或不膨脹的自我的獎勵。在耶穌時代，暴力與無意識的本能行事猖獗無度。自我很容易以原初的流行方式，和原型心靈裡超個人能量的那部分同一化，以憤怒、暴力或是慾望等症狀來呈現出膨脹。按耶穌的教誨，自我必須在清空這些膨脹的同一性以後，才可以感受到與它原本分離的超個人心靈。[27]

這和化成肉身來到人間的屈尊虛已（kenosis）[28]有關。這一教義的主要依據是《保羅書信》中的兩段。最重要的是《腓立比書》提到第二章五到七節：

……基督耶穌，雖是神的形象，但並不等同於上帝，

---

27 原註：愛默生（Emerson）說過類似的話：「任何使你瘸腿或癱軟的，會伴隨某種神聖，用某種方式回報」《人生指引》（*The Conduct of Life*），Dophone Books, New York, Doubleday,p.34。

28 譯註：虛己（kenosis）一字來自希臘語「kenoo」，本意是「倒空」。這個詞出現在《腓立比書》二章五到八節，其中說：你們當以基督耶穌的心為心。他本有神的形象，不以自己與神同等為強奪的，反倒虛己，取了奴僕的形象，成為人的樣式。既有人的樣子，就自己卑微，存心順服，以至於死，且死在十字架上。」

不可強取，而要虛己，以奴僕的形象，成為人。

第二段在《哥林多前書》第八章第九節：

> 你了解我主耶穌的恩典，雖然他富有，但他因你而窮苦己身，因他窮而你有可能富。

按虛己的教義，耶穌化成肉身是自願清空的過程，他因此捨棄了自己永恆無限的神性，成為人形。「借虛己而化成肉身」的意象和自我的發展過程，兩者之間有著相當精準的呼應。其中，自我漸漸在發展的過程中放棄了與自性之間的同一性，不再認為自己擁有那種原初的無所不能，而成為了真實世界的時空裡，有限卻確實存在。

一位接受分析中的病人，他的夢顯示，在現代社會作用中的心靈裡，依然存在著虛己意象的情形。作夢者是位溫和、敏感而年輕的男性，總是無法確立自己，也就無法成為清楚分化的個體。他做了這樣的一個夢：

> 我夢見了現代的基督。他正搭乘著公共汽車，和門徒
> 們一起旅行。接著我感覺會有危險，感覺他將會被背叛。
> 果然叛變發生了，公車因為暴力而劇烈搖晃。他受到襲
> 擊，遭人以武力控制。我往車裡望去，看見他們好像將他
> 的四肢都綁上了繩子，並將他往四個方向使勁拉成了一個
> 大字。我明白他們是要那麼殺了他。然而當我再湊近些， 140

發現他的手並沒被捆住，而是兩手各抓著一根連著繩子的木棒。他原來是與人共謀要殺死自己！夢的最後，出現了一個磁力場的意象，樣子就像旁邊這幅畫（見圖）。

這個夢的特質指出，有個關鍵性的核心轉化歷程正在發生中。這樣的一個夢，適合切的理性解讀也是沒辦法的，但有了某些擴大也許就可以了。磁力場中的十字和十四世紀的一幅油畫有相似之處（圖 34）。在這幅畫上，基督被釘死在聖父的雙腿上，向外福射

139

【圖 34】力場中的十字架殉難，祭壇畫的局部

的磁力線代表著聖父的罩袍。這樣，至高無上的能量場就形成了四位一體的結構，而人是固定在其中而動彈不得。從心理學來看，這個意象表達的是當自我接近自性崇高的能量時所產生的體驗。

這個夢結合了十字架受難與肢解的意象。同樣的結合，也出現在十九世紀的一幅木刻畫上（圖 35）。十字架上掛著被肢解下來的頭和四肢，這是十字架受難的意象，與諸如神話歐西里斯（Osiris）[29] 遭肢解故事疊加。從心理學來說，肢解可以理解為轉化

141

【圖 35】十字架殉難與肢解，法國尼斯木刻畫，約 1830 年

29　譯註：歐西里斯（Osiris）是埃及神話中的冥王，九柱神之一，是古埃及最重要的神祇之一。他是一位反覆重生的神，而他身上的綠色皮膚就有這種意思。歐西里斯曾經是一位善良的國王，遭到自己的兄弟賽特所殺，屍體被切成許多塊。他最後被埋在阿拜多斯（Abydos）城，是那裡的守護神。

的歷程：將原本的無意識加以分割區分，好讓它同化進入意識。或換句話說，是為了完成在時間和空間中的現實存在，將原本的完整一體加以分解而使其多樣化。（參見第六章，有關完整一體〔unity〕與多樣性〔multiplicity〕的討論。）

在夢裡，基督的形象正經歷著自願肢解或可說是虛空化的過程。在做夢者的心理上，這意味著一種打碎理想化或者是「超脫塵世」的態度，才能完成現實生活上的適應。從原型來說，夢所描繪的是大自性自願犧牲自己的永恆意象，透過在意識中清晰地以能量
142 （磁力場）的形式而出現（圖 35）。原來完整的一體分裂成為對立的兩極，產生了緊張和衝突，但與此同時，產生了真實生活中的成就所需要的能量。

其他許多的耶穌教誨，也都可以進行心理上的解讀。我將簡要地談談其中的一些：

> 快些和你的對頭和解……（《馬太福音》，5：25）

> 只是我告訴你們，不要與惡人作對，有人打你的右臉，連左臉也轉過去由他打。有人想要告你，要拿你的裡衣，連外衣也由他拿去。（《馬太福音》，5：39-40）

> 愛你的敵人……（《馬太福音》，5：44）

這些段落所講的是同一個重點。從主觀的視角來理解的話，可以對基督教神話的意義產生另一個令人驚嘆的新的理解維度。我們

被訓誡，要去愛我們自己內在的敵人，和我們內在控訴者做朋友，內在不要與我們認為的邪惡（低劣、自我的標準所無法接納的那些）相抗爭。當然，這並不是說要將原始的衝動對外付諸行動。這裡指的更是要從內在、從心理上接納自己原來本性所否定的、負面的一面。我們的內在有著對自己意識的立場抱持對立的存在，這個存在應該獲得尊重，並且寬厚對待。陰影是必須要被接受的。只有這樣，人格才能夠圓滿。

以下的禁令也含有同樣的意思：

> 有求你的就給他，有向你借貸的，不可推辭。（《馬太福音》，5：42）

內在的乞求者是人格中滋養遭剝奪而受到忽略的那一面，榮格稱之為弱勢功能。它在意識中也需要一席之地，而且它的要求也應該得到滿足。

> 你施捨的時候，不可在你前面吹號。（《馬太福音》，6：2）

> 當你禱告的時候……是向你暗中的父禱告……（《馬太福音》，6：6）

這裡告訴我們的是，不要和美德或是神性的角色（persona）[30]

30 譯註：關於 persona 這個字，過去一般譯作「人格面具」，譯者認為譯為「角色」較為適合。

認同合一。如果就因為表相或是對別人可產生的這些影響就先入為主，這就顯現了一個人缺乏真實的人格。形和相都是空的；本質是來自個體獨有的內在體驗：

> 不要在世間積攢財寶，那裡有蟲咬、鏽壞……而是要積攢你的財寶在天上。（《馬太福音》，6：19-20）

143 換言之，不要把心靈價值投射在外在的對象上。投射出去的價值非常脆弱，很容易就會受到損失（蟲咬、鏽壞）。如果將價值投射出去，客體的失落在體驗上便是它原來擁有的內在價值的失落。我們要收回這樣的投射，並且明白這些價值是發端於內在：

> 不要為生命憂慮，吃什麼，喝什麼……（《馬太福音》，6：25）

這是有關投射的另一個警告。心靈的生命與良好（well-being）是不會因為物質客體就支撐下去。這些是必要的，但不是終極意義之所在。心靈的來源是內在：

> 不論斷人，就不會被論斷。因為你如何論斷人，就會如何被論斷，你用什麼衡量人，必會被什麼所衡量。（《馬太福音》，7：1、2）

這裡明確陳述了這樣一個事實：無意識對自我的鏡映，是與自我對它的態度相同的。因此，自我假定透過其意識層面先入之見來決定心靈中什麼應該存在，什麼不應該存在，其實是不明智的。對無意識加以論斷的態度是自我的膨脹，並且永遠只有反作用而已：

> 不要把聖物給狗，也不要把珍珠扔在豬前……。（《馬太福音》，7：6）

這是在告訴我們要珍視內在的價值，要保護它們避免來自我們自己的詆毀與輕視。但我們要怎樣才能知道什麼才是真正有價值的呢？「你會因你的果而了解。」（《馬太福音》，7：16）這是心理實用主義的精髓。一個既定概念或態度的價值是由其影響結果所決定。那些可以釋放出建設性能量和推動心靈良好狀態的，就是值得珍視的價值。

《福音》裡有著幾段強調，已經失去的事物特別重要，例如《路加福音》第十五章寓言中的路加，他丟失的羔羊、失去的錢幣和放浪的兒子。這些寓言所表達的是，人格中已失落或潛抑的部分是特別重要的。失落的這部分十分重要，因為它關係著圓滿的可能性。如果我們的目標是自性的圓滿，意識生活中所失落的弱勢功能，就需要特別關注它的價值。最微末的才是最重要的，建築者拒絕的那塊石料才是基礎柱石。

同樣的，孩子的意象也有特別的價值：

> 真的，我告訴你，你必須轉身成為孩子，否則你永 144
> 遠進不了天國……凡以我的名，接受一個人像這個小孩子

的，就是接受我……（《馬太福音》，18：3-5）

讓小孩子到我這裡來，不要禁止他們；因為在神國的，正是這樣的人。我實在告訴你們，凡要承受神國的，若不像小孩子，斷不能進去。（《馬可福音》，10：14-15）

孩子代表了人格中年輕、還未發展完成的面向，是朝氣勃勃，隨興、還沒有固定模式的。一個人只有成為孩子才能進入天國。在心理上，這意味著要通過人格中未分化、像孩子般的面向，才能到達超個人心靈的深處。這些段落警告我們，不要輕視「孩子氣的」那面，因為孩子的意象有著至高無上的心靈價值。下面這則寓言也表達了類似的觀點：

然後，國王對他右手邊的人說：「來，聖父護佑，可以承受創世以來為你們準備的國。我餓時，你們給我吃；我渴時，你們給我喝；我客旅，你們收留我住；我赤身露體，你們給我穿；我病，你們看顧我；我在獄中，你們來看我。」義人就回答說：「主啊，我們什麼時候見你餓了就給你吃，渴了就給你喝了……？」王回答說：「我實在告訴你們，這些事你們既往在我的弟兄中最小的一個身上做過，就是在我在身上做過。」（《馬太福音》，25：34-40）

國王是就是核心權威，是自性的象徵。他將自己等同於「最小的」：人格的面向中最受人輕視的，最被認為沒有價值的那個。「最小的」飢渴交加；這也就是我們自己所需要的，所渴欲的。客旅的異鄉人，是指孤獨，不被接受的那一面。赤身露體，是指暴露在外的，不被保護的那一面。生病，是這部分的心靈生病了，有病理的，精神官能症的。最後，在獄中，是因為踰越集體規則與行為而囚禁與懲罰。遭到排拒的的陰影，所有的這些面向都是相當於這個「國王」，這在心理上，指的是接受陰影與同情內在低人一等的人，都是等同於對大自性的接受。

基督所教導的與身教的個體化，需要人格的所有努力與資源。沒有什麼是可以猶豫而保留。那篇關於富有的年輕人的寓言故事說明了這一點：

> 耶穌說、你若願意做完整的全人、可去變賣你所有 145
> 的，分給窮人，就必有財寶在天上，你還要來跟從我。
> （《馬太福音》，19：21）

在這天國的寓言故事裡，關於藏在地中的珍寶，或是無價的珍珠，講的都是同一個點；所以當人們找到它時，「變賣一切所有得到它。」（《馬太福音》，13：44）這個珍寶就是自性，心靈的超個人中心。只有全然的承諾才發現到它。一個人必須傾其所有才能夠得到。

在《福音》中，也有一些段落要做出心理學上的解讀是很不容易的，譬如《馬太福音》第五章的二九和三十小節：

若是你的右眼叫你跌倒、就剜出來丟掉．寧可失去百體中的一體，不叫全身丟在地獄里。若是右手叫你跌倒、就砍下來丟掉．寧可失去百體中的一體，不叫全身下入地獄。

類似的話也出現在《馬太福音》第十八章第八節和《馬可福音》第九章四三到四八節當中。

這些段落似乎是在建議加以潛抑，以及刻意將「壞」的或對心靈內容有傷害的部分加以解離開來。我相信在這裡，必須做一個區分，區分出自我在這個發展階段和另一個階段的不同需要。對於已經充分發展的自我，這階段已經在尋求圓滿和療癒解離了，將有傷害的部分加以切斷關係的意象都不適用於拿來解讀的。然而，如果是自我發展的早期，自我的大部分仍然和自性保持在認同同一的狀態，這個意象則是非常適切的。這時，需要原初而無意識的圓滿加以打破與分解。在這個階段，如果不想讓整個人格才掉入無意識中（也就是進入地獄），自我和陰影的分離是需要的。

《馬太福音》的文字裡，特別將右眼、右手看作是施害者。這是個讓我們可以另做解讀的細節。右邊的特色通常是較發達的、較分化的一面，因此象徵著意識和自我的意願。這樣，砍下右手就是在說放棄意識的視角和優勢功能，好讓弱勢功能和無意識可以有更多的實現。榮格在對特士良（Tertulian）[31] 和俄利根（Origen）[32] 的

31 譯註：特土良（Tertullian, 150-230），北非柏柏爾人，生於羅馬帝國阿非利加行省迦太基城，為律師、基督教會主教，是早期基督教著名的神學家、哲學家、護教士。特土良出身柏柏爾人，終身都生活在迦太基，因理論貢獻被譽為拉丁教父和西方基督教神學鼻祖之一。特土良所使用的神學方法，主要以寫作思辯性的基督教神學與反對異端的著作為主。有人稱特土良是「希臘最後一

討論中，是這樣解讀截肢的：

> 我們稱之為基督徒的那個心理發展歷程，導致特士良 146
> 將最有價值的功能加以犧牲和肢解，在這個神話般的觀點中，也包含了上帝之子的犧牲祭獻這一偉大而有示範意義的象徵裡。[33]

儘管有了這些解讀，但事實上，這些心理視角的看法依然還是認為基督教義終究還是鼓勵壓抑的，由某些《新約》的篇章特別容易就能看得出來。在個別的案例中，要如何解讀這些意象，需要將當事人心靈發展的階段加以考慮在內。

3. 以自性為導向的自我

基督的意象對於以自性為導向的自我，也就是可以意識到自性

位護教士」，亦被稱「第一位拉丁教父」。特土良對整個基督宗教最大的影響在教義。尤其是在基督位格及三位一體方面，對網後整整四百年神學思想上有極特殊且重要的貢獻。特土良是被譽為教父時期僅次於奧古斯丁的神學家，可說是北非神學派系的代表，也是第一位以拉丁文寫作的重要作家；現存之著作約寫於 196-212 年間。

32 譯註：俄利根（Origenes Adamantius, 185-254），或譯奧利金、奧利振，生於亞歷山大港，卒於該撒利亞，是基督教中希臘教父的代表人物之一，更是亞歷山太學派的重要代表人物之一，為神學家和哲學家。在神學上，他採用希臘哲學的概念，提出「永恆受生」的概念來解說聖父與聖子關係，對基督教影響至今。俄利根有不少門生都以死殉教，甚至有些還沒完成神學教育就殉道，他們門生不管出庭受審，身陷囹圄，或行將處決，俄利根總是冒著生命危險公開為他們打氣。他的著作對基督教神學發展有很大的影響力，但是他的數項神學主張被在第二次君士坦丁堡公會議中被定為異端，因此包括天主教會與東方正教會皆未將他列為聖人。然而他生前「眾聖之師」的美譽，一生致力於校勘希臘文《舊約》和注釋《聖經》，著有《論原理》、《反克爾索》等著作，而他所編訂的《六文本合參》是早期基督教的偉大傑作。

33 原註：榮格，《心理類型》（*Psychological Types*），*C.W.*,Vol. 6, §. 20。

之引導的個體化自我，帶來相當生動的刻畫。這樣以自性為中心的狀態，舉例來說，可以從欽定版聖經的《約翰福音》第八章第二八和二九節中看到：

> ……我沒有一件事，是憑著自己做的。我說這些話，乃是照著父所教訓我的。那差我來的，是與我同在。他沒有撇下我獨自在這裡，因為我常作他所喜悅的事。

這種接受自性的狀態是從基督受洗開始（圖 36）：「……那一刻，天忽然為他開了，他就看見神的靈、彷彿鴿子降下、落在他身上。從天上有聲音說、這是我的愛子、我所喜悅的。」（《馬太福音》3：16、17，NEB）就這樣，基督與超個人起源之間，也就是那個愛著他、支持他的起源之間，有了連結。

然而，伴隨著這至高無上的聖聖顯現，某些厄運隨之而至。所降下的「上帝聖靈」於是變得了負面，並且成為魔鬼。「耶穌然後被聖靈引入荒野，被魔鬼所誘。」（《馬太福音》4：11）在心理上，這一切發生的結果，等同於原型心靈的敞開之後（「天忽然開了」），幾乎是不可抗拒之膨脹的誘惑。自我傾向於認同新發現的智慧與能量，卻把它濫用於個人目的。膨脹這一主題是由耶穌被帶去的高山來表現的（圖 37）。

三次特別的誘惑於是出現了。第一次，耶穌被告知：「如果你
149 是上帝之子，讓這些石頭變成麵包。」（圖 36）耶穌回答說：

> 經上說，人活著不是單靠麵包；而是每句由上帝之口

【圖 36】基督受洗，李奧納多·達文西畫

說出的話語。」（《馬太福音》，4：3、4）

這是物質主義的誘惑，是將應用在表面或身體上之新能量的具體化謬誤。這危險是因為在身體良好或表面的、死板的「真理」上尋求最終的安全，而不是從與心靈的存有核心活生生的接觸中尋求最終的安全。

第二次的誘惑，是要基督把自己扔下護欄：

「如果你是上帝之子」，他說：「跳下去；因為經上

【圖 37】撒旦引誘耶穌進入一個環，林布蘭畫

說主為你吩咐他的使者、用手托著你，免得你的腳碰在石頭上。」耶穌回答他：「經上又記載：不可試探主，你的神。」（《馬太福音》，4：6、7）

在此的誘惑是為了達到壯觀的效果，而超越人類的極限。耶穌的回答，表明了這將是對上帝的挑戰，也就是以自我來挑戰全體，這顛覆了權力的次序，因此對自我而言是致命的。

第三次的誘惑，是關於權力與財富：

……魔鬼把他帶上一座很高的高山，將世上的萬國，與萬國的榮華都指給他看，「所有這些」，他說：「你若伏拜於我，我就把這一切賜給你。」但耶穌說：「撒旦退去吧！經上記載著：當拜主，你的神，我單要事奉他。」（《馬太福音》，4：8-10）

一個人所信仰的神，就是他自己的至高價值。如果他尋求超越一切的個人權力，就是在向魔鬼般的膨脹致敬，是屬於自性的致敬。

基督面對的誘惑，生動地呈現出與自性相遇時可能會遭遇到的危險。各種不同程度的膨脹，全都上昇到可能會出現明顯精神官能病的狀況。要如何面對這些危險，基督的回答給出了相當寶貴的暗示。每次的狀況，他都不以個人的想法回應魔鬼的問題，而是引用聖經。這一點顯示，只有超個人的智慧才有辦法面對這些威脅。如果完全要靠個人的想法來面對這樣的危機的話，就恰恰掉入了誘惑者佈下的讓人膨脹的陷阱。在心理學上，這意味著一個人要去找尋能表達出他個人情境的神話或是原型意象。相關的超個人意象將提供所需要的方向，並且保護自己免於膨脹的危險。

十字架殉難的過程以及因其導致的相關結果，這一切情節對於個體化的最終面向而言，是相當深博遠大的表現。個體之前遭
到輕視、屈辱和被拒的這一切體驗，一旦和這一切的原型典範有 150
所關連，才開始呈現出意義與莊嚴（圖 38）。從耶穌在客西馬尼園（the Garden of Gethsemane）裡的態度，我們也能看到這一點：「父啊，你若願意，就把這杯撤去。然而不要成就我的意思，只要

151

【圖 38】基督受鞭苔，出自《凱瑟琳・克利夫斯的祈禱書》（*the Hours of Catherine of Cleves*）

成就你的意思。」（《路加福音》，22：43）

對於自我在面對個體化的危機所需要秉持的態度，這句話是經典的陳述。有了這樣的態度，來自原型心靈的支持於是就出現了（圖板 4）。同樣的，遭到背叛的體驗，這種極其痛苦的情形，在這些話裡獲得了充分的表達：「我的神，我的神，為什麼離棄我？」（《馬太福音》，27：46），這在個體化的關鍵階段是十分有代表性的特點。在這一時刻，自我所感覺到的是裡裡外外所有的撫慰與支持，全都被剝奪走了。而所有的信任，基於投射和無意識假設的信任，猝不及防地遭到終結了。這狀態是過渡期。這是介於

【圖板4】得到天使支持的園中基督，保羅·委羅內塞（PaoloVeronese）畫作，細部圖

中間地帶的絕望，處在過往的生活取向消逝之後以及新方向誕生之前。耶穌的復活象徵著更全面的人格的誕生，這可能是來自於意識接納了十字架殉難般的磨難。聖十字若望（St. John of the Cross）[34]對這種情況作了以下描述：

> 一旦開始，首先必須讓靈魂陷入精神的虛空和瘠貧；無論是來自世俗還是天國的，所有的幫助、安慰和對萬物的自然理解，全都會突然消逝不見。如此這般，由於這片虛空，精神會因此得以淨空，過去的自己得以脫胎換骨，這一切是因為黑夜（靈魂暗夜）而得到的，而且這是和上帝結合的狀態。[35]

基督教神話的中心意象就是十字架殉難。近兩千年以來，被釘在十字架上這個人的意象，一直都是西方文明的最高象徵。不管信教或不信教，這個意象都是我們文明現象上的事實。因此，這意象必然是要告訴我們有關西方人心靈狀況的某些重要的事情。

十字架殉難是耶穌在塵世生命的頂峰。在這個被釘上十字架的

---

34 譯註：聖十字若望（西班牙語 San Juan de la Cruz, 1542-1591）是反宗教改革的主要人物，西班牙神秘學家，加爾默羅會修士和神父，出生在馬德里北部阿維拉附近的小鎮豐蒂韋羅斯，一個改宗基督教的猶太人的家庭之中。聖十字若望是加爾默羅會的改革者，被認為與聖女大德蘭一同創立了赤足加爾默羅會（Discalced Carmelites）。十字若望以寫作著稱，他的詩歌及其對靈魂成長的研究，被認為是西班牙神秘文學的巔峰，是西班牙文學的高峰之一。1726 年，教宗本篤十三世封他為聖人。他被列為天主教眾位教會聖師之一。他認為天主是一切，而受造物是虛無。因此，為了達到聖化，達到與天主完全共融的境界，人必須對身體及靈魂所有的力量和官能進行深入而劇烈的淨化。著有《上加爾默羅山》、《心靈的黑夜》、《愛的活火》、《神魂與基督間的神歌》等書。

35 原註：《心靈的黑夜》（*Dark Night of the Soul*），II，IX,，4。

過程中，耶穌有如自我，而基督是自性，這兩者因為殉難的過程而融合。人類（自我）和十字架（曼陀羅）兩著合為一。人和曼陀羅 152
的合一，存在著一個希臘雛型，也就是伊克西翁綁在火輪上的這個意象。然而，其中所表達的含義卻非常不同。狂妄自大的伊克西翁因為誘惑赫拉，而遭受被綁在火輪上的懲罰。他不得不屈服於這個懲罰，永遠地綁在火輪之上。「無窮無盡，沒有結束」（《約翰福音》，19：30）。伊克西翁的故事呈現的是自性。伊克西翁受困於膨脹，以及與自性－曼陀羅的同一化。

基督教神話呈現了自我更高層次的發展。基督既是人又是上帝。作為人，他帶著痛苦走向十字架，但他是自願的；這是他的命運的一部分。作為上帝，他願意為了人類的利益犧牲自己。從心理學視角來看，這意味著自我和自性同時被釘在了十字架上。自性承受著苦難遭釘上十字架並懸吊起來（也是一種肢解），來求得在世間暫時的實相顯現。自性為了在存有時間和空間的世界中得以顯現，就必須在有限的軀體上具體呈現或化成肉身。自性離開了永恆而無形並且與世人共處塵世的狀態，這樣的意願，意謂著原型心靈原本就有對自我加以滋養與支持的自發傾向。這從以下這段話就可以看出：「……他本來富足、卻為你們成了貧窮、讓你們因他的貧窮、可以成為富足。」（《哥林多後書》，8：9）

對自我來說，另一方面來說，十字架殉難也是對立面之間逐漸癱瘓的懸置不前。而自我雖然很抗拒，但出於內在個體化（邁向圓滿的歷程）的需要，還是勉強接受了這場殉難，這是要對心靈矛盾的本質充分覺知的。談到了這一意象的道德面向，榮格表示：

> 惡的現實，以及惡和善的不相容，會將對立的狀態劈散，並且不可避免地導致一切的生命萬物引向殉難並且被懸吊於十字架上。因為「靈魂本質上屬於基督徒」，所以結果注定是和耶穌生命所發生的一切完全一樣：我們都不得不「和基督同釘十字架上」，也就是說，我們所承受的道德苦難，相當於不折不扣的十字架殉難。[36]

在另一處，榮格的講法可適用的範圍更廣：

> 所有的對立面都是來自上帝，因此，人必須承擔起這份重擔；在如此承受的過程，他會發現，是他「對立性質」的上帝佔有了他，上帝因此將自己在他內在化成具體肉身。他成為一個容皿（vessel），裡面充滿了神聖衝突。[37]

153 基督教神話及耶穌訓誡的一個基本特徵，就是對弱小與苦難的態度（圖板4）。由此，也就帶來了對世俗價值的重估。力量、權力、充實、成功，這些在意識層面向來認定有價值的事，全遭受到否定。而弱小、苦難、貧窮和失敗反而受到了特別的尊重。這點貫穿了所有的耶穌訓誡，並且在十字架殉難中得到了最大的呈現：上帝在十字架上受到了人格受辱的鞭苔，像罪犯可恥地死在十字架上。這是羅馬人所不能理解的，對他們來說，榮譽、力量、男性美

36 原註：榮格，《心理學與煉金術》（*Psychology and Alchemy*），C.W., vol. 12, § 24。

37 原註：榮格，《答約伯》，收於《心理學與宗教》，C.W., Vo;. 11, § 659。

德才是至高無上的價值。從心理學角度來理解，我認為這是自我在兩個不同的階段不同的目標與價值觀之間的碰撞。在自我發展的早期階段，對個人榮譽和力量以及對弱小的不屑，是不可避免，也是必須的。自我必須學會堅持自己，才能在完全呈現出來。所以，基督教的神話在年輕人的心理中是不具有地位。

在心理發展的後期階段，這時自我已經達到了相當的穩定和成熟，基督教神話的心理含義才會特別適用。事實上，基督教神話向我們展示了與個體化過程有關的意象與態度，這正是人生後半段的具體任務。在這個階段，受難的神這意象特別適用。這個象徵告訴我們，苦難、弱小、失敗的經驗也是屬於自性，而不只是屬於自我。一般認為所有苦難和失敗的責任都是在自我，這是一個普遍存在的錯誤。譬如我們發現，人們一般會對自己的弱點感到羞恥或予以否認。如果人發現自己某些方面就像每個人一樣軟弱，在這同時他還認為軟弱是可恥的，那麼他自我實現的能力也同樣受到了剝削。然而，承認弱小與失敗之體驗，視之為受難的神為了化成肉身而進行的努力，就會給人非常不一樣的觀點。

這些考量特別適用於憂鬱（抑鬱）的心理。抑鬱（depressed）就是遭受過度的重壓，也就是被責任與自我期待之重所「壓垮」。一位患有這種抑鬱的病人在一次抑鬱特別嚴重的期間，做過這樣一個夢（我只略為引用其中一部分）：

> ……她看到一位「骯髒的老頭」，坐在對面的長椅 154
> 上。他衣衫襤褸，渾身汙穢……像是人類的渣滓……窮得……了所有的體面，超出了社會的範圍，進不了門的局

外人，是「你們中最小的」。

這個人說：「他們應該為小動物做點什麼。」然後我真的看了他一眼。他正坐在右邊的長椅上。腿上散落著三隻死老鼠，還有一隻死灰兔。

接著，我看到他的頭被一團蚊蚋遮住了。那些小蟲子佈滿他的頭上、頭內、鼻孔裡、眼睛裡，到處都是。起初，在我看來，就像一圈光暈。通常，這會讓我害怕地跑開，但這次我沒有，而是對他的憐憫。分析師說：「這就是基督。」我們決定找人來幫助他。[38]

這個讓人印象深刻的夢，顯現了基督教神話對現代心靈的意義。它立刻讓我想起了這句話：「我實在告訴你們、這些事你們既做在我這弟兄中一個最小的身上，就是做在我身上了。」（《馬太福音》，25：40）。這位腿上放著死去的動物、衣衫襤褸而汙穢不堪的可憐乞丐，正是這位夢者遭到輕視和否認的生動寫照。夢中流浪乞丐的境況鏡映出了夢者意識中，她對自己弱小、苦難的覺察態度，反映在這個流浪漢的狀態中。最讓人吃驚的是，這個乞丐就是基督。這其實只是指出了，做夢者內在覺得不光彩的程度已超出底線的部分，但這實際上卻是一種至高無上的價值，也就是上帝本身。只要有適當的理解，這樣的夢可以讓一個人對自己的弱小有了新的看法，也就是接受自己內在那個卑微的人，將是通往大自性的「道路」。

38 原註：這個夢摘自布蘭德．雷恩斯（Brand Rence）於《分析心理學當代趨勢》（*Current Trends in Analytical Psychology*）的一篇文章，G. Adler, editor, London, Tavistock Publications,1961, p. 200 f。

4. 人作為上帝的意象

基督是自我的典範，在出處飽受質疑的《約翰行傳》（*Acts of*
John）裡，這一觀點特別清楚的表達了。在第九十五章，耶穌對他
的使徒說：「我是你的鏡子，從中你看到我。」[39] 在第九十六章，
他又說：「你看到你自己在我裡面……看到我所做的，因為你是人 155
的激情，是我將要承受的。」[40]

如果說基督的形象是給自我的鏡子，那麼映射出來的肯定是自相矛盾的雙重意象。是否個體的自我既是人又是上帝，既是自我又是自性？榮格在他的煉金術研究中也觸及了這個問題，他這樣寫著：「……他們（煉金術士）透過自己的太陽象徵，在上帝與自我之間建立了親密的聯繫。」[41] 當榮格注意煉金術士所處理的是無意識的投射，這是意識思維所無法干擾的自然現象，這時他因此得出了結論：「……然她本身正在呈現出上帝與自我的認同合一。」[42] 後來他又補充說：「當我們意識到人類意識本身有創造世界的天性時，這點就可以理解了。」[43]

---

39 原註：詹姆斯（James, M. R.）譯，《杜撰的新約》（*The Apocryphal New Testament*），London, Oxford University Press, 1960, p. 253。

40 原註：同上，p.254。

41 原註：榮格，《神祕結合》（*Mysterium Coniunctionis*），C. W., Vol. 14, § 131。

42 原註：同上。

43 原註：C. W., Vol. 14, § 132

譯註：這兩段引文來自《神祕合體》第 131 段，整段文字如下：「雖然煉金術士們幾乎就明白了，自我就是那個神祕而難以捉摸的神秘物質、就是那個他們渴望的哲人石，但他們卻沒有意識到他們透過自己的太陽象徵而在上帝和自我之間要建立起親密的連結。正如我們已經說過的，投射並不是一種可以主動掌控的行為；這是自然的現象，不受意識心靈的干擾，是人類的心靈本質所特有的。因此，如果就是這個本質產生了太陽象徵，那麼自然她本身就一直是在表現出上帝和自我的同一性。儘管煉金術士們非常接近於意識到自我是神祕的難以捉摸的奧秘物質和渴望的青

也許，這個問題也是十四世紀時聖父聖子是本體同一，還是本體相似，這一爭論（homoousia-homoiousia conflict）的根源。基督是和聖父本體同一，或是只是相似？如果我們將基督比作自我，而聖父比作自性，作為心理的議題也就立刻清楚了。這決定是比較傾向於基督與聖父是「同質」的，從此聖父聖子本體同一這一意象成為教義中運作方式。因此，這意謂著西方人的心靈是根植於人即是上帝、自我即是自性的神話。

同樣的議題也出現於「基督是上帝的一個意象」這個觀點上。在《歌羅西書》第一章第十五節中，基督被描述成「那不能看見之神的像（意象）……。」（RSV）在《希伯來書》的第一章第三節中，他又被稱為「是神本體的真像（意象）。」（A. V.）這些說法讓我們想到《創世紀）的第一章第二六節中上帝說：「照我的像（意象）造人。」如果基督是上帝的意象，人又是照上帝的樣子所造，那麼基督就應該是等同於人。俄利根在三位一體的上帝－基督－人系列中，將基督放在了第二位格，來解決以上的問題：

銅器，但他們並沒有意識到，通過他們的太陽符號，在上帝和自我之間建立了一種親密的聯繫。正如前面已經說過的，投射不是一種自願的行為；它是一種自然現象，超出了有意識的頭腦的干擾，是人類心理本質所特有的。因此，如果是這種自然產生了太陽符號，那麼大自然她本身就是在表達上帝和自我的認同合一。在這種情況下，只有無意識的自然界可以被指責為褻瀆，而作為其受害者的人則不能。這是西方人根深蒂固的信念，認為上帝和自我是天壤之別。而在印度，他們的身份被認為是不言而喻的。印度人的天性是意識到在人身上表現出來的意識創造世界的意義。相反，西方一直強調自我的渺小、軟弱和罪惡，儘管它把一個人提升到神的地位。煉金術士們至少懷疑人類隱藏的神性，而安吉魯斯．西爾西烏斯（Angelus Silesius）的直覺終於毫不掩飾地表達了這一點。雖然煉金術士們幾乎就是明白了，自我就是那個神祕而難以捉摸的神祕物質、就是那個他們渴望的哲人石，但他們卻沒有意識到他們透過自己的太陽象徵而在上帝和自我之間要建立起親密的連結。正如我們已經說過的，投射並不是一種可以主動掌控的行為；這是自然的現象，不受意識心靈的干擾，是人類的心靈本質所特有的。因此，如果就是這個本質產生了太陽象徵，那麼自然她本身就一直是在表現出上帝和自我的同一性。」

> 因此，按神之像所造的我們，擁有聖子，這一本源， 156
> 它是我們內在的，品質高貴的真理。我們之於聖子，就尤如聖子之於代表真理的聖父。[44]

如果我們從心理學視角來表述這個觀點，它意謂著真實的自我只有透過將理想自我作為典範的榜樣（基督），才能與大自性建立起關係；這典範榜樣在意識和原型心靈之間，透過個人的與原型的因素建起了橋樑。

經由這些相當含糊的反思，我們遭遇到分析心理學中非常棘手的難題，也就是自我與自性關係的本質。有關基督教象徵的問題已經有很多的闡釋，然而儘管有過種種的努力，在意識層面的理解依然是矛盾的。然而一旦意識到「人類的意識本身，有創造世界的天性」時，自我與自性這兩個詞就可以看成同一原型在心靈歷程不同階段中的體驗。自我是意識之所在，如果意識創造了世界，那麼自我就是透過經由個體化實現自身的努力，在進行著上帝的創造工作。

44 原註：俄利根（Origen），《論第一原則》（*On First Principles*），Edited by G. W. Butterworth, New York, Harper Torch books, 1966, p. 20。

身為個體

個體，是生命獨一無二且與生俱來的載體，是始終如一的天性。

——榮格[1]

1 原註：榮格，《心理治療實踐》（*The Practice of Psychotherapy*），C.W., Vol.16, §224, 1954。

1. 自我的先驗存在

個體性（individuality）的體驗，是個無法描述的存在之謎。每個人都有他自己這類體驗獨一無二的版本，原本就難以用言語來表達。然而，這種體驗的形式（form）卻是共通的，所有人都能夠識別。有時看起來，個體心靈發展的目標事實上就是人日漸意識到個人獨一無二的個體性，這和永恆的原型個體一致。當一個人承擔起身為個體的命運時，獨特性和普遍性兩者就會融為一體。

當我們去觀察所有可見的生命現象時，我們看到的不是一個連續體，而是無限眾多而彼此分立的生命單位，它們彼此之間為了覓食、生育和生存，永遠處在衝突和競爭的狀態。從病毒這類複雜的分子粒子到最高等的脊椎動物，我們會發現生命全由不可再分割的單元所承載，其中的每個單元都有它自己存在的自主中心。心靈生
158 命也是一樣的；心靈也是透過眾多獨一無二而且獨立的存有中心所呈現出來的，每個中心都是一片小宇宙，「……一個絕對原創的中心，宇宙在其中以獨特而不可模仿的方式反映出自己。」[2]

榮格認為他本身心理學的中心，就是自我如何實現成為個體的歷程，也就是個體化（individuation）的歷程。他在《心理類型》（*Psychological Types*）一書裡，是這樣定義個體化的：

> 一般而言，這是個體的特質加以形成與獨特化的歷程；特別是，這是從一般而集體的心理中分化出來的個體心

2　原註：德日進，《人的現象》（*The Phenomenon of Man*），New York, Harper Torchbooks, 1961, § 261。

理發展。因此，個體化，是分化的歷程，目的在於個體人格的發展。[3]

也是在這段話，榮格對個體這一詞提出了定義：

心理個體的特點是在其獨特、從某些方面來看可以說獨一無二的心理。個體心靈的特別之處，與其說是它的構成元素，不如說是它的複雜結構。

心理個體，或者說個體性，有一個先驗的無意識存在，然而只出現了有關這獨特本質的意識，也就是意識到自己與其他個體的區別之際，這才會存在於意識層面。[4]

請注意，「個體性有一個先驗的無意識存在」，這句話看起來既簡單且不言可喻。乍讀之下，也許會忽略這句話的全部含義。有一個描述著同樣意思的神話意象，會更能充分表達這含義的影響力。在《路加福音》裡，當人們為自己擁有戰勝魔鬼的能力而歡欣鼓舞時，耶穌回答說：「不要因魔鬼降服於你就歡喜，要因你們的名記錄在天上歡喜。」[5]這裡是這一抽象陳述更為全面的釋義，也就是個體性有著先驗的無意識存在。一個人的名記錄在天上！換句話說，一個人獨特的個體性，有著超個人的起源和存有的正當理由。榮格還以另一種方式說：

3 原註：榮格，《心理類型》。C.W., Vol. 6, § 757.。

4 原註：同上，§ 755。

5 原註：《路加福音》10：20，RSV。

> 自性，像無意識一樣，是一種先驗的存在，從這裡頭
> 159 自我於是演進而出現。因此我們可以這麼說，自性是自我
> 無意識的「預表」（prefiguration）。[6]

一個人的身分認同有個先驗的存在，如果在古代，這觀念就會被說成每個人都有自己專屬的星辰，有種天體上的對應物，代表著這個人在宇宙中的存在維度和自己的命運。伯利恆的那顆星就是耶穌的星星，具有與祂一生的偉大相匹配的光輝。華茲華斯在他的詩中，也頌詠過同樣的意象：

> 與我們俱來的靈魂，這生之星辰，
> 已落下在別的什麼地方，
> 現在又向我們走近。[7]

在一位女性的夢裡，星辰這個意象成為身分認同的超個人中心。她意識到自己只是屬於自己，而不是屬於丈夫。在這個重大的領悟之後，她於是夢到：

> 我在房外，看見一星辰墜落……但它並沒有消失。這星辰活力十足地跳動了幾下，然後持續明亮而圓融。它比任何其他星辰都更近，黃橘色彩，像是太陽，但比太陽

6　原註：榮格，《心理學宗教：西方與東方》，C.W., Vol. 11, 1958, § 391.。

7　原註：威廉．華茲華斯，《童年回憶的永恆啟悟之頌》（*Ode on Intimations of Immortality from Recollection of Early Childhood*）。

小了一些。我心裡想起：「我剛剛看到了一顆新星的誕生。」

諾斯替〈珍珠頌歌〉中的「榮耀長袍」（在第四章我們曾討論過）是個體性的超驗中心另一個的象徵。拯救者將這留在身後，下降進入埃及的黑暗。然而當他完成了使命，回到了天國家園時，榮耀長袍又回到他的身邊。文本這麼寫著：「我已經忘記了它的輝煌燦爛，因為我還是父親家中的年輕孩子時，就離開了它。當我現在看見這件長袍時，似乎突然之間，它成為我自己的鏡映意象（mirror-image）：我在它身上看見了自己的全部，它在我自己這裡也看見了自己的全部，我們分開時是兩個個體，然而我們在形式的統一上卻是一體的……」[8] 在約納斯對這一意象的精彩評論中，他說：「它象徵著一個人在天堂或是永恆的自性，他原初的想法，一種分身或另一自我（alter ego）是他在塵世辛勞時保存在上面世界的存在。」[9]

另一點值得強調的是，榮格在自己所下的定義中清楚地區
分了意識的個體性（conscious individuality）和無意識的個體性 160
（unconscious individuality）。實現意識個體性的歷程就是個體化的歷程，最終可以將一個人的名字記錄於天上。無意識個體性，則表現再對快樂和權力的強迫性驅動以及各種的自我防禦上。人們常會用些負面的詞語來描繪這些現象，譬如自私、自我中心、自體性慾

8　原註：約納斯（Jonas, Hans），《諾斯替宗教》（*The Gnostic Religion*），Boston, Beacon Press, 1958, p. 115。

9　原註：同上，p.122。

（autoerotic）等等。雖然這些負面詞語也有其合理性，但這些行為確實是其他人難以接受的，然而如果個體自己將這些詞語用在自己身上時，其中內含的態度可能會造成很大的破壞性。如果分析師使用這些貶損的詞語，可能只會讓個案更加貶低自己的無意識和自己潛在的完整性。而事實是，無意識的個體性所呈現出的，是它蘊涵著所謂個體性的最高價值，正等待著得到意識的救贖。我們永遠不會藉由拋棄原初物質（prima materia）來得到哲人石（lapis）。

同樣的觀點，也在下面這段文字裡以些許不同的方式表達出來：

> ……曼陀羅這個象徵有種明顯的傾向，就是將所有的原型往同一個中心集中，這和所有的意識內容都集中向自我的關係相似……人們也許會將曼陀羅看作是意識的自我中心這一特質的反映，但這個觀點只有能證明無意識僅是次發現象的情況下，才可以成立。然而毫無疑問，無意識要比意識更古老，起源也更早，所以，我們不妨把意識的「自我」中心主義稱作是對無意識的「自性」中心主義的反映或模仿。[10]

對此，我們也許還要補充一點，如果說「自我」中心主義是自我在模仿自性，那麼意識一旦接受了這一傾向，自我就會意識到自己所正在模仿的內容，也就是：個體性超個人的中心和合一，也就

10 原註：榮格，《神祕結合》，C.W., Vol. 14, 1963, § 660。

是自性。

根據我的經驗，幾乎所有心理問題的根源，都在於與所想要
追求的個體性之間，無法構立起滿意的關聯。而療癒的歷程一般都
涉及如何接納一般所說的自私、追逐權力或自體性慾。在治療中，
大部分病人需要學習怎樣更有效地自私，怎樣更有效地使用自己的
權力；他們必須接受自己就是權力和效率的中心，而且要為這一事 161
實負責。如果只是向別人提出要求的這種自私或自我中心的行為，
並不是有效的那種有意識的自我中心或有意識的個體性，我們向別
人要求的，就只是那些我們無法給予自己的。如果我們沒有足夠的
自愛或是自尊，我們的需求在無意識中就會變為耍弄脅迫他人的花
招。而這種脅迫常常以美德、愛或利他來做為幌子。這種無意識的
自私是無效的，對自己或對別人都只有破壞的作用，不可能達到目
的，因為這既盲目又毫不自知。我們需要做的並不是將自私全都消
滅，這是不可能的；我們應該與意識聯結，這樣才能夠有效。生物
學及心理學的所有現實都在告訴我們，每一個生命的個體單元，在
本質上都是自我中心的。唯一不同的只是，對這一事實的意識程度
有所不同。

自戀（narcissism），佛洛伊德派所創造的名詞，如今廣泛受到應用，就是一個很好的例子，可以用來說明人們對「愛自己」（self-love）普遍存在著誤解。納西瑟斯（Narcissus）這一神話的隱喻，和過度耽溺的愛自己是非常不同的。納西瑟斯是位年輕人，他拒絕了所有的求愛者。而復仇女神涅墨西斯（Nemesis）為了報復他，讓納西瑟斯愛上了自己在池塘裡的倒影，納西瑟斯最後因而絕望死去，因為他永遠無法擁有自己愛上的對象。

納西瑟斯代表的是因為疏離和異化而無法去愛的自我。也就是，無法對生命有興趣，無法對生命注入力比多：因為這和自己的生命之間沒有任何的關聯。愛上自己的倒影，可能只是意謂著他還沒有擁有自己。納西瑟斯渴望和自己合為一體，恰是因為他疏離了自己的存在。柏拉圖在《會飲篇》裡清清楚楚地談到，我們所愛和所渴望的，恰恰是我們所缺乏的。納西瑟斯神話故事原來的隱喻，並不是他毫無必要地愛自己愛得太多，而是恰恰相對立地，是他渴求尚未存在的擁有自己（self-possession），因而持續在受挫的狀態裡。要解決納西瑟斯的問題，是要去愛自己，而不是禁慾克己。在這裡，我們所遇到的是一個常見的錯誤，也就是道德化的自我；它想創造出一個人見人愛的人格，卻消滅了對自己的愛。這是極深層的心理錯誤，只會造成了心靈的分裂。充分的自愛，是真實地去愛一切的前提，是心靈能量可以自然流轉的前提。

在納西瑟斯這案例，充分的自愛，或者說在內心深處與意象合為一體，是需要往下沉入無意識的，沉入到尼克亞（nekyia）[11] 或是象徵性的死亡。我們可以在納西瑟斯故事的一些細節中看到其中
162 的深層含義。納西瑟斯死後，他變成了水仙花。這是「死亡之花」（水仙之名源自希臘語的 narkao，意思是僵硬或是死亡）。這是用來獻祭給冥王黑帝斯的，以打開冥王幽冥世界的大門。大地裂開之際，黑帝斯出現並劫走波瑟芬妮時[12]，這位日後的冥后拾起的也是

---

11 譯註：在古希臘的邪教實踐和文學中，尼基亞（nekyia 或 nekya）是一種「召喚鬼魂並質問未來的儀式」，也就是召喚死靈的黑魔術。尼基亞與幽冥世界旅程（katabasis）不全然相同。雖然他們都提供了與死者交談的機會，但只有幽冥世界旅程是希臘和羅馬神話中的幾位英雄才有實際前往的。尼克亞因此象徵著通往地獄的旅程，象徵著向無意識的下沉以及告離人世的辭別。

12 譯註：黑帝斯（Hades）是宙斯的弟弟，是主管幽冥世界的冥王。波瑟芬妮（Persephone）是主神

水仙花。透過這些細節可以很明顯地得出結論：自戀，或者納西瑟斯主義，至少在原來故事裡的本意，是通往無意識之路，這是追尋個體性的必經之路。

納西瑟斯的神話和愛上自己倒影的主題含義，還出現在另一個故事裡，就是奧菲斯教[13]對酒神戴奧尼索斯傳奇的詮釋。當還是小嬰兒的戴奧尼索斯被泰坦巨人族撕成碎片時，他正玩耍的玩具中有著一面鏡子。按照普羅克洛斯（Proclus）[14]的說法，這面鏡子的意義在於：戴奧尼索斯在物質中看到了自己意象，因此帶著慾望而向它奔去。他渴求自我得以實現（和納西瑟斯一樣）。這樣，他於是被限定於物質之中（化為肉體了），成為泰坦巨人族肢解的目標。[15]在發展早期，仍然是與初始的無意識整體（original

---

宙斯和農業之神狄密特（Demeter）的女兒，被冥界之神黑帝斯趁大地裂開之際擄走為妻而成為冥后。波瑟芬妮越快樂，大地的花朵就越綻放，越悲傷大地就越一片荒蕪。波瑟芬妮被黑帝斯擄走後，花朵漸漸枯萎，後來母親經過太陽神海利歐斯（Helios）的協調，及宙斯的出面處理，終於找回波瑟芬妮，但在黑帝斯的要求下吃了四顆（或六顆）石榴籽，註定每年要回冥界四個月（或六個月）。

13 譯註：奧菲斯（Orpheus）是古希臘神話的人物。被視為詩人和音樂家的典範，豎琴的發明者，醫藥、寫作和農業都與他有關，許多重要的宗教派別和儀式都追溯到他，尤其是日神阿波羅和酒神戴奧尼索斯的崇拜。這衍生出了奧菲斯教，在西方文獻的描述中，他們是古希臘時代戴奧尼索斯祕儀（Dionysian Mysteries）的改革派，包括將戴奧尼索斯神話重新釋義或解讀，並且對赫西俄德的《神譜》重新編排，認定奧菲斯教的神譜與傳統希臘多神譜系是兩回事。奧菲斯教十分獨特地擁有輪迴轉世的宗教觀，酒神戴奧尼索斯在泰坦巨人族手中所遭受到的磨難與死亡，構成了奧菲斯教核心教義。根據神話所載，年幼的戴奧尼索斯遭到泰坦族弒殺、撕裂，最終還加以吞噬。天帝加以懲罰而之，以雷電擲向泰坦化成灰燼，人類從這灰燼中誕生出來。奧菲斯教信仰中，這神話諭示人類天生是具有雙重性：身體（soma），這部分是繼承於泰坦；神聖的火光或靈魂（psyche），則是繼承自戴奧尼索斯。

14 譯註：普羅克洛斯（Proclus, 410-485），希臘哲學家、天文學家、數學家、數學史家。生於拜占庭，卒於雅典，是柏拉圖學園的領導人和導師，也是新柏拉圖哲學運動的最後一位代表人物。

15 原註：普羅克洛斯，《蒂邁歐篇》（*Timaeus*），Timaeus iii, 163, cited by G. R. S. Mead in *Orpheus*, reissued, London, John Watkins, 1965, p. 160f。

unconscious totality）還是認同合一的，然後在時間與空間的現實中開始功能運作（擁抱當下物質）。但對於無意識整體的膨脹狀態（自我與自性的認同合一）充滿了敵意的現實，會將它肢解成碎片。這一切到了發展的後期，將會重新連接起來。

個體性的主觀體驗是個深奧的謎題，如果要加以理解，絕對無法只寄望於理性。然而，透過與這體驗有關的象徵意象的進一步檢視，其中的一些含義可以稍作研究。我們先看一下詞源學上的證詞。詞源學是語言的無意識面向，所以對心理學的研究很有價值。個體（individual）這個字是源自兩個拉丁詞根，in 的意思為「不」（in = not），dividere 的意思為「分開」（dividere = to divide）。因此，個體這字的基本詞義是指不可再分的東西。這就等於是指出了這個事實：有關個體性的經驗是原發的，不能加以分析或化約為更簡單的元素。

如果我們想想個體這類的基礎概念，其實會覺得很有意思，它只能以「不是什麼」來表達，也就是不能再進一步切分。這點很有意思。同樣的現象也出現在原子（atom）這個存在上。原子是物質的基本單位（希臘語中 a 相當於「不」，tom 則源自 temnein，意指「切割」和「分開」）。同樣的，在整數（integer）和整合
163 （integrate）這情形再次出現（希臘語中 in 相當於「不」，tag 源自 tagere，意指「觸碰」）。當我們試圖將個體性這類的基本事實加以描述時，我們採取的方式必然與描述神性的方式是相同的。由於這事實是超越了我們意識可理解的範疇，因此我們能做的只能以什麼不是它的方式來描述，也就是透過否定（negativa）來描述。

個體（individual）這個詞，在詞源學上和另一個詞寡婦

（widow）有關。按斯基特（Skeat）[16]的觀點，寡婦（拉丁語vidua）源自一個已經消失不用的同源動詞 videre，意指分離成部分。榮格曾經指出，寡婦和孤兒的意象是個體化歷程的一部分。[17]對於這個關係，他引用聖奧古斯丁（St. Augustine）[18]的話說：「整個教堂如同一位寡婦，在這世間是孤苦無依的。」榮格進一步說：「靈魂也同樣是『貧苦無依地存在於這世間』。」接著又繼續引用奧古斯丁的話：「但你不是孤兒，你不被認為是寡婦……你有一位朋友……你是上帝的孤兒，你是上帝的寡婦。」[19]在摩尼教[20]的記載中，耶穌被稱作「寡婦的兒子」。[21]寡婦意味著被分開的那一部分。因此，在成為寡婦之前，這個人還不是個體，還不是不可切分，但仍然走向分離的歷程。這象徵告訴我們，寡婦狀態是實現個體性必經的體驗，而事實上個體性就從這體驗而生。這說明了一個人必須從不屬於他、卻是他所依賴的部分分離出來，才能意識到自己是獨特而不可切分的。充滿依賴的投射必須被打破。類似的意

16 原註：斯基特（Skeat, Walter W.），《英語與源字典》（*An Etymological Dictionary of the English Language*），Oxford University Press, 1958, p. 177。

17 原註：榮格，《神祕結合》，C.W., Vol. 14, § 13f。

18 譯註：奧古斯丁（St. Augustine, 354-430），基督教早期神學家，教會博士，以及新柏拉圖主義哲學家。其思想影響了西方基督教教會和西方哲學的發展，並間接影響了整個西方基督教會。重要的作品包括：《上帝之城》、《懺悔錄》和《基督教要旨》。前二者皆有中譯本。

19 原註：同上，§ 17。

20 譯註：摩尼教（Manichaeism），源自古代波斯祆教，為公元三世紀中葉波斯人摩尼（Mani）所創立、在巴比倫興起的世界性宗教，吸收猶太教 - 基督教等教義而形成自己的信仰，同時也採納了不少瑣羅亞斯德教的成分，傳到東方後又染上了一些佛教色彩。摩尼教的主要教義是二宗三際論，二宗是指世界的二個本原，即黑暗與光明、善與惡，三際是指世界發展的三個過程：即初際（過去）、中際（現在）和後際（將來）。

21 原註：同上，§ 14 n 69。

涵也適用於孤兒的意象，這是煉金術士哲人石[22]的同義詞。成為孤兒，意味著失去了父母的支持，打破了親職的投射；它同樣是意識中能夠進行個體性經驗的前提。正如奧古斯丁所說的，成為寡婦或孤兒將會讓人和上帝（自性）連結在一起。

2. 單子與單親生殖

古代文獻對「一」（One）或「單子」（Monad）的哲學思考，可以發現大量的材料和個體性的體驗有關。從這些早期的哲學
164 家在哲學和宇宙學上的投射中，可以看出他們是如何面對個體性的奧祕。他們對所有現象背後有關單子或一的想像，實際上都是身為個體所擁有的內在心理，對外所呈現的投射。譬如說，在畢達哥拉斯學派的想像裡，單子是非常突顯的一種意象。按畢達哥拉斯學群的觀點，單子是創造性的原則（creative principle），為無限帶來了秩序與界限。他們因此說：「單子一旦開始存在，原本的無限性中最接近的部分便被加以限定了。」[23]單子也等同於中心的創造之火（Creative Fire），這是創造與治理（government）的源起。[24]這中心的火焰有些有趣的名字，包括宙斯之塔（Tower of Zeus）、宙斯之哨塔（Guard-house of Zeus），世界之心（Hearth of the World），以及大自然的聖壇、紐帶和量度（alter, bond and measure

22 原註：同上，§ 13。

23 原註：凱薩琳・費曼（Freeman, Kathleen），《前蘇格拉底哲學家之伴》（*Companion to the Pre-Socratic Philosophers*），Cambridge, Harvard University Press,1959, p. 247. Aristotle *Metaphysics*, l091a.。

24 原註：同上，p. 250。

of nature）。[25]

這段話告訴我們，個體性的原則就是創造性原則本身，而所有的秩序，也就是希臘人所說的宇宙（cosmos），都是衍生自這一原則。單子也等同於火，這讓人想起煉金術的象徵作用，其中的點（the point，單子的另一版本）等同於火花（scintilla），光和火的閃爍[26]。因此，個體性原則既是意識（光），也是能量（火）的源頭。

單子在諾斯替教的冥思中也有著一定的重要位置。有關諾斯替，希波呂托斯（Hippolytus）這樣寫道：

> 對他們來說，萬物之源是單子，既不生也不滅，既無從理解也無法定義，是所有生育出來之萬物的造物主和起因。單子因此被它們稱之為。[27]

《布魯斯抄本》（*the Bruce Codex*）[28]裡是這樣描述單子的：

> 這是……包括所有一切（十二層地獄）的真理；……

---

25 原註：科克和雷文（Kirk, G. G., and Raven, J），《前蘇格拉底哲學家》（*The Pre-Socratic Philosophers*），Cambridge: Cambridge University Press, 1963, p. 260。

26 原註：榮格，《神祕結合》，C.W., Vol.14, § 42f。

27 原註：米德（Mead, G. R. S.），《被遺忘的信仰片段》（*Fragmennts of a Faith Forgotten*），London, John M. Watkins, 1931. p. 335。

28 譯註：布魯斯手抄本（Codex Brucianus）是包含科普特語、阿拉伯語和伊索匹亞語的手稿。抄本中包含罕見的諾斯替作品；布魯斯手抄本是已知的唯一倖存的《遊戲書》（*Books of Jeu*）和另一部簡稱為《無題啟示錄》或《無題文本》的書。1769 年，蘇格蘭旅行家和旅行作家詹姆斯．布魯斯（James Bruce, 1730–1794）在上埃及購買了這手抄本。1848 年以來一直都存放於英國博德利（Bodleian）圖書館。

> 這是一切的真理；這是所有伊雍（Aeons）的母親；這是環
> 繞於所有深淵邊緣的東西。這就是單子，既不可理解也不可
> 165 知曉；它沒有封印（Seal）……所有封印都在它之內；它是
> 永遠永遠受到福佑的。這這是永恆的父；這就是難以形容
> 的、不可想像的，無從理解的，無法超越的父……[29]

諾斯替的單子意象，所強調的是個體性無所不包的玄奧。它不允許對經文做太理性的詮釋，但的確強力地傳遞了這種感覺：個體是深邃玄奧的承載者。今天非常需要這樣的形象，因為在我們的當代文化中，幾乎沒有什麼可以證明和證實個人的存在。

同樣的意象柏拉圖也曾討論過。在《巴門尼德篇》（*Parumenides*）[30]，他用很長的篇幅講了「一」的本質。這段對話對理性而言是很難理解；唯一可以達成的結論是：「一」是一系列的矛盾。以下下是其中的一些結論：

> ……一既不是靜止，也不是運動。（139b）
>
> ……一……必然既靜且運。（146b）

---

29 原註：同上，p.549f。

30 原註：康福德（F. M. Cornford）譯，《對話集》（*Plato: The Collected Dialogues*），Edited by Hamilton and Cairns, Bollingen Series LXXI, Princeton University Press.。

譯註：《巴門尼德篇》（Parumenides）被認為是柏拉圖最晦澀的對話之一。對話內容為當時兩大哲學家巴門尼德（愛利亞的巴門尼德 Parmenides of Elea, BC515-445），前五世紀古希臘哲學家，是「前蘇格拉底」哲學家最重要的其中一位，埃利亞學派的一員，主要著作是用韻文寫成的《論自然》）與埃利亞的芝諾（Zénon, BC490-430，他極有可能與巴門尼德保持著亦師亦友的關係）兩人的會面，以及年輕的蘇格拉底。會面的內容是埃利亞的芝諾主張他的一元論，而與當時主張多元論的學者相互爭論。其他這些學者認為一元論當中充斥著荒謬與矛盾。

> ……一和時間毫無無關，也不佔任何時間（141b）
>
> ……如果一在，將是存在於時間之內。（152a）
>
> ……一是接觸，也是不接觸，同時是它自己和他者。（149d）
>
> ……一比現在更老也更年輕，未來也將更老也更年輕。（152e）
>
> ……一……既不比現在更老也更年輕，未來也不會更老或更年輕。（152e）
>
> ……如果一是存在的，它既是所有一切，也是什麼都不是……（160b）

像這樣矛盾悖論的句子還可以繼續列舉，但這些已經足以說明我們想解釋的問題。即便是哲學家，也很難從這些對話中得到什麼結論。我覺得這些就是十分精巧而哲學的公案（koan），攪亂了理性的機能，因而打開了一條通道，讓我們對個體的狀態可以直接主觀體驗。柏拉圖主要想說明的是：「一」既不能透過邏輯，也不能透過時間、空間或因果關係等這些意識的範疇，來加以理解。這之所以不能透過邏輯來理解，是因為其中存在著矛盾悖論。它既在時間、空間和因果歷程中，又不在時間、空間和因果歷程中。當然，
這樣的結論，對於理性主導的哲學家們是毫無意義的。然而，我們 166
可以將這一切的討論理解為可實證的心理事實，即個體性事實，有關的精準描繪。想想看，如果將個體性的體驗理解為有自我與自性兩個中心的話，這些矛盾悖論就可以塵埃落定各就其位了。自我是化為具體的，是實體存在，身處時間、空間和因果性之中。而自

性，是原型心靈的核心，存在於意識之外的另一個世界，有著它獨特化的經驗模式。自我是主觀認同（subjective identity）的核心；自性是客觀認同（objective identity）的核心。自我生活在塵世中，而自性的名字則是寫在天上。同樣的心理事實，也重現在狄奧斯庫洛伊兄弟（Dioscuri）這篇神話裡[31]；卡斯托（Castor）是宙斯的兒子，是不能永生的；而宙斯的另一個兒子，波路克斯（Pollux）則是永生不死，不受時空限制。

公元前三世紀的新柏拉圖哲學家普羅提諾（Plotinus）用了很多篇幅，來談論單子這個意象。在他所著的《九章集》（*Enneads*）[32]裡，對於「一」，有許多優美而深刻的內容，這些肯定是來自他自己的內在體驗：

> 因為「一」，萬物才得以為萬物……如果沒有「一」，有什麼可以存在呢？如果沒有「一」，萬物都不是。沒有軍隊，沒有唱詠，沒群鳥，除非有了「一」……

---

31 譯註：在希臘和羅馬神話中，卡斯托（Castor）和波路克斯（Pollux）或稱波呂德烏刻斯（Polydeukes）是斯巴達王后麗達所生一對孿生兄弟，常被合稱為狄奧斯庫洛伊兄弟（Dioscuri），哥哥波路克斯的父親是宙斯，擁有永恆的生命，弟弟卡斯托的父親是斯巴達國王廷達柔斯，為凡人。兄弟倆都是優秀的獵人和馴馬師。曾參加過卡呂冬狩獵，隨伊阿宋乘阿爾戈號去尋找金羊毛。曾從特修斯（Theseus）手中救出妹妹海倫。

32 原註：本版《九章集》出自艾默・歐柏林（Elmer O'brien）編，《普羅提諾精要》（*The Essential Plotinus*），New York, Mentor Books, The New American Library, 1964, VI, 9, 1.。

譯註：《九章集》（*Enneads*）是古羅馬時期新柏拉圖學派哲學家普羅提諾的代表作。普羅提諾是新柏拉圖學派最著名的哲學家，更被認為是新柏拉圖主義之父。他在晚期古羅馬哲學中，無可爭議是大師級人物，堪稱整個古代希臘哲學偉大傳統最後的一個輝煌代表。《九章集》相傳大部分內容是普羅提諾在自己創辦的學校中對聽眾提出的問題所作的解答，後來由他的弟子波菲利編纂而成，共六集，每集含九篇，內容主要論述哲學問題，同時也論及倫理學、自然界、物理、靈魂、理智、太一、美學等問題，其核心是關於「太一」和「流溢」的理論。

> 而植物和動物也是一樣；它們每一個都是一個獨立單元……健康是基於身體各部分協調為一體；美，是因為「一」統領了各個部位；靈魂的美德，也因為合一而呈現獨有的一致性。

對於個體性原則的重要性，再也很難找到比以上更好的表達方式了。如果我們從嚴格的心理學意義來理解這段話，它所說的是：當我們從自己統一而獨特的個體性出發去生活和發言時，所有真實的存在都會出現。當然，這說來容易，但要在現實中實現卻極為困難。

《九章集》中還有這樣的一段話：

> 由於是「一」孕育了萬物，它不會是他們其中的任何一個——不是事物，不是質量，不是數量，不是智慧，也不是靈魂。它不在運動中，也不在靜止中，既不在空間中，也不在時間中，它是「自身一致的」，或者進一步說，它是在形式、運動和靜止出現之前的「無形無相」（without-form），這是存有（Being）本身的特性，並且讓存有因而豐富多元。[33]

這段話呈現出了一個觀點，而了解這一點對於心理發展而言 167
是絕對必要的。「由於『一』孕育了萬物，它不會是他們其中的任

33 原註：同上，VI，9，3。

何一個……」這句話的意思是：將我們的個體性，用我們自己任何特定的天賦、功能或面向加以等同，都會是錯誤的。然而，這卻恰恰是我們經常所在做的。如果一個人面對其他比自己更有才智、讀過更多書、去過更多地方、更有名，或是在藝術、音樂、政治或任何領域更富才技與智識時，開始感覺到自卑或是沮喪的話，那麼這正就是在犯這樣的錯誤：將自己某一特定方面或功能等同於他基本的個體性。因為某一方面不如人，就感覺自己的全部都不如人。這種感受會讓人抑鬱性地退縮，或者導致了防禦性及競爭性的努力，就只是為了證明自己不比人差。然而，如果一個人能夠體驗到自己的個體性和個人價值是超越於所有的具體表現之上的，他的安全感就不會因為他人的成就而有所威脅。這種與生俱來的價值感，是所有行為或成就出現以前就已經存在，這是真正體驗過父母之愛，在心靈上留存下來的寶貴積澱。如果缺少這樣的體驗，一個人就必須辛苦地從無意識深處來探尋它內在的類似存在，也就是通常以曼陀羅為象徵的單子。這種體驗傳遞了一種自己擁有超個人存在之基礎的感覺，讓人感覺自己有權利按自己實際的情況來生活。而這種體驗，在神學上的對等物，就是在上帝面前的公義。

普羅提諾也這樣說過：

> 這世界一定有什麼是完全自己自足的。那就是「一」；它孑然獨立，內外無求。於己之外，無論是為了生存還是富有，還是存在的維持，都是一無所求的。[34]

34 原註：同上，VI，9，6。

這段話讓我們想起諾伊曼所描繪過的銜尾蛇。[35]諾伊曼自己的
探討重點是放在嬰幼兒時期的銜尾蛇呈現。然而這個意象在我們心
靈發展的所有階段，都是活躍且持久的。這意象所指出的心靈事 168
實，是一味解毒良劑，可以治癒所有因依賴外界事物或是人而產生
的挫折。能夠明白個體性，就等於意識到自己已擁有所需的一切。
這也意味著一個人所需要的，只是相信心靈上的每個事件和內容都
是有意義。下面這段普羅提諾的話，所表達的就是這個觀點：

> 對於存有的世界，無論相信它是由運氣或是概率決定的，還是相信它是依靠物質的，都遠離了神性和「一」的信念。[36]

和自己的個體性有所關聯，意味著接受內在所遇見的一切，視之為唯一整體的重要、有意義的各種面向。然而，我們總是十分輕易且經常用些懶惰的伎倆，逃避面對自己的某些真實面，於是就說：「我真正的意思不是這樣」、「我竟然忘記了」，或是「這只是無心之過」等等。對於那些已經啟蒙而進入個體性的人，這種表達方式不會再出現。他們知道心靈的事件都不是偶然。在心靈意味深長的世界裡，沒有所謂巧合。

普羅提諾用這段話來加以總結：

---

35 原註：原註：艾瑞旭．諾伊曼（Neumann, Erich），《意識的起源》（*The Origins and History of Consciousness*），Bollingen Series, XLII. Princeton University Press, 1954, p. 5 f。

36 原註：普羅提諾，VI，9，4。

由於「一」沒有任何的差異，它總是存在：如果我們也沒有任何分別心的時候，我們就在它裡面。「一」不會向我們走來，也不會繞著我們；是我們要走向它，在它周圍環繞。事實上，我們總是以它為中心來運動；然而我們並非永遠明白。我們就像是環繞在指揮四周的合唱團，注意力是被允許放到觀眾身上的。然而，合唱團的注意力如果轉向了指揮，他們就會像應該的那樣唱歌，並且會和指揮真正的在一起。我們總是在圍繞在「一」的周圍。如果不是這樣，我們就會散去，不復存在。然而，我們的目光並沒有一直固定在「一」上。當我們注視著它，我們的慾望於是終結，得以休歇。於是，所有的不和諧都過去了，我們在它身邊起舞，在舞蹈中激勵人心。

在這舞蹈中，靈魂仰望著生命的源頭、智慧的出處、存在的由來、善的原因、靈魂的根源。在這套舞蹈中，靈魂看著生命的源頭，智慧的源頭，存在的起源，善的原因，靈魂的根源。

所有這些皆出於「一」，而「一」毫無一絲削減，因為「一」不是物質。如果它是物質，這些發散就會消逝。但它們是永恆存在的，因為它們起源的原則始終不變；在這一切的產生過程中，「一」並沒有分裂自己，「一」是始終完整如初的。所以，它們持久存在著，只要太陽還是兀自照耀，光就永遠存在。[37]

37 原註：同上，VI，9，8n9。

在結束普羅提諾的討論以前，我必須提一下他的一個想像，因 169
為這和本章的主題直接相關。普羅提諾《九章集》的第五卷之七，題目是「眾多獨特的存有是否有種理想的原型？」[38] 換句話說，個體有永恆的形式嗎？或用普羅提諾的說法，個人的認同（identity）是否有先驗基礎呢？普羅提諾的答案是肯定的，他和其他的神祕主義或純沉思的哲學家們一起預先勾勒出榮格對自性的經驗性發現。

如果要完成我們對單子意象的探索，我們要來到現代，去看看萊布尼茲[39] 的《單子論》（Leibnitz's *Monadology*）。他談到了無窗的單子，「單子沒有窗戶，任何事物都不可能通過它進出。」（《單子論》，7）。布拉德雷（F. H. Bradley）[40] 表達了同樣的觀點。他這樣寫著：「和我的思想、我的感受相比，我自己對外界感知的了解也多不了多少。我的經驗往往都侷限於我自己在的圈圈

38 原註：普羅提諾，《九章集》，Translated by St phen MacKenna, London, Faber and Faber Ud., 1962, p. 419.。

39 譯註：萊布尼茲（Gottfried Wilhelm Leibniz, 1646-1716），德國哲學家、數學家，歷史上少見的通才，被譽為十七世紀的亞里士多德，在政治學、法學、倫理學、神學、哲學、歷史學、語言學諸多方向都留下了著作。他在數學史和哲學史上佔有重要地位。在數學上，他獨立發現了微積分，完善了二進制；在哲學上，他和笛卡爾、斯賓諾莎被認為是十七世紀三位最偉大的理性主義哲學家。《單子論》（*La Monadologie*）是萊布尼茨所著，他晚期哲學系統的代表作，全文九十篇簡文組成，討論了「單子」（Monad(s)，來自希臘語的 μονάς，意為單位），一種單質的形上學粒子是萊布尼茨哲學思想的精粹。他這方面相關哲學思想更多在《神義論》（*Theodizee*）中得到闡述。萊布尼茲定義單子（Monade）是一切事物最根本的原素，所謂不可再分，因而單子不具備一般物理粒子在時間、空間上的延展性，是一種抽象存在，形而上粒子。從語義學和萊布尼茲的定義看，單子是可數的，但由於它數量的無限，且充斥整個可感知的時空，沒有任何單子「真空」；時空就是無限的單子相互嵌合、影響所形成的整體感知呈現。

40 譯註：弗朗西斯．赫伯特．布拉德雷（1846-1924）是英國唯心主義哲學家。他最重要的著作是《外觀與現實》（1893）。他雖然是英國人，卻拒絕了以約翰．洛克（John Locke）、大衛．休謨（David Hume）和約翰．史都華．彌爾（John Stuart Mill）為代表的英國哲學功利主義和經驗主義的趨勢。他被視為英國唯心主義運動的主要成員，該運動是受到德國唯心主義者康德、費希特、謝林和黑格爾的強烈影響，儘管布拉德利傾向於淡化他的影響。

裡，一個對外封閉的圈圈；而且，由於它所有的元素都一樣，周圍其他的也就無法理解的……簡單來說，作為看似出現在靈魂之內的存在，每個人的世界對靈魂來說，都是獨特而私密的。」[41]

這個想法傳達了關於作為個人經驗之生活的一個基本真理。我們每個人都生活在自己的個別世界裡，其實是沒辦法知道自己的世界和別人的比起來又是如何。當然我們有語言，但即便是透過語言來理解，我懷疑這會讓我們比自己意識到的還更私密、更個人。同樣的道理也適用於藝術、音樂以及物質的外部世界。我知道我是如何體驗這一切，但我怎麼知道我的體驗是和另外的人一樣呢？譬如，我對某個房間和其中的擺設有一定的印象，但我怎麼知道每個人心裡的印象都是一樣的呢？當然，我們可以透過語言對房間和其中物件的描述而稍有了解，但這些語言對每個人而言也有自己主觀上的理解。我們是無法透析另一個人的世界並且做比較的。

在意識還沒感知到這個世界之前，這個世界是不存在的。因為如此，如果有任何的意識，每一個意識都會是獨立、完整的，對其他的意識十分奧祕地加以封閉。這樣講似乎有些極端，
170 但我確信，這是十分清楚的事實，一旦無意識的某些假設或同一（identification）消解了，這一切也就不證自明了。但是，人類有關團結、憐憫、理解和愛的那些不可否認的體驗呢？心理治療歷程本身所需的、分析師和被分析者間的相互影響呢？如果我們的確是「無窗」的封閉狀態，這些事又是如何發生的呢？首先，我們要排除所有那些事實上僅止於表面的關係，也就是投射或無意識的認

---

41 原註：布拉德雷（Bradley, F. H.），《外觀與真實》（*Appearance and Reality*），London, Oxford University Press, 1966. p. 306.。

同。因為在這樣的情形下，對他人的了解與關係往往是幻象。我們只有摒棄了這些經常是以愛或關係為名的投射之後，剩下來的唯一體驗才是可以與他人分享，並且能讓我們擁有客觀的愛與理解。這唯一的經驗就是無窗單子的體驗，那是在封閉世界中獨居的人所體驗到的。在這點上，我們所有人都一樣。既然這是人類存在最基礎、最根本的特點，我們能與其他人彼此共享的，也是最重要的事物，而這也就是所有我們內心所共有的愛與理解等最基本的滿足。因此，「無窗」只在於面對我們個人生活、個人判斷，和個人感知的這一切細節和特點。但是，只要我們和作為整體的和最本質的個體性是有所關連的，我們就可以和他人產生客觀而富同情心的關係。準確地說，我們可以說自我是「無窗」的，但自性是往其他存有世界敞開的窗。

還有一個意象和我們這個主題相關的，儘管它和單子關係密切，但也有自己獨有的特點。我說的是單親生殖（無性生殖，Monogenes）的。單子是非受孕而生的（unbegotten），無性生殖則是唯一受孕而生的（only-begotten）。和這一意象最相似的是《信經》[42] 中的基督，他是獨生的。這個術語在柏拉圖的《蒂邁歐篇》（Timaeus）裡[43]，在描寫天體演化時也用過。他這樣寫道：

---

42 譯註：《信經》（*Creed, Articles of Faith*，「信條」，即拉丁語 credo，「我信」），這是基督教的權威性基本信仰綱要。源頭可以追溯至教會初期的信仰準則（regula fidei），當時教會對外面臨逼迫，內面則面臨異端的攪擾，特別是諾斯替派。於是當時的辯道士透過「教條神學」（theologia dogmatica）發展出信仰摘要，藉之說明信仰原委並澄清信仰內容。

43 原註：康福德（F. M. Cornford）評譯，《柏拉圖宇宙論》（*Plato's Cosmology*），〈柏拉圖蒂邁歐篇〉（The Timaeus of Plato），Indianapolis, New York: Library of Liberal Arts, Bobbs Merrill。

那麼，為了讓這個世界可以孑然絕立，如同完美的獸（Animal），創物者並沒有造出兩個世界或無限個的世界，而是僅有一個，並且從來就是僅有的受孕而生的……（《蒂邁歐篇》，31）

171 根據瓦倫廷派（Valentinian）[44]有關宇宙的推測，先出現的是深（Deep），所有被稱作拜多斯（Bythos）[45]的父；再從它散發出也稱是單親生殖的諾斯（Nous）[46]，他「據說與散發出他的那個是『平等且一致的』………。[47]

這樣，同一個基本意象就有了三個版本：基督教版、柏拉圖哲學版和諾斯替版。每一個版本都是從原初非受孕而生的「一」所創造、獨生或是散發出來的。如果我們把這些意象理解成心理的投

---

44 譯註：瓦倫廷主義是諾斯替派基督教運動主要的其中之一。這是由瓦倫廷（Valentinus）於公元二世紀創立，其影響廣泛傳播，不僅在羅馬境內，而且從西北非洲到埃及，再到東部的小亞細亞和敘利亞。瓦倫廷派主張善惡二元論。認為物質的東西是壞的，是來自惡源；靈性的東西才是好的，來自善源。人的肉身來自惡源，人的靈魂來自善源，故靈魂脫離肉體才能解脫和得救。靈性世界有佩雷洛瑪（Pleroma，字面意思是豐滿），其中心是原始的父親或拜多斯（Bythos，所有事物的開始），經過多年的沉默和沈思，投射出三十個伊雍（Aeons），代表十五個 syzygies 或性互補的天堂原型。而基督亦為這十五對伊雍之一，與肉體的耶穌聯成一體，以便將真知「諾斯」（gnosis）傳給人，使之得救。但這只能由「屬靈性」的人（即瓦倫廷的門徒）領受。猶太教徒和其他基督徒，透過信仰和善功，也可達到中等的得救程度，但不能得到「諾斯」。其餘世人是「肉體」的，都會與物質世界一起滅亡。

45 譯註：拜多斯（Bythos），「靈知」的另外一個名稱，意為深，被認為是一個遙遠、至高、且不為人知的獨一個體神格觀念，是「神」在現世的具現。

46 譯註：諾斯（nous，舊譯為「努斯」），被認為是宇宙及生命世界的變化及動力之源。「諾斯」在希臘文中本義為心靈，轉譯為理性。諾斯的理念後來演變為柏拉圖的「意諦」（idea，理念原型論）學說。

47 原註：法蘭西斯．萊格（Legge, Francis），《基督教的先驅與對手》（*Forerunners and Rivals of Christianity*），New Hyde Park, N. Y., University Books, 1964。

射，那麼從非受孕而生的唯一單親生殖的，指的必然是湧現自本初、先驗存在之自性的這個實證式自我。自我是唯一獨生的；只有一個，除非是病態的多重人格，沒有任何的兄弟姊妹。如此，作為個體與作為獨子的體驗也就有關了，這個體驗主要有個兩方面；一個是積極的，一個是消極的。積極的方面是受寵的體驗，沒人和他競爭，沒人和他爭奪更多的注意力、爭奪利益，以及爭愛。而積極的方面是，作為唯一的孩子就意味著孤獨。

同樣的思考也適用於個體性的體驗。成為個體意味著獨特的、受寵的，也意味著孤獨的。阿爾弗雷德·阿德勒（Alfred Adler）是第一個關注獨生子女心理問題的人，他特別強調了獨生子女想成為事物的中心，成為獨特的那一位。這是我們先前討論過的自我中心主義（ego-centrism）或者說無意識的自我為中心（self-centeredness）。獨生子特別容易向獨親生子（Monogenes）認同，因為他早期的生活經歷使得這意象得以具體化；在現實中，他是唯一的獨生子女。如果他要發展，就必須經歷痛苦的體驗，在與外界的互動中了解到他相較於外界世界並沒有任何特殊之處。然而，從內部心理的視角來看，這種特殊的體驗與意象仍然有效，因為這表達了個體性自身的本質。

獨生子的另一面是孤獨，這在個體性得以意識化的歷程上，是
關鍵的階段。寂寞孤獨是要體驗到單獨狀態之積極面的前提。單獨
狀態可以說是個體存在的事實，而寂寞孤獨的體驗（自我還不願意
或不能接受它時）是這一事實在意識忽然湧現而開始的。寂寞孤獨 172
希望通過注意力轉移或重聚一起來忘記個體性這一不悅的事實。成
為個體，意味著成為特別受寵的那個人，也意味著成為寂寞孤獨的

人。如果能直面寂寞孤獨，而不是假裝忘記，就有可能十分創造性地接受人原本就寂寞孤獨這一事實。

隱士、和尚、獨居者都被用來代表個體性的那種獨處狀態。在新近發現的諾斯替教福音《多馬福音》[48]裡，耶穌對「獨自的個體」或者說「獨居者」有過幾段重要的表述。希臘文裡，僧侶（monachoi）也可以譯為「一體的個體」（unified ones）：

> 54. 獨善其身及被選上的人有福了，你必能找到天國，那是因為你本自那裡而來，亦將重返那裡。[49]
>
> 65. ……耶穌說：「當（一個人）發現自己獨自一人，他將充滿光；但當他發現自己分裂，他就會充滿黑暗。」[50]
>
> 79. 耶穌說：「許多人站在門外，但獨自一人者將可以進入婚房。」[51]

3. 一體與多元

如果說一體（unity）、單體（singleness）和不可分（indivisibility）

---

48 譯註：《多馬福音》認為神的國存在於今天的地上，只要人們掙開眼睛就能看見。我們所有人體內都有「聖光」，它讓我們在物質環境下看到「聖光」。創世紀初期神的形象（《創世紀》第一章）仍然存在。我們可以猜測那個形象仍舊有別於《創世紀》第二章中墮落了的人（亞當）的形象。它認為人類現在可以恢復到神的形象，可以在地上看到神的國。

49 原註：珍・杜瑞斯（Doresse,Jean），《埃及諾斯替密典》（*The Secret Book of Egyptian Gnostics*），New York,Viking, Press,1960, p. 363。

50 原註：同上，p. 365。

51 原註：同上，p. 366。

是個體性的特點，那麼多元（multiplicity）與分散（dispersal）就是它的對立面。這種對立，在一與多這個哲學的傳統問題上也可以看到。我們已經討論過納西瑟斯這神話，可以了解為如何打破原來無意識的一體狀態，讓它承受肢解和分散的整個過程。這也許可以稱之為發展中意識的分析階段。然而在這樣心靈片段化的狀態下，一體化或結合的階段也就開始了。在諾斯替教文獻中，有許多這樣的例子，就是將分散四處的碎片加以聚集起來的意象。[52] 譬如在《夏娃福音》（*the Gospel of Eve*）[53] 中，伊皮法紐斯（Epiphanius）[54] 所引用的這一段：

> 我站在巍峨的山頂上，看到有個強壯的人，另外還有 173
> 個侏儒，這時我聽見雷聲，我於是走近去聽，他對我這麼說著：「我就是你，你就是我；你在哪裡，我就在哪裡，我是四處植種的（或分散的）；只要你想要從哪裡來，你就可以在哪裡和我聚集，在哪裡聚集我就是聚集你自己。」[55]

這位強壯的人和侏儒，指的是「比大的更大，比小的更小」這

52 原註：了解諾斯替主義的議題，可參見約納斯的《諾斯替宗教》，1958, p. 58f。

53 譯註：《夏娃福音》是新約偽經中幾乎完全丟失的文本，可能與同樣丟失的《完美福音》（*Gospel of Perfection*）相同。留下來唯一已知的內容是伊皮法紐在《帕納里翁》中引用而得以殘存下來的僅存部分。

54 譯註：薩拉米斯的伊皮法紐斯（Epiphanius of Salamis）在四世紀末擔任塞浦路斯薩拉米斯的主教。他同時是著名的諾斯替主義者，最後一位對諾斯替派的思想進行廣泛論述的哲學家和宗教學家。他被東正教和天主教都認為是聖人和教父。他贏得了作為正統的堅定捍衛者的名聲，最出名的是撰寫了《帕納里翁》，這是一本關於他自己時代的異端邪說的非常大的綱要，其中充滿了引文，而這些引文往往是被壓製文本中唯一倖存的片段。

55 原註：米德，《被遺忘的信仰片段》，p.439。

個議題，描繪的是成為個體所體驗到的矛盾悖論本質。從統計上來說，個體在集體中什麼都不是；但從內在的角度來看，個體就是一切。這個既高大又矮小的有力者就是赤子（Anthropos），是最初的單子，它在化身為自我的過程中經歷了分散。要適應現實中這個多元的世界，就是需要關注，特別是要對原初一體狀態的分裂積極參與。我們的文獻是這樣建議的：現在必須要將這些分散的碎片聚集在一起。

伊皮法紐斯還引過《腓力福音》[56]中的一段，靈魂在升達天國世界時為自己辯解說：

> 我認出了自己，從四方尋回的自己集合了起來。我沒有將孩子四散留給統治者（世界之主），而是將他連根拔起；我聚合了我散落四處的肢體，我知道你是誰，知道你的樣子。[57]

同樣這個意象的神學版本，可以在奧古斯丁那裡看見：

> 我們因不義、不虔而悖逆，遠離了惟一至高真神，墮入了雜多，被雜多分裂，依戀於雜多。因此，如下的事是

56 譯註：《腓力福音》（*the Gospel of Philip*）是一部非正典的諾斯替福音，其歷史可追溯至公元三世紀左右，但在中世紀時期一度失傳，直到 1945 年意外地重新發現，與埃及拿戈瑪第（Nag Hammadi）附近的其他文本一起埋葬。該文本與正典福音書沒有密切關係，也不被基督教會接受為正典。雖然它可能與《多馬福音》中表達的信仰有一定的關係，但學者們對於是否應該將其作為一個單獨的話語閱讀，還是作為其他不相關的瓦倫廷諺語的集合來閱讀，還是存在著分歧。

57 原註：同上，p.439f。

> 適宜的……雜多之物自己應一齊宣佈那位要來的唯一一位（基督）……與唯威一的義者合為一，得以稱義。[58]

同樣的，俄利根（Origen）在同樣的看法裡，有了十分心理學視角的表述：

> 曾經有一個人。我們當時仍是罪人，無法得到讚
> 譽的頭銜，因為我們當中的每一個都不是「一」，而是
> 「多」……我們明白他自己雖然認定自己是一，但實則非 174
> 一，因為他似乎就像他有情緒一樣也有有許多的人格……[59]

作為心理狀態的分散或多元，可以從內在視角來看，也可以從外在。從內在來看，這是一種內在分裂的狀態，包含了彼此聯繫但獨立發揮作用的許多情結，所以受到自我觸動的時候，會引發情緒與態度的變化，讓個體意識到他不是一，而是多。從外在角度來看，多元的呈現是透過個體心靈每個部分的外化和投射到外在世界來加以呈現的。在這樣的情況下，一個人就會發現自己的朋友和敵人，自己的希望和恐懼，自己支持的來源和失敗的威脅，而這一切都具體化為外部的人、事、物。在這樣的分散狀態下，無法體驗到本質的個體性。個體是陷困於「大千眾界」之中。[60]

---

58 原註：《論三位一體》（*The Trinity*），IV, 11, as quoted by H. Jones, op. cit., p. 62。
譯註：本段奧古斯丁《論三位一體》，主要參考周偉馳譯本，上海，上海人民出版社，2005年。

59 原註：引自榮格，《神祕結合》。*C.W.*, Vol. 14, § 6, n. 26.

60 原註：奧古斯丁說：「……每一個被凡人事物的友誼所束縛的靈魂都是可憐的——當它失去它

內與外只是觀察同一事實的兩種方式。無論我們用哪一種，都需要收集的過程。在個人的分析中，這個過程佔據了大部分的時間。無論是處理夢中的某個意象，還是對承載著情感的投射進行工作，來訪者必須要能夠一次又一次地去談，並且了解到「我就是那樣的一個人」。這個自我訊息收集的歷程，或更準確地說，自我訊息再次收集的過程，包括接納自我發展中所有遺失的存在，所有的這些面向都是自己的。在這個歷程裡，人們漸漸地開始意識到，表面的這個多元，其實背後存在著某種一體，而正是這個先驗存在的一體，首先激勵了整個自我訊息收集的艱苦工作。

一個出現在現代的夢，可以說明我們正在討論的這個主題。事實上，這一整章都可看作是對這個夢的含義的評註。夢非常簡短：做夢者看到了一個單細胞生物體，一小團像阿米巴變形蟲而規律跳動的原生質（protoplasm）。在細胞核一般所在的中心位置有一個洞。透過了這個洞，他看到另一個世界，一片向遙遠地平線延伸的風景。

175 以下是做夢者對夢的一些聯想：單細胞生物體讓做夢者想到，生命是由細胞這樣離散而個體的單元所承載的。這裡明確指涉了單子的象徵。原生質是生命的基礎物質，是生物學上所有生存驅力的源頭。我們也可以認為它是各種貪淫與慾望的容身之所。規律性的跳動讓人想到潮汐的起伏、心臟的收縮起搏以及日夜的流轉交替。細胞中間的洞，讓作夢者想到了《愛麗絲夢遊仙境》中的兔子洞，這是通往另一個世界的大門。細胞中間也是空的，這讓夢者想到自

們時，它就會被撕成碎片，然後才意識到它在失去它們之前所經歷的痛苦。」出自《懺悔錄》，Book IV，Chap. VI.。

己讀過的榮格說過的一段話，大意是指傳統宗教曼陀羅的中心位置有著神的意象，但現代的個體他們曼陀羅的中心通常都是空的。這個洞總體來說就是一扇窗，可以進入另一個世界。

因此，這個夢以細胞這種生物學形式，為我們描繪了單子。這細胞是由規律跳動的原生質構成的，象徵著心靈要活下去的基本的渴求、慾望和衝動。這團戰慄的慾望中心，是通往另一個世界的、也就是原型心靈的窗口或是入口的。這含義是，一個人如果要管窺另一個世界，就是要穿透原生質衝動的中心，當然絕不是拒絕原生質。換句話說，在我們對權力、慾求和自我膨脹這些個人而自私的追求中，可以找到作為超個人事實的個體性經驗。

這個夢和榮格講過的一個夢是類似的：

> 做夢者夢見了自己和三個年輕人，結伴在利物浦旅行。當時是晚上，天下著雨。空氣中瀰漫著煙霧。他們從港口朝向「上面的城市」往上爬行。夢者說：「這實在黑暗得太可怕、太不舒服了，我們無法理解怎麼會有人可以在這兒待得住。我們一起聊了這個話題，這時一個同伴出乎意料地說，他一個朋友就定居在這裡，這讓每個人都大吃了一驚。在談話的過程，我們來到了城市中心像是公園的地方。公園是方型的，中間有片湖或是大水塘……在湖上面有單獨一棵樹，一棵開著紅花的木蘭樹，奇蹟般地佇立在永遠存在的陽光之中。我注意到我的同伴並沒有看到這個奇蹟，然而我因此理解了為什麼那個男人要住在這裡。[61]

61 原註：榮格，《原型與集體無意識》，C.W., Vol. 9i, § 654。

176 這個夢和前面那個夢有幾點相似之處。利物浦讓人不舒服的黑暗相當於原生質。利物浦（Liverpool）這名字當中包括了「肝」（liver）這個字，這是生命的所在地，和原生質有著類似的象徵意義。在利物浦黑暗的中心是個陽光永恆的大水塘，這類似於在原生質的中心可以窺見另一個世界。夢者接下來將永恆的陽光描述會「面向永恆的窗戶」。在這裡我們有了體驗性的證明，單子畢竟不是完全無窗的。利物浦的夢讓榮格畫出了一幅後來公開的曼陀羅[62]（圖 39）。

曼陀羅正如榮格所指出的那樣，是作為個體經驗相當重要的象徵性表達。當作為獨一無二、不可分割、孤獨的單子，所有宏大而可怕的含義開始出現在個體身上的時候，這樣的曼陀羅意象自然而然就會從無意識中湧現出來。在意識層面的曼陀羅象徵相關的理論知識，並沒多大意義。事實上，這可能還會帶來危險，也就是將這些意象故意用來取代真實體驗。正像榮格所說的：

> 我們在這些問題上再怎麼小心都不為過，因為出於模仿的衝動，以及一種絕對病態的渴望，人們希望自己擁有某種古怪的羽毛，讓自己可以披上這種異國情調的羽衣，而太多人因此而被此誤導了，緊緊抓住這種「魔法」的想像，把它們塗在外部，當成藥膏一樣。人們為了逃避面對自己的靈魂會傾其所能，不論這些方法是如何荒誕。[63]

---

62 原註：同上，圖 6。

63 原註：榮格，《心理學與煉金術》，C.W., Vol. 12, § 126。

177

【圖 39】 利物浦曼陀羅，榮格繪

暫且先撇開這些反常的現象不談，一切證據都顯示，曼陀羅所象徵的經驗是人類存在最核心，也最基礎的事實。它就是我試著要談的存有的條件：成為一個個體，包括了所有的後果和含義。這個模模糊糊中所意識到的事實，是我們最大的渴求，也是我們最大的恐懼。我們愛它，我們也恨它。它極致的要求，有時會忽然之間讓我們陷入分離和肢解的痛苦，有時又會帶來最深刻的意義和安全感。但經過了所有這一切的起伏變化，它依然是我們存在的最終事實。

最一開始我就說過，外部觀察表明了生命並不是一個連續譜，

178 （圖 39）而是由離散的單元所構成的。然而，在討論單子無窗的本質時，我們發現，單子事實上有窗口；在個體性的經驗核心，是意識到所有其他個體都和我們有著共同的經驗：我們生活在一個獨立、封閉的世界裡，而正是這一覺察讓我們和所有其他生命個體有意義地關聯在一起。最後的結果是，我們真真切切地體驗到自己是連續譜的一部分。如果從內在足夠深入的觀察時，會和外部所觀察到的內容是互相矛盾的。這讓我想起物理學中有關光本質的問題。光究竟是由粒子，還是由波，所組成的呢？也就是說，它是個體單位還是連續譜呢？現有的資料令我們自相矛盾地認為它既是粒子又是波。心靈也是一樣：我們既是獨一無二、不可分割的存在單元，又是生命無所不在的、波浪般連續譜的其中一部分。

三位一體原型和發展辯證

有三種「圓滿」：第一種，部分之前的圓滿；第二種，部分組成的圓滿；第三種，部分與整體織在一起的圓滿。

——普羅克魯斯（Proclus）[1]

《蒂邁歐評論》，83.265

1 譯註：普羅克魯斯（Proclus, 410-485），生於今天土耳其的伊斯坦堡，卒於雅典，希臘數學家，新柏拉圖主義的信徒。在柏拉圖學園存在的最後一個世紀裡，他在該學園任教，後來成為柏拉圖學園的負責人。他對托勒密和歐幾里得的評論在科學史上有著重要意義。

1. 三和四

榮格的重要發現之一就是數字四在心理學上的重要性，他認為四象徵著心靈的圓滿（wholeness）及其四大功能。四位一體的重要性是整個榮格心理學之一圓滿理論的基礎，認為這是心靈的結構和發展目標，即個體化歷程。所以，在夢在神話和民間故事的意象裡，如果出現四位一體的象徵時，要格外注意。然而，我們也還會遇到其他的數字主題。其中，最常見的也許就是三。因為榮格認為四具有主導價值，所以他在多數情況下，傾向於將與三相關的意象，當作是未完成的或是被中斷的四。[2] 這引發了一些反對的聲音，例如，維克多・懷特（Victor White）[3] 就寫過：

180 ……難道遇到三，我們就必須問「四在哪裡」嗎？我們需要在任何時間、任何地點，都要認定三不過就是四減去了一嗎——每個三角形都是個失敗的四邊形？……或者我們可以說，三元象徵本身就是自成原型意象，呈現出與四位

---

2 原註：榮格，《心理學與煉金術》（*Psychology and Alchemy*），C.W., Vol .12, § 31，和《伊雍》（*Aion*），C.W., Vol. 9ii, § 351。

3 譯註：維克多・弗朗西斯・懷特（Victor Francis White, 1902-1960）是一位英國道明會神父，與榮格長期通信並合作。他最初被榮格的心理學深深吸引，然而榮格的英文版《答約伯》發表時，他給予了非常批判的評論。懷特的作品包括《靈魂與心靈》（*Psychology and Alchemy*）和《上帝與無意識》（*God and the Unconscious*）。榮格和懷特進行了一系列通信，榮格對懷特的一些想法印象深刻，他邀請懷特到他在波林根的靜修所，榮格只允許非常親密的朋友到訪該處。雖然懷特非常崇拜榮格，但他也非常批評榮格。例如，他批評榮格的文章〈論自性〉（On the Self），指責榮格過於拘泥於摩尼教的二元論。他對榮格的康德主義也有所批評。同時，榮格也對懷特持批評態度，例如，他將私有財產學說作為理解邪惡問題的手段。榮格和懷特之間的通信於 2007 年編輯發表。

一體不一同的內容呢？[4]

本章要探討的就是這個問題。

榮格對三位一體的象徵，最全面性的討論是在〈三位一體教義的心理學研究〉（A Psychological Approach to the Dogma of the Trinity）這篇論文裡。[5] 這文章一開篇先是回顧了在基督教以前的三位一體意象，進而描述了柏拉圖和畢達哥拉斯學派的數祕術象徵作用（numerological symbolism）[6]。然後榮格再對基督教的聖父、聖子和聖靈三位一體作些心理學的評論後，將三位一體這教義（dogma）[7] 的歷史發展總結為信條（creed）[8] 的一部分。隨後，榮格十分細膩地討論了三位一體在三個方面的心理學意義，並且與四位一體的意象加以比較。他認為四位一體是在三位一體意象上加入

---

4 原註：懷特（V. White），《靈魂與心靈》（*Soul and Psyche*），New.York., Harper and Brothers, 1960, p. 106.。

5 原註：榮格，《心理學與宗教：西方與東方》，C.W., *Vol. 11*，§ 169f.。

6 譯註：數祕術（numerologicy），是指物象化成數字的占卜，如姓名學是用筆畫數。早期數學家對數祕術研究有所參與，例如畢達哥拉斯認為數學可以解釋世上一切事物。他認為一切真理可以用比率、平方及直角三角形去反映、證實。但現代的數學已不再將其視為數學的一部分，而視作數祕學。數祕術與數學這種在歷史演進上的關係變化，類似於占星學之於天文學，或是煉金術之於化學。

7 譯註：教條（dogma），又譯為教義、定理、信條、信理、教理、定論，是被認為絕對正確、不可爭辯的一個或多個原則或信仰，常常由某個權威所制定。將某個哲學家或哲學派別的意見，接受成為個人信仰，可以被稱為教條；將宗教、政治團體或政治領袖的主張，或是政府的命令或法院判決作為信仰來接受，也可以稱為教條。而認為教條完全不能改變，必須完全依照其字面來理解及執行的想法，常被稱為教條主義（dogmatism）。

8 譯註：《信經》（*Creed, Articles of Faith*），是基督教的權威性基本信仰綱要，也稱「信條」。源頭可以追溯至教會初期的信仰準則（regula fidei），當時教會對外面臨逼迫，對內面對異端的攪擾，特別是諾斯底派，於是當時的辯道士透過「教條神學」（theologia dogmatica）發展出信仰摘要，以說明信仰原委並澄清內容。《信經》就是在這種情況下發展出來的。簡單來說是教條式的信仰摘要。

了之前被拒絕的第四種元素，也就是物質（matter）、邪惡和黑暗面，這讓三位一體更完整。

榮格在沒有進一步說明的情況下，似乎想將兩種不同的詮釋交織在一起，讓兩種解讀互為彼此的變體。一方面，他解釋說，三位一體是神不完全的再現，這對某一時期的心理發展可能是必要的，但對個體化的需要來說卻不適當，因為它沒有納入第四項，也就是物質法則或是神的邪惡面。這樣的解釋，可以透過下面的引述來加以說明。榮格是先討論了邪惡力量這一事實，然後他寫道：

> 在一神教裡，和上帝相悖的一切都只可以回溯到上帝自身。這個觀點至少可以說是讓人不快，因此被避而不提。這就是魔鬼這個極具影響力的人物，為何無法安放到三位一體宇宙的深層原因……這點可以直接回溯到諾斯替教，其某些觀點認為，像撒旦這樣的魔鬼是上帝的長子，而基督是次子。如果按邏輯進再一步推演的話，將會廢止了三位一體的模式，而由四位一體所取代。[9]

181 然而，在這論文的其他部分，榮格所說的三位一體象徵，是指發展歷程充分而完整的三個階段，若是如此就不需要再加上第四個。舉例來說，他對聖父、聖子和聖靈這三個階段如下的描述。關於聖父的世界，他說：

9 原註：同上，§ 249。

聖父的世界代表了一個時代，它的特徵是與整個自然合為圓滿一體的……[10]

……一個遠離評判和道德矛盾的時代[11]……

這是人類的童年狀態。[12]

至於聖子的世界：

這是個渴望救贖的世界，渴望與聖父合一而完美一體的世界。渴望著重新回望聖父的那個世界，但已經永遠失落了，因為在這同時，人意識的增長是不可逆轉的，只能更加獨立。[13]

聖子階段是典型的衝突狀態……脫離了律法的約束卻帶來對立的激化。[14]

而關於聖靈時代：

進入第三個階段（聖靈），就算不是實際上服從於無意識的，至少也像是對無意識的再次確認……就如同從第一階段向第二階段的過渡階段，是需要捨棄掉孩子氣的依賴性；

10 原註：同上，§ 201。

11 原註：同上，§ 199。

12 原註：同上，§ 201。

13 原註：同上，§ 203。

14 原註：同上，§ 272。

> 朝向第三階段的過渡階段，也是只能放棄排他的獨立性。[15] 第三階段意味著一個人的自我意識（ego-consciousness）將連接起超然的整體，我們不再能說它（自我）是「我」，最好將它想像成更為全面的存在。[16]

在這幾段的引文裡，描述了聖父、聖子和聖靈這三個發展階段，但其中並沒有暗示三位一體是不完整的象徵，需要再加入第
182 四個元素。而且，三位一體似乎足以完整地代表時間軸上的發展進程。在討論這個發展進程時，榮格說：「這個節奏是按三步驟建立起來，但最終的象徵是四位一體。」[17] 這句話清楚地表明，三重的節奏和四重的目標是各自分開的的象徵實體，任一個都不能用另一個來詮釋。然而，後來當說到三位一體不能完整代表神性時，這一點就被忽略了。

代表發展進程的三重奏，值得更多關注。讓我們想想，這個三元象徵本身就是獨立而有效的實體。這樣的話，三位一體或說三重結構的原型，和四位一體或四分結構的原型，所指的是心靈的兩個不同側面，各有各的功用，在自己的領域內都是適切而完整的。四位一體這意象是在結構、穩定或永恆等感覺上所表達出來的心靈完整性；而三位一體這意象是在動力、發展和時間等面向上所表達出來的心理體驗的完整性。

四位一體，曼陀羅的這個意象，是在心靈混亂的狀態時湧現

15 原註：同上，§ 273。

16 原註：同上，§ 276。

17 原註：同上，§ 258。

的，因此傳遞出穩定而放鬆的感覺。心靈的四重性這一意象，指引人們如何趨向穩定，得以窺見平靜的永恆感。藏傳佛教的曼陀羅就是用於完成這樣的目的。它們是冥想的工具，傳遞給意識一種和平和寧靜的感覺，就好像一個人安全地扎根於永恆的結構中，任何變化產生的危險所帶來的驚擾都無法影響。有時候，心理治療中的個案在自己心靈的完整性受到威脅時，會為自己找到這樣的方法，也就是對著自己的曼陀羅畫來進行冥想。

另一方面，三位一體的象徵意味著隨時間而出現的成長、發展和運動。它們周遭環繞的是各種動態的關聯，而非靜態的。因此，貝恩斯（Baynes）[18]寫道：「三位一體的原型代表的是動態或活力的那面。」[19]然後又說：「數字三尤其和創造的過程相關……本質上，自然界每一種能量的功能，確實都是以成偶對立體的形式來出現，再由第三種因素，加以合為一體，成為因它們而出現的產品。這樣，三角就由一對對立體，再加上其上或其下的第三因素來共同構成。」[20]榮格在描述心理發展中聖父、聖子和聖靈三階段 183
時，給了三位一體一個活態和發展的詮釋。所有時間維度上的事件就全歸入了三元模式。每個事件都有開始、中間以及結束。我們的意識認為時間分為過去、現在和未來。然而在一千年前，約阿希姆

18 譯註：赫爾頓・戈德溫・貝恩斯（Helton Godwin Baynes, 1882-1943），英國醫生、軍官、分析心理學家和作家，他是榮格的朋友和早期英語翻譯。他第一次世界大戰期間，對榮格的心理學產生了興趣，開始拜訪榮格，並且成為戰後成立英國的分析心理學俱樂部的成員之一。該俱樂部以榮格在蘇黎世召集的俱樂部為藍本而組織。

19 原註：貝恩斯（H. G. Baynes），《靈魂的神話》（*Mythology of the Soul*），London, Ryder and Company , 1969, § 565.。

20 原註：同上，§ 405。

（Joachim of Floris）[21] 也用時間維度上的階段來詮釋了三位一體。按他的觀點，在基督前是聖父的世代。基督後的第一個千年是聖子的世代，之後的第二個千年將是聖靈的時代。

在處理時間上或發展中的事件時，內在深處似乎有著原型的傾向，以三元的模式來安排組織這些事件。當佛洛伊德用口腔期、肛門期和性蕾期三階段來描述心理發展時，用的也是同一模式。埃斯特・哈汀（Esther Harding）[22] 也一樣，當她用自身（autos），自我和自性 [23] 來描述心理發展的三階段時，所用的就是同樣的三元模式。另一個三分發展進程的例子是懷海德 [24]，他在論文〈教育的

---

21 譯註：菲奧雷的約阿希姆（Joachim of Fiore, 1135-1202），是義大利 基督教神學家、天主教神父和聖喬瓦尼修道院的創始人。根據神學家麥克金（Bernard McGinn）的說法：「約阿希姆是整個中世紀時期最重要的世界末日思想家。」他是第一個具有黑格爾印記的思想家，拋棄了奧古斯丁的二元論世界形式，而以其本質上哥特式（Gothic）的智識，在《舊約》和《新約》的宗教之外，加用另一個名稱，以闡述了他那個時代的一種新基督教思想，並把它們分別名之為聖父的世代、聖子的世代和聖靈的世代。約阿希姆很看重數字三。按照約阿希姆的解釋，《舊約》和《新約》中的歷史各自包含三個世系，每個世系含二十一個世代（共六十三個世代）。《舊約》中的第一世系始於亞當，終於以撒（含二十一世代），隨後兩個世系始於雅各，直到耶穌基督臨世，含四十二個世代。《舊約》中的每個世代持續的年代長短不一，《新約》中的每個世代持續年代都是三十六年（與基督在世的年份相符）。（參見劉小楓〈約阿希姆的「屬靈理智」與「歷史終結」論〉〔海南大學學報，016(1)〕）

22 譯註：瑪麗・埃斯特・哈丁（Mary Esther Harding, 1888-1971）是英裔美國榮格分析家，是美國第一位重要的榮格精神分析家。1922 年移居瑞士，一群學生一起在榮格蘇黎世庫斯納赫特（Küsnacht）家中學習。她分別於 1933 年和 1935 年出版《女人之道》和《女人之謎》，從女性主義視角出發的心理學領域的開創性著作，以榮格學派的角度探討了工作、婚姻、母性、老年和女性關係等話題。榮格本人稱讚兩者都是對榮格理論的準確應用。在他對《女人之道》的介紹中，他寫道：「哈丁博士憑藉她豐富的心理治療經驗，勾勒出一幅女性心理的圖畫，其範圍和徹底性遠遠超過了該領域以前的作品。」

23 原註：埃斯特・哈丁，《心靈能量：其起源與轉化》（*Psyhic Energy: Its Source and Its Transformation*），Bollingen Series, Priceton University Press, 1963, p. 22f.。

24 譯註：阿弗烈・諾夫・懷海德（Alfred North Whitehead，1861-1947），英國數學家、哲學家和教育理論家，他與伯特蘭・羅素（Bertrand Russell）合著的《數學原理》標誌著人類邏輯思維的巨大進步，是永久性的偉大學術著作之一，他創立了二十世紀最龐大的形而上學體系，也是「歷程

節奏〉（The Rhythm of Education）中[25]，提出了自然學習過程中三個階段的區分。他將這些不同時期稱之為浪漫階段（romance）、準確階段（precision）和概括階段（generalization）。第一個是浪漫階段，特點是首次發現的情緒激盪。這時是全情的投入，以致於沒法冷靜而遵循有系統的學習。這更像是想要索求這玩意兒的孩子或大人，因為瞥見了剛敞開的新世界而意醉神迷。第二個是準確階段，將豐富且完整的方法建構成準確模式。這時我們會不斷地積累事實，累積具有批判觀點且有智慧的分析。第三個是概括階段，懷海德稱其為之前兩種方法的綜合。這時我們將回歸到浪漫階段的全然投入，但同時又加入新的要素，包括分門別類的觀念和相關的技巧。

神祕主義者認為靈性發展也是三階段的歷程。英奇（Inge）[26]說：

> （神祕主義者）……喜歡把他的道路看作是從地面通
> 往天堂的梯子，必須一步步攀登。這個靈階的進程一般也分
> 為三個階段。第一階段被稱作淨化生命（purgative life），第 184
> 二是啟蒙生命（illuminative），第三並不是旅程的一部分，
> 而是最終目標，被稱作是合一生命（unitive life），或是完

哲學」的創始人。

25 原註：收於阿懷海德，《教育的目的》（*The Aims of Education*），New York, MacMillan, 1929。

26 譯註：威廉·拉爾夫·英奇（William Ralph Inge, 1860-1954），英國高級教士、基督教的柏拉圖主義者，聖保羅大教堂的教長和作家，他因才思敏銳和悲觀主義而聞名，被稱為「憂傷教長」，著有《基督教神祕主義》（*Christian Mysticism*）、《宗教真理與謬誤》（*Truth and Falsehood in Religion*），以及《信仰》（*Faith*）等，其最重要的著作是《普羅提諾哲學》（*The Philosophy of Plotinus*）。

美沉思（perfect contemplation）的狀態。[27]

榮格描述了畢達哥拉斯學派的數字象徵，這些內容也適合放在這裡。數字一是第一個，也是最原初的數字，嚴格來說，它根本不是一個數字。「一」是合一，是整體，是遠遠在人們意識到數字之前，在有能力區分各自分立、分散的實體之前，就已經存在的。因此，「一」象徵著創造萬物和一切事物離散之前，相當於銜尾蛇的狀態。二是第一個真正的數字，因為隨著它的誕生，事物間才可能有所區分。二象徵著創造的舉動，自我從原初合一的狀態中湧現出來。二意味著對立，是一物從另一物的脫離，因此代表了衝突。然而，三是一和二相加之和，在它的內部將一和二合一了。它是和諧的象徵，消融了二的衝突狀態。榮格曾經談過聖靈在象徵上的重要，可以用在三上，榮格說：「聖靈是對立的統一。」[28]

如果從這角度來探索三位一體，就不再有第四元素的空間了。如果我們認為三位一體反映了動力與發展的歷程，三就是這個歷程的終局。在第三個階段，在更高的水平上恢復了「一」這狀態原初的合一。而新的合一只有新的對立湧現時，才會被打亂；而這一切將再次重覆三位一體的循環。

這些數字的象徵，在黑格爾有關歷史歷程的理解裡，也有類似的內容。根據黑格爾的想法，人類歷史上所有的運動和發生都可以用三元循環的模式來理解。首先是最開始的孕育和創建，被稱為

---

27 原註：英奇，《基督教神祕主義》（*Christian Mysticism*），Methuen & Co., 1899, reissued by Meridian Books, p. 9f.。

28 原註：榮格，C.W., Vol. 11, § 277。

正題（thesis）。接下來對立位漸漸形成，增長，最終後推翻了前者，稱為反題（antithesis）。在最後一個階段，反題的單面向或不充分被辨識出來，並由對立的雙方所產生的結合（synthesis）來取代了。這一模式就是：正題，反題，合題。之後，合題再次成為一個新的正題，循環重覆。這是第一重要的洞見。一旦領悟就會發現這其實超級簡單，是不證自明的真理。在歷史上，這一點無論能否 185
得到證明：在個體心理上，這一點肯定可以實證。這是三位一體這一原型再一次的表現：對於人類生命中有穩定、永恆的一面，也有與之對立的變動、充滿時間性的一面，三位一體對這對立給予了結構與意義。

人類對神性的思考也有著根深蒂固的三元模式。基督教的三位一體只是其中的一個例子。榮格在文章中同時也描繪了巴比倫和埃及的三位一體。除外，還有希臘的三位一體：宙斯、波塞頓和黑帝斯，以及三元母神的各種呈現。命運，主導著人們短暫生命的力量，通常也設想成三個部分所構成的意象。舉例來說，在希臘，有三位命運女神：克洛托（Clotho）紡織著生命之線；拉克西斯（Lachesis）掌控著生命之線的長度；以及阿特洛波斯（Atropos）決定是否加以切斷。條頓族的神話故事也有命運三女神：兀爾德（Urd）、貝露丹蒂（Verdandi）和詩蔻迪（Skuld）。其中，兀爾德是最年長的一位，指的是過去，貝露丹蒂指的是現在，而詩蔻迪指的是未來。再來，赫密士（Hermes）最常被認為是三位一體。在三條道路匯合處，經常為他建起無數的神廟，到後來司空見慣，成為了單詞「trivia」（枝微末節）的起源。這些例證的清冊還可以繼續相當豐富地拓展，這證明了人們有把神和三元本性結合在一起的傾向。我們既然相信心靈是四元結構的，那麼對這一點又該如何理解呢？這些三位一體的意象也許指的是功能或是歷程的神性，而非是結構的神性。換句話說，它是心靈各個階段動力機制所化成的具身。從這個立場出發，三位一體也可以像四位一體一樣表現出整體，但所表現的整體和四體一體是不同的。在一種情況下，這是還在發展中的各種動力的整體；在另一種情況下，則是各種結構性因素的整體。三象徵著過程，而四象徵目標。

傑哈德・阿德勒（Gerhard Adler）[29] 對雌性三位一體和雄性三位一體加以區分。他這麼說：「雌性三位體總是和她們天性發展與成長中的本能事件有關，而雄性的三者則是建基於正題和反題在第三步合題重尋和諧的動態對立。」[30] 這毫無疑問是對的。雌性三位
186 一體似乎是源自於天然的、生物的成長歷程（幾乎可以說是與心靈無關的〔nonpsychic〕），譬如出生、成熟和死亡。而雄性三位一體看起來是和心靈或意識發展特別相關。後者的情況，並不在生物學範疇，而是在靈性或心靈的範疇，像是正題和反題，或是上帝和撒旦。然而，儘管這差異如此明顯，但從普遍意義上來說，雄性和雌性的三位一體都是在時間維度上動力與發展的歷程。

在前面的幾章，我提綱契領地列出了心理發展的概貌，來解

29 譯註：傑哈德・阿德勒（Gerhard Adler），榮格學者，深入參與了分析心理學在英國及國際上專業建立的進程，包括國際分析心理學學會（IAAP）的建立。他在英國與佛登（Michael Fordham）合作甚多，包括一起編輯了英文版的《榮格全集》（*Jung's Collected Works*），並一起成立英國的分析心理學學會（SAP）。由於堅持數理是學派的方向，而日後另外成立英國的榮格分析師學會（the Association of Jungian Analysts）。除了《榮格全集》，他同時也和安妮拉・亞菲（Aniela Jaffe）合編了《榮格書信集》（*C.G. Jung Letters*）。

30 原註 G. 阿德勒（Adler, G.），《生命象徵》（*The Living Symbol*），New York, Pantheon, 1961, § 260. n.。

釋我們在意識發展的各個階段所觀察到的自我與自性的關係。我同樣也運用了三分的模式：自我、自性（或者說非自我）以及將他們聯繫在一起的鏈接（自我－自性軸）。依照這個的假設，意識是通過三位一體的循環而實現的，這將貫穿個體的一生，一次又一次地重覆出現。這一再重覆的三階段是：（1）自我與自性認同合一，（2）自我從自性中異化疏離，以及（3）自我透過自我－自性軸再次與自性連接。再簡單一點，這些時期是：（1）自性時期，（2）自我時期，和（3）自我－自性軸時期。這些三時期，十分精準地像是基督教中的三位一體：聖父時代（自性），聖子時代（自我），和聖靈時代（自我－自性軸）。這是另一個三位一體模式的例證，用來表達隨時間和發展的這一歷程的完整性。

中世紀的想法裡，人們認為人是由體（body）、魂（soul）和靈（spirit）所組成的，這是另一個三位一體來代表整體性的例子。類似的，像是煉金術的觀點，所有的金屬都是由三種基本物質組成的：汞、硫礦、和鹽。帕拉賽爾蘇斯（Paracelsus）[31] 綜合了這兩個概念，他說：

> 現在，為了要讓這三種截然不同的事物，靈、魂和體，得以獲得正確的理解，最重要的，就是明白這三者所指

---

31 譯註：帕拉塞爾蘇斯（Paracelsus，或譯帕拉塞爾斯，1493-1541），中世紀德國文藝復興的瑞士醫生、煉金術士和占星師。父親是名叫威廉．馮．霍恩海姆（Wilhelm von Hohenheim）醫生的兒子。他的名字原是用在著作上的筆名，字面上有「超．凱爾蘇斯」，也就是超越羅馬醫生凱爾蘇斯（Aulus Cornelius Celsus, BC25-BC 50）的意思。他十六歲時，開始在巴塞爾大學學習醫學，後來才搬到維也納。他反對自希臘蓋倫所傳承自亞里斯多德學派的四體液說，將醫學跟煉金術結合而首創化學藥理，奠定醫療化學的基礎。在他的醫學當中，煉金術是相當重要的組成。

> 涉的三大物質：汞、硫磺和鹽，從中可以產生所有七種金屬元素。汞是靈、硫磺是魂，鹽是體。[32]

某個出現在當代的夢，也表達了這個意象。一個人夢見他為了某個企業完成交易，必須聚齊三樣東西。必須有辣椒，辣椒店，
187 以及 R.N.（一位積極有效率的人）必須說出單詞「辣椒」。這個夢象徵的是：只有體、魂和靈全在一起的時候，這事業才會圓滿。辣椒是滾燙的「靈魂材料」；辣椒店是體，為了實現目標的具體脈絡；而說出這詞，是靈自發而有創造性的舉止。

2. 轉化及發展

有關轉化或死亡與重生的議題，這些動態的、發展中的議題，也是和數字三有關。三天是海上夜航象徵的時間長度，例如基督、約拿在海上的時間。基督遭釘吊在兩個受刑的強盜之間。這樣一來，這依然是三重的十字受難。與此類似的是，密特拉出現時，經常是在兩位持火炬者或達多福羅（dadophori，希臘文也是持火炬者）之間，一個火炬朝向上方和而另一個朝向下方。在「道」（the way）這一主題上，兩方辯證的對立會出現第三條的中間路線，這是對三合一象徵的另一種表現。這樣的連結，讓人想起老子的話：「一生二、二生三，三生萬物。」（《道德經》，42）「道」和三元象徵之間的關係，就展現在傑哈德．阿德勒的一個有

---

32 原註：懷特（A. E. Waite）譯，《巴拉賽爾蘇斯的煉金術與奧祕》（*The Hermetic and Alchemical Writing of Paracelsus*）。Reprinted by University Books, New Hyde Park, N.Y., 1967,Vol. 1, p. 125。

趣的案例裡。一位病人，經過了三個月的分析之後，做了這樣一個夢：我聽到一個聲音非常清楚地說「三天！」[33] 做了這個夢三天後，這位病人另一個非常動人的夢，她描述說：

> 我明白地看見了自己的無意識，它並不疏離或陌生，相反地，它和我都是由同樣的物質構成的；所以有了一條路（road），牢不可破的連結出現在我和所有其他生物以及他之間。我可以感覺到這路是如何進入到自己神經質問題的底層：過去的我曾經有種真切的感知，我的無意識和我其他的體驗之間沒有關聯，也不可能有關聯；這個世界因此沒有了意義，在這個世界也就幾乎活不下去的。而現在，這個世界又有意義了。[34]

五天後，她有了另一個視覺意象：

> 三個彼此相交的圓圈（呈現為三個向度），細長的桿子或垂直或水平地穿過了交叉點。[35]

這些和三有關的無意識意象，都出現在八天以內，這證明數字 188
三和路（road）或道（way）這一主題有著明確的關連。根據阿德勒的研究，「三天時間」指的是海上夜航。這隨著後來的發展而得

33 原註：阿德勒（Adler, G），op. cit, p. 140。

34 原註：同上，p.144。

35 原註：同上，p.145。

到了證實。三個圓圈再次強化了三這個數字。有關路那個夢的描述最有趣了。這裡，病人意識到了將她自己（herself）、自我（ego）和非我（non-ego）產生關係的連結。在我的理解裡，這個帶來統一與和解的路，是自我－自性軸的表徵。這樣的發現，是透過了自我、非我和兩者之連結等三項形成的三元歷程而實現的；因此重點又是在數字三。

在童話故事裡，我們也能看到許多的三元象徵。可以產生轉化或達成目標的重要行動，往往都是必須要重覆三次。在許多的童話裡，故事裡可以很清楚地看出，第一次的行動是針對同一組選擇中的其中一方，第二次則是同一組選擇中對立的另一方，而第三次的行動則是將對立的雙方加以統一或綜合。我們來看看以下例子：在《格林童話》裡名叫〈生命之水〉的故事中，一位公主正在等待她將要婚配的男子，這位男子將沿著黃金大道來到她大門。三兄弟都想要得到她。第一位，不想踏壞路面，騎馬從大道右邊前行，結果他被拒絕了，沒被允許進門。第二位也不想踏傷路面，從左邊騎行，但也被拒絕了，也沒被允許進門。第三位，下定決心要得到公主，甚至看都沒看路面的黃金，就徑直沿著路向前走去。他是唯一獲得許可迎娶公主的人。

這些例子呈現了心靈生命的某個面向，整體的狀況是由三來象徵地呈現，而不是四。這一面向是目標實現過程中屬於發展和時間的歷程。雖然目標是四元，但實現的歷程卻是三元的。所以，三和四分別代表了生命兩個不同的獨立面向。四是結構的圓滿和完成：某種穩定而永恆的狀態。而另一方面，三代表了成長和動力之變化的循環的整體性：衝突和解決和再次重新衝突。這樣，按三位一體的規律，正題三和反題四就必須在新的融合裡才能得到解決。

榮格在他的寫作裡一次再一次地回到煉金術的這個問題：「三
於此，但四在哪裡？」三與四之間的搖擺不決，還可以用四的功能 189
和追求圓滿這些理論來解釋。然而，三和四之間的對立也可能有著另一種含義。這可能指出，人在穩定而永恆四位一體的完成狀態和三位一體的動態改變與生命活力狀態這兩者之間，是必須有適度的衝突的。四位一體和曼陀羅象徵，和包括聖域（temenos）及魔法圈（magic circle）在內，往往特別是強調著涵容（containment）的主題。再加上傳統上認為偶數屬女性，奇數則屬男性。這指出，也許四位一體要表現的主要是母親原型或陰性原則（feminine principle），強調著穩定的支持與涵容；至於三位一體則是父親原型或是陽性原則（masculine principle），強調著移動、活動與積極。如果這個觀點是成立的，我們就需要另一個整體性的意象來聯合三和四。

如果三位一體可以擁有和四位一體同等但不一樣重要性，那麼它在經驗心理學資料中湧現的頻率和強度都應該與四位一體類似。而且，情況確實是如此。我翻閱了榮格發表的一系列曼陀羅[36]，驚訝地發現，那些選來證明四位一體的圖片中，經常出現三位一體的意象。在這方面，榮格複製的一幅名為「西藏世界之輪」的曼陀羅特別有意思。據說這圖代表了世界。輪子由死神閻羅王（Yama）掌管，也是三位一體的模式為基礎（圖 7，見第一章）[37]。在轉輪中心，有三種動物，公雞、蛇和豬；轉輪第一圈外圍上有六幅畫，

36 原註：榮格，《原型與集體無意識》，C.W., Vol. 9i.。

37 原註：同上，圖 3。

更外圍有代表十二因緣的橫幅。對於這個曼陀羅，榮格表示：「這顯然是未完成的存在狀態，是以三位體來表現；至於完成（靈性）的狀態，則是由四位體來表現。未完成的存在狀態和完成的狀態，兩者的關係相當於三比四的比例。」[38] 對此，我還要做個補充：完成狀態是穩定、永恆和超越世俗的。它相當於神的形象，不會參與歷史的衝突與波湧變動，也不再發展。

190 當人們開始用三位一體的思維去檢視無意識材料時，就會發現三元的象徵是很普遍的。譬如，有一位進行分析來訪者，多年來一直被涵容在銜尾蛇裡的問題所困擾，他做了這樣一個夢。他夢見一個圓環狀的物體，被人像是切分派餅一樣切成幾塊的三角形。這兩個幾何形狀，圓形和三角形，在夢中似乎很顯著，給夢者留下了深刻印象。這個夢感覺很具衝擊性，也很重要。這些圓形和榮格的曼陀羅觀念有關：圓滿，人們所冀求的。至於三角形，這位病人想到了上帝三位一體的意象。如果我們要徹底理解這個夢，就必須借助於一些概念的泛化，譬如我這文章裡想呈現的這些。在這個夢裡，這個圓形正被切分成許多三角形，隨後，圓形的意象拿來和三角形的意象做對比。我將這個夢理解為，銜尾蛇那種原初的圓滿，也就是我們所說的自我自性認同合一的狀態，被三角所代表的三重動力過程所打破。這個夢將完成的、圓形的狀態，與三重的三角形狀態加以對立起來。我認為這意味著，強調著靜態之完成性的態度，必須得到三位一體的動力原來加以補充。這三重時間性的歷程，打破了原來穩定而永恆的狀態，讓它因此有了時間維度上的事件發展，

---

38 原註：同上，§ 644。

包括反覆以正題、反題與合題這一模式所呈現的衝突和解決。

另外一位個案做了這樣一個夢：她夢見自己是名學生，在一間教室裡。她感覺自己對功課很有信心，因此被要求覆述作業時，她開始背四的乘法表：四乘一，四乘二，等等。老師打斷她說，這不是作業。作業是用四來乘三位數。作夢者的信心不見了，她意識到自己還沒能力做三位數乘法的心算，相當困惑地坐了下來。她對四的聯想是心靈圓滿的四位一體，也就是曼陀羅。至於三位數，她說它把乘法的難度增加了三倍，同時也讓她想起了基督教義的三位一體。這個夢似乎是直接說出了我們正在談的主題。簡單而單一維度的四，並不是指定的任務目標。任務目標是四，四遇到了三元的設置，讓任務變得更複雜也更困難。四，或說是心靈的圓滿，必須要
仰賴隨著時間而變化的三元實現歷程才能具體化。人必須將自己處 191
在發展過程裡，那些痛苦的對立之間。四位一體是經由三位一體來補充才能完成的。

另一個例子是出自於我們先前提過的阿德勒案例研究。這個夢出現在個案開始接受分析工作前的幾年，並認為是由此而開啟了個體化歷程。這產生了強大影響的夢，是這樣的：

> 在一小塊橢圓形的黑色地方，我從被陰影遮蔽處中，看到一根黃白金屬製成的棒桿；棒桿一端是由數字一、二和四組成的圖案（彼此重疊）。[39]

---

39 原註：阿德勒，p.26。

做夢者對組合圖案的聯想是特別重要的。這棒桿讓她想到鑰匙或是魔杖，她對此聯想到羅馬皇帝攜帶的拉布蘭旗（labarum）[40]。她還特別想到了君士坦丁（Constantine）在戰役前夜的夢，他在夢中看到了十字架符號，並聽到一個聲音說「以此徽號，汝可得勝！」（In hoc signo vinces.）關於這個夢，阿德勒寫道：

> 就一、二、四這數字序列而言，代表了曼陀羅象徵的發展，和心靈整體性的發展。數字一代表原初意識出現之前的整體性；數字二將這前意識的整體性一分為二，而變成兩極，形成對立……而進一步的切分，也就是由正題和反題而產生的合題，將會生產出圓形的四個部分，而中心就是標示著曼陀羅（下圖）。這三個數字一、二、四的順序因此代表著自然的生長，這也就是曼陀羅的「公式」。[41]

阿德勒隨後引用了榮格的話：「這個由二元性提出的無法言傳的衝突……在第四原則中得到了解決，當它充分發展時會回到第一原則的統一性。這個節奏是由三個步驟構成的，但這結果的象徵則是四位一體。」[42] 後來，阿德勒覺得有必要解釋他所謂的「對數字三令人驚訝的遺漏」，反而將這個詮釋變得更不好理解了。他將對有男性氣質的三的遺漏，解釋為是對個案對父權社會之認同的補償

40 譯註：拉布蘭旗（Labarum）是指有「凱樂符號」（☧）的軍旗，該符號由基督的希臘語首兩個字母 χ 和 ρ 組成的；是由羅馬皇帝君士坦丁一世首次使用。

41 原註：同上，p.29f。

42 原註：同上。

作用。在我看來，這第二個解釋很可疑；如果這是正確的，那麼第一個解釋也就無效。數字三就已經包含在一、二、四這個數字序列中了，如果把我們將這些看作一整體的話，這是一個三重的序列。
如果把這個序列看成幾何數列而不是算術數列，三的確是遺失了。 192
但如果我對象徵的理解是正確的話，那麼用一、二、三、四取代夢中的一、二、四，就會破壞了它象徵意義的本質，而這意義在我的理解裡，是夢的三元過程將四元目標加以結合。

榮格還提供了我們另一個四位一體和三元意象融合的例子。我指的是在《心理學與煉金術》一書中，談到曼陀羅異象的那個：[43]

> 做夢者看到了一個垂直的圓形和一個水平的圓形，他們的中心是重疊在一起的。這是世界之鐘。一隻黑鳥支撐著這一切。垂直的圓形是有白色邊緣的藍色圓盤，分成了三十二份。指針在它上面旋轉。水平圓形包含有四種顏色。上面有四個有鐘擺的小人，而且周邊還有一圈金環。鐘有三個節奏或震動：
>
> （1）小震：垂直指針每前進三十二分之一時；
>
> （2）中震：垂直指針繞完了完整一圈，水平指針同時前進三十二分之一時；
>
> （3）大震：三十二次的中震，相當於繞金環一圈時。

---

43 原註：榮格，《心理學與煉金術》，C.W., vol. 12, § 307。

這畫面是很美麗的曼陀羅意象，明顯地強調著四位一體，譬如說四種顏色，四個小人。然而，它的震動或者說節奏卻是三次。當《心理學與煉金術》在 1944 年剛剛出版時，榮格強調了這意象四位一體的一面，對於三次節奏他只是說：「我不知道這三次節奏指的是什麼。但是我毫不懷疑它充分的合理性……如果我們這樣假設，曼陀羅傾向將所有可能的對立面最後都徹底地綜合，包括將男性氣質的三位一體和女性氣質的四位一體統一在一起，我相信這樣的假設是不會錯的……」[44]

而 1938 年《心理學與宗教》首次以英文出版時，對於同樣的畫面，榮格在評論中談到了三元節奏：

193 如果我們回聽畢達哥拉斯學派認為靈魂是四邊形／平方（soul is a square）的觀點，這樣曼荼羅就可以通過它的三元節奏來表達神性，而靈魂則是通過它穩定的四位一體，分成四種顏色的這個圓環來表達。由此，它內在最深層的含義上，可以簡單理解成靈魂與上帝的合一。[45]

後來，他還說過：

……四位一體是神聖誕生以及隨後的三位一體內在生命誕生這兩者的前提。這樣，一邊是圓形和四位一體，另

44 原註：同上，§ 310f。

45 原註：榮格，《心理學與宗教》，C.W., Vol. 11, § 125。

一邊是三元節奏，兩者相互滲透，相互涵容。[46]

從這些引文中，可以很清楚地明白，榮格並不認為四位一體就是整體性全然合適的象徵。他認更合適的是為四位一體和三位一體的合一，才更徹底地綜合所需。

如果，碰到三的時候就可以去問四在哪裡，那麼遇到四的時候也同樣可以去問三在哪裡。因為有四位一體的先入為主，人們也許僅僅看到了意象中的四，但事實上其中既有三也有四。譬如，在十二這一主題上，其中的元素中包括了三和四。同樣的，數字七是四和三的總合，結合了這兩項元素。

三位一體的原型似乎是象徵著個體化的歷程，其中四位一體象徵的是它的目的或已經完成的狀態。三則是表示自我時期的數字，而四是表示圓滿、自性的數字。但是，因為個體化從不會真正完全地完成，每個完成或圓滿的狀態都是暫時的，一定會再一次地進入三位一體的辨證對立之中，這樣才能讓生命繼續。

46 原註：同上，§ 125。

第三部

目標的象徵

人是有靈魂的，而且……這田野裡埋藏著珍寶。

——榮格 *

* 原註：出自未公開出版過的寫給尤金·羅爾夫（Eugene Rolfe）的信。
譯註：尤金·羅爾夫（Eugene Rolfe），著有《遇見榮格》（Encounter with Jung）一書，諾伊曼作品的主要譯者。

形而上學與無意識

我們的勞動見證了這些活生生的奧祕。

——榮格[1]

1 原註：榮格在 1957 年 10 月 27 日寫給約翰・特里尼克（John Trinick）的信，發表在約翰・特里尼克《試火石》（*The Fire-Tried Stone*），London, Stuart and Watkins, 1967, p. 11。

1. 經驗的形而上學

個體化的歷程，經常會透過那些具有形而上（metaphysical）本質的象徵意象表現出來。這些意象對經驗取向的心理治療師來說可能會是一個問題，因為他們不相信這些關於生命卻誇大而無法證明的想法，尤其這些想法經常涉及了明顯的膨脹，例如在精神病時所出現的。而且，社會上對這些形而上意象常有的集體誤用，也是令人加以警惕的原因。對心理學家來說，形而上學這個字眼本身，就暗指對現實終極本質的存在有著任意而武斷的信念。這讓人想到經驗的本質，對教條態度是嫌惡的。對科學家來說，形而上教條主義就是以下這一事實的證明：一個人「對自己最確信的往往是最無知的。」榮格也試圖避開這樣的狀態。舉例來說，他這樣寫著：

> 我是從科學的視角來研究心理學的，而不是從哲學視角……我嚴格地要求自己只是進行現象的觀察，儘量避開任何形而上或者哲學的考量。[2]

另外，他也說：

> 198 心理學作為有關靈魂的科學，必須要將自己限定在自己的議題之內，並且小心因為形而上的武斷或是其他信仰上的聲明而越過了界線……對這些意象（原型）的起

2 原註：榮格，《心理學與宗教，西方與東方》，C.W., Vol.11, § 2。

源，有宗教思維的人是可以自由選擇他們喜歡的形而上解釋……但科學家是一絲不苟的工作者；他是不會對天國產生狂熱的。難道科學家會允許自貶而屈身於如此不可思議的誇張，而將自己所在學術分科切割開來？[3]

在這樣的情況下，這些告誡當然十分正確；然而，形而上學本身作為一門學科，和個人選擇怎樣的態度，是可以切割的兩件事。一個人可能會對物理學採取十分武斷、毫無經驗基礎的態度；同樣的，他對形而上學可能也一樣。舉例來說，我們都見證了在歷史上，人們曾經拒絕使用伽利略的望遠鏡[4]，因為人們「就是知道」木星不可能有衛星的。自從人類有歷史記錄以來，形而上學就是一門受人關注且尊敬的學科。就如同人類從最開始就努力適應其他的現實一樣，人類從一開始也是天真、武斷、全然相信神話學觀點的，所以在與形而上現實的關係中，人類也曾是如此。但是，我們並不需要因此就對這一學科加以懷疑。

田立克（Paul Tillich）對於在榮格的發現和形而上學之間的關係，有著敏銳的觀察。他提到「榮格關於他所謂的形而上學的焦慮」，並且進一步表示：

3 原註：榮格，《心理學與煉金術》，C.W., Vol.12, § 6。

4 譯註：伽利萊．伽利略（Galileo Galilei, 1564-1642）對望遠鏡進行改良，放大的倍數是原來的二十倍，因此在 1609 或 1610 年觀測到了後來被稱為伽利略的木星衛星。伽利略的這一觀測，證明了太空中存在著肉眼無法看到的物體，從而證明望遠鏡作為天文學家工具的重要性。當時世人普遍接受的是托勒密世界體系，是一種地心說，所有的一切都圍繞地球運行。然而發現了圍繞地球以外的其他天體，對托勒密體系造成了嚴重打擊。

> 在我看來，這一點似乎和他諸多確確實實的發現是有違合的，這些發現中有很多已經深入到存有論（doctrine of being）的維度，也就是一種本體學的維度。這種對形而上學的恐懼，是他和佛洛伊德以及其他十九世紀心靈征服者們所共有的，這是那一個世紀的遺產……榮格運用了生物學的領域，以及因為必要的意涵也包括了物理學的領域，來說明原型的起源，事實上這態度已經到了「銘印在生物學連續譜上」的本體論維度。既然他認為原型的表現是透過象徵，並且認為象徵具有啟迪的力量，那麼這一切必然就不可避免。要能有所啟迪，就要表現出甚麼是需要啟迪的，也就是，什麼是存有的奧祕。[5]

當然，面對形而上學，榮格並不害怕。他以偉大的勇氣探索了這一個領域。他不怕形而上學，但他害怕形而上學學者。雖然數字不說謊，說謊者玩弄數字[6]。與此相同的，雖然一定程度上，形而上的現實能夠被心理學家的實證主義方法所證明，但那些不懂這些
199 方法的人會誤用報告來的發現。雖然田立克對榮格焦慮的本質是誤解了，但他提出一位個重要的觀點，也就是，無意識的象徵意象，如果要有所啟示，「就要表現出什麼是需要啟示的，也就是，什麼是存有的奧祕」。在《伊雍》（*Aion*）裡，榮格就表達了類似的觀點。他是這樣寫的：

5　原註：《榮格，一場紀念會》（*Carl Gustav Jung, A Memorial Meeting*），The Analytical Psychology Club of New York, 1962, p. 31。

6　譯註：這句話「數字不說謊，說謊者玩弄數字」（Figures don't lie, but liars figure.），是美國流行用語，引用自馬克．吐溫的文章，在他討論欺騙現象十分猖獗的文章裡。

> 有可能……要將所謂的形而上概念，這些已經和自然體驗失去了根本連結的概念，連接到當下活生生的、普遍的心靈歷程，這樣才可以發現它們原初的真實意義。這樣一來，自我就與投射出去的內容，也就是如今的「形而上」觀點，在兩者之間又重新建立連結。[7]

這一段有關心理學的陳述，在遣詞用字上相當仔細斟酌。或許還可以補充說，投射出去的形而上內容，當收回以後，依然保有其形而上的特質。

我們知道，夢偶爾在一程度上確實會啟示「存有的奧祕」。因此，這些訊息也可以視為「形而上的」，也就是在生活的物理或日常概念的構建之外的。更何況，這些個人的夢，雖然運用獨特的意象，傳遞的啟示雖然屬於夢者個人，卻容易表現出普遍或共同的觀點，一種無意識裡常年的哲學，多少是普遍適用的。對於這樣的普遍適用性，最好的理解是，人們基本上普遍對個體化有著著渴望。

2. 一系列「形而上」的夢

幾年前，我有機會觀察到了一系列非比尋凡的夢，其中充滿了許多形而上的意象。夢者是一位瀕死的男性。可以說死神緊鄰著他。在這一系列的夢之前，他突然毫無預警地衝動吞下了一整瓶的安眠藥，試圖自殺。他整整昏迷了三十六個小時，一直徘徊在死亡

7 榮格，《伊雍》（*Aion*），C.W., Vol.9ii, § 65。

邊緣。兩年半之後，他過世了，時年近六十，死於腦血管病變。

兩年多以來的時間，他斷斷續續每周來見我一次，和我談他的
200 夢。我和他之間的會面，稱不上分析。這病人沒有客觀和自我檢視的能力，無法消化任何幫他意識到自己陰影的解釋。我們能做的只是一起觀察他的夢，試著去發現這些夢究竟在想表達什麼。一次又一次，我有了這樣的印象，無意識試圖透過形而上學來為這位病人上課：既是幫助他將如此貼近地與死亡擦身而過的意義加以吸收，也是幫他為不久之後將與死亡的相遇做準備。我必須強調的是，這位男子絕對不是在經歷我們所謂的個體化過程。然而，在整個過程裡，與個體化歷程的目標相關的許多意象，在生命最後的這些夢境裡都向他呈現了出來。

在這兩年多，這位病人報告了近一百八十個夢，其中約三分之一有著明確形而上或超驗的暗示。有一些夢似乎是從自我的視角來呈現的，在這些夢裡有種命定和悲劇的氛圍。當他從這些夢中醒來，會停留在一股深深的憂鬱裡。其他的夢似乎是超個人視角的表現，這樣的夢往往伴隨著平和、喜悅和安全的感覺。以下我所引用的夢，是屬於第一類型的單一夢境，大約是在他死前六個月的時候：

> 我在家，但那是我過去從來沒去過的地方。我去食品貯藏室尋找一些食物。架子上堆著調味料和香料，都是同一個品牌的，但沒有吃的東西。我感覺房子裡不只我一個人。這時有點微光，是天將漸漸亮起來，還是只是明亮的月光？我打開燈，但光線從另一個房間照過來。有些什麼在嘎吱嘎

> 吱作響。我並不是單獨一個人。我在想，我的狗哪兒去了。
>
> 我需要更多光。我需要更多的光芒和勇氣。我很害怕。

這個夢也許表現出了自我正預期著自己即將遇見了入侵者，也就是死亡，因而有了恐懼。自我不再有光，光在另一個房間裡。這讓我們想到歌德臨終最後的話：「更多陽光！」

這一類型的夢只有一些。而相對出現多上許多的夢則是第二類型的，其中有明確的超個人意象，還有我覺得是要來以形而上學來教給當事人的課程。從這一大群夢中，我選出了十三個來呈現與討論。我按時間為它們排列出順序：

夢之一

> 我要學習如何表演日本能劇。我希望透過練習，讓我 201
> 的身體能達到相當於禪宗公案那樣的狀態。

能劇是一種日本傳統的、規定嚴密的藝術形式。演員們戴著面具，而其他方面也有和古希臘戲劇相似之處。能劇表現了普遍存在的或如原型般的現實；全部的重點都強調超個人。南希．威爾遜．羅斯（Nancy Wilson Ross）[8]描述說：

> 任何將自己投入到能劇那種無時間之體驗的人，永遠不會忘記這一切，即便他可能完全無法確切地告訴別人這

8　譯註：南希．威爾遜．羅斯（Nancy Wilson Ross, 1901-1986）是美國小說家，也是東方宗教的專家，寫了十五本書。其中，1957 年的小說《布雷斯夫人的歸來》被提名國家圖書獎小說獎。

種獨特性的魅力。能劇對時間和空間的探索方式是西方美學所不熟悉的……對人聲毛骨悚然的運用，在這過程裡透過了十分藝術的方式來壓抑正常的呼吸；偶爾出現刻意的拖長、因而悲傷且孤獨的笛聲；定期地經由合唱而出現尖銳的提示聲和貓叫一般的斥責聲；突然棍棒的敲擊聲以及三種鼓各種變化的調性；鬼魅一般滑行而過的舞者；……當人們與舞台完全共鳴時，每種「型」（property）都抽象化成為一個純粹的符號時；突然出現的用來召喚靈魂的跺腳；奢華而浪費的戲服；參與者通常佩戴著不符合真實現實的木頭面具；尤其重要的是，對空與寂的藝術性運用……這些只是傳統元素的一部分，創造了能劇的獨特魔力。[9]

因此，這個夢所指的是，病人必須練習和原型現實建立關係。他必須把個人的想法放在一旁，開始活在「永恆之下」。這些練習的結果是他的身體成為禪宗公案一般。公案是一段乍看自相矛盾的軼事陳述，禪宗大師運用它幫助弟子突破而達到新的意識（覺悟、頓悟）水準。鈴木大拙（D. T. Suzuki）[10] 舉了下面這個例子。一個學生問老師，什麼是禪。老師回答：「當你的想法不再停留在好壞

9 原註：南希．威爾遜．羅斯（Nancy Wilson Ross），《禪的世界》（*Psychology* The World of Zen），NewYork, Random House, 1960, p. 167f。

10 譯註：鈴木大拙（日語是 Suzuki Daisetsu，英語則是 D. T. Suzuki，1870-1966），本名貞太郎，法號大拙，著名的日本佛學學者。石川縣金澤市人。鈴木大拙在學時主修英語，多次前往美國。1911 年前往英國，介紹大乘佛教與禪學。1921 年任大谷大學教授，1933 年將《楞伽經》譯成英語。1934 年訪問中國，與胡適有論戰佛學禪宗，是當時中日文化界大事，有「世界禪者」之譽。曾於 1963 年被提名諾貝爾和平獎。主要思想主張之一為「自己作主」。

二分時，你出生前的本來面目又是怎樣的呢？」[11]

提出這些問題是為了讓人打破自我設限的狀態，稍稍窺見超個人的現實，而榮格式的說法，就是得以窺見自性。一位佛教學者在頓悟之後，把自己以前珍藏的《金剛經》評註付之一炬，說：「一個人對這些艱深哲學的認識不論多深，不過只是廣袤的空中飄浮的一根髮絲；一個人對世俗事物的體驗不論多重要，不過只是落入無 202
底深淵的一滴水珠。」[12]

我想，我們可以假設這夢想傳遞的是這般的態度：促使做夢者放棄了個人的和自我中心的態度，好準備離開這個世界。

夢之二

我和幾個同伴一起，周圍是達利風格的鄉村景緻，一切不是被囚禁起來，就是失控了。四處都是火焰，大火噴出地面，吞噬了這整片地方。經由大家一起的努力，我們設法控制了火勢，將火侷限在適切的範圍內。就在這片風景裡，我發現了一位婦女，她仰躺在岩石上。她的正面是血肉之軀，可是頭和身體的背面卻成為了那塊岩石的一部分。她的笑容令人目眩，近乎幸福安詳，似乎已經完全接受了這個可怕的困境。火勢的控制似乎也帶來了某些的變形。她背後的岩石開始了有些鬆動，我們因此終於可以將她從岩石上抬下來。她的身體雖然還有一部分是岩石，但

---

11 原註：鈴木大拙，《禪學入門》（*Psychology* An Introduction to Zen Buddhism），New York, Rhilosophical Library, 1949, p. 104。譯按：中文譯本有許多的版本。

12 原註：同上，p. 94。

似乎並不重，而變化持續進行中。我們知道她會重新恢復完整。

病人對這個夢有種特別的聯想。這火焰讓他聯想到，當冥王黑帝斯衝出地面要抓走波瑟芬妮時，隨之冒出的那些火焰。這位夢者曾經參訪過厄琉息斯，並被導遊帶去據說當年是黑帝斯出現的地方。他同時還聯想到了米開朗基羅一座未完結的雕塑作品（圖40）。[13]

這麼一個從岩石中脫身的人物，讓我們想到從岩石誕生（Petra Genetrix，拉丁文，從石頭中誕生之意）的密特拉（Mithra）[14]。這

---

13 譯註：黑帝斯（Hades）是宙斯的哥哥，主掌地獄的神，奪走了姊姊狄密特的女兒波瑟芬妮（Persephone），成為他的冥后。厄琉息斯（Eleusis）是雅典西北約二十公里的一個小鎮，過去名為厄琉息斯（Ἐλευσίς），現在則是埃勒夫希那（Ελευσίνα）。在公元前 1700 年到羅馬帝國時期，埃萊夫西納是當時名為厄琉息斯的國家之所在，是厄琉息斯祕儀的發祥地，也是黑帝斯和波瑟芬妮的神話的源頭。這些神話代表了一種對死後在冥界從新開始生活的希望的信仰。

14 譯註：密特拉從岩石中誕生（Mithras petra genetrix），這個主題出現在留下來的石雕裡。最著名的可能是現在收藏在羅馬國家博物館戴克里先浴場（Baths of Diocletian）的那尊大理石，羅馬皇帝康茂德（Commodus, 161-192）時代製作。密特拉是古老的印度－伊朗神祇。這一神祇原是雅利安人萬神殿裡才有的崇拜對象，在伊朗－雅利安人和印度－雅利安人分化之後，開始向著不同特徵發展。古代的印度人通常將密特拉與另一位大神伐樓拿結合起來崇拜。這兩位神都屬於古老的阿底提耶（意為「無礙神」，是阿底提與達剎的後代的統稱），司職有若干重疊之處。吠陀經常提到「伐樓拿－密多羅」，有時簡直把他們視為一個神。而瑣羅亞斯德教（拜火教）是瑣羅亞斯德對原始伊朗宗教進行改革之後的產物，阿胡拉．馬茲達成為唯一的天神。但在瑣羅亞斯德本人所寫的迦塔中根本沒有提到密特拉的名字。在年代較晚的、由後代祭司編寫的經典《耶什特》中，密特拉被表明是與其他天使一樣屬於被創造物。在《耶什特》中密特拉的稱號是「靈魂的裁判者」，並與其創造者阿胡拉．馬茲達一起照看人類事務，不是一個重要的神。伊朗文化的密特拉被希臘－羅馬文化接受後形成了一種新的信仰：密特拉教，一種神祕主義宗教，是東方與西方文化的奇特混合物。到了西元前二世紀，密特拉－赫利厄斯變成了以後密特拉教中的主神密特拉斯（Mithras）。這個新奇的信仰在西元前一世紀傳入羅馬，並在羅馬進入帝國時代以後迅速擴張。康茂德皇帝和三世紀危機時的那些士兵皇帝都對密特拉教青睞，這是因為它具有某種「武士

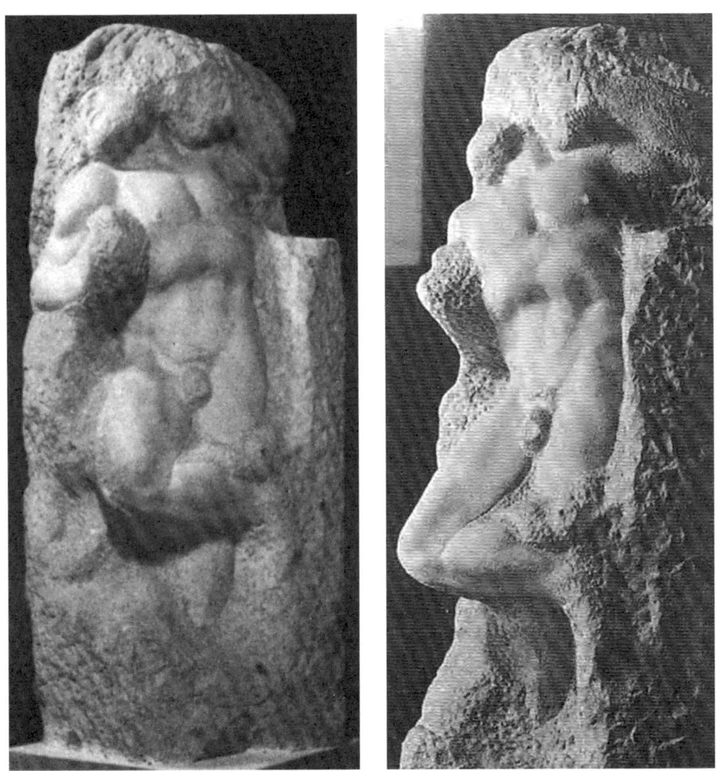

【圖 40】甦醒的巨人（*The Awakening Giant*），米開朗基羅作品

階級宗教」的性質。密特拉崇拜在羅馬軍隊中廣泛流行，成為士兵的普遍信仰，並擴展到不列顛和萊茵河這些帝國的邊緣地區。密特拉教的神話傳說裡，密特拉斯是從岩石之中出生的。祂在自己神廟之中的屠牛像上被描繪成正獵捕和宰殺一頭公牛，這是他的第一項任務。然後祂與司掌太陽神的索爾（Sol）會面，索爾向密特拉斯表示服從。然後兩尊神祇便握手，並且在公牛皮上用膳。到了佛教，彌勒佛這位被認為是未來佛的起源就是密特拉。彌勒這個名字來源於梵文單詞maitrī（意指友誼），而後者又來源於名詞密特拉（在梵文是朋友的意思；而在最早印度－伊朗文化裡，是契約的意思。）

個夢和密特拉神話還有個可類比之處。密特拉的第一項任務是馴服一頭野牛，而夢中相似的是，將火勢加以控制和那位婦女從岩石中脫身有著某種關聯。藉由火勢的控制，一位活生生的女子從
204 石頭中脫身成形。[15]（圖 40）而這所對應的意義是，智慧的索菲亞（Sophia）離開自然存在（Physis）的懷抱[16]，隨著苦慾望之火漸漸的熄滅而脫身成形。在這位個案後來的夢裡，這個智慧或邏各斯的女性化身還會再次出現。這個意象也意味，靈魂從與死亡相有關的物質或身體中分離出來。

在古希臘佐西摩斯（Zosimos）的煉金術文獻裡，也有類似的意象：「去到尼羅河水裡吧，在那裡你會發現一塊有精神（Spirit，也是普紐瑪，pneuma）[17]的石頭。拿著它，剖開它，放用手使勁地

15 原註：在有關保羅真實性不確定的故事裡，也可以看到自律（self-discipline）與正在湧現的生命（emerging life）這兩個觀點同樣的結合。在這的，記載裡，保羅說：「上帝的世界包括了自控（self-control）與復活（resurrection）的言辭」。（參見〈保羅行傳〉II，1，5，（Acts of Paul II, 1, 5,），於詹姆斯（James, M. R.）《真偽莫辨的新約》（*The Apocryphal New Testament*），Oxford, p. 273）。對這一段，哈奈克（Harnack）也有過評論。他說自控與復活是「相互補充的一對觀點；復活或永生是必然的，但它是有條件的，必須把節制（egkrateia，意指自我控制）放在首位。譯註：阿道夫．哈奈克（Carl Gustav Adolf von Harnack, 1851-1930）德國信義宗神學家、教會歷史學家，波羅的海德意志人，一生著述頗豐，1914 年加封爵位。

16 譯註：自然（Physis），前蘇格拉底時期的哲學家關注的焦點就是 Physis，他們被稱為是自然哲學家，他們的著作常冠以「論自然」之名。英國歷史學家勞埃德（G. E. R. Lloyd, 1935 -）就指出，「自然的發現」是一個重要的分水嶺，也就是指「意識到『自然』與『超自然』之間的區分，即認識到自然現象不是受到隨意或任意影響，而是受規律影響的結果，受可確定的因果序列所支配。」就是說，「自然」這觀念使得古希臘人擺脫了神話巫術的原始思維，發展出某種自然主義的思維方式，即用自然規律來解釋自然現象，而不訴諸超自然力量，如神話和巫術。然而這個字所衍生出來的翻譯，也有相當大的調整：比如說 physical，即是物理的，也是生理的，甚至是肉慾的。

17 譯註：普紐瑪（Pneuma）：是一個古希臘詞語，意思是氣息，在宗教文獻中，它的意思是精神或靈魂。因為普紐瑪有兩個成分，因此有一種獨特的張力運動，使其不斷地活動。它是一種結構稀薄精緻的物質本體，但也像一種凝聚力或能量般貫穿整個宇宙，說明後者的變化和持續。它作為自然，作為神，作為普遍的邏各斯，而作用於質料，即土和水的元素，將它們相結合。普紐瑪

擠壓，取出它的心：它的靈魂（心靈）就在它的心裡。」[18] 文獻的註解說這是析出水銀。這點是煉金術的觀點，認為是將困於物質的靈魂或精神提取出來，就類似於心理學從具體經驗（絆腳石，《彼得前書》，2：9）[19] 中萃取意義。從這位個案的情況來看，也許要萃取出的就是他塵世這一生的意義。

我們必須要考慮，做夢者對這一切的聯想：黑帝斯、波瑟芬妮，以及人們認定後者被前者劫掠的地點厄琉息斯。這聯想讓我們想到這個夢可能是現代版的厄琉息斯祕儀[20]。在古希臘，人們認為在來生命運的決定時刻，進入神祕儀式的啟動是最重要的關鍵。《荷馬史詩》裡農神狄密特（Demeter）的故事中說：

> 塵世中的人們，見過這些祕儀的人是幸福的；但未受啟發或沒有參與其中的人一旦死去，會直接沉落到黑暗和無

既在宏觀宇宙，也在個別物體中發生作用。這一觀念深受前蘇格拉底哲學影響，並轉而影響了十七至十九世紀科學中關於以太的設定。它也可與當代物理學的「力場」觀念相對照。

18 原註：貝洛特（Berthelot, M. P. E.），《古希臘煉金術士收藏》（*Collection des anciens alchimistes gres*），Paris, 1887-88, 3 vols., reprinted by Holland Press, London, 1963, III, vi. 5.，引自榮格，《心理學與煉金術》C.W., 12, § 405。

譯註：貝洛特（Pierre Eugène Marcellin Berthelot, 1827-1907）是法國化學家和政治家，以湯姆森－貝特洛（Thomsen-Berthelot）熱化學原理而聞名。他從無機物質中合成了許多有機化合物。他被認為是「世界上最著名的化學家之一」。1895 年被任命為法國政府外交部長後，同時也被認為是法國當時「最傑出的在世化學家」。1901 年，他被選為法蘭西學院四十位院士之一。

19 譯註：此段引文作者雖然表示出自《彼得前書》第二章第九節，但相關內容似乎出現於第二章第八節。

20 譯註：相傳豐收女神狄密特的女兒波瑟芬妮在此被冥王黑帝斯劫持。狄密特痛苦悲忿，使大地不育，寸草不生，並親自前往諸神蒼集之地奧林匹克，請求諸神援助。當她途經厄琉息斯稍停休息，被當地王宮雇為新生王子的保姆。為報答國王知遇之恩，女神決意賜給王子永生，於是每夜用火焚燒嬰兒，以化肉體為神體。之後女神不得已坦白身分，並要求為自己立廟以悲悼女兒。之後諸神同意讓母女團聚。女神得償所願，大地恢復生機。

望之中，和這一切美好事物永遠無緣。[21]

柏拉圖也持同樣的觀點：

> ……那些創建這一切祕儀的人並非蒙昧無知，事實上相反地，很久之前他們說過的話就暗含了這些隱義；至於那些未受啟發也不知神聖敬畏的人，到了另一個世界都會深陷泥潭的。至於他們到達那裡時已經開啟也已經淨化了，因此這些人將與神同在。[22]

205 雖然我們對厄琉息斯祕儀所知甚少，但其中肯定是有死亡與重生的儀式，因為狄密特－科瑞（Demeter-Kore）[23] 的神話與這一主題有關。雖然波瑟芬妮已經下降到地下的冥界，然而後來因眾神的緣故，重新安排她每年有一半時候待在人間，而另一半待在冥界，這指的必是綠色植物的精靈每年周而復始的死亡與重生。所以，這個夢暗示著復活。這位女性從岩石中脫身，就類似波瑟芬妮從冥界的回歸。這個解釋在這系列夢後面的一個夢中，又獲得了確認，其中，象徵重生的綠色植物守護神是被特別描繪下來。

---

21 原註：赫西俄德（Hesiod），荷馬讚美詩和荷馬史詩（*The Homeric Hymns and Homerica*, Loeb Classical Library），Cambridge, Harvard University Press, 1914, p. 323, lines 480f。

22 原註：柏拉圖，《斐多篇》，69c。

23 譯註：科瑞是波瑟芬妮的別名。在希臘，方言的不同也使得波瑟芬妮的名稱也有所不同。羅馬人首次聽到她的名字的方言時稱她為普洛塞庇涅（Proserpine），因此在後來的羅馬神話中與她對應的女神就叫普洛塞庇娜（Proserpina）。阿提卡人更喜歡用她的別名科瑞（Core 或 Kore，少女之意）來稱呼她。

3. 回歸起點

夢之三

> 夢中的場景很奇怪。我好像是在非洲，站在南非無邊無際的大草原邊緣，草原一直延續到看不見盡頭的遠方。在我眺望時，有些動物從地面探出頭來，或者已經探出來了。有些相當的恬靜，有些則十分狂野。一頭犀牛還有一頭斑馬則是四處狂奔，揚起了飛天的塵土。我在想，這裡是不是就是伊甸園。

這個夢和前面一個有些類似。同樣是活生生的造物從堅固的地面中出現。做夢者說，他感覺自己有幸見到了萬物剛剛創造出來的狀態。這讓人想起一位煉金術士的話：

> 不要急著問我是否擁有了這珍寶（哲人石）。要問我，是否已經明白了這個世界如何創造出來的；問我，是否了解埃及黑暗的本質……問我，在普世復活後，所有這些榮耀的身體看起來究竟是如何的樣貌？[24]

這位作者所表達的是，他明白煉金術的祕密不是某個物質，而是一種意識狀態，是對現實的原型層面所擁有的感知能力。

這位作夢者在他個人的生命終點，夢向他展示了生命的共同起

---

24 原註：韋特（Waite, A. E.）譯，《赫密士博物館》（*The Hermetic Museum*），London, John M. Watkins, 1953, Val. I. p. 8。

點。生命的形式開始從還未成形且無機的大地中慢慢湧現出來。其
206 中對塵土的強調，讓我們想到《創世紀》裡的塵土：「耶和華神用地上的塵土造人。」（《創世紀》，2：7，RSV）「你本是塵土，仍要歸於塵土。」（《創世紀》，3：19，RSV）塵土是顆粒狀的，是乾透了的土地粉碎後形成的。它和灰燼（ash）類似，而且希伯來的單詞「aphar」在這裡譯成塵土，也意指灰燼。而灰燼在煉金術裡則是鍛燒（calcinatio）的結果，暗指第二個夢裡的火焰。然而根據第三個夢，從這燃盡生命的塵土一般的灰燼裡，新的生命湧現了。

不久之後，作夢者做了另一個和大草原有關的夢。

夢之四

> 還是在南非的大草原。好幾英畝的空曠草地。還有散落四處不同形狀的麵包。這些麵包看起來像石頭一般泰然莊重，亙古恆久。

在這裡，我們又一次看到了在第二個夢裡首度出現的石頭象徵。在那個夢裡，那並不算是一塊石頭，而是一位婦女。這個夢裡，這裡的石頭並不是石頭，實際上是麵包。不是石頭的石頭（lithos ou lithos），是煉金術廣為人知的議題。[25] 這指的是「哲人石」。根據魯蘭德（Ruland）[26] 的說法，哲人石「從它的效用及德

---

25 原註，貝洛特，op. cit., I, iii. 1。

26 譯註：小馬丁．魯蘭德（Martin Ruland the Younger, 1569-1611）是位日爾曼醫生和煉金術士。他父親老馬丁．魯蘭德（Martin Ruland the Elder, 1532-1602），本身就是一位醫生和煉金術士，是醫生帕拉塞爾蘇斯（Paracelsus）的追隨者，十卷的《經驗式和歷史性的治療》（*Curationum*

行來說，是聖彼得的（petrine），而不是從物質來說。」[27] 這句話意指著心靈的現實。

在《馬太福音》第四章裡，麵包和石頭的意象連接在一起。當魔鬼在荒野引誘耶穌時，他對耶穌說：「如果你是上帝之子，讓這些石頭變成麵包。」但耶穌回答：「經上記著說：『人活著，不是單靠食物，乃是靠神口裡所出的一切話。』」（《馬太福音》，4：3、4，RSV）。在《馬太福音》第七章第九節，石頭和麵包再次連接在一起：「你們中間誰有兒子求餅，反給他石頭呢？」這些文字段落確定了，麵包是人類的需要，而石頭無法滿足人的需求，所以將石頭變成麵包的意願（也就是，對立面的統一）是神祇的優勢。所以，這個夢讓作夢者得以瞥見形而上阻隔的背後，或依榮格的說法，在認識論帷幔的背後，這些在背後的一切，是「對立面的不可能之統一，是只有經由對立的比較，才能被感知的超驗存在」。[28]

---

empiricarum et historicarum），就是由他編輯的。他本身先在雷根斯堡（Regensburg）學習，後來再到布拉格。在布拉格，他直屬哈布斯堡王朝的皇帝魯道夫二世，當時因而對煉金術和占星術的研究更加鼓勵。他而因而由魯道夫二世授予貴族。他在 1612 出版《煉金術大詞典》（*Lexicon alchemiae*），榮格的煉金術研究多次引用這本書。

27 原註：魯蘭德（Ruland, Martin），《煉金術辭典》（*A Lexicon of Alchemy*），translated by Waite, A. E., London, John M. Watkins, 1964, p. 189。

28 原註：榮格，《 致約翰・楚尼克信》（*Letter ta John Trinick*），op. cit., p. 10。
譯註：作者在這裡引用似乎有誤，榮格全句應該是：「事實上，在認識論帷幔背後的事物，指的也就是原型，是對立面的『不可能』之統一，只能經由對立的比較才能被統覺到的超驗存在。」這段文字的出處，原文是指「見前面引用」，但看不出所指是哪一個出處。信是給約翰・楚尼克（John Trinick），作者誤拼為 Trinnick。約翰・楚尼克（1890-1974）是一位澳洲出生、長居英國的玻璃藝術家。他對煉金術有著終生的興趣。這本書側重於愛任紐・菲勒勒斯（Eirenaeus Philalethes，本名喬治・史塔基〔George Starkey, 1628-1665〕，是美國殖民地時期的煉金術士、醫生，撰寫了大量評論和化學論文，這些論文影響了羅伯特・波依耳〔Robert Boyle〕和牛頓〔Isaac Newton〕等傑出的科學界人士。）所探索的「coniunctio」或靈性與煉金術合一的象徵。楚尼克

207 夢之五

我應邀參加為亞當和夏娃舉辦的宴會。他們從沒有死去。他們是開始也是結束。我意識到了這點並接受了他們的永恆存在。亞當和夏娃都體型巨大，超過一般人，就像是馬約爾（Maillol）[29] 的雕塑。他們的樣子像是雕像，並不像人。亞當的臉是面紗遮著，或是有什麼蓋著，我很想知道他長什麼樣子。我竟然敢試著去揭開遮面，看他到底長什麼樣子，而我也真的這麼做了。他臉上塗蓋著一層厚厚的泥炭蘚，或是某種生長的蔬菜。我把它們推開了一點兒，仔細端詳背後的面孔。亞當的臉龐很和善，卻很嚇人——就像是大猩猩，或是某種巨型人猿。

這個宴會顯然是永恆的、原型的國度。這些人永遠不會死去，只是活在永恆的當下。「天國」是人們遇到古代偉大人物的地方。《馬太福音》第八章第十一節中說：「我又告訴你們，從東從西，將有許多人來，在天國裡和亞伯拉罕、以撒、雅各，一同坐席。」

夢中的這些人物就是所謂的既是開始又是結束。在傳統上，「既是開始又是結束」這樣的特質是絕不會運用在亞當身上的。然而，它適用於基督，而基督被稱作第二位亞當。就像邏各斯

將手稿的各個階段發送給榮格。榮格剛剛出版了《神祕結合》（*Mysterium Coniuctionis*），也就在幾封長信中記錄了他的欣賞和想法。

29　譯註：阿里斯蒂德．馬約爾（Aristide Joseph Bonaventure Maillol, 1861-1944）是法國雕塑家和畫家。他的雕塑作品大部分是以女人人體作為主題的，穩重、成熟並有古典主義藝術的痕跡，是古典主義和現代摩爾的抽象雕塑之間承先啟後之過渡期最重要的雕塑家。

（Logos）[30]，從太初就存在，而且萬物都是由他而造。（《約翰福音》，1：1-3）。

使徒保羅提到第二個亞當（第二個赤子，*deuteros Anthropos*）的這一整段有關復活的，都是和這個夢有關：

> 第一個人亞當，成了有靈的人；末後的亞當，成了叫人活的靈……頭一個人是出於地，乃屬土。第二個人是出於天……我們既有屬土的形狀，將來也必有屬天的形狀……看啊！我如今把一件奧祕的事告訴你們。我們不是都要睡覺，乃是都要改變，就在一霎時，眨眼之間，號筒末次吹響的時候。因號筒要響，死人要復活成為不朽壞的，我們也要改變。這必朽壞的，總要變成不朽壞的。這必死的，總要變成不死的。[31]

作為第一個人類，亞當是「人類」的意象，是諾斯替思想中的原初之人（Primal Man)。根據諾斯替的赫密士文獻[32]，「人類的牧人」（*Poimandres*）[33]，這永恆的心智（the eternal Mind）誕生了

---

30 譯註：Logos 在《約翰福音》裡被翻譯成道，但「道」和邏各斯在哲學中的含義還是不同，因此特別如此翻譯。

31 原註：《歌林多前書》，15：45-53，RSV。

32 譯註：赫密士派（Hermes），可視之為早期西方神祕學的經驗總結。基本上，他們認為人類投身到世界是一段精神的旅程，最後仍應該與神性（Divine）合而為一。同時他們認為世上萬物都是一體的（或者說是相通的），因此人應該在身心靈各個層面取得平衡，也要與大自然的秩序取得平衡。他們的早期文獻也有提到一些占星學、煉金術和魔法的使用方法。

33 譯註：Poimandres 是《赫密士總集》（*Corpus Hermeticum*）的第一章，也常被理解為「人類的牧人」。它來自希臘語的 π ο ι μ ν 和 ν ρ 兩個詞，是諾斯替主義與新柏拉圖主義中上帝的稱號之一，指至高權威的智慧，也是一種神性的排序，強調「神即知性」。

人類，接下來人類跌入存在著時間和空間的世界，是因為「自然」（Nature）愛上了他：

208 等自然得到了她的愛的客體，整個人完完全全地纏繞他身邊，他們彼此糾纏交融，因為他們是愛人。這就是為什麼在所有的造物中，只有塵世人類才有雙重性：會死亡的，因為肉體消亡，但又因本質是人而永生不死。[34]

赤子（Anthropos）[35]是人（man）存在以前的（pre-existent）形式，這是柏拉圖式的永恆觀點，神性的思想在自然（physics）的懷抱中得以化為肉身。如此一來，夢者得以引見給亞當，這意味著夢者的自我還沒誕生以前的「本來面目」現在展現在他面前，而這也意味著脫離肉身的過程將要到來。

夢之六

我在一座花園裡，在一個十分漂亮的低深平台。這個地方稱為「上帝的思想」。這兒的人們相信上帝的十二個詞語將會征服世界。周邊的牆像窩巢一般，外圍長著常青藤和一些柔軟得像絨羽或皮毛的東西。我和其他人，一起

34 原註：米德（Mead, G. R. S.）編，《三重赫密士》（*Thrice-Greatest Hermes*），London, John M. Watkins, 1964, Val. II, pp. 6 f。

35 譯註：Anthropos 這個字在諾斯替思想中，在大宇宙觀（宏觀）中是柏拉圖式的「理想動物」、「原型活物」（autozoon，意指原型活物 archetypal living being）或神聖的普蕾若麻（pleroma，希臘文「豐盛」之意，指圍繞在神周圍的湧動的靈性世界，通過人格化的人物表達了神的內在豐富性；而心理學中代表著最初的無意識，未分化的，因此任何的區別都未成形，同時是「虛無和完滿」），其中包含創造和表現的原型。在此暫譯為赤子。

> 走進了這個四面環繞的圈地裡。那些詞語的力量伴隨著爆炸或地震的力量，讓我們跌撞到地面。然而因為這牆的緩衝效果，大家都沒有受傷。在這塊地，人們習慣靠牆繞圈走。重點是要順時針或逆時針走完一圈。當我們正在走的時候，這地方越來越小，也越來越親密，越來越貼著牆，也越來越像個窩巢。步行本身似乎是和學習的過程有些相關。

前面的幾個夢所意指的主題，在這個夢有了進一步的說明。做夢者再一次被帶到了存在以前的起點，也就是邏各斯的源頭。對於所謂上帝的十二個詞語，我不知道有什麼可供參考，但在卡巴拉（Kabbalah）裡，據說有時這個神性的名字是由十二個字母所組成。[36] 更常見的說法是，這名字應該有四個字母，即四字神名（Tetragrammaton），就是 Yod、He、Vau 和 He。根據馬瑟斯（Mathers）的說法[37]，四字神名「能夠有十二種變換，每個都傳遞著『將成為』（to be）的含義；這是唯一的一個意義不變卻有如此多變換的單詞。它們被統稱為『偉大名字的十二面旗幟』，有些人說這統管著黃道的十二宮。」[38]

這個夢很清楚地說明了，上帝思想的花園是一個圓形，而十二 209

---

36 原註：韋特（Waite, A. E.），《神聖卡巴拉》（*The Holy Kabbalah*），reprinted by University Books, New Hyde Park, New York, p. 617.

37 譯註：塞繆爾．利德爾．麥格雷戈．馬瑟斯（Samuel Liddell MacGregor Mathers, 1854-1918），英國神祕學學者，「黃金黎明協會」（Hermetic Order of the Golden Dawn）的創始人之一，共濟會成員。．

38 原註：馬瑟斯（Mathers, S. L. MacGregor）譯，《揭開卡巴拉的面紗》（*The Kabbalah Unveiled*），London, Routledge and Kegan Paul, 1962, pp. 30 f。

個詞語從中發散出來。這也就類似於黃道十二宮，形成一年循環的十二個區域。其他類似的還有約伯的十二個兒子，基督有十二門徒。許多民族的萬神廟都由十二位神祇組成。按希羅多德的觀點，是埃及人最早命名了十二神祇。[39]

一個不同尋常的地方在於，夢中認為上帝的十二個詞語征服了世界。邏各斯最典型的功能是創造世界，而不是征服世界。也許這暗示著一個事實，意識的自我（世界＝自我）不久將寂滅於死亡。夢裡還有一件事也暗示了同一個觀點：當他們繞行的時候，環形的窩巢變得越來越小，越來越像是有軟襯的子宮。窩巢的象徵強調了回到了形而上的源頭時，母性、保護和涵容的那一面，當然也是讓自我對死亡的焦慮有所寬慰。用來下蛋與孵化的窩巢也有重生的含義。舉例來說，具說埃及的新年慶典是稱作為「窩巢裡的孩子的節日」。[40]

而這個窩巢裡襯長著常青藤。弗雷澤（Frazer）[41] 認為，無論是對植物神阿提斯（Attis）[42]，還是對豐饒之神歐西里斯（Osiris）[43]，常青藤都是神聖的。阿提斯派教士身上有一片常春藤葉子模樣的紋

39 原註：希羅多德（Herodotus），《歷史》（*Histories*），II，4。

40 原註：厄爾曼（Erman, Adolf），《埃及宗教》（*The Religion of the Egyptians*），引自諾伊曼（Neumann, E），《大母神》（*The Great Mother*），Princeton University Press, 1955, p. 243。

41 譯註：詹姆斯．喬治．弗雷澤（James G. Frazer, 1854-1941），社會人類學家，是神話學和比較宗教學的先驅。其重要著作《金枝》著重研究原始人的宗教、巫術、儀式、心理與它們的教源，以及它們在人類思想方式發展進程中的重要作用。他認為「人類較高級的思想活動，大體是巫術發展到宗教，更進而到科學的這幾個階段。」

42 譯註：阿提斯（Attis）在傳說中是阿格狄斯提斯（Agdistis）和永恆的處女娜娜（Nana）所生。阿格狄斯提斯是雙性，他的男根被割下化作扁桃樹，也有說是滴下血液使大地受孕而長出扁桃樹，娜娜則因採摘樹上的果實而受孕，產下了阿提斯。阿提斯後被殺死，並於三天後復活，他的復活象徵著冬天的結束以及播種季的到來。

43 譯註：歐西里斯（Osiris），古埃及神話中的冥王，也是植物、農業和豐饒之神。

身。常春藤常綠不衰，弗雷澤認為這也許代表了：「更神聖生命的封印，那些如天空一般持續而永恆的，不受到四季令人感傷的興衰變幻所影響的那一切……」[44] 常綠的常春藤和歐西里斯這位永生的植物之神，兩者之間的連結於是更為清晰。這個意象到了第九個夢，有了更充分的呈現。

4. 超越的向度

夢之七

> 兩個爭取獲獎的競爭者參加了一場儀式對決。他們的對決十分優美。在夢裡，他們不像是對手，反而更像是合作者，一起呈現了一場事先精心安排的演出。倆人冷靜、
> 沉著而專注。在每一輪末尾結束，他們都會回到衣妝間。 210
> 在衣妝間裡，他們會使用「化妝品」。我看到他們其中一個人手指刺滴了一些血而抹在了對手和自己的臉上。他們又回到比賽圈內，繼續高速、狂熱，但又高度自制的表演。

這個夢讓人有種奇怪的感覺，就像揭開瑪雅的面紗[45] 而瞥見了人類生命的樣貌。對立的雙方之間的衝突，十分協調地成為更大的

---

44 原註：弗雷澤（Frazer, James G.），〈阿多尼斯、阿提斯、歐西里斯〉（Adonis, Attis, Osiris），《金枝》（*The Colden Bough*）第四部分，reprinted by University Books, New Hyde Par , New York, 1961, Vol. 1, pp. 277。

45 譯註：瑪雅的面紗（veil of Maya），maya 的本意是錯覺、幻影，哲學家叔本華用它來指表象的，非真實的世界。

設計中的一部分。有對決，卻沒有人受傷，只是一場優美的戲劇表演。出現了血，但僅是「化妝」，屬於表象和錯覺的世界。夢的這一課很像是大神克里希納（Krishna）[46]在《薄伽梵歌》（*Bhagavad-Gita*）[47]裡講給王子阿周那（Arjuna）[48]的內容，《薄伽梵歌》里也有對決的意象。阿周那是勉強地參加了那場作戰：

> 喔，智者對痛苦和快樂，一視同仁，通向永恆；真是人中雄牛啊！這些東西不會引起他們煩悶。沒有不存在的存在，也沒有存在的不存在，那些洞悉真諦的人，早已察覺兩者的根底。這遍及一切的東西，你要知道它不可毀滅；不可毀滅的東西，任何人都不能毀滅。身體有限，靈魂無限，婆羅多後裔阿周那啊！靈魂永恆，不可毀滅，因此，你們就戰鬥吧！倘若認為它（自性）是殺者，或認為它（自性）是被殺者，兩者的看法都不對，它既不殺，也不被殺。它（自性）從不生下，也從不死去，它不過去存在，今後不存在，它（自性）不生，永恆，持久，古

---

46 譯註：克里希納（Krishna），是印度教大神毗濕奴（Vishnu）的第八個化身（Avatar），字面義為「黑色的神」（黑天）。在《摩訶婆羅多》中，他是般度人首領阿周那（Arjuna）的御者和謀士，足智多謀的英雄，在《薄伽梵歌》中被稱為「最高的宇宙精神」。黑天的形象在印度的民間文學，繪畫、音樂等藝術中經常出現。克里希納比毗濕奴的其他化身都要重要的多，他最常見的形象就是作為吹笛牧童出現。

47 譯註：《薄伽梵歌》（Bhagavad-Gita），字面意思是「主之歌」或「神之歌」，這裡的主或者神就是黑天，博伽梵相當於上帝。它是印度教的重要經典與古印度瑜伽典籍，為古代印度的哲學教訓詩，收載在印度兩大史詩之一《摩訶婆羅多》中。

48 譯註：阿周那（Arjuna），是印度敘事詩《摩訶婆羅多》中的主角，般度族五兄弟之一，是技術高超、有責任感和同情心的典範，也是追求真知的人，是印度神話和神學中的中心人物。

老。[49]

夢之八

夢中有三個方形的、由金屬線圈或是霓紅燈組成的加熱元件。這些代表了我的性問題。現在，它們被切斷了連結，正在被清掃。有個關於上帝的新世界觀念，對於宇宙無限廣袤的覺知是不斷地擴展著。相對於永恆這樣的大脈絡，性問題這樣短暫的事變得微不足道。清洗在某種意義上像是個洗禮儀式，清理這三個方形元件，讓它們去了廣袤之中自己該在的位置。

在夢裡，我的思維和這三個方形的視覺意象互相遊戲。唯有先在每個方形中間畫上一個圈，然後在外圍再畫一個圈，才會顯得自然。

在這夢中，相對於永恆而神聖的領域，暫時且個人之領域的 211
差異就顯得十分清晰。這三個方形顯然代表著夢者在時間和空間中個人而獨特的存在。他們是和「性」這個熱能或能量的源頭是相關的。三個方形涉及的是第七章討論過的三位一體的象徵意義。三指的是歷史現實中的動態存在。這是表現出在發展歷程中的痛苦辯證，依循著黑格爾的正題、反題和合題模式來進行的。

另一方面，方形是一個四重的意象，呈現的是強調靜止、有結

---

49 原註：《薄茄梵歌》，II，15-20，出自《中國與印度的智慧》（*The Wisdom of China and India*），translated by Swami Paramandenda, The Modern Library, New York, Random House,1942, p. 62。
譯註：譯文摘自黃寶生譯的《薄伽梵歌》，北京，商務印書館，2011 年。配合本書內容稍作修改。

構和涵容等面向的完整性。在東方的象徵文化裡，「方」代表地，相對於天。按古時的說法，人類的靈魂是方的。[50] 而圓，相對而言是上帝和永恆常見的象徵符號。這樣一來，當做夢者在方形中畫圓，以及在方形外畫出另一個圓時，他就把個體和個人、永恆和超個人，結合在一起了。夢在陳述中也表達了同樣的觀點：方形「去了廣袤之中自己該在的位置」。

這個意象，在方形內含有一個圓，在方形外環又有一個圓，在煉金術當中也有很多類似的對應。如果我們由內在向外運動的話，內部的圓將對應著原初物質（prima materia），原初之際無限的混沌。方形呈現的是原初物質分裂成四種元素，也就是意識自我為原初時毫無區別的一體狀態帶來了區分。然而，正如榮格所說的，方形是個不完美的形式，因為「在方形中，各個元素依然是分離的，而且是彼此敵對的。」[51] 因此，它們應該回到更高層面的統一，也就是精華的第五元素（quintessence），就是在方形外的那個圓。如夢所示，方形又再次的統一，其實也就是找到了「廣袤之中自己該在的位置」的過程。

第一個圓的心理狀態，這個在方形浮現出來以前就存在的圓，印第安蘇族聖者黑麋鹿（Black Elk.）曾經說過一段很美的描述。他強烈反對印第安人住在方形的房子裡。他說：

212 ……我們建造了這些你見到的灰色的小原木房子，他們是方形的。這不適合居住，因為方形之內沒有力量。

50 原註：榮格，《心理學與宗教》，C.W., Vol. 11, § 124。

51 原註：榮格，《心理治療實踐》，C.W. Vol. 16, § 402。

「你必然已經注意到了，印第安人無論做什麼，總是圍成一個圓形，這是因為世界的力量總是在圓中發揮作用，而萬物都在力求形成圓形。過去，當我們還是一個強大而幸福的群體時，來到我們身上的所有力量都是來自這國度的聖環，而且只要這聖環沒有破裂，人們就會繁榮昌盛。一棵燦爛花開的樹生長在聖環的中心，而四區的圓環將會滋養著它。東邊給予和平與光，南面給予溫暖，西方給予雨水，而北方因為寒冷和強風而給予的是力量與持久。我們所擁有的這些知識，是隨著我們的宗教從外部環境世界得到的。力量的世界所有的一切，都是以圓的方式進行的。天空是圓的，而我聽說大地也是圓的，如同一個球，所有的星球也是如此。風，在最有力量的時候，也是形成旋流的。鳥巢也是圓的，它們也有著和我們一樣的信仰。太陽的上升和下降都是圓形的。月亮也是如此，兩個都是圓形的。甚至一年四季的變幻也是一個週期，會週轉回原來的位置。人的一生也是從童年到童年的循環，所以在一切的事物當中，所有的力量都是如此運作。我們的帳蓬和鳥巢一樣，也是圓的，這一切總是設為圓形，民族的聖環，這是眾巢之巢，這裡的偉大神靈，對我們來說，天生就是來孕育我們的孩子們的。但是 Wasichus（白人）[52]

52 譯註：在北美印第安人蘇族分支拉科塔人拉科塔語（Lakȟótiyapi，又稱梯頓語），和另一分支達科他所用的達科他語（Dakota），Wašíču 是指西歐血統的白人。這反映了原住民對白人與土地和原住民關係的看法。這字的起源有許多說法。一個常見的民間詞源聲稱 wašíču 是源自 wašíŋ ičú，意指「他吃脂肪」，當地人用雙關語來指涉這些對部落資源進行集體掠奪的非本地人。這讓人想到在台灣的原住民，他們稱漢人為「白浪」，就是從閩南語「壞人」（歹人）轉音而來的。

把我們放進了這些方形的盒子，我們的力量不見了，我們一天一天地死去，因為我們的內在不再有力量了。[53]

夢之九

我獨自一個人在花園裡，歐洲常看到的那種非常正式的花園。草地上不是一般的草皮，彷如好幾個世紀之久。黃楊木的樹籬遮住了一切。往花園盡頭望去，有著一場進行中的移動。一開始，似乎是一隻草做的巨蛙。當我再走近些，才發現這其實是個綠色的人，是草本的、用草做成的。他正在跳一支舞。非常美，我想到了哈德森（Hudson）[54]的小說《綠廈》。這帶給我一股平和的感覺，雖然我並不明白所看見這一切。

在這個夢裡，我們可以十分清晰的明白，在古代神話裡植物之神的重要作用，這一點是弗雷澤在《金枝》裡已經有著全面性的討論。這一領域，最充分發展的意象就是歐西里斯，他同時是穀
213 精靈、樹精靈和豐饒之神。草木的死亡與重生是他劇情的插曲：「常春藤對他而言是神聖的，被稱為屬他的植物，因為它常綠不衰。」[55]

---

53 原註：奈哈德（Neihardt, John G.），《黑麋鹿之語》（*Black Elk Speaks*），Lincoln, University of Nebraska Press, 1961, pp. 198f。

54 譯註：威廉・亨利・哈德森（William Henry Hudson）是英國自然學家和作家，《綠廈》（*Green Mansions*）是其代表作之一，講述了一名委內瑞拉詩人、博物學家及政治流放者與熱帶雨林中一位鳥姑娘里瑪的浪漫故事，反映了豐富而深刻的自然觀，其中阿貝爾和里瑪的愛情悲劇，生動地表現了人類對自然的永恆依戀。

55 原註：弗雷澤，op. cit., Val. II, p. 112。

對於這綠色的象徵，榮格表示：「在基督教心理學領域裡，綠色有著精液的、多產的特質，因為如此，它是透過創造法則來獻給聖靈（the Holy Ghost）[56]的顏色。」[57]而且，「綠色是聖靈的顏色，是生命、繁衍、復活的顏色」。[58]有關聖靈的綠色，有個好例子，就是聖賀德佳（Hildegard of Bingen）[59]的〈聖靈頌歌〉（Hymn to the Holy Ghost）：「因你，雲因你而成雨，天因你而運轉，石因你而得潤，水因你而成溪，地因你而覆綠。」[60]這一段和古埃及獻給歐西里斯的頌歌也很類似：「世界透過你而得以塗滿了翠綠。」[61]關於綠色和生機的恢復之間的關聯，在一段埃及金字塔的文字裡也可以看到。這一段讓人想到了甲蟲形護符（Kheprer，也被稱作 Khoprer，Khopri，「將成為的東西」〔the becoming

---

56 譯註：Holy Ghost 即 Holy Spirit，都是聖靈的意思，三位一體之一。

57 原註：榮格，《神祕結合》，C.W., Vol. 14, § 137。

58 原註：同上，§ 395。

59 譯註：賓根的希爾德嘉（Hildegard of Bingen, 1098-1179）華人宗教界稱聖賀德佳。一般介紹她是德國文藝復興時期的作家、作曲家、哲學家，著作包括神學、植物學和醫藥學文章，以及書信、頌歌和讚美詩。然而這位德國本篤會的修女公認是中世紀早期重要的靈視神祕主義者（Mystikerin/Visionistin）。她的靈視經驗，從童年就開啟，在四十三歲時開始動筆寫下第一部神學著作《當知之道》（*Liber Scivias*）。相關的靈視經驗獲得教宗尤金尼烏斯三世的支持，允許她加以記錄，並公開談論。在聖賀德佳的靈視經驗中，凝視與聽覺是通往神聖經驗的渠道。她認為人除了肉體的眼睛之外，也具備了「靈魂的眼睛」。在靈視中，人特別需要靈魂的眼睛，方能洞悉信仰中的奧祕。「心靈的眼睛」能夠引人超越身體的感知，在靈性的層面上與造物主相互連結。《當知之道》記載了她的二十六個靈視，紀錄了聖賀德佳具「先知的召喚」（prophetic call），在當時受到了高度的重視。《當知之道》的重要性在於它是聖賀德佳所有神視作品的起源，其呈現了聖賀德佳對於《聖經》的理解以及她透過神視與文字傳達天主對於人類的恩典與救贖。她對草藥的深入研究，也影響了阿爾卑斯山一帶的草藥傳統。台灣的中華聖賀德佳全人發展協會，就是將草藥及其他的自然療癒作為主要的活動內容。

60 原註：榮格，《心理學與宗教》，C.W., Vol. 11, § 151。

61 原註：弗雷澤，op. cit., Val. II, p. 113。

one〕）[62]，聖甲蟲神就是上升中的太陽神：「啊，神啊……萬物以它為中心，聖甲蟲……啊，綠色的神……」[63]

綠色是煉金術中的重要意象。一些文獻認為它是受到祝福的翠化（benedicta viriditas），是神佑的綠色。按米利烏斯（Mylius）所說，世界靈魂（the Soul of the World），或是宇宙靈魂（Anima Mundi）[64] 是綠色的：

> 上帝向造物中吹了口氣……發芽或是冒綠，萬物因之繁育……他們將萬物稱之為綠，因為綠意謂著成長……因此，萬物生育與存續的品行可以稱之為世界之魂。[65]

在另一份煉金術文獻中，黑色且被拒斥的原初物質則化為女性人身，說：「我一個人在藏究之處；然而，我心喜悅，因為我能隱

---

62 原註：克拉克（Clark, R. T. Rundle），《古埃及的神話與象徵》（*Myth and Symbol in Ancient Egypt*），New York, Grave Press, 1960, p. 40。
譯註：甲蟲形護符是埃及宗教護符的一種，以甲蟲為形。其意為「在」或「將在」。是太陽神瑞（Ra）的標記，因太陽神瑞被認為是自存自在的創世神，又因甲蟲能推糞土球，用以象徵太陽神瑞推動日球。這種護符用各種材料刻成，廣泛用作永恆更新之生命的標誌。

63 原註：巴吉（Budge, E. A. Walis），《歐西里斯，復活的埃及宗教》（*Osiris The Egyptian Religion of Resurrection*），reprinted by University Books, New Hyde Park, New York, 1961. Vol. II. p. 355。

64 譯註：世界靈魂（world soul；拉丁文 Anima Mundi），在好幾個思想系統裡，都認為地球上所有生物之間彼此有著內在的聯繫，而這樣與世界有所關聯的方式就像是靈魂是與人體相連的方式。柏拉圖十分堅持這個想法，後來這想法在大多數的新柏拉圖思想體系也是重要的成分。斯多噶主義甚至認為這是宇宙中唯一的活力，類似的概念也出現在東方哲學的各個系統。印度教中的婆羅門－阿特曼（Brahman-Atman），大乘佛教中的佛性，道教的陰陽，和宋明理學的氣。在西方哲學傳統，從赫密士主義帕拉塞爾蘇斯，到史賓諾莎、萊布尼茲、康德、謝林，一直到黑格爾的精神／心（Geist）。在猶太神祕主義中，相似的概念是智慧圖（Chokhmah Ila'ah），這是無所不包的「超凡智慧」，超越、命令並激發所有受造物。這一切都是所謂的世界靈魂或宇宙靈魂。

65 原註：榮格，《神祕結合》，C.W., Vol. 14, § 623。

密祕地生活，在自我中更新自我……在我的黑色之下隱藏著豐富的 214
綠色。」榮格解讀了這一段：

> 這是轉化尚未完結的狀態，只能心懷希望與等待，然而幸福如果暗藏其中，這情形就不再只是折磨，也是充滿正向的。在這狀態下，一個人遊蕩在心靈轉化的多種意象之間，將會遇見祕密的幸福，讓他強烈的孤獨從此不再難熬。在與自己的交流裡，他所找到的不再是完全死寂的乏味和黯鬱，而是一位內在的夥伴；甚至有可能找到了一段關係，就像是隱祕愛情裡的幸福，或是藏匿正孕育中的春天，直到綠的種子從貧瘠的大地萌芽盛開，放出了未來豐收的希望。這是煉金術中受到祝福的翠化，受到福佑的綠，同時也意味著這一方面，是「食物的麻風」（銅綠）；另一方面，是萬物生命都存有聖靈的祕密內在。[66]

榮格所談的這些，隨著綠的發現而擁有了隱密祕的幸福，正對應著做夢者所描述的那種平和感覺。對這個不久將去世的人來說，無意識正向他呈現出生命的永恆本質，那是生動而美麗的意象，其中許多特有的展現雖然不斷流逝，但全新形式也同時不斷的重生。這個夢所表達的想法和保羅有關重生那段話一樣：「死被得勝吞滅的話應驗了。死啊，你得勝的權勢在哪裡？死啊，你的毒鈎在哪裡？」（《哥林多前書》，15：54-55，A. V.）

66 原註：同上，§ 623。

5. 功業的完結

夢之十

> 就像金斯伯格（Ginsberg）的《猶太人的傳說》（Legends of the Jews）一樣，上帝與不同的個體進行和個人的交流，他似乎給我安排了一個測試，從各方面來說都讓人討厭的測試，在技術上還是感情上我都沒法適應。首先，我必須去尋找，去找到一位正在等著我的人，然後，我們要一起按嚴格遵守指令。最終的結果是要形成一個超出我們理解的抽象象徵，其中有宗教，或獻祭，或禁忌的含義。這項工作包括要從這人的手腕處取下雙手，進行修剪，再聯合組成一個六邊形。這時需要兩個矩形，是每隻手上各切除一塊矩形，形成類似窗戶的樣子。這兩個矩形
> 215 本身也是很有價值的象徵。最後，必須進行木乃伊化，加以乾燥讓它變成黑色。所有這些都需要花費很長時間非常仔細而且辛苦地工作。他十分堅忍地接受了這一切，因為這是他的命運，也是我的命運。我們相信，最終的結果就是所被要求的結果。當我們看著我們最終勞動成果的象徵時，這象徵呈現出高深莫測的神祕感。我們兩人都被這一切折磨的精疲力盡。

做夢者曾在朋友家裡翻閱過金斯伯格的《猶太人傳說》，但沒有全面性地閱讀。而且，他對《舊約》所知甚少。這個夢讓人想

到耶和華分派給人的任務，比如，約拿、何西阿等人的任務。如果
一個人感覺自己的生命由一項神聖任務所佔據，心理學上這意味著
自我服從於自性，擺脫了以自我為中心的想法。夢裡所給予這任
務的性質，已經說明了這個觀點。一個人的雙手要被砍掉，這個相
當恐怖的原始意象呈現出這段心理歷程。煉金術裡也有同樣的意
象，獅子被砍掉了利爪（圖 41）[67] 以及更極端的，在《太陽之力》
（Splendor Solis）中被肢解的人（圖 42）。[68] 手是意識裡意願的代 216
理。因此，砍去雙手就相當於體驗到了自我的無力，正如榮格所說
的：「自性所體驗到的，總是自我所遭遇的挫敗。」[69]

夢裡的第二項任務是將截斷的手組成一個六邊形。這裡所指的是各種的對立面的結合，左和右，意識和無意識，善與惡。結合的結果就是一個六面體。一個著名的六面體象徵也是將類似但對立的元素結合而成的，這就是人們口中的所羅門封印（Solomon's Seal）。它包含有兩個三角，一個朝上，一個朝下。對煉金士來說，這代表了火（Δ）和水（∇）的結合。對其他一些人來說，這象徵著精神的三位一體（朝上）和物質的三位一體（朝下）相互的滲透，因此象徵著兩者之間的相互關連的歷程。數字六和創造性工作的完結或成就是有關的。在《創世紀》裡，天地的創造用了六天，最後的行動就是創造了亞當。耶穌在一星期的第六天被釘在了十字架上。根據榮格所引用的喬安尼斯．里

67 原註：榮格，《心理學與煉金術》，C.W., Vol. 12, Fig, 4。

68 原註：崔斯莫森（Trismosin, Solomon），《太陽之力》（*Splendor Solis*），reprinted by Kegan Paul, Trench,Trubner and Company, London, Plate X。
編註：本圖以相近之公版圖（in Public Domain）取代。

69 原註：榮格，《神祕結合》，C.W., Vol. 14, § 778。

【圖 41】被砍下利爪的獅子，煉金術畫作

德斯（Joannes Lyndus）的觀點：

> 數字六最善於生育，因為它既平衡又不平衡，既因為不平衡而有積極本性，又因為平衡而是物質的（hylical）[70]本性，所以，古人也稱它為婚姻和和諧……而且古人還認

70 譯註：「物質性的」（hylical）在這裡是指相對於精神的身體，它要比精神更為厚重粘稠。

為，它是雌雄同體的……還有一些人說數字六是來自靈魂，因為它自我繁衍而散佈到世界各處，而且因為對立面在它內部是混合的。[71]

【圖42】被肢解的男人，煉金術畫作

如果我們總結以上所有對夢的放大工作，這夢似乎是在訴說這項任務必須完結，只有這樣，個體自我的力量，包括善和惡，就從與自我合一的狀態分離或提煉出來了，並且可以在抽象的或超個人的意象那裡再次地合一。夢中加進來了兩個矩形的窗戶，因而產生了相當古怪的效果，讓人想起了原始的面具。最終的結果是一個幾何的意象，我大膽地猜測那代表的是上帝的面容。

夢之十一 217

一片的黑暗，其中有個發光體，它的樣子難以用語言描述。黑暗有些閃閃的光。一位美麗的女子金光熠熠地站在中間，面孔幾乎和蒙娜麗莎一模一樣。這一瞬間，我意識到，光原來是從她的項鍊上發出來的。項鍊非常地精

71 原註：榮格，《心理治療實踐》，C.W., Vol. 16, § 451 n 6。

雅：小塊的綠松石，每塊周邊都鑲嵌著微紅的金子。這對我似乎特別的重要，好像這完美的意象裡有個訊息，如果我能破解這欲擒故縱的遊戲就明白了。

作夢者對於哲學和宗教的理解都是非常有限的，他並不知道《約翰福音》開篇當中與邏各斯相關的內容。而這些內容肯定是和以下的夢有關。

太初有道、道與神同在、道就是神。這道太初與神同在。萬物是借著他造的。凡被造的、沒有一樣不是藉著他造的。生命在他裡頭．這生命就是人的光。光照在黑暗裡、黑暗卻不接受光。（《約翰福音》，1：1-5）

218 約翰的邏各斯學說是將希臘式哲學的邏各斯理論應用在基督上。基督成為上帝的創造性話語或思想，太初之初就已經與祂同在。在諾斯替的圈子裡，邏各斯等同於索菲亞，智慧的女性化身。同樣的意象也出現在希伯來的智慧文獻中。譬如，在給上帝的祈禱文裡就提到了她：「智慧與你同在，她洞悉你的工作；當你創造世界的時候，她已在場，知道你喜悅什麼，知道按你的法律，什麼是正當的。」（《智慧篇》，9：9，耶路撒冷）馮．法蘭茲（M.-L. Von Franz）在她的《曙光乍現》（*Aurora Consurgens*）裡，詳細地討論了索菲亞或是說神的智慧（Sapentia Dei），她寫道：

在基督教早期教父文獻中，她經常被解讀為基督，這位預先存在的邏各斯，或是永恆形式（rationes Aeternae）[72] 和「不學自知的本源」（self-knowing primordial causes）的總和，在上帝心中的典範、觀點，和原型。她也被認為是世界的原型（archetypus mundus）[73]，「婆娑世界仿它而造」，上帝因它意識到自己。所以，神的智慧（Sapentia Dei）在上帝的心裡是所有原型意象的總和。[74]

托馬斯·阿奎納（Thomas Aquinas）也有一樣的觀點：

……神性的智慧從萬物的區別中設計了宇宙的秩序，因此我們不得不說，在神性的智慧裡存在著萬物的模型，我們稱其為「觀念」（ideas），也就是：神性的智慧裡有著萬物模型。[75]

這樣，夢裡有著蒙娜麗莎臉龐的金色女人就是索菲亞或神聖智慧。她藍色和金色發光的項鍊就是某種天體的念球，將存有的各種形式和模型全透過一根圓繩結合起來，就像年輪將黃道十二宮結合

---

72 譯註：永恆形式（rationes aeternae），奧古斯丁認為形式屬於神意識中的觀念，他稱他們是永恆形式。形式是永恆和不變的；它們是具體事物的模式；它們位於神的意識之中。形式是被造現實的原型。因為形式是所有存在的事物的根源，所以它們也是被造實存的基礎。（摘譯自 Ronald H. Nash，Life's *Ultimate Questions: An Introduction to Philosophy*，Zondervan Academic, 2013）

73 譯註：世界原型（archetypus mundus），就是上帝的心靈，這不僅創造世間萬物，也包含著宇宙中一切可能事物的模型或原型（普林西比〔Lawrence M. Principe〕，《科學革命》〔*The Scientific Revolution: A Very Short Introduction*〕，張天樸譯，南京，譯林出版社，2013）。

74 原註：馮·法蘭茲（von Franz, Marie-Louise），《曙光乍現》（*Aurora Consurgens*），Bollingen Series LXXVII, Princeton University Press, pp. 1 5 f。

75 原註：阿奎納（Aquinas, Thomas），《神學大全》（*Summa Theologica*），I，q. 44，art. 4。

起來一樣：「上帝心中原型意象的總和」。

夢之十二

> 我被指派了一項對我來說幾乎難以完結的工作：森林深處橫臥著一根又重又硬的圓木，上面覆蓋著許多東西。我必須清走這些東西，在圓木上鋸下或砍下一個圓形的木
> 219 頭，然後在上面刻個圖案。我要不惜一切努力來保護這個成果，因為這代表的是一些不會再出現而可能滅絕危險的東西。同時，還要做個錄音，詳細記錄這是什麼，代表了什麼，以及全部的意義。最後，這東西本身和磁帶將交給公共圖書館。有人說，只有圖書館知道如何保存這個錄音，保證它在五年內都不會變質。

我們再次遇到了有關困難的主題，這些被指派的任務類似於煉金術功業。遭到覆蓋的原木，是隱匿的原初材料，首先要加以揭示或顯現，隨後製成某種特別的形式，這是種獨一無二的形式，因為未來不會再出現。這雕刻出來的圖案是一個五重的意象。而數字五在這個夢裡出現了兩次，包括後來說五年內這個圖案有可能腐蝕損壞。五的象徵意義成為了煉金術士們眼中代表精髓的第五元素了。這是四種元素的第五種形式和最後的合體，因此也是這歷程最終的目標。魯蘭德表示，第五元素是「藥本身，是透過藝術而從身體（body）中分離出來的物質精華。」[76]榮格則表示，數字五在人的

76 原註：魯蘭德（Ruland），op. cit., p. 272。

肉體層面是所謂的優勢。[77] 這說法和夢中的意象，都讓人聯想到抽象的人形有著五個突起：四肢和頭。所以，這也暗示了肉體存在的目標和完結。

將這個作出的物件和記錄其意義的磁帶放到公共圖書館裡，這作法產生了一些很有趣的點。從某些方面來看，物件和磁帶可以看成同義詞，因為這速寫的圖案，樣子很像是一大卷磁帶。通過這脈絡的聯想，這任務可以看作是木（Wood）轉化為字（Word），這也就是物質轉化為精神。這個夢有可能預示著未來我會發表他這一系列的夢，而任務就是記錄下他存在我這裡的夢。然而，特別是包括其他夢的脈絡下，這種簡單的、個人風格的解讀永遠不能滿足這些資料的需要。更可能的是，夢中的任務應該是指要將他的心理生命這一任務的結果，永遠地存放在一個集體的或超個人的圖書館，也就是成為語言文字的寶藏或精神的寶藏。

在煉金術中，寶藏室的意義類似於哲學之石。[78]《曙光乍現》 220
裡第五個故事就叫作「智慧建於岩石之上的寶藏室」。阿爾菲狄烏斯（Alphidius）[79] 說：「寶藏室內珍藏著所有科學，或是智慧中令人讚嘆的東西，是無法個人佔有的令人稱頌之物。」[80] 在阿爾菲狄烏斯看來，寶藏屋是四重性的結構，因此，很顯然是自性的代表。

在天主教教義中有類似的「寶藏」意象，這與基督和聖徒們積

77 原註：榮格，《心理學與煉金術》，C.W., Vol. 12, § 287 n. 122。

78 原註：榮格，《神祕結合》，C.W., Vol. 14, § 2 n. 9。

79 譯註：阿爾菲狄烏斯（Alphidius，也被拼為 Asfidus、Alfidius、Alvidius），他是一位不可考的、可能是中世紀阿拉伯煉金術士的作者名。除了一些引文和他在十四世紀的著作外，目前對他一無所知。他的寓言象徵主義影響了被稱為《太陽之力》（*Splendor Solis*）和 Lamspring 的煉金術手稿的畫面想像力。早期文藝復興時期的煉金術手稿《曙光乍現》也直接或間接地引用了他的話。

80 原註：馮．法蘭茲，op. cit., p. 314。

累下的功德庫（寶藏庫，treasure of merits）有關。[81] 儘管教會濫用這意象來合法自己對罪行寬容的販賣，因而將這意象的濫用具體化了，但這還是原型觀念，呈現出客觀心靈的某些面向。

以剛剛所說的例子來說，一旦發現寶藏，可以為發現者帶來了好處。然而，在我們這個夢裡，做夢者並沒有據為私用，而是加以儲存起來，增加了公共寶藏。這讓我們想到了耶穌的話：「即便人子來，亦不是受人服事，乃是要服事人。」（《馬太福音》，20：28，RSV）這個夢似乎暗示著個體所完結的心理成就，留下的一些永恆的靈性遺產，將增加集體寶藏的累積，是集體正向的業。依這樣的說法，米爾頓（Milton）[82] 一本好書的文字，同樣也是個體化這個內在心理任務所累積的成果。於是這留下了永恆的靈性遺產，「是偉大心靈的寶貴血脈，對一代又一代的生命目標持續地浸漬薰染、珍藏銘記。」[83]

這夢也提醒需要防止變質，因此需要有一些保存或防腐的步驟。這和夢十裡將肢解的手製成了木乃伊，是同一個主題。也許，所提到的這些的意義，可能就是古埃及之所以精心製作木乃伊背後所蘊含的原型象徵。這個觀點可能會有所爭議，只是我現在還沒辦法作進一步的探討。

---

81 原註：哈斯汀（Hastings, James）編，《宗教與倫理百科》（*Encyclopaedia of Religion and Ethics*），New York, Charles Scribner's Sons, 1922, Vot VII, pp. 253 f。

82 譯註：約翰·米爾頓（John Milton, 1608-1674）是英國詩人和思想家。這裡指的應該是他的史詩作品《失樂園》（*Paradise Lost*）和《論出版自由》（*Areopagitica*）。

83 原註：米爾頓，《論書版自由》。

夢之十三

我好奇地觀賞著一個特別而且漂亮的花園。花園 221
面積相當的大，全是石面鋪成的地板。每隔約略兩英尺就塑有青銅物體，直直高立，看起來很像是布朗庫希（Brancusi）[84]的雕塑《空中之鳥》（Bird in Space）。我靜佇很久。這雕刻有著非常正向的意義，但我無法掌握這意義確切是什麼。

布朗庫希的雕塑《空中之鳥》造型優美，作品的中段較厚，豎直的抛光金屬材質略有弧度，而頂端漸縮漸窄變成一個尖（圖43）。這帶出了有關豎桿或是立柱的象徵意義相關的整個議題。以最簡單的方式來說，它象徵陽具、進取而直接，是對向上精神這一領域的渴望。這也許還代表了將人類世界和超個人之神的世界加以連結的世界之軸。透過這樣的宇宙之軸，眾神得以降臨顯現，而原始薩滿可以上昇窺見狂喜的靈視。[85] 埃及宗教對直立的棍桿或高柱，呈現出其他不同的象徵涵義。有關歐西里斯死亡與重生的慶祝儀式裡，最後的結束儀式是最高祭司筆直地樹起稱為節德柱（Djed

84 譯註：康斯坦丁·布朗庫希（Constantin Brâncu i, 1876-1957），羅馬尼亞出生、法國活躍的雕塑家和現代攝影家。他被認為繼羅丹之後，二十世紀最具影響力的雕塑家，是現代主義雕塑先驅。他的雕塑作品常選用銅、大理石、木材和石膏素材，刻劃卵形及飛鳥等抽象的主題，引領視覺藝術領域的前衛思潮。1938 年，布蘭庫希在羅馬尼亞昔日納粹集中營之所在地特爾古日烏（Târgu Jiu）完成戰爭紀念碑創作〈無限柱〉，完整融合建築與雕塑藝術，成就藝術史上的一項里程碑。

85 原註：伊利亞德（Eliade, Mircea），《薩滿教》（*Shamanism*），Bollingen Series, LXXVI, Princeton University Press, 1964. p. 259 f。

column）[86]。關於這根直柱，埃及學權威朗德爾・克拉克（R. T. Rundle Clark）表示：

> 節德柱，筆直定定地矗立著，意謂人要正直地活著，要超越死亡與腐朽的負向力量。當節德柱筆直地樹立在那裡，就預示著生命將會在這個世界延續下去。[87]

222

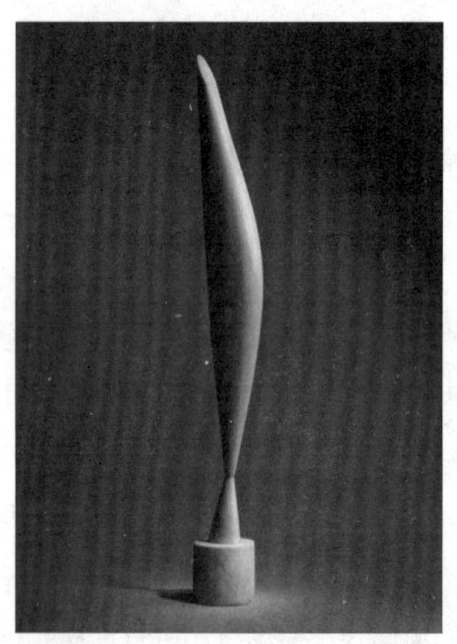

【圖 43】空中之鳥，布朗庫希（Brancusi）繪[88]

---

86 譯註：節德柱（Djed column），象徵裝載歐西里斯身體的柱子，其製作材質一般為木頭或黃金，它的四個面象徵著四大方位，所以節德柱本身亦象徵著神聖中心。同時，節德柱還象徵了歐西里斯及其復生。

87 原註：克拉克，op. cit., p. 236.。

88 編註：以公版照片替代原書圖。

《比斯提斯·索菲亞書》（*Pistis Sophia*）談到光之寶庫（A Treasury of Light），說寶庫匯集了從暗黑物質中救贖出來的光粒子。這個寶庫是個收集的中轉站，在這裡以後，通過所謂榮耀之柱（the Pillar of Glory）的光流，這些累聚起的光會轉送到更高的區域，也光明世界（the World of Light）。[89] 依摩尼教的教義，被選中的人為分散四處的光承擔起救贖的工作。被選中的人透過靈智（gnosis）而獲得重生以後，他們隨後成為了收集工具，用來收集這些分散在物質（matter）裡的光粒子。當死亡降臨時，每個人帶著自己積累的光離開物質世界，進入永恆的光界。[90] 布朗庫希的雕塑直指天空，（圖 43）可以比作榮耀之柱，通過它匯聚的救贖光 223
粒子穿過邊界進入了永恆。摩尼教的末世論裡，也有類似的意象。在世界的末日，最後的「塑像」（或立柱）出現了：

> 所有還可能得以救贖的光都凝聚到「偉大的理念」（Great Idea）……以「最後的塑像」的形式，上升到天國；而在這同時，受詛咒的靈魂、惡魔、充斥著慾望與雌雄同體的物質，都丟下地獄的深洞用巨石封入。[91]

榮格提到過摩尼教的「塑像」，將這觀點和一篇煉金術文獻一

---

89 原註：米德（G. R. S. Mead）譯，《比斯提斯·索菲亞書》（*Pistis Sophia*），London, John M. Watkins, 1947, p. 2 et passim.

90 原註：萊格（Legge, Francis），《基督教的先驅與對手》（*Forerunners and Rivals of Christianity*），1915, reprinted by University Books, New Hyde Park, New York, 1964, II, 296.。

91 原註：普希（Peuch, Henri-Charles），〈摩尼教的救贖觀〉（The Concept of Redemption in Manichaeism），出自《神祕靈視》（*The Mystic Vision*），Papers from the Eranos Yearbooks 6., Bollingen Series XXX, Princeton University Press, 1968, p. 313。

起討論。他這樣寫著：

> 很清楚的是……無論是創世之初，還是世界之末日，這塑像或立柱，既是完美的原始人（Primordial Man）……至少也是他的實體。[92]

夢中的意象包括有立柱的地面是鋪石頭的廣場，類似於弗雷澤筆下古時閃米特人的避難所：

> 我們知道迦南人在過去的聖所，包括耶和華的聖所，以至希西家（Hezekiah）和約西亞（Josiah）宗教改革的聖所，裡頭有兩件常規的崇拜對象，就是聖物（the sacred stock）和聖石，這些聖所是聖人（Kedeshim）和聖女（kedeshoth）舉行奢華儀式的地方。[93]

耶利米在批評以色列人時，提到聖物和聖石，他說：「他們向木 頭說，你是我的父；向石頭說，你是生我的。」（《耶利米書》，2：27，A.V.）石頭和棍桿分別是是女性神和男性神的代表。用心理學的講法，這個夢呈現了陽性原則和陰性原則的結合（coniunctio）。在這個石頭廣場裡，為什麼會有那麼多象徵男性的桿柱，這一點我不清楚。也許，這和索菲亞項鍊上的許多珍珠有著類似的含義。然而，作為對整體性和對立面的合一的表現，這是

92 原註：榮格，《神祕結合》，C.W., Vol. 14, § 567。

93 原註：弗雷澤，op. cit., vol. 1, p. 107。

一個表示完結的意象。這個夢是這病人和我談的最後一個夢。三個月後，他過世了。

我認為，這一系列的夢顯示，在某些情境下，無意識會帶來適 224
當的、可以稱為形而上的思考。做夢者自己雖然沒有經歷個體化這詞本身所表達的這段歷程，但可以推測，逼臨頭頂的死亡壓力也許壓縮了這一歷程。可以肯定的是，這些夢顯示他無意識迫切地想要傳達對當下的形而上覺知，似乎這樣的覺知在一個人肉體死亡之前是非常重要。

～

人們會問：這些夢對做夢者有什麼影響？這個問題很難肯定地回答；事實上，這裡報告的所有的夢，對夢者的情緒都有著強烈的影響，但有趣的是，他只是在分析會談中敘述這些夢的時候，才體驗到這個影響，而不是在分析之前就感受到。某種程度來說，只有分析師在場時，他才能釋放夢中意象的聖祕性。從整體來看，這一系列夢傳達了一系列小小的宗教體驗，為作夢者的生命態度帶來了逐漸明確的改變。這個既沒有宗教信仰，也沒有哲學思想的男性，因此而有了這一切形而上的啟蒙。這結果是，他至少有一部分從原來個人挫敗的憂心忡忡當中得到解放，他在人格上的深度與尊嚴達到了一個新的層次。在最後的死亡前，幾次他從死亡邊緣被救回來時，他一再提出這問題：「為什麼我的生命還要繼續？」也許，這些夢中包含著答案。

基督之血

缺乏煉金術的神學就像沒有右手的尊貴身體。[1]

我們的藝術，包括其中的理論與實踐，都是上帝的禮物，是上帝決定該什麼時候給予、該給予何人。那不是一個人的意志，或一個人的努力，一切不過只是上帝的恩慈。[2]

1 原註：韋特（Waite）譯，《赫密士博物館》（*The Hermetic Museum*），London, John M. Watkin, 1953, Vol. 1, p. 119。

2 原註：同上，p. 9。

1. 簡介

本章的主題是關於一個古老的的原型意象，其中包含了千百年來許許多多的神聖意義。這樣的意象，或善或惡，都力量強大，要小心以待。如果這意象深植於具保護力的正統內容裡，處理起來大致是安全的。但是，分析心理學的實證方法卻要求我們儘可能剝掉那些具保護的傳統情境，才能檢視活躍中的象徵，探究個體心靈裡象徵的自主功能。這就像參觀自然棲息、沒被關在動物園籠子裡的
226 野生猛獸。雖然這方法是必要的，但我們應該意識到它的危險，就如我們在實驗室必須處理炸裂物，畢竟得要心存敬畏。天真的自我會毫不在乎地接近這意象，也可能變得驕傲自大，因此必然遭到復仇女神的反彈而受挫。因為內心有這樣的了解，我總是將煉金術的兩句話當作座右銘。第一句指的是對科學實證和心理治療實務的態度：「缺少煉金術的神學就像沒有右手的神聖身體。」[3] 但是，為了防範人類意志的狂妄，緊接有了第二句：「我們的藝術，包括其中的理論與實踐，都是上帝的禮物，是上帝決定該什麼時候給予、該給於何人。那不是一個人的意志，或一個人的努力，一切不過只是上帝的恩慈。」[4]

榮格曾說過，基督這人物是自性的象徵[5]，這份覺察讓我們得以將傳統基督教神話連結到現代的深度心理學，這條路也因此才可以走得深遠。其中有個必然的重要意象和基督教義象徵相關，就是

---

3 原註：同上，p.11 9。

4 原註：同上，p. 9。

5 原註：譬如榮格，〈基督，自性的象徵〉（Christ, a Symbol of the Self），出自《伊雍》，C.W., 9 ii, § 68f。

基督之血。我開始注意到這個主題，是因為臨床工作上遇到了幾個和基督之血有關的夢。會有這幾個夢，表示在現代人的心靈中，基督之血還是個相當活躍的象徵。因此我透過榮格心理學，開始探索這個象徵及其延伸所帶來的影響。

然而，要證明這意象及其關聯性並不是被構建出來的理論，而是依然活躍著的有機體，就必須要透過實證、描述和現象學的方法來工作。這方法對讀者而言是很高的要求。這些各式各樣的相似性和類比，就像是有著重重關卡的迷宮，如果要從裡面追查出各式各樣的連結，將可能會發生迷路的危險。而我知道，一旦真要藉由實證方法，這危險也就不可避免。儘管批評者們對這點有許多的誤解，但榮格心理學既不是哲學也不是神學，而是可實證的科學。為了不要模糊了這一事實，我們必需要用笨拙的實證－描述性方法（empirical-descriptive method），因為這方法對心靈真實的呈現永遠是立即可見的，就算其複雜程度容易讓人搞混。因此，為了提供一個全面性的方位，我在本章加入了一個圖表，將所有會談到的意象列出它們內在的彼此關聯，全都和基督之血有關（圖形 8）。

2. 血的含義 227

基督之血這一意象，與古代的思想和實務有著無數的關聯。從原始的時代開始，血液就有著聖祕（numinous）的隱義。血液被認為是生命或靈魂的居所，而肝臟被認為是一團凝塊的血液，因此也被視為是靈魂的居所。[6] 如果一個人的血液流乾，生命也就會隨之

6　原註：葉克斯（Yerkes, R. K.），《希臘羅馬宗教與早期猶太教祭祀》（*Sacrifice in Greek and Roman*

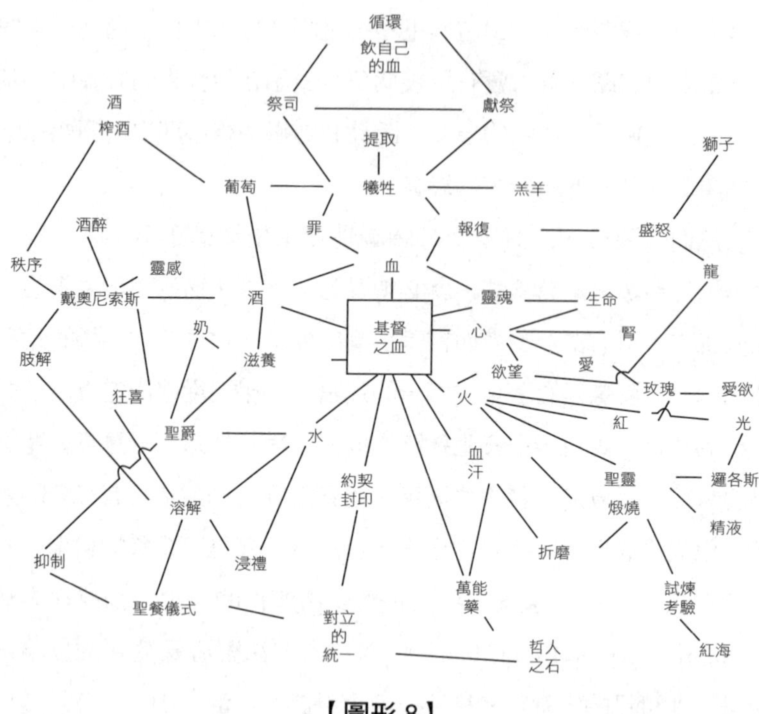

【圖形 8】

消散，人們自然會將血等同於生命。與此類似的是，冥界裡死者的
影子如果有血可飲，可以短暫地恢復生命的部分外貌。《奧德賽》
226 第六卷裡有著經典的例子，也就是奧德修斯遊歷冥府[7]的故事。血
液作為生命自身的精華，是人能夠孕育出最最珍貴的東西。血因此
有著超個人的意涵，被認為只屬於上帝。因此，古希伯來人是禁止

Religions and Early Judiasm），New York, Scribner's, 1952, p. 42 n.I。

7 譯註：奧德修斯為重返家鄉，前往冥府尋找先知忒瑞西阿斯，向其詢問如何回到家鄉。在冥府，奧德修斯見到了無數悲苦的亡魂，他奉祭了一頭全黑的公羊，將其血注入地坑坑口，死人的靈魂衝湧而至，奧德修斯執劍不讓它們的頭臉靠近血邊。其後，忒瑞西阿斯先飲下祭羊之血，才向奧德修斯肯道出真言；而奧德修斯的母親也是喝過祭羊之血後，才認出自己的兒子。

吃血。在《申命記》裡，耶和華說：「……血是生命，不可將生命與肉同吃。」（12：23，RSV）「……獻祭的血要倒在耶和華你神的壇上……」（12：27，RSV）保薩尼亞斯（Pausanias）[8]說，阿波羅的女祭司每月一次會在夜晚獻祭羔羊，並藉由嚐血來和上帝與先知們交談。[9]因為血有這些的意義，所以是最合適送給上帝的禮物，而這也說明了血祭廣泛存在的緣故。

因為血是神聖的液體，因此在獻祭眾神的儀式以外，將血加以潑灑是犯罪行為。血因此和謀殺以及隨之而來的內疚和復仇有著密切的關係。人們認為血是自主的實體，是可以要求為自己復仇的，就像亞伯的血從土地冒出來哭喊那樣。（《創世紀》，4：10）根據原始思考（也就是無意識思考），取他人的性命在道德上並沒什麼錯誤，但擾動了像血液這種潛能強大的物質卻相當危險。這物質會為自我復仇，就好像一個人太不小心或太無知地抓了高壓線，高壓線必然會為自己復仇。

如果從心理的角度來理解，血代表了靈魂的生命，超個人源頭的生命，這是極其珍貴而強大的。面對血，要像面對神一樣的虔敬；自我如果出於個人目的而有任何對血的操控、盜用或是毀損，都會引起報復或懲罰。流血的債要用更多的血才能償還。正如收支必須平衡。這樣的想法點出了心靈能量守恆的法則。這麼多的心

8　譯註：保薩尼亞斯（Pausanias），生卒年不詳，是在公元二世紀羅馬時代的希臘地理學家、旅行家，著有《希臘誌》（Π ε ρ ι γ η σ ι ς）十卷，書中內容多為後世考古學發現所引證。據學者推測，他到過希臘、馬其頓、義大利、亞洲、非洲等地，約在西元 174 年定居於羅馬，並且在當地寫成《希臘誌》。書中詳細記述多個希臘城市的環境、名勝、傳說，以及城中所藏的藝術品，為後世的研究者留下了珍貴的資料。

9　原註：葉克斯，p.14。

靈生命，有待我們去活出來。如果有任何一個領域的完成被否決，就必須從其他領域彌補。於是，只能以血換血。如果這一點受到潛抑，將是內在的謀殺，它必然會找到出口的。這是忤逆生命的罪行，未來必得償贖。榮格心裡也明白這個事實，所以他說：

> ……本性似乎就會讓我們心生嫌隙……如果我們不再對同伴有情感……將祕密藏於心底而收回情感，這是心靈的輕罪，因為本性最後還是會拜訪我們，帶來不適的感受；即使我們私下這麼做，這情形終究還是會出現。[10]

229 古代有關血的象徵的另一個特點是，人們相信，在神或魔的力量與人的力量之間，血建立起了聯繫或者說是契約。和魔鬼間的協議必須以血為契；同樣的，只有真正流過了血，才能將上帝與人之間的協議綁定。「血契」於是出現在慶典中，藉由它，耶和華在《出埃及記》第二十四章中裡，將自己與以色列綁繫在一起：

> 摩西將耶和華的命令都寫上。清早起來，在山下築一座壇，按以色列十二支派，立十二根柱子。又打發以色列人中的少年人去獻燔祭，又向耶和華獻牛為平安祭。摩西將血一半盛在盆中，一半灑在壇上。又將約書念給百姓聽，他們說：「耶和華所吩咐的，我們都必遵行。」摩西將血灑在百姓身上，說：「你看！這是立約的血，是耶和

10 原註：榮格，《心理治療實踐》，C.W., Vol. 16, § 132。

> 華按這一切話與你們立約的憑據。（《出埃及記》，24：4-8，RSV）

在這裡，血就像是黏合劑或是繫繩。一半交給耶和華，由聖壇來代表；另一半交給百姓。這樣，百姓就和上帝結合在了一起，「同一血脈」。上帝和百姓共同參與了浸禮，或是煉金術的溶解（solutio），將兩者共同融為一體。

《新約》也提到了「血契」，並用在基督的血。就如同摩西獻祭牲血來加強上帝和以色列之間既有的約定，基督的血也在祂的自願下，強化了上帝與人之間新立的聯結。這種相似的情形，在《希伯來書》第九章中也有非常清楚的例子：

> 為此祂（基督）作了新約的中保，便叫蒙召之人得
> 著所應許的永遠產業。凡有遺命，必須等到留遺命的人死
> 了……所以前約也不是不用血立的。因為摩西當日照著律
> 法，將各樣誡命傳給眾百姓，就拿朱紅色絨和牛膝草，把
> 牛犢山羊的血和水，灑在書上，又灑在眾百姓身上，說，
> 這血就是神與你們立約的憑據。他又照樣把血灑在帳幕，
> 和各樣器皿上。按著律法，凡物差不多都是用血潔淨的，
> 若不流血，罪就不得赦免了。照著天上樣式作的物件，必
> 須用這些祭物去潔淨。但那天上的本物，自然當用更美的
> 祭物去潔淨。因為基督並不是進了人手所造的聖所，（這 230
> 不過是真聖所的影像）乃是進了天堂，如今為我們顯在神
> 面前。也不是多次將自己獻上，像那大祭司每年帶著牛羊

的血進入聖所（牛羊的血原文作不是自己的血）。如果這樣，他從創世以來，就必多次受苦了。但如今在這末世顯現一次，把自己獻為祭，好除掉罪。（《希伯來書》，9：15-26，RSV）

這段話顯示出了，希伯來的神話和儀式在含義逐漸完成的過程裡，是如何與柏拉圖式的思想逐漸融合，而演化成基督之血的基督象徵。希伯來的「血契」公認為是真品的「備份」，它像星星般點點佈撒在耶和華的聖所，而這聖所也是天國永恆聖所的備份。這個觀點，加上前面只出現一次有關基督之血的陳述，從心理上來說，暗示著在集體心靈的原型層面出現了一次轉化。上帝本身也經歷了一次變化，所以將人與上帝（也就是自我與自性）合一起來而產生聯結和救贖的這一股液體，如今透過基督這位大我的啟動，一直繼續發揮著作用。

在這新的赦免制度裡，「血契」變成了聖餐中的血。最後的晚餐記錄了兩者的聯繫：「他拿起杯，感恩後，他把它給他們，說：『喝下它，你們所有人；這是我的血契，我的血為多人而流，為了寬恕惡。』」（《馬太福音》，26：27-28，RSV，也可參見《馬可福音》，14：23-24 和《哥林多前書》，11：25）。因此，就算只有象徵的或儀式的目的，《舊約》禁止飲血的訓諭還是被束之高閣。飲基督之血，成為鞏固上帝與人之間聯結的方式。

有關以血作為契約的封印這件事，羅伯森．史密斯（W. Robertson Smith）提出了一些重要的訊息。他這樣寫道：

重點在於，透過吃下另一生靈的血肉，特別是飲其血，人就可以將它的特性或生命變成自己的。這樣的信仰，在原始人類中以許多不同的形式出現……這觀念最矚目的應用，就是歃血為盟成為兄弟會的儀式，這是在世界各地都可以見到的例子。這儀式最簡單的形式是，兩個男性透過切開血管來吮吸彼此的血，而成為兄弟。自此之後，他們不再是兩個生命，而是合而為一……在古阿拉伯文學裡，提過很多次的血契，但是所用並非人血，而是聖殿裡犧牲品祭殺的血。

……再晚些的時代，我們發現觀念的趨勢是任何兩 231
個男人共同分享的食物，這樣相同的物質就會進入到他們肉體和血液裡，也就足以在他們之間建立某種神聖的生命合一；但在古老的時代，這樣的重要性似乎只有極其神聖之犧牲品的血肉才擁有，而且這犧牲品死亡所帶有莊嚴神祕性，如果要有一定的正當性，就是這種神聖結合劑的取得，是要在崇拜者和他們的神之間創造出或維持原本就有的合一連結（bond of union）。這種結合劑沒有什麼特別，就是神聖和血親的動物，人們認為結合劑棲息在這樣的血肉裡，特別是血液裡，也因此棲息於聖餐裡，然後確實地分配給所有的參與者，每個人都將這一塊與他個體的生命結合為新的肉身。[11]

---

11 原註：史密斯（Smith, W. Robertson），《閃米人的宗教》（*The Religion of the Semites*），1899, Reprinted by MeridianBooks, New York, 1956, p. 313f。

譯註：威廉・羅伯森・史密斯（William Robertson Smith, 1846-1894），蘇格蘭的東方學家、舊約學者、神學教授和蘇格蘭自由教會的牧師。他是《大英百科全書》的編輯和《聖經百科》

從心理學的視角來理解，這是力比多（libido）的共同投注而孕育了兄弟情誼。人們如果共同投身同一事業，分享共同的目標、共同的苦難和共同承諾的價值，就會有著彼此有如親兄弟的感受。同樣的情形也會出現在個體的生命內部，這是當自我在意識層面發現了自性的存在而緊緊與它聯繫一起的那一刻，產生了強烈情感的剎那所促成的。力比多強度透過血液來象徵，才能鍛造出人與人之間，和人與神之間的聯繫。

有了這些的觀察，在羅馬天主教的彌撒中會飲下基督的血，象徵著雙重的黏結過程。首先，個體領受聖餐可以連結他個人與上帝間的關係。其次，他在心理上和其他所有領受聖餐的人有了認同合一，成為基督祕體（mystical body of Christ）的一部分。基督以自己之血作為滋養的舉止（像是鵜鶘那樣），呈現了正向的母親原型，或者說，呈現了自性的成分。同樣的意義附在聖杯或是聖爵的象徵上，都是收集基督之血的。而與這條思想線有關的，還有一個有趣而不尋常的意象，出現在偽作的《所羅門頌歌》（*Odes of Solomon*）[12]〈頌歌十九〉的頭四節是這樣的：

（*Encyclopaedia Biblica*）的撰稿人。他主要以《閃族人的宗教》一書而聞名，該書被認為是宗教比較研究的奠基文獻。

12 譯註：《所羅門頌歌》（*Odes of Solomon*），是聖詩集，據說寫於公元前100年，和《死海古卷》（*Dead Sea Scrolls*）非常相像。在聖經中的《詩篇》（*Psalms*），是所羅門王以後宗教詩的集大成，而《雅歌》（*Song of Songs*）則匯集了結婚和情歌的歌詞。不過〈所羅門之歌〉（Song of Solomon）在《丁達爾聖經》（*Tyndale's Bible*）中的標題是 Balette of Balettes。而夏安博士（Dr. Cheyne）在《聖經百科》的〈頌歌〉（Canticle）這一項中追溯其根源，認為是出自敘利亞的一組舞曲，與婚禮的慶典有關；其後又被敘利亞及希臘的諾斯替教徒用來作為他們最重要的宗教寓言之一。1909年，英國學者哈里斯（J. Rendel Harris）發現了內容最全的敘利亞文版本。目前有四十二首頌詩。希伯來文的《米德拉希書》（*Midrash*，猶太教經文）及《塔古姆》（*Targum*，《舊約》譯文之一種）提出決定性的證據，證明雅歌起源於寓言故事。我們可以清楚地知道，敘利亞－猶太人的婚禮（一般咸認為是一種宗教儀式）採用較古老的寓言形式為曲調，搭配舞蹈，有人給了我一杯乳汁：我在主欣喜的甜蜜裡喝下了它。聖子就是這杯，給乳汁的是聖父：聖靈從聖父處擠出乳汁：聖父的乳汁飽滿，聖父的乳汁應該充分施予，聖父必須如此；聖靈敞開聖父的胸膛，將聖父兩個乳房的乳汁混在一起，並將之不為人知地施予世間。[13] 232

因為多數神學家父權式的偏見，自性是男性和女性原則的統一這一現象的事實，在經典材料中普遍受到了忽略。這一段之所以如此不同尋常，在於十分明顯地將女性特質賦予了神。然而，在實證的心理學材料裡，這是基本的原則：自性一向是由矛盾的，或雌雄同體的意象來代表。

這段文本呈現出驚人的三位一體畫面。在聖餐儀式這一象徵裡，乳汁等同於基督之血，而這就是聖父的乳汁或是血液，也就是說，它是意識的自我還不知道的、屬於自性遙遠或超越的那一面向。聖子就是這杯子，也就是說，人化為肉身於世俗的這個個人的、暫時的生命，就如同一個容器，將原型的生命能量加以涵容和傳送。如果要領悟這生命之液的基本性質，這個聖杯，這獨特的個人容器，就必須加以清空。換句話說，原型的生命意義，這個將個人的與超個人的源頭連結在一起的意義，是必須從個體的個人且具體的生命所化成的肉身中，萃取而出的。根據這文本，聖靈是擠出乳汁的人，同時也可以將聖靈視為乳汁本身。這與其他對聖靈的描

在連續七天的婚宴中貫穿進行。學者們目前對它最初以什麼文字寫成有諸多爭論。

13 原註：《失落的聖經與被遺忘的伊甸書》（*The Lost Books of the Bible and The Forgotten Books of Eden*），克里夫蘭（Cleveland），World Publishing Co.,II, 130。

述相符，也和我稍後的結論一致：基督之血和聖靈是同義詞。

亞歷山大的克雷芒（Clement of Alexandria）[14] 也使用了同一個意象，將聖父的乳汁等同於邏各斯：

> 喔，神奇的奧祕！我們受到命令摒棄舊式的、肉體的腐朽，還有以往的獲得滋養的方式，而轉向了新的、不同的飲食，那來自基督……食物是聖父的乳汁，孩子們獨享它的照護。特別受人喜愛的那一個、給我們滋養的，是邏各斯，他為我們流自己的血，救贖人類的本性。經由祂而皈信上帝，我們在聖父「帶來關懷－撫慰的胸部」（《伊利亞特》，XXII，83）避難，這就是邏各斯。而祂僅憑自己一人，十分稱職地，賜予我們這些嬰孩愛的乳汁（基督之愛），這些得以吮吸這個乳房的，是唯一真正受福佑之人。[15]

233 邏各斯不僅是乳汁，也是〈頌歌十九〉所指的精液，這段頌歌是緊接著前文的：

---

14 譯註：亞歷山大的克雷芒（Clemens Alexandrinus，約 150-215），希臘的基督教教父，生於雅典的異教徒家庭，曾加入神祕宗教，後到處遊學，在亞歷山卓接受潘代努（Pantaenus，古代基督教學者）的影響而皈依基督教，並在潘代努之後繼任亞歷山卓教理學校校長。克雷芒認為，哲學是歸向基督的預備，古代先哲都曾受聖靈感動而有深知睿見。克雷芒繼承併發揚了亞歷山大學派寓意釋經法傳統，主張聖經的字句後面隱伏著更深的含義。他的主要著作有《給新受洗的人》、《對希臘人的勸勉》、《導師基督》和《雜記》等。

15 原註：《導師》（*Paedagogos*），1, 42, 2-43,4。引自古迪納夫，歐文（Goodenough, Erwin），《希臘羅馬時期的猶太象徵》（*Jewish Sym- bols in the Greco-Roman Peri*d），VoI. 6, Princeton University, p.119。

那些取（它）（聖父乳汁）的，在右手的豐滿之中。處女的子宮得到（它），受孕並生育：處女聖母成為偉大恩典的母親。[16]

根據古代的生理學，女性可以把血液變為乳汁，而男性可以將之轉為精液。血液、乳汁和精液是同一種基本物質的不同形式。這樣，我們就來到了斯多葛派所講的原初之道（Logos Spermatikos）的概念，有創造力、可以孕育的言語（Word），對應著《約翰福音》第一章第三節所講的，言語具有創造的功能：「萬物是藉著他造的。凡被創造的，沒有一樣不是借著他造的。」

基督之血在《舊約》中的另一個雛形是逾越節羔羊。夜裡，埃及所有新生的頭胎生命全部會被耶和華的復仇天使殺死，只有以色列人得到指引，殺了一隻沒有瑕疵的羔羊，把它的血塗在門框和房子的門楣上。耶和華這樣說的：「這血要在你們所住的房屋上作記號；我一見這血，就越過你們去，在我擊殺埃及的頭生的時候，災殃必不臨到你們身上滅你們（《出埃及記》，12：13，RSV）。上帝意象的發展，讓那些有標記的人將免於復仇血洗，這也出現在《以西結書》裡的靈視。其中，有一個身穿白衣，腰帶墨盒的男子，上帝告訴他說：「你去走遍耶路撒冷全城，會見那些因城中所行可憎之事嘆息和哀哭的人，畫十字記號在他們的額上。」（《以西結書》，9：4，JB）所有額頭上沒有十字的，上帝下令皆加以擊殺。

16 同上，p.121。

我特別要提到這段，是因為這個白衣腰間帶著墨盒的抄書吏，非常像本章後文的一個夢中出現的人物，在那個夢裡，「墨跡」就是基督之血。門框上的血跡和《以西結書》中前額上的印跡都是被上帝選中的標記；這些人將得到豁免，免於上帝血腥的震怒，或免於浸沒在同樣象徵的紅海。在《啟示錄》（7：2-3 和 9：4）裡，
234 也呈現了這個主題的第三種變體。上帝的十四萬四千位的神眾僕人，他們在前額受印，而免遭毀滅。

基督的流血犧牲和逾越節的羔羊，保護了以色列人不受耶和華的復仇所傷害，這兩者之間有許多類似之處，有助於清楚說明了基督之血有救贖力量的心理意義。在《出埃及記》裡，每個埃及家庭都被要求自願獻上一個新生子。而猶太人得到豁免，只要呈上一個自己心甘情願的犧牲品就可以了，然後它的血將加以展示。事態的發展是由鐵石心腸的法老所決定的。頑固不化的人擁有權勢。為了修正這樣的情況，人們必須流血。與靈魂有關的一切都必須液化，必須從堅硬而不孕的現狀中萃取出來，這樣生命和力比多才能再次流動。當這一切換成詞語來講述時，我們立刻就可以明白，這些意象是多麼適合用來描述個體的內在生命。耶和華所象徵的對個體化的渴望，意謂著我們需要進一步的轉化，需要讓被奴役、被壓抑的能力得以自由。如果我們埃及式的心臟無法產生血液，就必須強力地將以萃取出來。從某種程度上來說，當自我將它的意願設定為阻止整體性追求，也就是違背著自性的需要時，人們會為了避免人格受到毀滅，於是採取了犧牲獻祭的態度；而為了完成這樣的態度，力比多會自動移動而運送進入超個人的目的。

基督是與逾越節羔羊一樣，都被稱作「天主的羔羊」（Agnus

Dei）。同樣，如果對象徵就事論事來評論，基督作為上帝的頭生子，正如埃及人被要求犧牲獻祭的頭生子一樣。就我所知，過去傳統的解讀中沒有過這樣的結論；然而，我們有必要從心理學的角度，全面性地理解這神話。羔羊式的溫順和法老式的鐵腕，這兩種情緒的交雜總是和進行救贖的犧牲獻祭同時出現。而自我，充其量，就像是花園裡的基督一樣，雖然有幾分勉強，但還是願意如此。

有關羔羊犧牲獻祭的象徵，還有更多的內容可談。它的無辜、溫順、純潔，代表了我們最不願意去傷害的那些部分。這個主題偶爾會出現在夢裡。例如我想到一個病人，可以說他有約伯或是亞哈（Ahab）情結[17]，一股對上帝難以抑制的憤恨，因為上帝讓年輕和無辜的人受苦。她曾夢見一隻羔羊即將被獻祭，而自己是不忍直視的。在這樣的情形下，羔羊似的童年純真必須被獻祭出去，也就是說，被全愛的父親全然地照護，這意味著這樣的期待，無論是從現實上，或是從應該如何的角度，都是全愛的父親所監管的。「羔羊之血」必須從這種不成熟的態度中才得以萃取出來，才能讓慈愛的 235
精神在現實中真正活顯出來，不再是幼稚的自我那種被動的要求，而是可以讓意識中的人格動員起來的積極力量。如此天真無辜之純淨的犧牲獻祭，也暗示著對陰影的認識，讓一個人不再認為自己是

17 譯註：因為亞哈王娶狂熱信奉巴力的耶洗為妻子，導致以色列開始崇拜偶像，包括巴力及亞舍拉。亞哈王不聽從以利亞先知從上帝那裡領受的信息，持續崇拜偶像，以色列因此經歷了三年沒有下雨的旱災，導致飢荒，最後甚至連亞哈王都要自己牽著騾馬，走遍當地的水源地，希望能找到青草來救活家畜。亞哈王三年後再次遇見以利亞，他們相約在迦密山向上帝獻祭，看是偶像的神才是真的神，還是以利亞所信奉的上帝才是真正的神。最後，上帝耶和華降下火在以利亞的祭壇中，並下雨解開以色列三年以來的旱災，百姓們於是都相信耶和華才是真正的神。

天真無辜的受害者，不再將行惡的角色投射給上帝或是鄰人。

3. 基督和戴奧尼索斯

另一種和基督之血相連的重要系列象徵，是戴奧尼索斯的葡萄和美酒。最早提及這點的是在《約翰福音》裡，基督談到自己時說：「我是真葡萄樹，我父是栽培的人。凡屬我不結果子的枝子，他就剪去。凡結果子的，他就修理乾淨，使枝子結果子更多……我是葡萄樹，你們是枝子。」（《約翰福音》，15；1-5，RSV）。從這段，到基督與搗碎成酒的葡萄兩者之間的認同合一，才只走了一小步。十七世紀詩人亨利・沃恩（Henry Vaughan）[18] 在他的詩作〈激情〉（*The Passion*）中，呈現了這樣的聯繫：

> 深受福佑的葡萄樹啊！
> 這汁液是如此甘美
> 我感覺彷若美酒，
> 但你自由恣肆的枝條就如同血液
> 你是已經如此萬全
> 成為我的盛宴！[19]

---

18 譯註：亨利・沃恩（Henry Vaughan, 1622-1695），出生在威爾斯的英國詩人。他是玄學派晚期代表詩人之一，受喬治・赫伯特影響較大，但有自己的風格：一是對天真無邪的童年之嚮往，二是對自然環境有著敏感的反應。沃恩詩歌的這兩大特點，對後來的浪漫主義詩人華茲華斯有很大影響。沃恩的主要著作有詩集《矽土的火花》，或稱《聖詩集》。

19 原註：沃恩（Vaughn, Henry），《閃爍燧石》（*Silex Scintillans*），出自《亨利・沃恩全詩集》（*The Complete Poetry of Henry Vaughn*），edited by French Fogle, Garden City, New York, Anchor Books, Doubleday,1964, p. 185。

基督在迦拿將水變為酒的神蹟（《約翰福音》，2：1 及其後），將祂確立為一名釀酒者，而酒內蘊藏的精神，就如同基督給撒馬利亞婦人的「活水」（《約翰福音》，4：10）。活水或長生不老藥（elixirvitae）這個詞，是很久之後煉金術士們所使用的。收藏在大都會博物館修道院分館的安提阿聖杯（the Chalice of Antioch），可以追溯回公元前四世紀，在杯上我們可以看到由豐密的葡萄藤圍在中間的基督（圖 44 和 45）。這正如榮格所說的：

「迦拿出現的酒的神蹟和戴奧尼索斯聖廟中的神蹟是一樣的，而且這是極其重要的，在大馬士革聖杯上，基督就如同戴奧尼索斯一般，都是在捲曲的葡萄藤間得到了加冕。」[20]

【圖 44】安提阿聖杯

戴奧尼索斯和他的酒是個曖昧的 236
象徵。它可以帶來波斯詩人莪默．伽亞謨（Omar Khayyam）[21] 詩中描繪的那種靈感、狂喜，以及意識的慈愛轉化：

20 原註：榮格，《心理學與宗教》，C.W., Vol. 11, § 384。

21 譯註：譯文採取郭沫若所譯的《魯拜集》，北京，人民文學出版社 1958 年。郭沫若將 Omar Khayyam 譯為莪默．伽亞謨，目前多譯為奧瑪．開儼、莪默．伽亞謨、奧馬開儼（1048-1131）。他是波斯詩人、天文學家、數學家，尤其精於天文學。當時的蘇丹非常器重開儼，委以更改曆法的重任，於 1079 年開始實行他所製定的新曆亞拉里曆，這比原本的蔣牟西舊曆更為精確。開儼留下詩集《柔巴依集》，也就是中文世界多次翻譯的《魯拜集》）。奧瑪．開儼的詩大部分關於死亡與享樂，諷刺來世以及神，這與當時的世俗風尚相去甚遠。《柔巴依集》其實是一些零散的筆記，開儼死後由他的學生整理出來。十九世紀，英國作家愛德華．費茲傑羅（Edward Fitzgerald）將《柔巴依集》翻譯（或撮譯、改寫）成英文，因為譯文精彩，從此《柔巴依集》不再僅是歷史筆記，而作為著名詩集而風行全世界。

【圖 45】由豐密的葡萄藤圍在其中的基督

葡萄酒呀，它以絕對的論理
說破七十二宗的紛縈：
他是崇高的煉金術士
瞬時間把生之鉛礦點化成金。[22]

柏拉圖在《理想國》（II, 363C）裡，描述了當時很流行的一

22 原註：《莪默．伽亞謨的魯拜集》（*Rubaayt of Omar Khayyam*），translated bf Edward Fitzgerald, Verse LIX。

個想法：死後的天國為義（righteous）而存。諸神「把他們帶到黑帝斯的屋子，……安排聖徒們的盛宴討論，他們斜倚臥榻，頭戴花冠，自此以酒為樂，就好像德行最合理的酬償就是一場永不落幕的酒醉。」（根據保羅・肖里〔Paul Shorey〕的英譯）。

在尤里比底斯（Euripides）所著的《酒神的女信徒》（*Bacchae*）裡[23]，酒神的女信徒在狂喜中，有個驚奇的美麗意象，呈現出這生命之液不可思議的流動：

然後有一個人將舉起
她的魔杖，猛擊岩石，一股
飛速明亮的水流噴射而出，另一位
將她的酒神杖插入大地的懷抱，那裡
有上帝賜予她的紅色的酒液，
深暗色的湧泉。如果任何嘴唇
渴望著更多白色葡萄飲釀，就用浸在酒裡的指尖
按壓草地，地下噴湧而出
乳汁湧泉，蘆葦桿制的常春藤為冠

23 譯註：尤里比底斯（Euripides, BC480-406）與艾斯奇勒斯和索福克勒斯（ ）並稱為希臘三大悲劇大師，一生共創作了九十二部作品，保留至今的有十八或十九部。悲劇作這一門藝術，到了尤里比底斯手上，不再圍繞著舊式的英雄主題，而是取材自日常生活。另外，尤里比底斯有很多以探討女性心理為主題的作品，包括對後來西方的文學發展有著很深的影響《美狄亞》。公元前 405 年，《酒神的女信徒》是他在馬其頓最後幾年的作品。這場悲劇基於希臘神話底比斯國王彭透斯和他的母親，以及他們受到戴奧尼索斯神（彭透斯的堂兄）的懲罰。《酒神的女信徒》被認為不僅是尤里比底斯最偉大的悲劇之一，也是有史以來最偉大的現代或古代悲劇之一。它的獨特之處在於將合唱融入劇情，而神不是遙遠的存在，而是劇中的一個人物，確實是主角。本劇本有台灣戲劇學者胡耀恆和胡宗文的合譯本，2014 年由台北聯經出版社出版。

蜜汁流淌，一滴接著一滴。

（卷 ll. 700 及其後，莫瑞〔Murray〕英譯）

237 然而，戴奧尼索斯的神聖狂歡裡也充斥著暴力與恐怖，瘋狂的酒神女信徒（Maenads）隨意活活肢解路過的行人。這是奧菲斯（Orpheus）[24] 和彭透斯（Pentheus）[25] 的命運。當自我向集體無意識的力量認同時，就會犯下這恐怖的罪，讓人驚懼。譬如，想想中世紀對異教徒所處的火刑，所行刑者正是那些迷醉於基督之血，自以為正直的教士。

酒象徵著恐怖的那一面，在上帝憤怒的葡萄這個意象裡，得到了進一步細膩的描述。我們在《啟示錄》中讀到：

「拿出你的快鐮刀來，收取地上葡萄樹的果子，因為葡萄熟透了。」於是，那天使就把鐮刀扔在地上，收取了地上的葡萄，丟在神忿怒的大酒醡中。那酒醡被踹到城

---

24 譯註：奧菲斯（Orpheús）是希臘神話中的一位音樂家。古希臘出現過一個以他為名的祕密宗教，即奧菲斯教。他參加過阿耳戈英雄遠征，亦以與其妻歐律狄刻的悲情故事而為人所銘記。音樂也使他痛心：女仙子歐律狄刻傾醉七弦豎琴的恬音美樂，而投入英俊少年的懷抱。在婚宴中，女仙子被毒蛇噬足而亡。痴情的奧菲斯衝入地獄，用琴聲打動了冥王黑帝斯，歐律狄刻再獲生機。但回家路上，冥途將盡，奧菲斯遏不住胸中愛念，不顧冥王告誡，轉身確定妻子是否跟隨在後，卻使歐律狄刻墮回冥界的無底深淵。悲痛欲絕的少年隱離塵世，在山野漂泊中遇到崇奉酒神戴奧尼所斯並追隨他的一群酒醉痴狂的女人，不幸死在她們手中。他被砍下的頭顱雖被拋入河流，口裡仍舊呼喚著歐律狄刻的名字。繆斯女神將他安葬後，七弦琴化成了蒼穹間的天琴座。

25 譯註：彭透斯（Pentheus）是古希臘神話男性人物之一。他是底比斯的君主，從祖父卡德摩斯中獲得王位，旋即禁止戴奧尼索斯崇拜，因而招至報復與打擊。戴奧尼索斯引誘彭透斯偽裝成女人，去監視酒神儀式，彭透斯希望在儀式裡看到性愛活動。但是卡德摩斯的女兒們（他媽媽的姊妹們）看到他在樹上，以為他是一隻野獸。她們把彭透斯拉下來，把他的肢體撕成碎片。

> 外，就有血從酒醉里流出來……。[26]

上帝的怒氣是將酒從葡萄中汲取出來的葡萄醉汁機，但也可以 238
是酒本身，在《啟示錄》十六章十九節裡能看到一些證據：「……上帝盛怒的酒。」（A.V.）

《以賽亞書》六十三章一至三節裡也有同樣的狂暴意象：

> 「這從以東的波斯拉來，穿紅衣服，裝扮華美，能力廣大，大步行走的是誰呢？……你的裝扮為何有紅色，你的衣服為何像踹酒榨的呢？」耶和華回答：「我獨自踹酒榨。眾民中無一人與我同在。我發怒將他們踹下，發烈怒將他們踐踏。他們的血濺在我衣服上，並且汙染了我一切的衣裳。」（RSV）

教會的神父們認為這段是指受苦的以賽亞。[27] 按他們所說，「這個因為『葡萄醉汁機』而身上染『紅』的人不是別人，正是我們的主基督耶穌，因為……這個問題是耶穌榮耀升天當日有天使告訴祂的。」[28]

---

26 原註：《啟示錄》，14：18-20，RSV。

27 原註：《猶太聖經》（*Jerusalem Bible*），p. 1243, note b。
原註：皮內多（Pinedo, Ramiro de），《中世紀西班牙的象徵主義》（*El Simbolism o en la eseultura medieval espanola*），Madrid, 1930, Quoted by Cirlot J. E., A Dietionary of Symbols, New York, PhilosophiealLibrary, 1962, p. 29。

28 原註：皮內多（Pinedo, Ramiro de），《中世紀西班牙的象徵主義》（*El Simbolism o en la eseultura medieval espanola*），Madrid, 1930, Quoted by Cirlot J. E., A Dietionary of Symbols, New York, PhilosophiealLibrary, 1962, p. 29。

《以賽亞書》說這個身著血衣的人就是耶和華，他的衣服浸透了敵人的血。早期教父學類比論者（patristic analogists）[29] 推論認為這個穿著血衣的人物就是被自己的血浸透了衣服的基督。如此一來，這個基督教象徵出現了矛盾而反轉的特徵。拿來犧牲獻祭的一切成為了獻祭的犧牲者。對耶和華來說，敵人的血成了他自己的血。

古埃及僧侶將酒視為神的敵人的血。根據普魯塔克（Plutarch）[30]：

> ……他們既不喝葡萄酒，也不視為諸神會在乎的貴物而當作奠酒，因為這是與眾神對抗的那些作戰者的血。當這些人倒下將與大地塵土混為一體，他們相信會在這裡會有葡萄藤從中而生。這就是為什麼酒醉會讓人酩酊地失去感知且瘋狂，這個就是喝醉酒的人，為什麼會失去記憶，那是因為這時他們身上充滿了先輩的血液。[31]

原註：原註：普魯塔克（Plutarch），〈伊西斯和歐西里斯〉（Isis aud Osiris），出自《普魯塔克道德觀》（*Plutareh's Moralia*），VoI. 5., Loeb Classical Library, Cambridge, Harvard UniversityPress, 1962, p. 17。

29 譯註：Patristic 這字應該是源自教父學（Patristics 或 Patrology），這是針對早期基督教會的文件及其作者的研究，特別是指約介於新約時代末期，或使徒年代（Apostolic Age，約西元一世紀）末期，一直到西元 451 年的迦克墩大公會議，或八世紀的第二次尼西亞大公會議之間。而 analogism 直接翻譯是類比學，在語言學上比較常出現，但指的是方法而不是只有語言學。在這裡將 patristic analogists 翻譯為「早期教父學類比論者」。

30 譯註：普魯塔克（Plutarch）（約 46-125），生活於羅馬時代的希臘作家，以《希臘羅馬名人傳》一書留名後世。他的作品在文藝復興時期大受歡迎，蒙田對他推崇備至，莎士比亞的不少劇作都取材自他的記載。

31 原註：原註：普魯塔克（Plutarch），〈伊西斯和歐西里斯〉（Isis aud Osiris），出自《普魯塔克道德觀》（*Plutareh's Moralia*），VoI. 5., Loeb Classical Library, Cambridge, Harvard UniversityPress,

這個看法在心理學上最有趣的地方是，它描述了集體無意識湧 239
入帶來的影響：人的內部充滿了先輩的血液。榮格曾用類似的語言談過他自己的無意識體驗。對於自己想要理解心靈的迫切渴望，榮格說：「也許這是我的祖先一直都在思索，卻無法回答的問題……或者它就是我自己阿勒曼尼和法蘭克（Alemannic and Frankish）[32]祖先們之一，就是永無停息的沃坦－赫密士神（Wotan-Hermes）[33]，所佈下的充滿挑戰的謎題，是他們的？」[34]

在《舊約》裡，和基督有關的另外一段是《創世紀》第四十九章第十到十二節：

1962, p. 17。

32 譯註：阿勒曼尼人，或譯為阿拉曼人（Alamanni、Allemanni 或 Alemanni），這個名稱源自位在美茵河上游區域的日耳曼部落同盟。這詞最早出現在三世紀的文獻裡，當時的羅馬皇帝卡拉卡拉宣稱擊敗了阿拉曼人（Alamannicus）。該日耳曼部族結為同盟的過程至今未明。法蘭克人是對歷史上居住在萊因河北部法蘭西亞（Francia）地區的日耳曼人部落的總稱。從羅馬人的觀點，阿拉曼聯盟具有相當的攻擊性，而法蘭克人（Franks）也同樣讓羅馬人無法越過萊茵河與下日耳曼行省，與後來的阿拉曼人有著同樣的角色，經常侵擾羅馬的上日耳曼行省。

33 譯註：沃坦（Wotan），即奧丁，阿薩神族（Aesir）這個神話系統當中的的眾神之王，司掌預言、王權、智慧、治癒、魔法、詩歌、戰爭和死亡，但到了斯堪的納維亞以南的日耳曼地區被稱為沃坦。至於赫密士（Hermes）、墨丘利（Mercury）、沃達納茲（Wodanaz）、沃坦、奧丁（Odin）這些人物之間的關係，大概如下：準確地說，愛馬仕與奧丁並沒有直接聯繫。他的羅馬等效水星是。奧丁（北歐）和沃坦（日爾曼）的關係，就像是赫密士（希臘）和墨丘利（羅馬）的關係。而這兩組人之間，又有一定的關係。第一次建立這種聯繫是在古羅馬歷史學家塔西佗（Tacitus）的《日耳曼尼亞》（*Germania*）中，他在第九冊中指出，墨丘利是日爾曼主要崇拜的神靈，在某些日子裡，他們認為即使與人類受害者一起向他獻祭也是正確的。墨丘利（或他的德國同行）在羅馬化的德國人中很受歡迎，在部落／地方的名稱之前會加上墨丘利王（Mercurius Rex 或 Mercury+）。人們一直認為這個德國墨丘利就是沃坦，特別是因為羅馬人永遠不會稱墨丘利為 Rex（即國王的意思）。後來，日爾曼人將他們一周的中間日（星期三）命名為沃旦（Woden）日（英文 Wednesday 的字源），而在拉丁語中則將其命名為水星日（墨丘利，就像在現代法語的星期三，mercredi）。奧丁的其他幾個特徵，包括他的流浪、對死者有一定的影響力（墨丘利充當精神支柱，或護送新近離世的人到來世，而奧丁則站在那裡接受一半被認為值得的死者）、墨丘利的領域中有詩歌、占卜和詭計，而奧丁也是如此。

34 原註：榮格，《回憶．夢．省思》，New York, Pantheon Books, 1961, p. 318。

> 圭必不離猶大，杖必不離他兩腳之間，直等細羅（就是賜平安者）來到，萬民都必歸順。他在葡萄酒中洗了衣服，在葡萄汁中洗了袍褂，他的眼睛必因酒紅潤。他的牙齒必因奶白亮。（RSV）

所謂「賜平安者」，按猶太和基督教的傳統，就是指彌賽亞。[35]

這一段為我們描繪了一幅畫，統治者浸於白葡萄酒與紅葡萄酒之中，這是一種充盈了生機之佳釀的湧泉。紅色的眼睛和白色的牙齒意指一對對立的統一，這運用在後來的煉金術中，而呈現出紅色男性和白色女性的結合（coniunctio）。這段和基督有關的文字，也是他和戴奧尼索斯之間的另一個連結。「因酒而紅潤」的眼睛，是戴奧尼索斯式的眼睛，因血液的過量或是生命的強度而充滿醉意。這是血液體質（sanguin）和熱血性情的加強版。這意象曾經出現在我病人的夢裡，當時恰恰就在他的內在新的心靈能量湧現之前。他夢見：一位女性，她的血液非常非常地紅，紅到幾乎都能看到皮膚下的血流了。她是將生命活到極致的人，在所有能找到快樂盡情享樂。這夢中的人物，可以看作是縮小版，在充滿生機的生命之液中在浸洗的這位眼睛紅潤的統治者的縮小版。

煉金術士也用葡萄和酒的象徵來代表生命生機的本質，它是煉金術的目標所在。煉金術功業被稱作「葡萄收穫季」（vintage）。有一篇文獻就說了：「擠壓葡萄。」另一處寫道：「人的血液

35 原註：《猶太聖經》，p. 75, note g.。

和葡萄紅色的汁液是我們的火焰。」葡萄酒是永恆之水（aqua
permanens）的同義詞。赫密士這位煉金術的主導神，被稱作「釀
酒者」（the vintager），而哲人水（philosophical water）被稱為 240
「赫密士的葡萄串」（Uvae Hermetis）。[36]

通常，夢中出現酒的意象，所傳達的含義和煉金術對這象徵的運用類似。而且，這到了最後也多半與基督之血有關。舉例來說，一位年輕人逐漸地發現，自己總是將個人的精華隨意潑灑或揮霍的。他夢見了正在倒酒給自己，一位熟人（陰影人物）把酒拿走，並倒進了水槽。這位做夢的人徹底地激怒了，他告訴那個人說他做得太過分了，不要再那樣了。隨著這個夢，透過有關聖餐的規定，就是聖餐儀式後剩下的祝聖酒不是能被倒入水槽的，因此而與基督之血有了連結。

4. 從獻祭中萃取

呈現基督的方式，人們有時會用壓入壓榨機的葡萄來象徵。
例如在一副十五世紀的木刻畫（圖 46），就畫了正在壓榨機中的
基督。血液從他的胸口流入聖爵，再從聖爵分流多股，進入到人們
各式各樣的活動。在這一幅畫，神聖的犧牲正在釋出能量，提供給 241
人們維持日常生活。大我（The Self，自性）一直支持著自我的存
在。這個概念反轉了古代的觀點，過去人們認為人類必須犧牲來奉
養眾神，也就是說，自我必須支持大我。這個觀點，十分驚人的再

36 原註：榮格，《煉金術研究》（*Alchemical Studies*），C.W., Vol. 13, § 359 n。

【圖 46】基督像葡萄一樣被擠壓

現在一幅阿茲特克人的畫作上（圖 47），其中，血液正從獻祭犧牲的人身上流出來，流進太陽神的嘴裡。

從心理上來理解，這兩個過程的操作是在個體心靈生命的不同階段。有時候，超個人的整體性必須由自我所獻祭犧牲的血來供養。同樣的，有時候自我如果沒有大我犧牲的血這種提昇生命的作用來建立起聯繫，自我便無法存活。心靈的生命支持歷程有著互利的雙重性，這在基督教的象徵本身充分的表現出來。根據神話，基督既是上帝也是人，也就是說，既是自性也是自我。從獻祭儀式看，他既是主持獻祭的教士，也是被獻祭的祭品。這一點在《希伯來書》（*Hebrews*）其中的一段話中看得更為清楚：

242 但現在基督已經來到，作了將來美事的大祭司，經過那更大更完備的帳幕，不是人手所造也不是屬乎這世界。

【圖 47】用人類血液供養阿茲特克太陽神

> 並且不用山羊和牛犢的血，乃用自己的血，只一次進入聖所，成了永遠贖罪的事。若山羊和公牛的血，並母牛犢的灰灑在不潔的人身上……何況基督藉著永遠的靈，將自己無瑕無疵獻給神，他的血豈不更能洗淨你們的良心。除去你們的死行，使你們事奉那永生神嗎。（《希伯來書》，9：11-14，RSV）

在這段文字裡，基督同時既是主持獻祭的祭司也是被獻祭者。他是代理人，負責從他自己身上抽取了救贖之血。同樣的意象也出現在《佐西默斯的靈視》（*Visions of Zosimos*）[37] 裡：

37 譯註：佐西默斯（Zosimus），希臘煉金術士，約西元 250 年生於埃及，卒年不詳。希臘或埃及煉金術論述的原著留存下來的為數極少，但佐西默斯，這位人們目前對他私人生活已經一無所知

「我是伊昂（Ion），內在聖所的祭司，我將犧牲自己獻祭於無法容忍的折磨……直到我經由身體的轉化看到我成為了靈……」甚至當他還在如此說的時候，而我還用力抓住他繼續交談，他的眼睛已經變得血一般的紅了。[38]

然後還有下文：

這是內在聖所的祭司。這是他將身體變成了血液，讓眼睛可以有千里眼般的洞察，同時也撫育了死者。[39]

榮格談到過這個靈視：

靈視本身指出了，轉化歷程的主要目的是這位自願獻祭的僧侶的靈性化（spiritualization）：他將轉變為靈氣（pneuma）……

經由這些靈視，我們可以很清楚地明白，獻祭者和被獻祭者是一個且是相同一個。這個觀念，原初物質與最終物質是合一的，救贖者與被救贖者是合一，充斥著所有的

的學者，在他由二十八本書所組成的百科全書中共約三百篇文章，對於之前煉金術全部的知識作了總結。

38 原註：貝洛特（Berthelot,M. P. E.），《古代煉金術研究集》（*Collections des Anciens Alchemistes*），1888, reprinted by the Holland Press London, 1963, III, 1, 2。由榮格於《煉金術研究》中翻譯，C.W., Vol. 13, § 86。

39 原註：同上。

煉金術裡，從開始到最後。[40]

基督犧牲自己來萃取或呈現祂的靈性本質，這個觀念也出現在有關保惠師（Paraclete）[41] 到來的聖經片段裡。在《約翰福音》第十六章第七節，基督對門徒說：「我將真情告訴你們。我去是與你們有益的。我若不去，保惠師就不到你們這裡來。我若去，就差
他來。」（RSV）。在《約翰福音》第十四章，這樣提到保惠師： 243
「我要求父，父就另外賜給你們一位訓慰師（Counselor）（即保惠師），叫他永遠與你們同在。他就是真理的聖靈，乃世人不能接受的。因為不見他，也不認識他。你們卻認識他。因他常與你們同在，也要在你們裡面。」（《約翰福音》，14：16-17，RSV），然後又說：「我還與你們同住的時候，已將這些話對你們說了。但保惠師，就是父因我的名所要差來的聖靈，他要將一切的事，指教你們，並且要叫你們想起我對你們所說的一切話……」（《約翰福音》，14：25-26，RSV）。

從某個意義上來說，保惠師是基督之血的同義詞。兩者都是基督犧牲的產物。兩者都是無形的、有影響力的本質精髓，但只有在基督不再有具體而特定形式的時候，才會出現。保惠師就像《約翰福音》中所描述的那樣，只能是被看作是個體的內在引導，替代了

---

40 原註：榮格，《心理學與宗教》，C.W., Vol. 11, § 353。

41 譯註：保惠師（Paraclete，拉丁語 paracletus），意為倡導者或幫助者。這個字在古典希臘就出現，特別是狄摩西尼的著作裡。在基督教中，保惠師一詞最常指的是聖靈。在《約翰福音》第 14 章 16-17 節中，這個字是 Παράκλητον（Please），而靈（spirit）是 Πνεῦμα（Pneuma，靈／氣靈），意思是呼息。Pneuma 這個字在基督教新約中出現了二百五十多次，是用來指代聖靈，即上帝的靈，根據《約翰福音》第 14 章 17 節 字面上的解釋，《約翰福音》14 章 16 節中的保惠師應是聖靈。

歷史和教義中的基督。它是艾克哈大師（Meister Eckhart）[42] 所說的「內在基督」；或者用心理學的術語來說，它是個體化之路。

基督和基督之血間的關係，在中世紀一場充滿憤怒與仇恨的辯論中，提出了一些相當重要性的問題。道明會修士和方濟會小兄弟修士（Friars Minor）[43]，曾經就耶穌受難中的基督之血，有過一次神學辯戰。聖方濟各會認為它不再統屬於基督的神性之下，而道明會修士則認為歸屬仍在延續。最後，教皇庇護二世禁止兩派再討論這個問題。[44]

在理性知識上，這辯論顯然沒有實際意義，但如果從心理的視角來看，卻是充滿了豐富的象徵含義。這裡真正的重點似乎是，有

---

42 譯註：艾克哈大師（Meister Eckhart），本名艾克哈．馮．霍赫海姆（Eckhart von Hochheim），是一位德國神學家、哲學家和神祕主義者，出生在神聖羅馬帝國圖林根州（Landgraviate）。十多歲時便加入道明會並任高級職務。作為佈道者他效力極高，他的講道方法給同時代人和後來者留下了極深刻的印象。對於德語哲學術語的創立也作出重大貢獻。他關注的最主要問題是日常生活中持續精神實踐的原理的傳播。他的言論是非傳統的，有時甚至是挑釁性的，經常與當時普遍的信仰相牴觸，故而引起了轟動。譬如他認為，「靈魂的根基」不像所有的動物是被上帝所創造的，但是是神聖的，非受造的。靈的原因即神性，是瞬間表現的。有興趣的讀者，不妨可以參考《艾哈克研究》（2013），陳德光著，台北：輔大書坊出版。

43 譯註：方濟會（Ordine francescano）有三個會，其中第一個經常直稱為方濟會（Friars Minor）或小兄弟會，同樣都是追隨亞西西聖方濟的教導及靈修方式的修會，是天主教中的托缽修會之一，拉丁語會名稱為「Ordo Fratrum Minorum」（簡寫為 OFM），是「小兄弟會」的意思（方濟會提倡過清貧生活，互稱「小兄弟」）。此派修道士的特點是：將所有財物都捐給窮人，靠布施行乞過生活、直屬羅馬教宗的管轄，潛心研究學問、四處講道，甚至最後成為教宗用來壓制異端的工具。這些依靠行乞維生的修會成員對當時西歐的生活產生非常大的影響。1289 年，方濟會會士孟高維諾總主教，受羅馬教廷派遣前往時值元朝統治的中國。方濟會再次進入中國是從 1633 年抵達福建福安的利安當（Antonio de Santa Maria Caballero, OFM, 1602-1669）神父開始。目前全球小兄弟會的總中心設於羅馬，由以總會長為首的服務團隊（參議員）作中央協調。一萬五千多名的小兄弟分布於一百一十三個國家，隸屬於不同會省。在華人地方濟會中華之後會省：四十多名的小兄弟散佈於台灣及香港七個會院。致力於聖言推廣、堂區牧靈、教育等福傳服務。台灣中心設於新北市泰山，由以省會長為首的服務團隊作中央協調。

44 原註：哈斯汀，《宗教與倫理百科》，*New York, Scribner's*, 1922, Val. XII, p. 321。

沒有可能從基督道成肉身的特有神話裡，以及基於這個神話而形成的教會故事裡，萃取出完整的原型意義。換句話說，在沒有特有的宗教信仰或教會派別的利益下，對於啟靈的心靈能量能否以純粹的心理學來探討。我們的答案當然是如此簡易而明顯的；但如果早在中世紀就曾經有意識地談論過這個問題，那是多麼具有革命性呀！

如何萃取基督之血的方法就是犧牲獻祭的過程。心理學上，犧牲獻祭的含義是非常複雜的。對這一點的全面討論，可以參與榮格論文〈彌撒中的轉化象徵〉（Transformation Symbolism in the
Mass）[45] 中的內容。就當下的目的，根據獻祭的人是誰，被獻祭的 244
是什麼，以及獻祭是為了什麼，我注意到至少有四種不同犧牲獻祭的情形。這四種可能性是：

	祭司	被獻祭者			獲益者
1.	神	獻祭	人	給	神
2.	神	獻祭	神	給	人
3.	人	獻祭	神	給	人
4.	人	獻祭	人	給	人和神

（1）神的獻祭以人為犧牲祭品。所有古代的獻祭儀式基本上都是這一類型。祭司扮演神，獻祭了代表人的動物（最初是直接用人）。這個移動是從人到神，也就是說，以人為代價，增廣了神的領地。這樣，其中的含義就是自我太滿，而超個人的世界太空洞。為了達到平衡，需要以自我的犧牲獻祭來完成大我的利益。

（2）神的獻祭以神為犧牲。所有圖騰崇拜的聖餐所象徵的就是這個過程，這一切是以神聖儀式來完成，所以他們是神所關愛的。

45 原註：榮格，《心理學與宗教》，*C.W.*, Vol. 11, § 381f。

最明顯的例子是羅馬天主教的彌撒，在儀式中主持慶典的僧侶代表作為祭司者的神；聖餐中的麵包和酒代表被獻祭的神。這種情形下，移動的軌跡是從神到人，是指相對空乏的自我（缺少靈性），需要來自超個人、集體無意識的持續灌注。

（3）人的獻祭以神為犧牲。這類行動沒有特定的宗教表現，因為本質明顯是世俗的或個人的。這相當於從超個人範疇將能量和價值引流出來，用來效命於意識的自我。這就好像神話中普羅米修斯盜取天火，還有亞當和夏娃的原罪。嚴格來說，獻祭這個詞在這裡似乎並不合適，因為它指的主要是世俗事務，與神無關。然而，在心理發展體驗的起伏變化過程中，如果一旦需要這一步驟，這體驗證明了獻祭這個詞是正確的，是用來描述對原來模式中存有的涵容是不甘不願的放棄。在文化史上，這個階段以無神論唯物主義為代表。能量的運動是從神到人的，因此屬於需要提高意識自主性的條件。事實上，這是所有獻祭中犧牲最大的一種，就像神話告訴我們的那樣，付出了最高的價值。

245 （4）人的獻祭以人為犧牲。第四種獻祭是一種設想出來的理想，而且只有人類能理解以後才可能開始湧現出來。這指的是自我為了既發展自身又實現它超個人使命的雙重目的，它獻祭出自己。人同時是執行者（agent）也是受事者（patient），這是意識層面的程序，不是由無意識的原型所推動的，而是意識層面對個體化的強烈渴望共同合作。這是在人的意識層面重現了神聖而原型的層面所預想過的，就是基督拿自己來獻祭犧牲。克里索斯托（Chrysostom）[46]認為，基督是第一個食自己的肉和飲自己的血

46 譯註：聖克里索斯托（Saint John Chrysostom 或 Ioannes Chrysostom，約 347-407 年），即約翰一

的。[47] 這一舉動成為自我的榜樣，只有自我達到充分的意識層次才能理解其中意義。關於這個意義，榮格表示：

> 如果投射出去的衝突要得以療癒，就必須回到個體的心靈，那裡是它無意識的起點。他必須自己歡度最後的晚餐，食自己的肉，飲自己的血；這意味著他必須辨識出自己內在的其他部分，並加以接受……因為，既然你必須忍受自己，你又怎能撕碎其他的部分？[48]

對於自性同化（self-assimilation）的集體效應，諾伊曼這麼描述：

> 惡的消解是……（個體）透過對自己的陰影加以同化的部分歷程，而這歷程同時也成為免疫於集體陰影的執行者。個體的陰影必然和它所屬團體的集體陰影綁在一起，而如果他消解了自己的惡，那麼集體的惡其中的一個碎片就必然會同時消解。[49]

世（君士坦丁堡大主教），希臘教父，又稱「聖金口約翰」，善於傳教和解釋經文，有非凡的講道才能。397 年出任君士坦丁堡大主教，有心進行革新當時宮廷與社會的奢華風氣，得罪了豪富權門，被指控汙蔑皇后，遭撤職囚禁，407 年死於拘往黑海東部途中。他的著作《論祭司》（*On the Priesthood*）描繪了牧者應盡的責任。

47 原註：榮格，《神秘結合》，C.W., Vol. 14, § 423。

48 原註：同上，§ 512。

49 原註：諾伊曼（Neumann, Erich），《深度心理學與心倫理觀》（*Depth Psychology an a New Ethic*），New York, C. G. Jung Founclation, Putnam's, 1969, p. 130。

同樣的意象，也出現在鵜鶘或反流瓶那裡發生的煉金術循環（circulatio）歷程中。關於這一點，榮格表示：

> 在相當古老的銜尾蛇意象裡，有著吞食自己並加以轉化而成為周而復始的循環過程這樣的想法……這個「食－返」（feed-back，譯按：原字意指回饋、返回）的過程同時也是永生不朽的象徵……（它）象徵了「一」，在對立面的碰撞中繼續前進（這些煉金術的象徵過去是難解的神秘），
> 246 它們與信仰的奧祕之間內在的親密關係，只有能人才能感覺得到，所以對他們來說，對立的雙方是同一的。[50]

5. 基督之血的屬性

《聖經》對基督之血的特性有著非常明確的界定。我們已經討論過它有著將人與上帝連接在一起的黏合、立契約的特質。除此之外，它還有淨化罪惡的特質，（《約翰福音》，1：7，RSV 和 1：5，A.V.），也就是有將人從無意識的罪惡中解放出來的特質。同樣也有著加以神聖化的特質（《希伯來書》，13：12，RSV），這一點從心理上來理解，意指將神聖或原型的面向引進個人的意識中。基督之血被稱之為寶血（《彼得前書》，1：19），意味著其中有最高的價值。在羅馬天主教的宗教曆裡，7 月 1 日是「我主耶穌基督寶血節」。

50 原註：榮格，《神祕結合》，C.W., Vol. 14, § 512。

基督之血的重要屬性在於它有救贖靈魂的力量，就像以下這些段落中所呈現的：

> 我們藉著這愛子的血，得蒙救贖……。（《以弗所書》，1：7，RSV）
>
> ……祂的愛子，我們在祂的血裡得蒙救贖，罪過得以赦免。（《歌羅西書》，1：13-14，A.V.）
>
> ……你曾被殺，你用自己的血救贖我們，而歸於神……（《啟示錄》，5：9，A.V.）

大眾的宗教信仰將這一主題都加以極其廣泛地細緻描述了。例如，有一部著名的天主教彌撒祈禱書，裡面有一些圖片描繪出天主教的教義，其中有一幅非常有趣的油畫，呈現了基督之血的救贖力量。

這幅畫的上半部畫出了十字架上的基督，同心的光環圍繞在他周圍，左邊是月亮，右邊是太陽。天使手執聖爵，收集從他體側流出的血液。畫的下半部則是在煉獄中受苦的靈魂。一位天使正把基督之血倒入煉獄。受苦之人一觸碰到血液，就獲得解脫，不用再受火焰灼烤。從心理來理解，煉獄指的是對雄雄燃燒之生理慾望的認同，以及當慾望受挫所激起的盛怒。基督的救贖之血，可看作是源自於自性而能引發意識的液體，這傳遞了更廣闊的視野，包括存在的原型意義（圖 48）同時也將個體從自己原來狹窄的、十分個 248
人的自我維度中解放出來。換句話說，這幅畫呈現了兩種受苦的狀態：上半部是十字架殉難之苦，和下半部則是無意義的拷刑之苦。

247

【圖 48】基督之血拯救煉獄中的靈魂

兩種狀況都一樣痛苦，但一個是自願的（是意識所接受的），因此產生了珍貴的生命之液。

基督之血另一個重要特質是它調和的能力，能夠為對戰中互峙的雙方帶來和平。保羅在《歌羅西書》裡表示：

> ……藉著他叫萬有，無論是地上的，天上的，都與自己和好了。藉著他在十字架上所流的血，成就了和平。

（《歌羅西書》，1：20，RSV）

《以弗所書》也說：

> 但是，現在，你們從前遠離神的人，如今卻在基督耶穌裡，靠著他的血，已經得親近了。因他使我們和睦，將兩下合而為一，拆毀了中間隔斷的敵意的牆。而且以自己的身體，廢掉那記在律法規條上的冤仇。為要將兩下藉著自己造成一個新人，如此便成就了和睦。藉這十字架，使兩下歸於神，歸為一體，因而滅了冤仇。（《以弗所書》，2：13-16，RSV）

在這裡，自性的面向是作為對立的調解者，清晰地被展現了出來。按照榮格的觀點，這段可能影響了煉金士們對水銀的理解，他們認為水銀是和平的製造者，是交戰的元素之間的調和者，也是統一的創建者。[51]「如果拿基督之血來相類比，水銀被認作是和基督之血類似的『靈性血液』」。[52] 水銀也相當於聖靈 [53]，這使得水銀與基督之血之間提供了另一個聯繫。

戴奧尼索斯的美酒和基督之血同樣都有著協調和聖餐交流的特質。有位年輕牧師的夢引起了我的注意，這個夢驚人地證明瞭這點：

---

51 原註：榮格，《神祕結合》，C.W., Vol. 14, § 10。

52 原註：同上，§ 11。

53 原註：同上，§ 12。

夢（節版）：我要去慶祝參加聖餐儀式。聖器室看
起來像個廚房，聖餐酒是兩種不同的酒混在一起製成的：
一種是深藍色，一種紅色。後者裝在瓶子裡，上面貼有黃
色的標籤，看上去像是蘇格蘭標籤，寫著「保羅」。圓桌
249 邊，坐著兩個人。一位在政治上是左翼人士，另一位則是
右翼。在這一刻以前，兩人原本都維持著表面的社交禮
貌；但此刻，兩人對彼此開始有了敵意。我建議他們好好
的將問題說一說，好解決他們當下所感覺到的關係。就在
此時，場景就像是劇場演出那樣黯黑下來了，紅黃的聚光
燈打在兩人中間稍後的一張小桌子上。在桌上，有一瓶溫
熱的紅酒，蘇格蘭標籤上清楚地寫著「保羅」。然後，整
個場景都漆黑了，玻璃杯叮噹作響，聽起來似乎是碰杯
了，也許碎掉了。夢中的感覺很清楚。我想：在討論中他
們喝了紅酒，建立了同伴情誼。我的反應是高興，因為這
一切十分具藝術性地被描繪了出來；但我也焦慮，因為服
侍馬上就要開始，可是我們沒有聖餐儀式混合酒的配酒原
料了。

這個夢裡呈現了有趣的意象：兩種酒，一藍一紅，也許這分別代表了邏各斯（理性）和愛洛斯（愛欲）的精神。這顯示出夢者實現了「小結合」，和陰影有了和解，但包括兩種酒在內的完整聖餐儀式所象徵的「大結合」還沒準備要發生。退行的瓦解有時會和意識裡各種差異之間的和解是會搞混淆或汙染的。基督的血或戴奧尼索斯的酒，都可能引發其中的任一個。對這一切的體驗，一般來

說是十分愉悅的，例如，尼采對戴奧尼索斯（酒神）原則美麗的描寫：

> 憑藉著酒神戴奧尼索斯的魔力，不僅人與人的聯結重新來過，而且原本是疏離、有敵意或受奴役的自然，也重新慶祝她與她迷失的兒子，人類，一起和解的節日。大地慷慨地奉獻它的貢禮，山崖荒漠中的猛獸溫馴地走過來。戴奧尼索斯的車裝飾著鮮花和花環，由虎豹駕馭著向前行進。請諸位將貝多芬的《歡樂頌》化作一幅油畫，讓想像力繼續高揚，設想數百萬人驚恐萬分、渾身發抖地倒在塵土裡，這樣你們就能掌握戴奧尼索斯本質的特性了。此時，奴隸成了自由人；所有的貧困、專斷或「無恥的習性」，這曾是人與人之間所樹立的牢固的敵對藩籬，如今都土崩瓦解了。現在，空中響起世界大同的福音，每一個人感覺都到和四周的人聯合了、和解了、融合了，甚至是一體了，彷彿瑪雅（māyā）的面紗破裂了，只剩下一些碎片在神祕的太一面前飄忽。[54]

如前所示，基督之血是邏各斯的同義詞。按《約翰福音》的 250
內容，邏各斯是光，「生命在他裡頭，這生命就是光。」（《約翰

---

54 原註：尼采（Nietzsche, Friedrich），〈悲劇的誕生〉（The Birth of Tragedy），出自《尼采作品集》（*Basic Writings of Nietzsche*），transl. and edited by Walter Kaufmann, New York, Modern Library, p. 37。

譯註：譯文參考趙登榮等翻譯的《悲劇的誕生》（灕江出版社，2007 年），有部分文字經過修改。

福音》，1：4，RSV）基督之血像光一般，這點在諾斯替教的文獻《索菲亞的信仰》裡有著驚人的相似描述。這文本中也不經意地提到了其他幾個相關的意象，是我們談過的。耶穌已經讓祂的門徒隨祂昇上天國，並且向他們展現了靈示：

> 耶穌對他們說：「向上看，看你們會看到什麼。」
>
> 於是，他們向上看，看到了一個巨大的，超級明亮的光，世間無人可以描述。
>
> 他又對他們說：「從這光移開你們的視線，看你們會看到什麼。」
>
> 他們說：「我們看到了火、水、酒，還有血。」
>
> 耶穌對門徒們說：「阿門，我告訴你：我來到世間時，就僅僅只帶了火、水，這酒還有這血。我將火與水帶出了光的珍寶庫，從眾光之光中帶走了他們；我將酒與血帶離了芭碧蘿（Barbēlō）[55]的領地（天使之母或者說是女性邏各斯）。並且，很快，我父將化身為鴿子的聖靈交給了我。
>
> 「火、水，還有酒，是為淨化這世間所有的罪。另一方面，血是我身上的標記，因為我在芭碧蘿那裡接受下這具人的身體，接受了這無形之神的偉力。吹向所有靈魂的那口氣息，從另一面來說，讓他們進入了光的世界。」
>
> 因此，我告訴你們：「我來世間布火——也就是說，

55 譯註：芭碧蘿（Barbēlō），「保護光輝下的一切事物」，是地位僅次於唯一神的最高女天使，諾斯替教中有記載其為比斯提・蘇菲亞（Pistis Sophia）的女兒。

我以火來淨化世間所有的罪。」

因此，我告訴撒馬利亞的婦人[56]：「你若知道神的恩賜，和對你說給我水喝的是誰，你必早求他，他也必早給了你活水，你內裡將有湧泉，直湧到永生。」

因此，我也拿起一杯酒，賜福於它，賜之於你，並告訴你說：「這是盟契之血，它是為救贖你的罪而流。」

因此，他們將予刺入我的身側，我的身側流出水與血。

這是光可以寬罪恕惡的祕密；也就是說，這是給光命名，也是光之名。[57]

6. 與煉金術的關係 251

基督之血和煉金術象徵之間有許多聯繫。在煉金術裡，血經常用來形容煉取過程的產物。譬如在一篇文獻裡：「……推倒房子、毀掉圍牆，從那裡提取與血一起的最純的汁液，並且烹煮……」[58] 對於這一段，榮格評論說：「……這是煉金術提煉靈性（spirit）或是靈魂（soul）的步驟，由此，將無意識的內容帶入了意識。」[59] 龍血和獅血是經常提到。龍和獅是水銀（Mercurius）的早期形式，

56 譯註：撒馬利亞的婦人，出自《約翰福音》第 4 章 7 至 42 節，和迦南的婦人一樣，沒有姓名，僅以地為名；但她們同得了神的恩典。

57 原註：米德（Mead, G. R. G.）譯，《索菲亞》（*Pistis Sophia*），London, John M. Watkins, 1947.p. 308f。

58 原註：榮格，《神祕結合》，C.W., Vol. 14, § 179。

59 原註：同上，§ 180。

必須將其激情與強烈情慾加以煉製與轉化才得以呈現出來的。在古老的神話學裡，類似的故事是人馬怪內薩斯（Centaur Nessus）的血液；牠試圖強姦少女黛安妮拉（Deianeira），因而遭赫克力士（Heracles）殺死。人馬怪的血液會產生有毒的激動情緒，黛安妮拉給赫克力士了一件浸過內薩斯血液的襯衣，想挽回赫克力士的心，但這血卻帶來了劇烈的痛苦，直到葬禮的柴堆才結束。因此，就如同水銀既是毒藥也是萬靈丹的一樣，血液這個神祕物質的象徵既能帶來激情、怒火和極端的折磨，也能帶來救贖，是取決於自我在體驗這一切的態度與情境。

血液的象徵是與煉金術程序的兩項不同的操作有所關聯，溶解（Solutio）和鍛燒（Calcinatio）。水和液體是溶解所象徵的情結。作為液體，血液和溶解相關。然而，血液也與高溫和火焰相關，所以是落在鍛燒的脈絡裡。血液因此是火與水合成的，因此也是兩個對立面的結合。這種雙重狀態在《路加福音》第九章三十四節提到[60]：「……惟有一個兵拿槍扎他的肋旁，隨即有血和水流出來。」（RSV）水與火的主題在施洗者約翰的講道裡有類似的回響：「我用水為你施洗贖罪，但是在我之後來的他更加有力……他將用聖靈與火焰為你施洗。」（《馬太福音》，3：11，RSV）水將各自獨立的部分，透過合一媒介的作用來加以消解並融合。火焰有不同層次的意義。可以是指欲求的強度，愛的溫度，或是聖靈的靈啟。在不同的脈絡下，指的可能愛洛斯或是邏各斯。血液的紅色
252 將血液和這顏色的所有含義，特別是和紅色的花，玫瑰，加以聯結

60 譯註：可能是作者誤植，正確出處應為《約翰福音》。

的起來。《魯拜集》的詩人將血與玫瑰並列：

凱撒流血處的薔薇花，
顏色怕是更殷紅（詩 19）[61]

在煉金術裡，「紅海」一詞用來指稱哲人石的酊劑或是聖水。這暗指著教會的神父們將紅海等同於基督之血的事實，所以基督徒在裡面象徵性地受洗。紅海同時也曾允許以色列人從其間穿過，卻淹沒了埃及人。榮格曾提到過諾斯替教對這意象的一個解釋：「對那些『無意識』到這一切的人，紅海是死亡之水，但對那些有『意識』到的人，紅海則是重生和超越的受洗之水。」[62] 如此，浸入在自性本質裡的效果，是解放還是毀滅，是取決於自我的態度。赫克力士就沒能在紅海裡的浸浴裡倖存下來。

在紅海的另一面，以色列人遇到了曠野，隨後在西奈山得到了耶和華的神啟。就這樣，第一次與大我相遇時，人們體驗了某種孤獨，與眾人分離的感覺。對於這樣的體驗，榮格表示：「每一個人，哪怕只意識到了無意識的某塊碎片，都會跳出時間與社會階層，而進入一種孤獨……但唯有在那個位置，才可能遇到『上帝的救贖』。光於是在黑暗中顯現，而脫離危險的拯救才得以出現。」[63]

基督之血與煉金士的長生不老藥（elixir vitae）或是永恆之水

61 譯註：譯文參考《杜拉克插圖本魯拜集》（〔波斯〕伽亞謨原著，郭沫若譯，長春：吉林出版，2009），有部分文字修改。

62 同上，§ 257。

63 同上，§ 258。

（aqua permanens），而非常類似的是哲人之石的液態形式。在許多文獻裡都很清楚地陳述出這樣的連結。從我們有利的位置也許可以這麼說，正如基督徒將《舊約》中的「血契」可以視為基督之血的預示（prefiguration），煉金士也將基督之血視為哲人石之靈藥的預示。

大份文本裡說：

> 作為煉金術之王的哲人之石，如果藉由它的品性，包
> 括酊劑特質和已發展的完美，就可以將其他不完美和基礎的
> 金屬，改變成為純金；所以，耶穌基督，我們的天國之王和
> 根本基石，憑其一己，就可以用他受過祝福的深紅色酊劑，
> 來淨化我們這些有罪的人和不完美的人，也就是說，他的血
> 253 液，可以完美地治癒我們天性中的污穢與不潔，我們天性中
> 的惡疾…[64]

其中還說：

> 因為，就像是哲人之石經由酊劑方式來和其他金屬接合，與它們成為密不可分的結合體一樣；基督，我們的引領，也是借祂的血所擁有的寶紅酊劑，與祂所有的成員永遠生機勃然的交融（communion）[65]，並將祂的整個聖體灌注進一個完美的、依上帝之義與真實神聖所造的精神居

64 原註：韋特，《赫密士博物館》，Vol. I, pp. 103f。

65 譯註：Communion 這個字有關係親密的意思，也有聖餐禮的意思。

所。現在，經由聖靈的運作而得以經受洗獲得的重生，的的確確是那些墜落的人，他們朝內靈性的煥然一新，我們因此成為上帝的朋友，而非敵人……[66]

格哈德．多恩（Gerhard Dorn）[67] 也曾寫下一段有趣的描述：

（哲人們）認為他們的石頭能帶來生命，因為在最後的操作中，經由最高貴、最激情的奧祕力量，黯紅的液體，像血一樣從它們所屬的物質和容器中，一滴滴地滲出來；他們因此預言，最後的日子到臨的時候，最純粹的（真正的）人將誕臨地球，透過他世界將得到自由，因此滲出一滴滴玫瑰色或紅色的血滴，世界將因而從墜落中得到救贖。同樣的情形，他們石頭的血也將痲瘋的金屬和人們[68] 從疾病中解放出來……這就是為什麼說這石頭能帶來生命。因為在這石頭的血液中隱藏著它的靈魂……因為同樣的原因，他們將這個稱為他們的小宇宙，因為其中涵容著世界萬物類似的一切，也因為如此，他們再次宣稱它可

66 原註：同上，p. 104 f。

67 譯註：格哈德．多恩（Gerhard Dorn，約 1530-1584）是比利時哲學家、翻譯家、煉金術士、醫生和藏書家。多恩認為帕拉塞爾蘇斯發現了更好的哲學和更基督教的思維方式，並且是帕拉塞爾蘇斯最堅定的擁護者之一。考慮到當時開始流行過於學術化的教育，他卻貶抑實際的實驗室工作，轉而支持對人類思維的理論研究。多恩斷言，人們所需要的是一種神祕的和精神上的「愛的哲學」，他的基進神學聲稱需要救贖的是上帝，而不是人，他將煉金術功業定義為一種勞動，它要救贖的不是人而是上帝。他的主要著作收錄在《化學劇場》（*Theatrum Chemicum*）的第一卷中。多恩的作品引起了榮格的極大興趣，他在 1938 前往印度旅行時是隨身攜帶多恩的著作。他也是榮格最常引用的煉金術來源之一。

68 譯註：痲瘋的 leporous 這個字，也可以發生在金屬上，形成了苔蘚一般的銹化。

> 以帶來生命，就像柏拉圖認為大世界是可以帶來生命的一樣。[69]

流血的石頭當然是和基督在客西馬尼園裡[70]的情形相當精確的相似：「耶穌極其傷痛，禱告更加懇切。汗珠如大血點，滴在地上。」（《路加福音》，22：44，RSV）從心理上來看，這意味著如果要提取永恆之液，就不可避免會帶來心靈的痛苦與衝突。就像榮格所說：「……一個人只要心靈上每往前一步，都會激起靈魂的苦痛……」[71]苦痛本身是沒有價值的。只有有意識地接受，才可以成為萃取出救贖液體的有意義的苦痛。這必須願意忍受自己內在對
254 立面的衝突，接受自己的陰影，不再只是一味投射給別人的方便行事，這樣才能帶出轉化。

對於多恩的文本，榮格是這樣評述的：

> 既然石頭代表著完全的人（homo totus），那麼當然多恩要討論神祕物質及其血汗時，也就順理成章的要談到最純真的人（putissimus homo），因為這是一切意義之所在。他是神祕物質，石頭和那些與它類似的物質，或它的預示，就是西馬尼園中的基督。這「最純」或「最

69 原註：多恩（Dom, G.），Congeries Paraclesicae Chemicae de transmutatione metallorum，引自榮格，《煉金術研究》，C.W., 13, § 381。

70 譯註：客西馬尼園（the garden of Gethsemane），是位於耶路撒冷的果園，根據新約聖經和基督教傳統，在上十字架的前夜，耶穌和他的門徒最後的晚餐之後就是前往這裡禱告的；據說這也是耶穌基督經常禱告與默想之處，園中有八棵巨大的橄欖樹，相傳是耶穌時期就存在了。

71 原註：榮格，《心理學與宗教》，C.W., Vol. 11, § 497。

真」的人必須只能是他，就像是「檢驗之銀」（arugentum putum）只能是純銀一樣；他必須是完全的人，一個知道並擁有人類一切的人，一個不受任何外來影響或摻雜的人。這樣的人只有在「末世」才會出現在這世界。他不可能是基督，因為基督已用自己的血將這世界從墜落中救贖……這裡所談的絕不是未來的基督或是小宇宙救世主（salvator microcosmi）的問題，而是煉金術的宇宙守護者（servator cosmi，宇宙保護者）的問題。這代表了依然處於無意識有關圓滿和完整的人的觀念，他將實現基督犧牲奉獻的死亡顯然未完成的事情，也就是將世界從邪惡中解救出來。像基督一樣，他將流出救贖之血，但是……那血是「玫瑰色的」；不是自然或普通的血，而是象徵性的血，是一種心靈物質，某種以玫瑰為標識而將個體和　人結合在一起，某種愛欲的體現，它讓他們成為一體……[72]

7. 現代的夢

基督之血這個象徵，在現代的心靈裡是相當活躍的，這一點從心理治療中病人的夢境就可以看出。例如，下面這個夢，夢者是一位年輕的家庭主婦，她童年受到缺乏用力而充滿破壞力的對待，使得個人及女性的認同幾乎全遭掩沒。她有著極高的創造天賦，然而在做這個夢之前，從來沒有意識到。她剛開始心理治療不久，就做

72 原註：榮格，《煉金術研究》，C.W., Vol. 13, § 390。

了以下的夢：有個身影，一位天使，穿著白色及膝的長袍，跪在地上，正彎著腰用右手在一塊四周新草的橢圓形砂石上寫字。她是用血在寫的，血裝在她右手邊一位男子手執的容器裡，他是用左手執的。

在做了這個夢以後，這位女性畫了一幅畫描述夢中的情形。
255（圖 49）在畫上，天使變成白色的大鳥，用喙寫著字。有位長著鬍鬚穿長袍的男性手中拿著盛血的高酒杯，形象很清楚就是基督的再現。作夢者基本上沒有關於個人的聯想，只說這男人讓她聯想起基督，而鳥則讓她聯想起聖靈。

【圖 49】飛鳥用基督之血寫字，病人畫作

這個夢顯然非常的重要，代表夢者的內在正經歷著相當深度的歷程。關於這個橢圓形的石板，三個月後作夢者的一個夢和這聯繫了起來。在後來這個夢：她看到了四個帶有圓圈的方形水泥石板。它們都破碎有裂紋的。一個聲音說：「這就是你們對女性特質的錯誤態度，現在已經被你們毀掉了。」透過這一點，橢圓石板可以是新的基礎，取代原來已經破碎的石板，是一種白板（tabula rasa）[73]，她因此可以在上面寫上自己真正的身分認同了。而我們正在見證一個和建立她人格中心有關的核心歷程，而這一點從基督之血象徵的在場就可以看出來。正如之前所說的，這象徵屬於自性現象學，它的在場表明了個體身份的超個人中心已被活化，將能量和意義注入意識的人格。

依照夢而畫出來的這張圖畫，基督提供了血，但書寫則是由 256
聖靈。這和基督的話非常類似：「……我去是與你們有益的。我若不離去，保惠師就不到你們這裡來。」（《約翰福音》，16：7）離去是萃取血液的方式，讓個體化的能量自由地藉由自主的精神，在個體的顯現中得以表現出來。有一點可能很重要的是，這位病人從小就是羅馬天主教徒環境中，而作這個夢的時候，她正處於這樣的歷程裡，將過去投射在教會及其教義上的最高權威，加以撤收回來。

接下來的夢是來自一位年輕男性研究生。他還是孩子的時候，曾經因為心臟的功能性雜音而被誤診為先天性心臟病。這個經歷讓當時的他帶來相當的焦慮，這使得他一看到血或可能會看到的血，就會出現畏懼的反應。當我們探索這一症狀時，發現血代表著各種的情感及情緒性強度。他害怕所有來自心臟的反應。在一次與自己的「血液情結」的特殊遭遇時，他特別努力地站在自己的立場上，

73 譯註：白板（tabula rasa）是有關人的認知來源的理論，認為個體生下來時並沒有內在的心理內容，所有知識來自後天的經驗或感悟。白板本意是未經用刀和筆刻寫過的白蠟板，原指一種潔白無瑕的狀態；主張認知全是後天的學說，認為尚未接受外界事物影響或刺激的心靈就是這個樣子。

去審視自己的焦慮而沒有逃開，然後就做了這個夢：

> 我在一棟奇怪的三層樓房旁邊，開始進行探索。我冒險進入了地下室，在那裡發現了一個很迷人的教堂聖殿。我的注意力立刻被聖壇上一個閃閃發光的象徵物所吸引。它由一個十字架組成，十字架的中心有一顆跳動的心。它吸引了我一會兒的注意力，其中似乎有許多隱藏的含義。離開以後，我決定再回去看看，再感受一下那個奇特的十字架。當我再次進入聖殿時，我驚奇地發現了門口有位天主教修女，裡面坐滿了人，大家正一起做禮拜。

根據這個夢，他畫了一張圖，十字架上面疊加著一顆心（圖50）。

經由這個夢，我們有了個漂亮的例證，說明了當心靈症狀的核
心原型意義被徹底看透以後，是可以獲得消解的。這個夢將血液情
結（心臟）等同於十字架上的基督。事實上，這個病人所害怕的是
基督之血。透過這些宗教的或原型的解讀之後，對血的恐懼不再非
理性，症狀也就消失了。它反而變成對聖祕的反應，對自性超個人
現實的一股神聖而敬畏的審慎。這不是精神官能症，應該說是對心
靈的宗教面向有了覺知。這個夢向作夢者傳達了以下事實：他的情
257 感與情緒上的緊張是某一種神聖，然後當他伴隨著恐懼與戰慄而接
近時，過去他經常的反應無論蔑視還是抗拒，都是相當不智的。或
者換一種說法，神經質的無意義之痛苦，轉化成為意識中有意義的

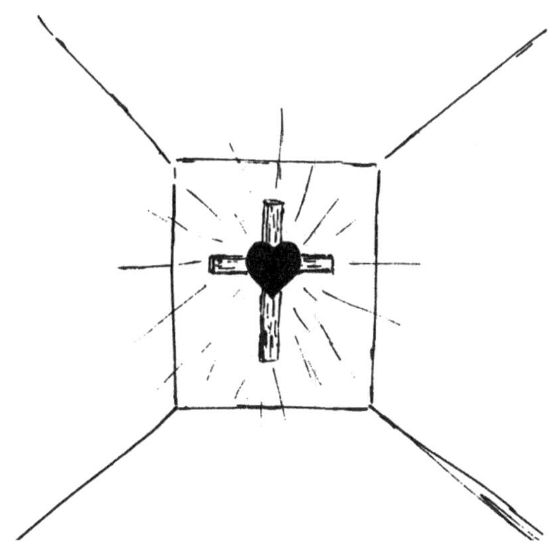

【圖 50】十字架上的心，病人畫作

痛苦：這是深層的、原型的生命歷程所必要的，也就是萃取基督之血。

以下這個夢是剛開始分析時所作的初始之夢，這位接受分析的人後來成為了心理治療師：在經過一些困難的努力後，他終於抓住了一條金色的魚。他的任務是萃取出這魚的血液，然後加熱，直到它成為永遠的液態。危險的是，這血可能在這過程中凝塊。他是在實驗室煮著這魚的血。一位老人，「傳統的代言人」，告訴他這根本沒有用，血液注定是會凝結的。然而，加熱的工作一直持續著，夢者知道這是會成功的。

魚有著雙重的象徵涵義。一方面，這是來自深處的冷血動物， 258
因此代表的是與龍相近的無意識本能。另一面，魚也是基督的象徵。這樣一來，魚既象徵著救贖者，也象徵著被救贖者。

從魚中萃取救贖之物，這樣的神話在外典《多俾亞傳》（*Book of Tobit*）[74] 裡也可以讀到。書中的故事說，多俾亞出發去迎娶已經結過七次婚的莎拉。以往的幾次，在新婚之夜，新郎總會被住在莎拉房中的惡魔所殺。在路上，多俾亞遇到了一條向著他跳出水面的大魚。他的嚮導拉斐爾告訴多俾亞要抓住這條大魚，取出它的心臟、肝臟、和膽。膽留下來另作他用，但心臟和肝臟都要在與莎拉的新婚之夜燃燒，來消滅殺死莎拉之前丈夫的惡魔。多俾亞成功了。他在與莎拉的婚姻中活了下來，並取回了莎拉父親欠自己的錢。

這個故事包含了一個重要的象徵，關於如何才能與無意識建立關係，卻不被它毀滅。結合（coniunctio）要成功就必須抓住那條魚，並萃取出精華，那種類似基督之血的救贖物質，這樣才能實現。簡單來說，這意味著無意識欲望的問題要加以掌握，這是結合所必要的前提。從基督教義剛開始的時候，基督和魚（ichthys，耶穌魚）[75] 同一化。這樣一來，魚的血也就是基督之血。進一步延伸，魚代表了整個基督伊雍，現在就要結束的雙魚時代。[76] 所以，從最普遍的意義來說，萃取魚血就是從整個基督世代中萃取出生命和意義。珍貴的心靈精華被從原來容納它的形式當中分離出來。而就像夢所指示的那樣，從舊形式到新形式的過渡是危險的。血有可能凝塊。換句話說，在將生命的宗教意義從傳統基督教的容器中分

74 譯註：《多俾亞傳》（*Book of Tobias*），或譯為《多比傳》，是天主教和東正教《舊約聖經》的一部分，但不被包括在新教的《舊約聖經》裡。在猶太的重要經典《塔木德》及其他拉比文獻裡，則是引用過幾次。

75 譯註：耶穌魚（ikhthýs）是基督宗教的一個代表符號，最早是基督徒為了躲避羅馬帝國宗教迫害而使用的暗號。在米蘭敕令的發佈而基督宗教得以合法化以後，這符號也因其歷史意義而成為基督宗教的代表符號之一。

76 原註：榮格：《伊雍》，C.W., Vol. 9ii, § 127f。

離出來的過程中，超個人的價值很可能會徹底遺失。或者，凝塊成固體的危險也許是表明著，新釋放出來的超個人能量也許尚未真正的成熟，於是無論是在理解上，還是在行動上，都因而固化在偏狹而不當的範疇之中。這方面的例子，可以從政治或社會領域的盲 259
從，或是各式各樣對個人的迷戀當中找到；這些容器過於狹小，無法容納超個人生命能量的體量與意義。然而，這個夢暗示了，轉化將會成功。

總結來說，基督之血代表了生命本身呈現在心靈層次之上最原始的力量，其中蘊藏著深邃不可知的可能性：可能是善，也可能是惡。作為自性與整體性的液態精華的象徵，其中包含了也調和了所有的對立面。如果它是未曾區分地混為一體的能量，來勢洶洶，有可能會摧毀整個僵化的或發展尚未完成的自我。另一方面，這是帶來滋養、支持、聯結、提升生命的能量，從心靈超個人中心流出來的，讓個人的心靈中心，也就是自我，在世間的存在得以維持、確認和正當化。這既然是水與火的結合，也就是這兩個面向的結合：撫慰、安定與保護，以及啟發、激動與鼓舞。這是不受時間限制的精華，可以為個人在世間短暫的一生帶來存在的意義。這是永恆之柱，當下此刻意識的存在所棲息的地方。不管是什麼時候，只要意識因為注入了有意義的意象、感受、或動能，因而從蒼白無力、一潭死水或沉鬱無底的狀態中釋放出來的時候，就可說是基督之血所代表的原型動力開始運作了。這樣的體驗肯定了「救贖力量」的真實存在，這正是基督之血最精髓的特質。

哲人之石 260

> 你要明白，智慧之子，這石宣告：保護我，我也將保護你；將我的給我，我也許可以幫你。
>
> ——《赫密士的黃金專論》（*The Golden Treatise of Hermes*）[1]

---

1 原註：阿特伍德（Atwood, M. A.），《赫密士哲學與煉金術》（*Hermetic Philosophy and Alchemy*），reprinted by Julian Press, New York, 1960, p. 128。

1. 介紹與文本

對於自性這個既豐富又複雜的象徵，我們從煉金術士對哲人石的看法中可以明白：哲人石是煉金歷程的終極目標。有些人也許會困惑煉金術士的想像對現代講求實證的心理學而言究竟有何功用，答案是，這些想像象徵性地表達了更深層次的無意識，提供了十分有價值的類比，來幫助我們理解現今在進行個人的深度分析時所浮現的那些意象。而煉金術士在心理學方面單純無知，反而毫不加以評判地讓這些象徵意象毫無扭曲地呈現出來。對此，榮格是這樣說的：

> （為了要理解某一象徵完整的範疇，）一切探索就必須回到人類歷史上象徵的形成還沒有任何阻礙的時代，也就是說，那時人們對意象的形成還沒有認識論相關的評斷，所以，這些意象內在的事實還不為人所知，也就只能完全用視覺的形式來表達。這樣的幾個時期，其中離我們最近的就是中世紀的自然哲學時期……這時期最重要的發展就是透過煉金術和赫密士哲學而得到的。[2]

榮格在《神祕結合》的最後總結中說：

> 261 煉金術……對我強大而無價幫助就是它所提供的材

2 原註：榮格，《煉金術研究》，C.W., Vol.13, § 353。

> 料，這使得我一切的體驗才能找到足夠的空間，因為如此我才有可能去描述個體化歷程最精華的一面。[3]

個體化歷程的目標，就是要讓自性得以和意識建立起關係。而煉金術的目標，最常拿來代表的就是哲人之石。這樣一來，哲人石就是自性的象徵。

對哲人石的本質及屬性各種片段的描述，分散在煉金術浩翰的文字作品當中。如果要對這意象的現象學進行全面性的研究，就需要進行這項浩大任務，將散逸四處的材料加以蒐集。然而在本章，我的目標要小得多；為了實現這一點，我十分幸運地找到了一篇文獻，其中對哲人之石有相當全面且細膩的描述。

我採用的這篇文獻是在一部英文版煉金術選集的諸多導論中發現的，是由埃利亞斯・阿什莫爾（Elias Ashmole）[4] 編輯，1962 年在倫敦出版。

3　原註：榮格，《神秘結合》，C.W., Vol.14, § 792。

4　譯註：埃利亞斯・阿什莫爾（Elias Ashmole, 1617-1692）是位英國古董商、政治家、武器官員、占星家和煉金術士。他在英國內戰期間支持保皇黨，於是查理二世復辟時，獲得了幾個有利可圖的職位。作為一個古董收藏家，他有著強烈的研究自然的培根主義傾向。他的圖書館反映了他的知識面向，包括英國歷史、法律、錢幣學、地方志、煉金術、占星術、天文學和植物學方面的著作。他一方面是實驗科學發展的關鍵機構皇家學會的創始研究員之一，但他的興趣是古代、神祕和科學的一切事物。他將大部分藏品、古圖書和無價的手稿捐贈給牛津大學，以創建阿什莫爾博物館。他的圖書三分之二現在在牛津大學圖書館在牛津大學。其餘則是在維多利亞時代博物館。1650 年代，阿什莫爾投入大量精力研究煉金術。1650 年，他以字謎化的筆名詹姆斯・哈索爾（James Hasolle）出版了《化學分 》（*Fasciculus Chemicus*）。這部作品是兩部拉丁煉金術作品的英譯本，其中一部是亞瑟・迪（Arthur Dee）的作品。1652 年，他出版了他最重要的煉金術著作《不列顛化學文獻匯編》（*Theatrum Chemicum Britannicum*），廣泛註釋的形而上英文詩歌的彙編。這本書保存並提供了許多以前只存在於私人手稿中的作品。他最後的煉金術出版物是 1658 年的《通往極樂之路》（*The Way to Bliss*）。他的作品對晚輩的自然哲學家，如牛頓（Isaac Newton）等人，有著深遠的影響。

這篇文獻的內容如下（改以現代的文體）：

（1）（哲人之石的礦物形式）有著一股力量，可以將一切不完滿的粗糲物質轉變為極高程度的完滿；也就是說，將最基礎的金屬轉變成完美的金與銀；將燧石轉變為各種珍貴的寶石（如紅寶石、藍寶石、綠寶石，以及鑽石等等）；以及更多其他同類性質的實驗。但這也僅是一小部分，如果知道哲人物質的福佑全部有多少的話，就知道這僅是最少份額。我承認黃金相當珍貴，相當光亮……；但是，就像煉金術士很少把黃金作為最主要的目的一樣，古時的哲人們極少會以此為目的，物質的製造對能人來說是最低下的技術。

（2）比起世俗的財富，他們更愛智慧，因而他們邁向更高超、更傑出的運作：而確定無疑的是，當大自然的天性全都向他敞開時，他的歡喜超越了可以製出金、銀或讓惡魔屈從的物件，就有如目睹天國開啟，看到了上帝的天使如何飛升和降臨，以及他自己的姓名如何完整地被寫進生命之書（the Book of Life）。

262 （3）接下來，是綠蔬之石（Vegetable Stone）[5]，魔法之石和天使之石（Angelical stone）；它們的成分中沒有任何礦物之石的部分……它們有著不可思議的精微妙處，各

5 譯註：Vegetable 一字不是單指蔬菜或植物，而是指最基本的生機。譬如植物人，醫學上稱為持續性植物狀態（Persistent vegetative state），是指大腦已經完全或大半失去功能，亦即已經失去意識，但仍舊有心跳，且通常猶有反射動作（意指腦幹依舊存活且能發揮功能）。但是中文上很難翻譯，所以暫時採取目前的「綠蔬之石」。

自的運作和天性都各不相同，因為它們是為幾個方面的影響與目的而調整和發酵的。毫無疑問，亞當（以及在洪水前和洪水後的先人們）、亞伯拉罕、摩西和所羅門是創造了許多奇蹟，然而，他們這些美德最極致之處卻從未被完全理解；事實上其他的也同樣沒有。除了上帝，這天國與塵世之萬物的創造者，永遠有這樣的福佑。

（4）因為，藉由綠蔬（之石），可以充分地了解人類、動物、禽類、魚類，以及各種樹木、植物、花卉等等的本性，以及怎樣孕育它們，並讓它們生長、繁盛和育果；要怎麼樣才能讓它們的顏色和香味更為濃烈，可以在我們喜歡的時間和地點去欣賞，而且並不僅僅只是一時……而是日日、月月、年年，任何時候，任何季節，即便是在深冬……。

（5）除了後來成為日性（solar quality）的陽剛（masculine）部分外，以及因為它的過度高熱會燒燼並毀滅所有生物、植物等等以外，月性（lunar）和陰柔（feminine）（如果即時施用的話）可以用極冷來緩和這種極熱的；同樣類似的方法，月性會讓所有動物等等，變得麻木遲鈍，或是凍在原地不得動彈，除非有太陽的熱量即時提供幫助，化解極寒；雖然這兩者都是出自同一種自然物質，然而在作用上，特性卻截然相反：因此它們之間存在天然的互補性，當一方無能為力，再加上另一方，兩者在一起就能夠有所作為而運轉良好。

（6）它們的外在美也不遜於內在品質；日性部分是

那麼的燦爛華麗、榮光閃耀，以至於人類的眼睛幾乎無法直視；而如果月性部分充分暴露於戶外的暗夜，鳥兒朝它奔去（而且在四周環繞飛行），一如飛蟲聚於燭旁，讓自己臣服而成為手中擒物……。

（7）藉由魔法之石或預言之石，可以找出世界上不管是任何地點的任何人，即便他們被掩藏的程度前所未有的隱密；大地上一切的房間、貯藏室、山洞，都會受到嚴密探查。簡而言之，這石頭明明白白地呈現一切，甚至讓你看到整個世界，因此而見到、聽到與看到你的欲望。還有，它讓人們理解所有生物的語言，如啾啾鳥鳴，野獸低吼等等。將靈性注入意象，藉由觀察天體運行的影響而完成，可以成為真實不虛的奇蹟，然而這卻不是屬於什麼降
263 神術或邪術之類；而是自在的，神奇的自在，自然而誠實的。

（8）最後，如果觸及天使之石，因為如此精緻細微，以至於既是無法看見，也無法感覺到或稱其重量；只能是靠品味而已。人的聲音（擁有部分的這些精微特質）也完全無法與之相比。而且，空氣本身並不是那麼有穿透力，更何況是（哦，神祕的奇蹟！）一枚「石」，一直放在火中直到永遠，也都不會有所耗損。它有著神聖的力量，是天上的和不可見的，是凌駕於其他所有之上的，是賜予擁有者的神聖禮物。它可承載天使的靈影（apparition），給予人們透過夢與神啟而與天使靈影對話的力量；任何邪靈都無法接近它的棲息之地。因為它是第

五元素的精髓，其中不含任何可朽之物，那裡的元素是不腐的，而惡是無以逗留或是隨身在側。

（9）鄧斯頓（S. Dunston）[6]稱它作天使的食物，其他人把它叫做天國聖餐；生命樹；毫無疑問，它是（僅次於上帝）真正的……歲月的給予者；因為它，人體得以不腐，沒有食物也可以過活很久：使用它的人是否會死亡也成為了一個問題。只要一想到擁有它的人是渴望長生的，我就一點也不欣賞那些世俗眼神所見到的榮光與永恆；而是寧願融解在其中，享受全部的果實，絕不是生活在他們所滿足的蒼白想像……。

（10）雷西斯（Racis）會告訴你，紅石（the red Stone）有預知的天賦；因此，（他這麼說）哲人預言了未來，而彼得魯斯．博努斯（Petrus Bonus）[7]斷言他們的預言不只是泛泛而談，還可特別所指；他們早就預知了基督重生、道成肉身、審判之日以及世界將毀於大火；所有這些都來自他們施術獲得的洞察。

---

6 譯註：聖鄧斯坦（St. Dunstan，約 909-988）在教會歷史上是英格蘭主教、坎特伯雷大主教，生於威塞克斯，在英格蘭復興了修道院並對教會進行了改革，服侍了多個英格蘭國王，擔任英格蘭國王和平者埃德加的顧問，深受埃德加信任。然而 5 月 19 日是聖鄧斯坦的傳統節日，他也被煉金術士視為他們的聖人。在魯道夫二世的宮廷中，赫密士主義者尊為煉金術的贊助人。他原本是來自格拉斯頓伯里的著名工匠和金匠。在阿瑟斯坦（Aethelstan）國王手下服務期間，被指控使用巫術和研究異教魔法，並且遭到迫害。後來他成為了修道士，最終成為坎特伯雷大主。聖鄧斯坦一生在十世紀，當時的英國是過渡時期：王權迅速易手，統治者從異教徒進行征服的維京人轉變為「英國人」和基督教徒。那是一個人和思想流動的時代。那時煉金術士熱伯特（後來成為教皇西爾維斯特二世）正在輔導未來的奧托二世。那是托萊多的黃金時代，修道院生活的復興，以及宣教的開始。

7 譯註：彼得魯斯．博努斯（Petrus Bonus），十四世紀煉金術大師。

（11）簡而言之，透過對哲人之原初物質（Prima Materia）真實而多樣的運用（因為他們的特質天賦各有所不同，但有共樣的靈性精神），嚴謹完美的博雅知識（liberal sciences）廣為人知，可以掌握自然的所有智慧；然而，（儘管已經說了以上這些，但我還是必須補充一點，）也許還有比這些更偉大的東西被隱藏著而不為人知，因為我們僅只看見了他作品的冰山一角。

（12）不過，只有少數人適合嫁接這科學的枝芽。這
264 些全是不可能溝通的奧祕，除了真正的能人，以及那些從
出生那一刻起就奉待在這聖壇之側。[8]

這份文獻的作者埃利亞斯・阿什莫爾（Elias Ashmole），並不是真的煉金術士，他是位知識廣博的學者，對煉金術與占星學有著特別的興趣，收集了大量與此有關的書籍與手稿。其中，有份有趣的資料講述了他和煉金術士威廉・巴克豪斯（William Backhouse）[9]之間的交往關係。巴克豪斯收留了阿什莫爾，阿什莫爾成為他靈性上的繼承者。「這是阿什莫爾生命中的代表性事件——讓他得以長期位居真正的哲人之列。」[10] 兩年後，似乎是在瀕死的床榻邊，巴克豪斯把更多的祕密告訴給阿什莫爾。阿什莫爾在日記中寫道：巴

8 原註：埃利亞斯・阿什莫爾（Ashmole，Elias）編輯，《不列顛煉金術文獻匯編》（*Theatrum Chemical Britannicum*），Reprinted of London Edition, Introduction by Allen G. Debus, Johnson Reprint corporation，New Yor and London, 1967。

9 譯註：威廉・巴克豪斯（William Backhouse, 1593-1662）是英國哲學家、煉金術士、占星家、翻譯家，也是埃利亞斯・阿什莫爾的神祕導師。

10 原註：同上，p. XXIX。

克豪斯「用簡潔的語言告訴了我哲人之石的真正關鍵，如同一份遺贈。」[11]

可以肯定的是，阿什莫爾對哲人之石的描述，綜合了大量他自己熟悉的煉金術文獻中的知識。他將四散各處的相關條目收集起來，用自己豐富的想像把它們集合組織成一套系統，並以自己優雅迷人的風格呈現了出來。

在阿什莫爾筆下，哲人之石好像是四種不同的石頭，他分別把它們叫作礦物之石、綠蔬之石、魔法之石以及天使之石。在我們的文獻裡，這四個範疇是出於行文的方便而把石頭的力量按功能劃分進了四種不同的模式，但不只這樣，這樣的劃分還另有深意。對煉金術，數字四至始至終都有重要作用。四被認為是物質秩序的基礎法則。在世界的起點，遠在造物之前，只存在著原初物質（prima materia），它無形（form）、無構（structure）、無質（specific content）。所有一切都還僅是潛在的可能，沒有實質。在四大元素被創造出來以後，土、氣、火和水從原初物質中被分離出來。這就好像四種元素交叉作用於原初物質之上，讓它有了秩序與結構，於是宇宙從混沌之中誕生了出來。

為了造出哲人之石，四元素必須在第五元素合體內再次統一。 265
原初物質原本圓滿而統一的狀態，在哲人之石的作用下，要在新的水平上重新建立。這些過程和心理發展有許多平行相似的地方，特別是，四是圓滿的象徵。哲人之石四位一體的本質立刻讓它和自性四重性的曼陀羅意象連結了起來，事實上，煉金術裡正是用曼陀羅

11 原註：同上，p. XXIX。

【圖 51】曼陀羅的終極目標，煉金術畫作

意象來描繪「石」的（圖 51）。心理學用語中，四通常是指四個心靈功能：思考、感覺、感官和直覺。然而，這個解讀肯定無法覆蓋四的所有含義。譬如，四元素肯定無法與四種功能相等同。更準確來說，似乎是四的結構模式可以在各種的脈絡中浮現，帶來了秩序和分化來加以體驗。無論如何，四一直都有完滿或是完成的含義。

雖然阿什莫爾談到了四種不同的「石」，但是他在討論了它們各種的不同作用之後，還是認為它們都來自單一的、統一的哲人之石。

2. 轉化與啟示

文本的第一段是這樣寫的：

> （1）（哲人之石的礦物形式）有著一股力量，可以將一切不完滿的粗糲物質轉變為極高程度的完滿；這也就是，將最基礎的金屬轉變成完美的金與銀；將燧石轉變為各種珍貴的寶石（如紅寶石、藍寶石、綠寶石，以及鑽石等等）；以及更多其他同類性質的實驗。但是這也僅是一部分，如果知道哲人物質的福佑全部有多少的話，就知道這僅是最少份額。我承認黃金相當珍貴，相當光亮……但是，就像煉金術士很少把黃金作為最主要的目的一樣，古時的哲人們極少會以此為目的，物質的製造對能人來說是最低下的技術。

依煉金術的觀點，地球上的金屬會經歷一個漸近而自然的生長
過程。像鉛這樣的基礎金屬，是金屬中不成熟的、早期的形式。他
們會非常緩慢地變得成熟，成為高貴金屬，金和銀。煉金術士認為
他們能夠藉由自己技藝（art）的程序來加速這個自然進程。這個 266
想法顯然是將心理成長的事實，也就是成長可以透過付出關注和在
心靈內容上的「工作」而得以加速的事實，投射到這些物質上。

人們認為金和銀是「貴」金屬，是因為它們不會腐化，不會生鏽或是被侵蝕。因此，它們擁有永恆不變而始終一致的特質。與這點類似的，是個體化過程中對自性的體驗，也是給自我傳遞了可靠

穩定性這樣的特質，讓自我不致於屈從於倒行的分解。自我的這些特質是來自於對心靈超個人的或「永恆」的面向持續增加的覺察，以及與之日漸密切的關係，而這是自性體驗的重要面向。

將不重要的物質轉變成黃金也有不好的一面，比如說，在米達斯王（King Midas）[12] 的傳奇裡，他希望凡手觸之處皆可成金，但是隨後他就痛苦地發現食物也沒法吃了。這個故事給了一個畫面，就是我們如果與哲人之石完全認同而同一，其實相當不利生活。人不可能只靠永恆真理活著，總還需要麵包，也就是說，需要屬於個人的，暫時的滿足。

這段文字告訴我們，哲人石將燧石轉變為珍稀寶石。珍貴的寶石代表著價值，這些物品因為美麗和寶貴而受到珍視。燧石是無趣而普通的東西，但非常堅硬。它們代表著生活平淡普通、就事論
267 事的那一面。如果從心理角度來理解，哲人石的能力指的是已經整合的人格，即便是在最普通的，甚至令人不快的事件，也可以看到其中的意義與價值。同樣地，個人的劣勢或「基礎」（base，也可譯成底層）的面向也被看作是有價值的。既然美是出於觀賞者的眼裡，感知態度的改變就會帶來轉化。

在這一點上，阿什莫爾覺得有必要告訴我們，黃金與珠寶的構成只佔哲人石力量極小的一部分。雖然我們從象徵層面來理解他的描述，但他是從字面來思考的。他就像是還在睡夢中的作夢者正講著他的夢，然而我們試著從清醒的意識，去理解他這個夢的含義。

---

12 譯註：米達斯（Midas）是希臘神話中的佛律癸亞國王，貪戀財富，求神賜給他點物成金的法術，戴奧尼索斯神滿足了他的願望。最後連他的愛女和食物也都因被他手指點到而變成金子。他無法生活，又向神祈禱，一切才恢復原狀。

我們向來被告知的煉造黃金，其實並不是古代哲人們的目的。這個說法，是回應煉金術著作中四處可見的觀點：「我們的黃金不是普通的黃金」，而是「哲人的黃金」。讓人困惑的是，作者說完這句話後，轉身繼續探討實驗室中的火焰、燒瓶，以及化學流程去了。關於這一點，唯一的解釋是煉金術士們自己也還困惑著。他們在化學流程中尋找「哲學的」或是精神的內容，而這原本就注定失敗。然而，在他們的失敗中，煉金術士給我們留下了有關象徵材料的豐富遺產，其中描述了個體化歷程的現象學。

如果我們好好去了解這些古代的哲人，哲人之石這一個名詞的含義就將所有的問題帶出來了。哲人（philosophers，亦譯成哲學家）是指愛上索菲亞（Sophia）[13] 或智慧的人。而石頭，是最具堅硬形式的物質之一，意味著堅硬、持久和固執的事實。所以，哲人之石象徵著智慧的具體化或是實際存在。在《曙光初現》（*Aurora Consurgens*）[14] 裡，智慧化為人身而成為智慧之神（Sapientia Dei），

---

13 譯註：索菲亞（Sophia），希臘語 Σοφία 是指「智慧」，是個重要的主題，這連同知識（gnosis），在異端學家歸類的許多早期基督教知識神學中，是指「知識」或「聲稱擁有更深智慧的人」。諾斯替主義是一個十七 世紀的術語，擴展了原來的定義，將其他神祕的宗教包括進來。在諾斯替主義中，索菲亞是一個女性形象，類似於人類靈魂，但同時也是上帝的女性方面之一。諾斯替教徒認為她是耶穌（即基督的新娘）的 syzygy（女性雙胞胎神聖永世）和三位一體的聖靈。她是最低的伊雍（Aeon），也可以說是上帝之光散發的人類表達。當創造或幫助創造這個物質世界時，她因此而失去了過去的榮耀。

14 原註：瑪麗－路薏絲．馮．法蘭茲（Marie-Louise von Franz）編，《曙光初現》（*Aurora Consurgens*），Bolligon Series 27, Princeton University Press, 1966。
譯註：《曙光初現》（*Aurora Consurgens*）是十五世紀的煉金術專著，因為豐富的圖畫說明而著名。雖然在上個世紀，有人認為它是十三世紀修士兼思想家托馬斯．阿奎那（Thomas Aquinas）這位的作品，但也有人認為這是偽作。支持者包括榮格的女弟子兼煉金術研究的合作者馮．法蘭茲，她的理由是：這書的作者對聖經和禮儀都瞭如指掌，很少引用經典的煉金術文本，沒有提到化學配方，也沒有提到技術說明，這表明作者是神職人員；他對窮人的讚美有道明會（Dominican）或方濟會典型的風格。《曙光初現》對伊本．烏梅爾（Ibn Umayl）作品《銀水》

就是專門等同於哲人之石的。然而，如果只從純精神的角度來理解，哲人石對哲人們的意義不僅僅是智慧而已，就好像哲人石的意義不僅僅是基督這人物的意義而已。榮格對哲人石與基督的關係所作的評論，在這裡是適切的，因為基督教義取代了柏拉圖派和斯多噶派哲學裡單面向的精神性：

> ……石的象徵，儘管類似於基督，但包含了一個元
> 268 素，不全然是服膺於基督教義的靈性假設的。石這個特有的觀念，指的就是這象徵的獨特本質。「石」是堅固而塵世的一切事物的本質。
>
> 它代表了陰柔的物質，這一觀念侵入了「靈性」及其象徵的領域……石不只是上帝道成而化成的肉身，它是觀念的具體化，是化為實體物質而深深沉入無機世界的茫茫黑暗，甚至從中昇起，從神性（Deity）的這部分，而神性是將自己擺在造物者的對立面……
>
> 我們因此也許可以認為煉金術所嘗試的是，透過將救贖的神聖劇碼落置於凡人自身，來完成與邪惡之間的象徵性整合。[15]

第二段繼續講到：

（*Silvery Waters*）拉丁文譯本的評論，其中也參照了《雅歌》。插圖是以人類或動物形式描繪的煉金術符號的表示。例如，水銀描繪成蛇，金描繪成太陽，銀描繪成月亮。這些插圖加入了一些最早的希臘煉金符號。馮．法蘭茲將各種版本總和重新編輯，也就是本書作者參考的版本。

15 原註：榮格，《神祕結合》，C.W., Vol.14, § 643。

（2）與世俗財富相比，他們更愛智慧，因而他們邁向更高超、更傑出的運作：確定無疑的是，當大自然的天性全都他敞開時，他的歡喜是超過了可以製出金銀或讓惡魔屈從的物件，相當於他目睹天國的開啟，看到了上帝的天使如何飛升和降臨，以及他自己的姓名完整地寫進了生命之書。

這段的口吻和《赫密士博物館》裡的這段是相似的：

如果要問我究竟真地擁有這貴重的珍寶，不管有無，兩者都不會讓我焦慮。而是寧可問，我是否看見了世界是如何創造出來的；我是否熟知埃及式黑暗的本質；什麼是彩虹出現的原因；常態狀況下在復活中出現的榮耀之體是甚麼的樣貌……[16]

這兩段的描述裡，都認為救贖的體驗是非常重要的。

我們的文本包含了三個聖經的參照。第一個是在《創世紀》第二十八章，關於雅各夢見「一把梯子立在地上，梯子的頭頂著天，有神的使者在梯子上，上去下來。」（RSV）

雅各的梯子象徵著早先討論過的自我－自性軸（圖板 5）。
飛升和降臨的天使對應的是煉金術裡的昇華（sublimatio）和固化 269

16 原註：韋特（A. E. Waite）譯《赫密士博物館》（*The Hermetic Museum*），LondonJohn M. Watkins, 1953, Vol. 1, p. 8。

（coagulatio）[17] 的步驟。昇華，在心理學上來說，指的是將具體的個人體驗提升到新的層次，一個抽象的或舉世皆然的層次。而固化，則是相反地，是將原形意象加以具體化或是個人的實現。至於飛升或降臨的天使變得可見，是意味著可以將個人的自我－世界和原型的心靈視為兩者之間是可以相互來回穿透的。布萊克將這樣的狀態表現在他的詩作裡：

> 一沙一世界，
> 一花一天堂。
> 無限掌中置，
> 剎那成永恆。[18]
> （〈一粒沙子〉，收於《天真的預言》*Auguries of Innocence*）

有趣的是，石頭和雅各的夢有關係。雅各以石為枕，夢後，他意識到這個地方「……正是上帝的房子，這是天國之門。」他於是立起石頭為柱。榮格認為這雅各之石標記了「上」、「下」兩者統一之所在，可以視為是等同於「哲人之石」。[19]

第二處參照到聖經的是《路加福音》第十章十九到二十節，耶穌對他的七十位傳信者說：「我已經給你們權柄可以踐踏蛇和蠍子，又勝過仇敵一切的能力，斷沒有什麼能害你們。然而不要因鬼

---

17 原註：榮格，《心理學與煉金術》，C.W., Vol.12, § 65f。

18 譯註：這一段譯文有多個版本，此為徐志摩先生的版本。

19 原註：榮格，《神秘 合》，C.W., Vol.14, § 568。

【圖板 5】雅各的梯子，威廉・布萊克繪

服了你們就歡喜，要因你們的名記錄在天上歡喜。」（RSV）第三處參照則是《啟示錄》二十章十五節所提到的「生命書」：「若有人名字沒記在生命書上，他就被扔在火湖裡。」（RSV）

在第六章，我們討論過在心理上，讓人的名字「寫在天國」或寫在「生命之書」上的含義。它是指意識到了某人的個體性（individuality）或個人的身分認同，是有超個人的先驗源起和存有的正當化。這樣的體驗有助於對現在流行說的「身分認同危機」作有關的終極解決。這也是面臨稍稍覺得疏離、無價值和自卑的解決之道。

這文本告訴我們，哲人之石有著啟示的功能。它打開了「自然的全部進程」，揭示了心靈裡個人與超個人（塵世與天國）的層面是彼此連結的，也讓每個人的自我有著「形而上」基礎這事變得顯
270 而易見，而有不容否定的權利來以全然獨特的狀態存在。這些效果相當於，在心理治療過程的夢或幻想中，浮現了與自性的象徵相會的情形。

舉例來說，一位有著疏離問題的女性，做了以下這樣的夢：

> 在夜晚，有個幼小孤兒被丟置在我門口的台階上。他似乎有條臍帶可以延伸到天國。當發現到了這一點，我感覺到全然的滿足。我明白了自己的人生目標了。

這延伸至天國的臍帶，顯然就自我－自性軸的意象。孤兒主題的出現等於是描述了哲人之石。榮格在他波林根的石屋外，在他雕刻出的石頭曼陀羅背後（圖 52），刻下了這些煉金術引言中與哲

271

【圖 52】波林根之石

人之石有關的文字：

我是一名孤兒，獨自一人；然而，我在每一個地方都可以找到，我是一，但與自己是對立的。我是年輕人，也是老者，兩者同時存於我一身。我既不知父也不知母，因為我像一條魚一般被從深處捕來的，或像白石一般從天國掉落。我在山林間四處漫遊，但我藏身於人類內在靈魂的最深處。對每個人，我都終將死去，然而我卻在萬古時光的循環之外。[20]

---

20 原註：榮格，《回憶・夢・省思》，亞菲（Jaffé）編輯，Pantheon Book, New York, 1963, p. 227。

再過來是文本的第三段：

> （3）接下來，是綠蔬之石，魔法之石，和天使之石；它們的成分沒任何礦物之石的部分……它們有著不可思議的精微妙處，各自的運作和天性都各不相同，因為它們是為幾個方面的影響與目的而調整和發酵的。毫無疑問，亞當（以及在洪水前和洪水後的先人們）、亞伯拉罕、摩西和所羅門創造了許多奇蹟，然而，他們這些美德最極致之處卻從未被完全理解；事實上其他的也同樣沒有。除了上帝，這天國與塵世之萬物的創造者，永遠有這樣的福佑。

這段的內容主要是說，亞當和其他遠古的大人物都是哲人之石的擁有者。這是煉金術文本很常見的看法，並且認為這是早期世代人們長壽的原因。在猶太－基督教的神話故事裡，早期的族長視為
272 是近乎半神的祖先。他們與存在的源頭直接接觸。上帝與他們交談（圖 52）分享祂的決斷。他們是永恆的原型人物，在天堂繼續生活著。如果說他們擁有了哲人石是不會錯的。在心理層面，和這點相當於在體驗到自性時，經常伴隨著先古的氣息。自性的現象學有一個特別之處，就是它基本上是沒有時間性的，是永恆的，因此有著先古的特質。這傳遞出了這樣的感覺，人們正參與在時代的歷程中，而這讓此時此地一切的起起伏伏都相對地微不足道了。

3. 富饒的原則

這文本繼續寫著：

> （4）因為，藉由綠蔬（之石），可以充分地了解人類、動物、禽類、魚類，以及各種樹木、植物、花卉等等的本性，以及怎樣孕育它們，並讓它們生長、繁盛和育果；要怎麼讓它們的顏色和香味更為濃烈，可以在我們喜歡的時間和地點去欣賞，而且並不僅僅只是一時……而是日日、月月、年年，任何時候，任何季節，即使是在深冬……。

這裡的石頭，描述的是生長和富饒的原則。石頭的這一面向，相當於耶穌所說的：「我來了，是要叫羊（或作「人」）得生命，並且得的更豐盛。」（《約翰福音》，10：10，RSV）這裡將基督清晰地等同於富饒原則，而這一點，可以在一則逃向埃及的偽經傳奇裡看到。在前往埃及的路上，約瑟和瑪麗和耶穌遇到了一位正在播種著小麥的農夫。還是嬰兒的耶穌，抓起了一把種子，灑在了路旁。這些種籽立刻開始生長，成熟，可以收割了。約瑟和家人藏到了高高的麥子裡，當時一群希律王的士兵在搜尋他們。「你見過一個帶著孩子的母親嗎？」一個士兵問。「有的，」農夫回答：「我在播種這些麥子時，有見過她。」「那一定是幾個月以前了。」希律王的士兵說，然後就離開了[21]（圖 53）。

21 原註：約瑟夫・蓋爾（Joseph Gaer），《新約全書的愛》（*The Love of New Testament*），New York,

【圖 53】小麥奇蹟般生長，收於《貝里公爵豪華日課經》（*Tres Riches Heures de Jean, Duc de Berry*）

歐西里斯（Osiris）[22] 也是生命與富饒的原則的化為。有段埃及棺木上的文本這樣寫著：

> 我是生命之株
>
> 來自歐西里斯，

Grosset and Dunlap, 1966, p. 626。

譯註：約瑟夫．蓋爾是位宗教作家，作品在六、七〇年代的信徒頗受歡迎。特別是這本《新約全書的愛》和另一本《舊約全書的愛》。書的內容主要有關聖經有關的，甚至之後的，大量而多樣的聖經民間傳說。這些傳說的內容豐富，數量龐大，幾乎是一般信徒所未知的。

22 譯註：歐西里斯（Osiris）是埃及神話中的冥王，九柱神之一，是古埃及最重要的神祇之一。他最後埋在阿拜多斯城成為那裡的守護神。奧西里斯是大地之神蓋布與天神努特的兒子。在埃及，歐西里斯是掌管陰間的神，也是生育之神和農業之神。他與妻子伊西斯生了荷魯斯，另外與奈芙蒂斯生了阿努比斯。

長於他的肋間，
讓生民得生， 273
使眾神聖顯，
予眾靈靈化……
賦眾生以活，
強眾生之骨。
我生如穀物，生命如萬生……
我是源自歐西里斯的生命。[23]

在古代，富饒原則需要許多的崇拜關係。性象徵在這些儀式中發揮很大的作用，因為性顯然就是生命的源頭，也是自然的超個人目的使人成為他們的工具的手段。子宮、乳房和陰莖成為生命原則本身適切的象徵，用以我們所引用文本的話來說，就是它帶了各種形式的生命，知道：「怎樣孕育它們，並讓它們生長、繁盛和育果。」

從心理層面來思考，這石可以提升成長的特質，指得是這個 274
事實：自性是心靈存在的來源和起源（fons et origo）。生命、成長和富饒都是力比多或心靈能量的表現。石的這個面向是和翠化（benedicta viriditas）的煉金術象徵有關，而翠化是受到福佑的綠色，是和代表著植被與聖靈精神的阿芙蘿黛蒂（Aphrodite）有關的。

石的富饒面向也經常在夢中呈現。譬如說，一位正經歷生命的

---

23 原註：朗德爾（Clark R. T. Rundle），《古埃及神話與象徵》（*Myth and Symbol in Ancient Egypt*），New York, Grove Press, 1960, p. 118。

過渡期，而且與超個人能量的關係捲入太深的年輕人，他夢見自己行走的草地隨著他的前進而越長越厚，越來越綠。另一個人夢見：

> 我看到一個男性，陰莖的長度不可思議。他還年輕，似乎是我的祖父。他的陰莖像是一根一節節連在一起的管子。為了能四處走走，他把陰莖一節節地卸下來，把它們裝在一個特製的盒子裡。

這個形象立刻讓人想到它和自性的類同之處：既年輕又年長，也就是說，超越了時間的範疇。哲人石通常是用這樣相互矛盾的語言來描述的。巨大的陰莖是指我們正在討論的創造或是富饒的原則（圖 54）。他的尺寸遠遠超過了人類的比例，意味著它原型或是超個人的本性。它建立在一小節一小節之上，有著人工或是建構出來的特質，這樣的事實讓我們想起復活的奧西里斯的陰莖。歐西里斯遭到肢解之後，原來的陰莖變成了碎片，再也無法找到。於是，伊西斯（Isis）用一根人造的木頭陰莖代替，騙過了荷魯斯（Horus）[24]。木頭陰莖的含義就是指這個詭異、非人的狀況。如

24　譯註：在埃及神話裡，歐西里斯、伊西斯、荷魯斯和賽特是埃及神話中最具影響力的神祇。歐西里斯教會人們種植莊稼、釀酒，深受人們愛戴。賽特很嫉妒自己的兄弟，於是密謀殺死他。他祕密為歐西里斯訂作了一副棺材，然後邀集親友舉行了一次宴會，並宣布，如果這副棺材適合誰，就把棺材送給他。有幾個人試了試，都不合適。於是賽特鼓勵他的兄弟來試一試。歐西里斯剛剛躺進棺材，賽特就猛然將棺材蓋關上，並加上封印。賽特和他的親信把棺材扔進了尼羅河，溺死了歐西里斯。伊西斯和她的姊妹奈芙蒂斯找回了歐西里斯，並藉助魔法力量將他復活。然而歐西里斯還沒有向賽特復仇，賽特就又一次殺死了他，並把他的屍體分割成十四塊（有的說十五塊），藏在大陸的各處。伊西斯與她的姐妹奈芙蒂斯找回了這些碎片（除了他的陽具，伊西斯給他做了一個木製的替代品），並把它們做成蠟像交給祭司們膜拜，命令阿努比斯和圖特把歐西里斯做成木乃伊（這就是第一個木乃伊），而後伊西斯使他復活。這一次，伊西斯把歐西里斯小心

此一來，它暗指了一種超出人類或自我可理解之外的超個人進程。這樣的象徵意象，所指的是心靈概念，而非具體的事實。

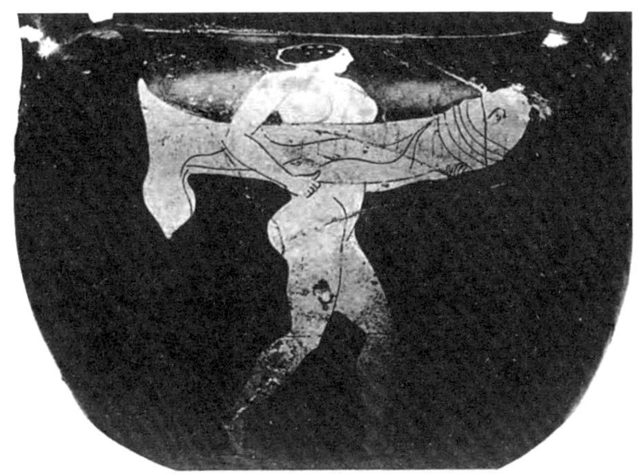

【圖 54】打穀場節的生殖象徵[25]，希臘花瓶局部

4. 對立面的統一

接下來的一段：

翼翼地藏了起來，直到自己懷孕。伊西斯的魔法並不能長久地維持歐西里斯的生命，因此歐西里斯又一次死去了。其他的神祇都決定讓歐西里斯來做陰間統治死者的王，但要先等到他的仇得到雪洗。歐西里斯和伊西斯的兒子荷魯斯自從生下來就尋求復仇的機會。他在尼羅河三角洲的溼地凱姆尼斯（Khemnis）上被祕密地撫養長大。荷魯斯長到足夠強壯時候，就馬上與賽特碰面，搏鬥起來。搏鬥漫長而又血腥，荷魯斯失去了一隻眼睛，而賽特失去了一顆睪丸。這場衝突是在其他神祇的面前進行的。他們最後對荷魯斯產生了好感，並把這國家的王位賜給他。賽特被判為有罪並被流放。在其他的傳說中，兩位神祇最後和解，並分別掌管上、下埃及。

25 譯註：打穀場節（Haloa 或 Alo）主要是厄琉西斯（Eleusis）慶祝節日，紀念狄蜜特（Demeter）這位大地果實的保護者，戴奧尼索斯這位葡萄和葡萄酒之神，以及波塞頓（Poseidon）這位海濱植物及海洋之神。在希臘語中，Haloa 一詞的意思是「打穀場」或「花園」。

> （5）除了後來成為日性的陽剛部分外，以及因為它
> 的過度高熱會燒燼並毀滅所有生物、植物等等以外，月性
> 和陰柔（如果即時施用的話）可以用極冷來緩和這種極熱
> 的：同樣類似的方法，月性特質會讓所有動物等等，變得
> 275 麻木遲鈍，或是凍在原地不得動彈，除非有太陽的熱量即
> 時提供幫助，化解極寒；雖然這兩者都出自同一種自然物
> 質，然而在作用上，特性卻截然相反：因此它們之間存在
> 天然的互補性，當一方無能為力，再加上另一方，兩者在
> 一起就能夠有所作為而運轉良好。

從這段文字我們得到的訊息是，哲人之石是兩個對立面的統一，一個熱烈、陽剛、日性；另一個寒冷、陰柔、月性。這就如榮格已相當完整地證明過的那樣，體驗到的自性或得以的象徵的自性，皆是對立面的合一。哲人之石經常被描述成陰陽（月性和日性）的結合（coniunctio of Sol and Luna）。許多煉金術圖畫都試著描繪出這種矛盾的情況。（圖 55 和 56）。

這段文本也描述了這些部分單獨運作時，所呈現的負面與危險特質。日性的部分與自己相遇時，因為過熱，也過於激烈而具有毀滅性。這讓人想起《丘比特與賽琪》[26] 裡，賽琪的第二項任務。維

26 譯註：艾瑞旭・諾伊曼（Erich Neumann）《愛神與賽姬：陰性心靈的發展》（*Amor and Psyche: The Psychic Development of the Feminine; a Commentary on the Tale by Apuleius*, 1956），中文譯者呂健忠，獨立作家出版社，2014 年台北出版。這故事出自 Apuleius 公元二世紀的拉丁小說《金驢》，是古典文學中最迷人的片段之一，諾伊曼選擇它作為女性心理學不同尋常研究的範例，揭示了異教徒敘事的精神和神話背景，展示了凡人女僕賽琪（Psyche）和偉大的女神阿芙蘿黛蒂之間爭奪愛神（Amor，即邱比特，阿芙蘿黛蒂的兒子，賽琪的丈夫）的競爭，藉此提出女性靈性生活令人驚訝和有價值的見解。

【圖 55】日一月雌雄同體人

【圖 56】日和月，硫與汞的合一

277 納斯命令賽琪去從一群特別的金綿羊身上取得一綹羊毛。在河邊生長的一枝友善的蘆葦給了賽琪一個建議：

> ……（不要）在這個時候接近這群可怕的綿羊。因為它們從烈焰燃燒的太陽那裡借來了暴烈，無法無天的狂野讓他們發狂，所以，他們用石頭一樣堅硬的雙角和前額，甚至有時候是有毒的撕咬，把自己的憤怒施於人，想要毀滅他們。但是……（當）正午太陽的熱度讓它的灼熱有所緩和，眾獸因河上的輕風懨懨欲睡，……而群羊的瘋狂逐漸和緩，不再那般憤怒的時候，去搖一搖那邊小樹林的葉子，你會發現四處粘著的羊毛，去折下一段小枝。[27]

諾伊曼評論說：「太陽四射的金色光芒，象徵了屬於原型的這股壓倒一切的男性－靈性力量，是陰柔的一切（自我）沒有能力去面對的。」[28] 諾曼伊從陰性心理的視角解讀了整個愛神與賽琪的神話，而的確，當女性面對毀滅性的單一面向之日性力量時，是極易受到傷害的。然而，這個問題也同樣適用於男性。

哲人之石單日性之面向部分的毀滅性，在心理的內在或外在的投射中都會遭遇到。外在，也許會體驗到了來自另一個人火爆情緒的灼燒。內在，也許會遇見來自無意識對憤怒的認同而合一，因此被怒火消耗殆盡。在任一情況下，都會有毀滅性的心靈影響，帶來

---

27 原註：諾伊曼（Neumann, Erich），《愛神與賽琪》（*Amor and Psyche*），Bolligon Series 54, Priceton University Press, p. 43f。

28 原註：同上，p. 99。

需要時間才能恢復的破壞。適度或緩和的日性力比多是創造性的、多產的、並能提升生命，但是單面向的過量，對心靈生命則有害。

這文本告訴了我們，當與哲人之石的月性部分單獨相遇時，也可能會有毀滅性的結果，因為它太冷而「僵住或是凍住」了。負向的陰性原則（feminine principle）這種僵住或是癱瘓不能動彈，經典的例證是蛇髮女妖美杜莎的神話故事。看她一眼就能將一個人變成石頭。在這一點上，男性的自我更為脆弱。舉例來說，我曾聽過一個年輕男性科學家的案例，他熱情地參與了一些重要的研究。有一天，他的母親來實驗室看他。他的母親四處轉了轉，然後就兒 278
子正在進行的研究發表了些輕蔑的評論。果然奏效了！這幾句話毀掉了這年輕人未來幾天的工作。他的力比多「僵住和凍住」了。他只有在這情境下怒火爆發，衝破進入了意識，才得以解脫；也就是說，只有哲人之石的日性部分才能消解月性部分單面向的影響。

月性特質裡凍結、僵化的效果，是陰性原則推動固化（coagulatio）這一能力的極端表現。靈性的特質諸多的意象和衝動，往往寧可在大地上毫無拘束地呼嘯而行，這是陰柔的愛洛斯原則的影響，這樣就可以與個人的、具體的現實有所關聯。如果自我和這樣的現實離開太遠，就會體驗到與女性特質的會合，因此麻痺而摔落地面。

所以，如果能認識到危險的月性力量和毀滅的日性力量，兩者的破壞力都是哲人石的其中面向，將非常有幫助。當一個人從任一力量的相會而產生的影響當中恢復過來的時候，對於自己的受苦正是來自這石自身這一事實，如果能繼續維持有關這點的方向感與洞察力，都會是十分有幫助的。任何一位尋索哲人之石的人，都會困於某一單面向的影響，而且一次又一次地重蹈覆轍。這一切發生的情況，構成了逐漸帶來轉化的煉金術操作。但這操作是作用在我們自身上。我們體驗了日性火焰的煅燒（calcinatio）或是月性力量令人麻痺的固化（coagulatio）。在這一切艱難之中，如果因此而知道它們只是更大、更有意義之過程的一部分，將會是有極大的幫助。

下面一段談的是哲人石的日性和月性這兩個部分的正向面：

> （6）它們的外在美也不遜於內在品質；日性部分是那麼的燦爛華麗，榮光閃耀，以至於人類的眼睛幾乎無法直視；而如果月性部分充分暴露於戶外的暗夜，鳥兒朝它奔去（而且在四周環繞飛行），一如飛蟲聚於燭旁，讓自己臣服而成為手中擒物……

陽剛而靈性之意識當中的日性原則，它的正向面向是來自它一直產生著光的這點。所有一切事物，在照光的強度下，變得清晰、閃亮和透明。對自性這一面向的體驗，可以帶來相當的靈啟體驗，
279 而且通常會伴以與光有關的象徵：明亮的照明、閃亮的容貌、聖人頭頂的光環等等。威廉·詹姆斯（William James）對於這如此頻繁出現在宗教改信的體驗中、他稱之為光幻覺（photism）的光現象，他作了一些評述。他引用了以下的案例：

> 突然之間，上帝的榮光以一種幾近不可思議的方式照耀與環繞著我……一道光完美得不可言喻，它照亮了我的靈魂，我幾乎拜伏在地……這道光似乎如太陽般明亮。

這光是如此明亮，幾乎不能直視……這時，透過這真實的體驗，我想我明白了，將保羅帶至大馬士革的那一道光。（圖 21）這樣的光我肯定無力承領太久。[29]

在分析的過程中，雖然不是這麼強烈，這樣的光芒有時候也會出現，而且和夢獨特的意象有所關連。我們可以在榮格《心理學與煉金術》第二部分發表的系列夢看到這類的意象，例如其中的第七個、第十九個和第二十個夢。伴隨著這些意象的體驗是覺察的擴展與理解的增加。這是與自性其中一面的相遇，因此讓人印象非常深刻。然而，因為只有其中一面有了聚合，圓滿整體的典型象徵並沒有清晰地陳述出來。

這段文本也談到了月性部分的正性面向。月亮在心理上的含義很難用語言恰當地傳達清楚。艾瑞旭・諾伊曼在他的論文〈論月亮與母權意識〉（On the Moon and Matriarchal Consciousness）有著相當卓越的表達[30]，這篇文章我向來大力推薦。在這篇文獻裡，他寫道：

意識的黑暗達到頂峰之際，是在月亮折射出清冷光輝的時刻，而非太陽照射出灼燃光線的時刻；在這黑暗的頂

29 原註：詹姆斯・威廉（James, William），《宗教經驗之種種》（*Varieties of Religious Experience*），New York, Modern Librsry, Random House, . 246f。

譯註：本書中譯本由蔡怡佳、劉宏信翻譯，台北，立緒出版社，2001 年。

30 原註：艾瑞旭・諾伊曼（Neumann, Erich），〈論月亮與母權意識〉（On the Moon and Matriarchal Consciousness），*Spring*, The Analytical Club of New York, 1954, p. 83。

譯註：本文後來收於他的專書《陰柔特質的恐懼》（*The Fear of the Feminine*），普林斯頓大學（1950s, 1994）；中文譯本《原型女性與母權意識》，胡清瑩譯，世界圖書出版公司，北京，2018 年。

峰，創造的歷程得以完成。這是夜，而不是白晝，才是繁衍的時間。這需要的是黑暗、安靜、私密、無聲、以及穩密。因此，在月亮才是生命與生長的主人，而對立面是致命的、吞噬的太陽。濕潤的夜間是睡眠的時間，也是療癒與恢復的時間……在夜間的黑暗或在月光下，無意識中再生的力量掌控著自己的任務，這是祕中之祕（mysterium in a mysterium），出自自身的，出自自然的，其間並沒有大腦—自我的任何輔助。[31]

280 這一段告訴我們，石的月性部分將在夜晚吸引來飛鳥，並讓它們自願接受囚禁。飛鳥指的是無法說出道理的直覺或是精神潛能，它就這樣經由存有的月性模式而引入了現實；諾曼伊十分清楚地講述了這一內容。這裡，也呈現了馴服野生動物的主題。和這相似的是獨角獸的故事，獨解獸只能在處女的膝上才能被馴服（圖 57）。在煉金術中，獨角獸象徵著水銀之王（Mercurius），那難以掌握、難以涵容而且無法言說解釋的心靈。在一篇文本裡，獨角獸變成了白鴿，白鴿是水銀之王的另一個象徵，也象徵著聖

281 靈。[32] 如此一來，馴服獨角獸的處女和石的月性部分是同義詞，正是哲人石讓飛鳥自願受到囚禁。這些意象是指的是由自性的月性或陰（Yin）的那一面所引發的態度，而這態度將野性的、自由的，但不受規範的衝動帶入關係，同時也讓其順從於人格超個人的完整。野性的意志往往認為有它自己就夠了，而這是對它的馴服。一

31 原註：同上，p. 91。

32 原註：榮格，《心理學與煉金術》，C.W., Vol.12, § 518。

【圖 57】馴服著獨角獸的處女，煉金術畫作

位女性很可能對於一位男子性而言擔任這項功能。伊斯特・哈丁（Esther Harding）[33] 形容這一位必須是象徵意義上的處女，也就是說，她要屬於她自己，是以獨立的陰柔存有在運作，不曾被陽剛態度所玷汙。

在煉金術中，處女懷裡的獨角獸很明顯和瑪麗懷裡的基督有關。[34] 這將邏各斯道成肉身的這整個想法，都賦予在這象徵作用裡。道成肉身是固化的面向之一。煉金術士們關心的是如何將那說不 楚的水銀精神加以固化、抓住或是是固定住。其中一種透過圖

33 原註：伊斯特・哈丁（Harding, M. Esther），《女性的奧祕》（*Woman's Mysteries*），New York, C. G. Jung Foudation, 1971, p. 103f。

34 原註：榮格，《心理學與煉金術》，C.W., Vol.12, § 519。

【圖 58】釘在十字架上的巨蛇，煉金術畫

畫來將這一切再現的方是，水銀蛇固定在一棵樹上，或是釘在十字架上，就像曾經對基督做的那樣（圖 58）。樹和十字架都是女性象徵，她們相當於處女膝懷和石的月性面向。這些意象不能輕率地就做詮釋，但它們肯定和心靈化為有形實體的實現有關，這實現了經由石的月性面向所帶出了有效的、獨特化的存在。

5. 無所不在

第七段話這樣繼續著：

> （7）藉由魔法之石或預言之石，可以找出世界上不
> 管是任何地點的任何人，即便掩藏的程度是前所未有的隱
> 密；大地上一切的房間、貯藏室、山洞，都會受到嚴加探
> 查。簡而言之，這石頭明明白白地呈現一切，甚至讓你看
> 到整個世界，因此而見到、聽到、與看見你的欲望。還
> 有，它讓人們理解生物的語言，如啾啾鳥鳴，野獸低吼等
> 等。將靈性注入意象，藉由觀察天體運行的影響而完成， 282
> 可以成為真實不虛的奇蹟，然而這不是什麼降神術或邪術
> 之類；而是自在的，神奇的自在，自然而誠實的。

何的一切，在石的面前，都是無以遁形。它是無處不在的
（圖59）。所以，石等於是上帝無所不見的眼睛。在《撒迦利亞
書》的第四個和第五個靈視神示裡，有一處和我們文獻有著有趣的
類似內容。撒迦利亞看到的第四個靈視是一塊有著七隻眼睛的石頭
（《撒迦利亞書》，3：9）。在第五個靈視裡，他看見了一座有 284
七盞燈的黃金燈座。（圖59）一位天使告訴他：「這些七是耶和
華的眼睛；他們的視野涵蓋整個世間。」（《撒迦利亞書》，4：
10，JB）榮格表示，某些煉金術士對這些片段的解讀，認為這指的
是哲人石。[35] 上帝的七隻眼睛對應著七大行星的天際，以及煉金術
裡的七種金屬。這些是轉化之梯的七個步驟。

上帝之眼在古埃及宗教裡是個重要的意象。在一處棺木銘文寫著：「我是荷魯斯（Horus）[36] 可以看到一切的眼，荷魯斯的樣貌能

---

35 原註：榮格，《心理學與煉金術》，C.W., Vol.12, § 519。

36 譯註：荷魯斯（Horus），是古埃及神話中法老的守護神，王權的象徵，同時也是復仇之神。他

283

【圖 59】石，無處不在，煉金術畫作

嚇退恐慌，嚇退殺戮女神（Lady of Slaughter），這位最令人驚懼的傢伙。」[37] 這段文字反映了自我在遇到了上帝之眼時常見的態度。這是令人焦慮的態度，人們會害怕他無意識中的罪會被人發現，而遭受審判。既然在哲人之石面前一切都無以循藏，那麼對任何一

的眼睛是太陽和月亮。當新月出現時，他就成了一個瞎子，稱作 Mekhenty-er-irty（意思是無目者）；而當他的視力恢復時，他又被稱作 Khenty-irty（意思是有目者），這一符號有豐富的內涵，其中包括「明鑒萬物之眼」與「全視之眼」的含義。

37 原註：克拉克（Clark），《神話與象徵》（*Myth and Symbol*），p. 221。

位想要迴避對自己的覺知的人而言，這石永遠是危險的威脅。[38] 這石能看見一切，這是因為它象徵著完全的、整合的人格，而沒有隱藏也沒有分裂的地方。也是因為同樣的原因，我們才得以理解了飛鳥和走獸，而牠們代表的是人類的直覺的和本能的智慧。上帝之眼的意象指的是無意識中存在著意識的統一源頭（靈視）這也許是暗指著共時性現象。形成環形的眼睛有是曼陀羅的特點之一，例如，榮格的波林根之石就是以有著瞳孔（pupillus）的人物（泰萊斯福魯斯〔Telesphorus〕）[39] 的眼睛形式。上帝的眼睛是以圖象化的方式表達了這一段話：「召喚也好不召喚也好，神都在這裡。」（Vocatus atque non vocatus deus aderit）（圖 60）。

最後的這段話還告訴我們，石頭能夠「將精神注入意象，藉由觀察天體運行的影響而完成，這成為真實不虛的奇蹟」。從心理來說，「將精神注入意象」，肯定是指在某些特別的幻想意象中，無意識表達模糊難分的情緒或情感的能力。這樣的發生，就是我們

---

38 原註：「神聖的智慧……是合一的，上帝從中永遠地看到了祂自己，祂自己即是合一。在愛之中，這來自上帝的光，這面鏡子被稱作上帝的智慧；但如果是盛怒之下，則是稱為看穿一切之眼（the all-seeing Eye）。」雅各．波墨《個人基督教，雅各布．波墨的學說》（*Personal Christianity, the Doctrines of Jacob Boehme*），弗蘭茲．哈特曼（Franz Hartmann）編輯，New York, Frederich Unger Publishing Co., p. 48。

譯註：雅各．波墨（Jakob Böhme, 1575-1624）德國哲學家，基督教神祕主義者，路德宗新教神學家。波墨對後來的德國唯心主義和德國浪漫主義產生深遠影響，黑格爾稱他為「第一個德國哲學家」。

39 譯註：在古希臘宗教中，泰萊斯福魯斯（Telesphorus）是一位兒童的醫神。他可能是醫神阿斯克勒庇俄斯（Asclepius）的兒子，經常陪伴他的妹妹健康女神海吉亞（Hygia）。他經常被描繪成一個矮人，頭上總是戴著兜帽或帽子。泰萊斯福魯斯被認為是凱爾特神的起源，是公元前三世紀由加拉太人帶到安納托利亞，在那裡和希臘醫學之神阿斯克勒庇俄斯（Asclepius）結合在一起，特別是由於羅馬帝國的崛起，在公元二世紀哈德良統治時期，再次傳播到西方。泰萊斯福魯斯成為保護孩子的治療神靈。

【圖 60】上帝之眼，十六世紀木刻版畫

285 在積極想像的過程當中所要尋找的。將正浮現中的無意識內容帶入意識，非物質（the immaterial）一定是包裹在物質（matter）之中的，脫離實體的，或好一點的話是尚未具體呈現的，這全都會經歷道成肉身的過程；其中的精神是可以經由可辯識的形式來理解，才能成為意識的內容。這是煉金術裡固化的操作。夢就是操作著這一功能，而積極想像以及其他有創造力的想像表達也是一樣。我們的這段文本表示，這是哲人之石的操作，才有了從精神到意象的轉化。這對應了過去古老的說法，所謂夢是來自於上帝的。換句話說，心靈製造意象的力量是來自於它的超個人中心，也就是自性，這絕非是自我的功能。

梅耶（C. A. Meier）報告過一個現代的夢，和我們文本的內容是相當一致的。這個夢是這樣的：

我正躺在躺椅上；右邊側身躺著，而離我頭部不遠的地方，有塊珍貴的石頭，也許是放在一個圈裡，這石頭有股力量，能將我想要見到的一切變得可以以活生生的形式見到……

梅耶對躺椅的聯想是傾倒或床，這是病人參觀阿斯克勒庇俄斯（Asclepius）神廟時，他當時希望可以接收到一個療癒之夢。他談起了象徵著自性的珍貴石頭，認為這「和預知未來時水晶球的功能一樣，也就是說，對無意識內容的視覺化，發揮了「延陀羅」（yantra，咒語）[40]的作用。[41]

我們的文本進一步說到了意象，當這意象如果與天體的影響 286
有所關聯，就成為神諭。天體，正如行星的因素，將指向超個人力量，即集體無意識的原型。這個觀點似乎是說，當一個人體驗到無意識在脈絡中意象創造的能力時，伴隨著對心靈原型層面的理解時，也就是打開了神諭的，即更廣闊的，自我得以超越的智慧之門。

接下來是第八段：

（8）最後，如果觸及天使之石，它如此細緻精微，

40 譯註：印度神秘主義有三個部分：梵咒（mantras）、延陀羅（yantras）和坦陀羅（tantras），它們是密不可分的。梵咒是神秘的聲音，延陀羅是從宇宙中獲取能量的神秘符號，坦陀羅是解決問題的神秘方法。延陀羅用點、線、圓圈、三角形、矩形等符號來吸引正能量。室利延陀羅（Sri Yantra）是所有延陀羅中最強大的，數學家們正在探索室利延陀羅所包含的秘密數學公式。

41 原註：梅耶（C. A. Meier），《古代的孕育及現代的心理治療》（*Ancient Incubation and Modern Psychotherapy*），Evenston, Northwestern University Press, 1967, p. 56。

以至於既是無法看見，也無法被感覺到或稱其重量；只能是靠品味而已。人的聲音（擁有部分的這些精微特質）也完全無法與之相比。而且，空氣本身並不是那麼有穿透力，更何況是（哦，神祕的奇蹟！）一枚「石」，一直放在火中直到永遠，也都不會有所損。它有著神聖的力量，是天上的和不可見的，是凌駕於其他所有之上，是賜予擁有者的神聖禮物。它可承載天使的靈影，給予人們透過夢與神啟而與天使靈影對話的力量；任何邪惡的精神都無法接近它的棲息之地。因為它是第五元素精髓，其中不含任何可朽之物，那裡的元素是不腐的，而惡無以逗留或是在側。

在這段中，我們再一次看到了哲人石似乎自相矛盾的本性。它是如此的渺小不可見、四處分散、且如此稀少，以至我們都無法見到它，而只能靠品味。另一方面，它是一塊石頭，如此的堅硬、無可變動，以至永恆之火都無法削弱或是折損它。這是這個石的主題，卻不是一路就是要回到希臘煉金術的那塊石。[42] 魯蘭德（Ruland）說：「非石之石是一種物質，它因其效力和品性而是聖彼得一般崇高的，而非因為物質。」[43]

哲人之石是心靈的中心和整體的象徵。因此，哲人石自相矛盾的本性，是對應著心靈自身的自相矛盾。我們是在談心靈現實，但

42 原註：貝洛特（Berthelot, M. P. E.），《古希臘煉金術集》（*Colleltion des Anciens Alchemistes Grees*），reprinted by Holland Press, London, 1963, 1, III. 1.。

43 原註：魯蘭德，《煉金術辭典》（*A Lexicon of Alchemy*），transl. by A. E. Waite, London, John M. Wakins, 1964, p. 189。

有多少人能用感知能力「品味」到它真實的存在呢。如果經常提到的「市井大眾」來讀這章的話，他會認為我所說的這些有一絲的真實嗎？也許不會。其中的大部分人在談他們得到神啟的心理時，並沒有意識到這是心靈現實。它被認為是行為，是神經的條件反射， 287
或是細胞化學，而心靈本身什麼都不是。用我們文來的話來說就是「既是無法看見，也無法感覺到或稱其重量。」對那些僅能從這些術語感知到現實的人來說，心靈是不存在的。只有那些因為自己心理的發展或自己的心理症狀所驅使，而體驗到了心靈現實的人才會知道，它雖然無以觸碰，但它「因效力而是聖彼得（petrine）般崇高的」[44]。對這個事實最最充分的理解，你可以帶來個體化歷程的美好果實。

這段文本還進一步告訴我們說，哲人石「承載著天使的靈影，給予人們透過夢與神啟而與天使靈影對話的力量。」這段話清楚地說明了前面提過的哲人石製造意象的能力。在和自性是接觸狀態時，會帶來對超個人意義的覺知，在這裡與天使的對話就象徵這一點。

這段最後結論說，沒有邪靈可以接近「石」，「因為它是第五元素精髓，其中不含任何可朽之物。」從心理上看，邪靈或惡魔是分裂出去的情結（split-off complex），有著自主的動力，可以佔據自我的。如果自我是比較潛抑的態度，不接受分裂出來的內容，不將這整合到人格而成為一體，它就會一直持續地存在著。如果對

44　譯註：聖彼得（Peter），十二門徒之首，福音書中對他的記載最多。他在耶穌復活又升天以後，成為門徒中的領導，是初代教會的核心人物之一。天主教會認為他建立了羅馬教會，是羅馬教會的第一任教宗。他和約翰以及主的兄弟雅各被稱為教會的三大柱石。而 pettrine 是以祂的名為形容詞。

自性有所覺知，對整體人格的需要有所覺知，這樣的情況就得以消除，這些自主的情結也就無法倖存了。第五元素精髓是四種元素合一而生的第五元素。它對應的是四種功能一視同仁的合一人格。任何單一的功能，如果沒有其他功能的修正或糾錯，就自行任性而為的話，這就會魔鬼一般的。正如榮格所說：「梅菲斯特[45]是每個心靈功能的惡魔面向，它從整體的心靈位階掙脫而出，現在享有著獨立而絕對的權力。」[46]就如同基督所做的那樣，這石丟出了惡魔，也就是，人格中試圖篡奪整體之權威權的那一部分。

6. 精神食糧與生命之樹

文本接著說：

> （9）鄧斯頓稱它作天使的食物，其他人把它叫做天國聖餐；生命樹；毫無疑問，它是（僅次於上帝）真正
> 288 的……歲月的給予者；因為它，人體得以不腐，沒有食物也可以過活很久：使用它的人是否會死亡也成為了一個問題。只要一想到擁有它的人是渴望長生的，我就一點也不欣賞那些世俗眼神所呈現的榮光與永恆；而是寧願融解在其中，享受全部的果實，絕不是生活在他們所滿足的蒼白

---

45 譯註：梅菲斯托費勒（Mephistopheles），簡稱梅菲斯特（Mephisto），可能的來源有兩種：一是源自古希伯萊文，原義為「破壞者」、「騙子」、「恨惡光者」；一是源自希臘文，義為「不愛光的人」。他也是十九世紀歌德作品《浮士德》的反派主角，玩世不恭，誘人墮落，卻又不失冷靜、深沈、恢諧和機智，是引誘人類墮落的惡魔。

46 原註：榮格，《心理學與煉金術》，C.W., Vol. 12, § 88。

想像……

這段提出了幾個需要仔細說明的觀點。石這裡稱作「天使的食物」。通常，人們認為天使是不需要食物的。然而，也許他們的情形類似於奧德修斯在冥界見到的那些亡靈。為了將這些亡靈帶回人世，奧德修斯不得不獻祭了兩只羊，放出它們的血，來吸引那些渴血的亡靈。[47] 這是一個有趣的意象，所表達的是無意識必須要有力比多進入才能激活。而天使也是一樣，他們需要哲人之石作為食物，才能在人們面前展現自己。食物是固化的象徵。所以，這裡的想法也許是要透過對自性的覺知，讓永恆的、天使的國度得以具體呈現，或是帶入暫時的存在。

「天使的食物」這說法，在聖經中也能找到參照。《智慧書》第十六章第二十節中，當提到天國降嗎哪給沙漠中的以色列人時，說：「相反地，你用天神之糧，養育了你的子民；他們不必操勞，你從天上給他們降下了現成的食糧，具有各種美味，適合各人的口味。」（JB）這裡的「天神之糧」對應著「天國的麵包」，以及在《約翰福音》第六章中，則是指耶穌：「我就是生命的糧，到我這裡來的、必定不餓，信我的、永遠不渴。」（《約翰福音》，6：35，RSV）天主教禮拜會參照這些內容指導聖餐，而這點引領我們進入石的下一個特點。

石也被稱為「天國聖餐」。聖餐是指教士為臨終者所提供的食物。這個詞原來是指旅行中所需要的錢與必需品。聖餐

47 原註：荷馬，《奧德賽》，Book XI。

（viaticum）詞源是「經過」（via），道路或是方法。臨終者的旅程是離開這個世界而進入天國。和這裡同樣提到的死亡，在以下這段是讓人頗受震動的，也就是關於阿什莫爾的困惑：為什麼每個擁有哲人之石的人，都是想要長生不死的。如此一來，這石是將人推進這世間的一種死亡，這也是所有投射的收回（a withdrawal of projections）。

289 將這石稱為聖餐，意味著這已經等同於神祕的彌撒體變（transubstantiation）裡的基督聖體了。梅爾基奧爾（Melchior）是十六世紀早期的煉金術士，對這兩者進行了清晰的對比。他用彌撒的形式來類比描述了煉金術的過程，煉金術士就類似彌撒中主持儀式的教士。[48] 除了梅爾基奧爾，榮格也提供了許多其他煉金術士傾向於將哲人石等同於基督的例子。[49] 在這裡，我們能看到早期對個體化原則的努力，主要是基於主觀體驗的優先性，將主流的集體宗教傳統的核心價值觀加以吸取並同化。今天，在分析心理學與宗教
290 之間，也存在著類似的情況。對於那些認為傳統的宗教形式不再有意義的人來說，分析心理學提供了一個新的脈絡，可以去理解這些超個人的象徵，而這脈絡是適用於許多現代意識裡最充分發展的領域。

這石也被稱為「生命樹」。這指的是伊甸園中第二棵的樹。亞當吃下了智慧樹上的善惡果，然後被迫離開了伊甸園，「現在恐怕他伸手又摘生命樹的果子吃、就永遠活著。」（《創世紀》，3：22，RSV）此後，這棵樹由智天使守護，一把燃燒的利劍讓所有一

48 原註：榮格，《心理學與煉金術》，C.W., Vol. 12, § 480。

49 原註：同上，p.447f。

切不得近身。所以，石指的就是，人類過去曾經接近，漸漸要進入了意識（對對立的覺知，關於善惡的知識），但現在仍隔離在意識之外。個體對自性的關係就是以這樣的方式演進的。在本書的第一部分，我們曾討論過：新生的自我是涵容在尚未意識到的自性狀態內部的，這樣原初的整體狀態，諾伊曼稱之為銜尾蛇。隨著自我意識的湧現，就開始了與無意識整體性的痛苦分離，以及與生命樹所象徵的這種與生命直接鏈接的痛苦分離。心靈發展的最終目標，就成為在意識層面重新發現當初失落的圓滿。

哲人石被描繪成一棵超凡之樹並不是很常見的（圖 61）。這樣一來，就和眾所皆知的世界之或宇宙之樹的象徵有所關連了。既然基督是第二個亞當，他的十字架也被認為是第二棵樹，生命之樹（圖 62）。一位煉金術士這樣描寫著哲人之石：

> 如果只談相似性，而不是質料，哲人們會將他們的材料比作有七根分枝的黃金樹，認為它的種子中包含著七種金屬，而且是藏身其中，因為如此他們才能將種子稱為活的事物。而且，即便是大自然最普通的樹，在自己所屬的季節也會讓潛藏的一切綻放，石裡的物質也可以在綻放之際呈現出最美麗的色彩。[50]

在現代人的夢境和畫作裡，都可以見到奇特的而印象深刻的 292
樹，榮格的論文〈哲學樹〉（The Philosophical Tree），舉了許多的

50 原註：榮格，〈哲學樹〉（The Philosophical Tree），出自《煉金術研究》，C.W.,Vol. 13,§ 380。

【圖 61】煉金術之樹

例子。[51] 一位病人在重大過渡階段（移情的解除）之際，夢見一棵巨大的樹撞擊地面，而倒下之際，病人聽到一聲極為尖銳、怪異的尖叫。這個夢和〈哲學樹〉裡上下顛倒之樹的文本相互比對，就顯

51 原註：同上，§ 304。

【圖 62】基督，生命之樹裡的拯救者

得非常有趣：「礦石的根基在空中，而峰頂卻在地面。當它們被連根拔起的時候，會聽到可怕的聲響，隨之而來是極端的恐懼。」[52] 哲人之樹可以像鳳凰一樣在死去後重生。所以，這夢說的是整個人格正經歷著發展性的轉化。

52 原註：同上，§ 410。

7. 萬裡挑一

文本接下來的一段是：

> （10）雷西斯會告訴你，紅石有預知的天賦；因此，（他這麼說）哲人預言了未來，而彼得魯斯・博努斯斷言他們的預言不只是泛泛而談，還可特別所指；他們早就預知了基督重生、道成肉身，審判之日，以及世界將毀大火的知識；所有這些都來自他們操作獲得的洞察。

哲人石有預言的能力，這意味著它和不受時間空間限制的超意識現實之間有所聯結。這對應了榮格稱之為共時性的現象。這會出現的方法之一就是，夢或是其他的心靈體驗，和未來的事件之間，出現了有意義的巧合。榮格在有關共時性的論文裡給出了大量的例子。[53] 這樣的體驗，最容易出現在心靈的原型層次激活了，對當事人有了靈啟的影響。這段文本特別提到，對基督重生、道成肉身、審判之日等等的事先預知。這些無疑是超個人的，甚至是宇宙的發生。這些似乎是說哲人石是可以傳遞一些知識，關於天地萬物本身
293 內在就有的超個人結構或是事物的秩序安排，這一切是在自我意識如何結構的原則之外的，也就是在時間、空間、因果關係之外的。

榮格談這一超個人秩序的安排原則，認為其有自給自足（self-subsistent）的意義，並報告了幾個明顯指出這點的夢，其中一個是

53 原註：榮格，《心靈的動力結構》（*The Structurf and Dynamics of the Psyche*），C.W., 8, §816f。

這樣的：

> 做夢的人在一大片荒山區域，他在那裡發現有連續的三疊紀岩石層。他鬆動這些石板，驚訝地發現石板上有淺浮雕的人頭。[54]

三疊紀所指的地質年代，大概是人類演化出現之前約兩億年的時候。所以這個夢，已經預言了人類的出現。也就是說，在世界的無機底層，人類的存在是預前就決定或內在必然的結果。

有位病人帶來了一個類似的夢：做夢者正探索著海底的洞穴，仔細查看潮浪打亮的各種迷人的石岩。更讓人特別吃驚的是，他看見了一尊造型完美的佛像，他知道這是由大海自然的力量獨自塑造的。這樣的夢表明了這一切先決的秩序、意義和意識本身，是與宇宙連成一體的。一旦掌握了這個想法，共時性現象也就不覺訝異了。當然，在這兩個夢，人類的模樣經由自然而印刻在石頭上，這是一定意義的。事實上，我認為這兩個夢指的就是哲人石，和文本裡告訴我們有預言力量的相同石頭。

> （11）簡而言之，透過對哲人原初物質真實而多樣的運用（因為他們的特質天賦各有所不同，但有相同的靈性精神），嚴謹完美的博雅知識廣為人知，自然的所有智慧可以加以掌握；然而，（儘管已經說了這些，但我還是必

54 原註：同上，§ 945。

> 須再加上一點，）也許還有比這些更偉大的東西是隱藏而不為人知，因為我們僅只看見了他作品的冰山一角。

在這文本裡，這裡第一次將原初物質視為哲人石的同義詞，而且是透過對這些變化而多樣的石頭的強調而指出來的。剛開始讀，以為終結是和開頭混淆在一起了。原初物質是最早的第一個物質，
294 必然是要經歷漫長的程序，最後才得以轉化為哲人之石，這個煉金術功業的目標。但這樣的模錂兩可，正是煉金術思想的特色，一如這一切也是無意識象徵的特色。

有關原初物質的描述，強調了它的無所不在和豐富多樣。

據說「有多少的物就有多少的名」，而榮格在他有關煉金術的講座上，對原初物質確實也提到了一〇六個名字，而且只是開個頭，離完整的名單還很遙遠的。儘管原初物質有各種形形色色的表現方式，但這些不同的來源卻堅持認為在本質上是個統一體。我們文本的論點也是一樣的：「他們特質天賦各有所不同，但有相同的靈性精神。」所以哲人之石到了歷程的最後，在統一體內有著豐富的多樣性，就像從一開始這些最初的一切是一樣的。不同的地方只是在於，這時已經成為哲人石，也就是具體的、不可摧毀的現實。也許，重要的是，煉金術歷程的起點，就是文本倒數第二段所描述的目標。這意味著這個循環已經完成，結束點就是永恆流轉（circulatio）新的開始，而石就像基督一樣，既是阿爾法（Alpha）也是歐米茄（Omega）。

在心理學的用語裡，統一和多樣的主題，涉及了個人人格裡互相衝突的碎片如何加以整合的問題。這是心理治療歷程的精髓之

所在。這一歷程的目標在於體驗到自己果真是合一的；而這同時，起作用的動力看來是來自一直先驗存在的統一體。我們的文本暗示著，當統一一旦達成，如果生命是繼續下去，就要再次將以打破，成為新的多樣性。用雪萊的說法：

「一」將長留，萬象會變化，會消逝；
天的明光永照，地的陰影將飛去；
生命像一座色彩斑斕的玻璃屋頂，
在白色的永恆光輝中散出斑斕……[55]

該文這樣總結：

（12）不過，只有少數人適合嫁接這科學的枝芽。這些全是不可能溝通的奧祕，除了真正的能人，以及那些從出生那一刻起就侍奉在這聖壇之側。

這一段的內容肯定了在我心中逐漸形成的觀察。在我的印象
裡，在個體化歷程中走得最遠的那些人，童年通常都有些意義非凡 295
且發生著決定性作用的無意識體驗。榮格童年的經歷就是一個絕好的例證。而經常出現的是：童年不當的環境，或是孩子本身的適應困難，或者是這兩者兼具，而產生了孤獨與不滿，這讓他不得已只

---

55 原註：雪萊（Shelley, P. B.），《阿多伊納斯》（*Adonais*），II, 460-463。
譯註：本譯文參考江楓所譯的《雪萊詩選》，湖南人民出版社，1987 年。最後一句由譯者根據上下文而修改。

能依靠自己。這相當於一股力比多注入了無意識，無意識因而受到活化，進而生產出象徵和價值－意象，來幫助這些孩子讓受到威脅的個別性得以穩固。在這樣的情況下，與孩子感受有關的祕密空間或是私密活動往往因而出現，是只屬於自己的，在面對明顯有害的環境時可以增強他們的價值感。這樣的體驗，雖然在意識層面是無法理解的，甚至被誤解、被認為不正常，但對個人的身分認同有著來自超個人源頭的支持因為這樣的經歷，而在自己存有的源頭播下了感恩與奉獻的種子，只然在相當長的時間以後，才會全然湧現在意識中，這時候才能夠收成。

這篇文本表示，只有一些人能掌握這一科學。對原型心靈的認識，的確也只有一些人能夠獲得。它來自於內在很難進行溝通的主觀體驗。然而，心靈的現實已經開始為自己尋找見證者了。哲人之石是這一現實的象徵。療癒的力量出現於環聚在這象徵周圍的意象之中。這是個體存有的源頭與完整性，強而有力的表達。在心理治療的歷程中，不管是什麼時候出現，就會產生具有建構和整合的影響。這是一顆具有偉大價值的明珠。

這一象徵的發展至少已經超過了十五個世紀。在這過程裡，有著無數受自己守護靈影響的人，全心全意地獻身其中，讓這一切一天一天慢慢豐富起來。他們大多都是一個人獨自工作著，純粹的個體，沒有任何機構支持的涵容。他們既會遭遇到來自外部的危險，也會有來自內部的危險。一方面有著貪婪的王室貴族和信奉異端邪說的捕獵者，另一面還會因為獨處而引發無意識的活化所帶來的危險。這段歷史本身就足以驗證「哲人石」（Lapis Philosophorum）的力量，這股力量讓許多才華洋溢之士投身為它服務。這是一個偉大的象徵，它終將得到現代世界的理解。

【圖 63】工作的結束

誌謝

這本書是十年思考和寫作的結果。第一部分開始是一篇小文，題目為〈自我－自性悖論〉（The Ego-Self Paradox），發表在《分析心理學期刊》（*The Journal of Analytical Psychology*）第五卷第一號，1960 年 1 月。這個文章後來加以擴展而作為一系列講座，在紐約（1962）和洛杉磯（1963）以及蒙特婁（1964）的分析心理學俱樂部（Analytical Psychology Clubs）進行。第四、五、六和八章最初出現在《春泉》（Spring）[1] 譯註），由紐約分析心理學俱樂部發表。我要感謝《春泉》的前任編輯珍．普拉特女士對這些章節的早期版本所做的編輯工作。第七章的原始版本是 1962 年 8 月，在蘇黎世的第二屆國際分析心理學大會上，作為論文發表。隨後收集在該大會的會議論文集上，題為《原型》，由阿道夫．古根布爾－克雷格（Adolf Guggenbühl-Craig）編輯，S. Karger 出版社於 1964 年出版。這文章同時也刊在《分析心理學》雜誌第九卷第二期，1964

---

1 譯註：《春泉：原型和文化期刊》Spring: A Journal of Archetype and Culture 是世界上最古老的榮格心理學期刊。每年出版兩次，每次都圍繞一個主題組織，並提供原型心理學、神話學和榮格心理學領域的文章和書評。《春泉》是 1941 年由紐約分析心理學俱樂部創辦，由珍．普拉特（Jane Pratt）編輯，直到 1969 年。1970 年，詹姆斯．希爾曼（James Hillman）成為其編輯，並將該雜誌及其出版物移至瑞士蘇黎世。後來希爾曼在 1978 年成為達拉斯大學研究所所長時，他將《春泉》轉移到德州達拉斯編輯，直到 1987 年。1988 年，《春泉》搬到了康涅狄格州。希爾曼於 1997 年退休，擔任該期刊的出版商和高級編輯。從 1997 年到 2003 年《春泉》由南西．凱特（Nancy Cater）和傑．利弗諾伊斯（Jay Livernois）負責。現在南西．凱特是《春泉》位於紐奧良的出版商和編輯。

年 7 月。第九章則是在榮格基金會（the C. G. Jung Foundation）在 1969 年贊助主辦的一次演講，第十章最初是給紐約分析心理學俱樂部的一次演講（1969）。

我要感謝 Doreen B. Lee 熟練地準備手稿，還要感謝 Rhoda Head 的編輯和榮格基金會的出版委員會。

我非常感謝允許使用來自以下來源的圖片：

- 孔蒂博物館（Musée Condé），位於尚蒂伊，圖版 1 和圖片 30 和 53。
- 馬德里普拉多博物館，圖版 2。
- 普林斯頓大學出版社的圖版 3，圖片 3、6、7、39、41、44、45、46、47、54、55、56、57、60 和 63。
- 布雷拉畫廊（Pinacoteca di Brera），米蘭，圖版 4。
- 倫敦大英博物館，圖版 5。
- 巴塞爾大學圖書館（Öffentliche Bibliothek der Universität Basel）提供卷首圖畫和護罩。
- 國家圖書出版社（National Press Books）和 Rhoda Kellogg 提供圖 1。
- 邁可・福德罕（Michael Fordham）提供圖 2。
- 佛羅倫斯卡爾米內聖母大殿（Church of the Carmine），攝影師 Alinari Fratelli，提供圖 4。
- 布魯塞爾美術博物館，圖 5。
- 紐約摩根圖書館（Pierpont Morgan Library）的圖片 9、22、

25、26、27、28 和 38。

- 波士頓美術博物館，圖 10。
- Dover 出版公司，紐約，圖片 11 和 24。
- 巴黎國家圖書館，圖 12。
- 圖 14 由紐約 Robert Lehman 之收藏友情提供。
- 羅馬國家攝影內閣（Cabinetto Fotografico Nazionale），圖片 15。
- Phaidon 出版公司，倫敦，圖片 17、18 和 40。
- 哲學圖書館出版社（Philosophical Library），圖 25。
- 巴塞爾美術館（Öffentliche Kunstsamtung），圖 29。
- 維也納藝術史博物館，圖 31。
- 企鵝圖書（Penguin Books），倫敦，圖 32。
- Roloff Beny 提供的攝影，圖 33。
- 倫敦國家美術館，圖 34。
- 佛羅倫薩烏菲茲美術館，圖 36。
- 柏林國家博物館群（Staatliche Museen），圖 37。
- 佩姬·古根漢基金會（Peggy Guggenheim Foundation），圖 43。
- 蘇格蘭聖安德魯斯大學化學系圖書館，圖 59。
- Robinson and Watkins 圖書公司，倫敦，圖 61。
- 巴伐利亞州立圖書館（Staats Bibliotheque），慕尼黑，圖 62。

我也很感謝以下這些單位，允許引用相關的內容：

- Abingdon 出版社 Roland H. Bainton 著《我站在這裡》（*Here I Stand*）。
- Academic 出版社，《不列顛煉金術劇院》（*Theatrum Chemicum Britannicum*）。
- Basic Books 出版社，紐約，1958 年，引用《存在：精神醫學和心理學的新維度》（*Existence: A New Dimension in Psychiatry and Psychology*）。
- Beacon 出版社，波士頓，《諾斯替宗教》（*The Gnostic Religion*），版權所有，1958 年，1963 年，漢斯・約納斯（Hans Jonas）（譯案：本書有香港漢語基督教文化研究所出版的繁體字中譯本，由張新樟翻譯，2003 年出版）。
- 教牧心理學公會（Guild of Pastoral Psychology），德里克・基欽（Derek Kitchin）演講，1954 年 4 月，第 80 號公會講座。
- 引自《艾略特詩集》（*Collected Poems by T. S. Eliot*）中的〈荒原〉（The Wasteland），1936 年，Harcourt Brace Jovanovich 出版社，版權所有，1963，1964，經出版商許可轉載。
- Harper and Row 出版社，紐約，德日進（Pierre Teilhard），《人的現象》（*The Phenomenon of Man*）。（譯案：本書有李弘祺翻譯，1983 年聯經出版社出版）
- 《分析心理學期刊》（*Journal of Analytical Psychology*），倫敦，諾伊曼（Erich Neumann）論文：〈分析心理學中發生面向的意義〉"The Significance of the Genetic Aspect for Analytical Psychology）。
- Methuen 出版公司，倫敦，貝恩斯（H. G. Baynes），《分析

心理學與英國人思維》（*Analytical Psychology and the Eenglish Mind*）。

- 西北大學出版社，埃文斯頓，Ill, 里夫卡・克盧格 (Rivkah Kluger)，《舊約中的撒旦》（*Satan in the Old Testament*）。
- 牛津大學出版公司，紐約，布拉德雷（F. H. Bradley）《外顯與事實》（*Appearance and Reality*）；吉爾伯特・蒙德，（Gilbert Murray），《希臘史詩的興起》（The Rise of the Greek Epic）；魯道夫・奧托（Rudolf Otto）《神聖的觀念》（The Idea of Holy）（譯註：本書有？翻譯，19？年？出版社出版）。
- 蘭登書屋（Random House），紐約，斯瓦米・帕若曼登達（Swami Paramandenda）《中國和印度的智慧》（*The Wisdom of China and India*）；南希・W. 羅斯（Nancy W. Ross）《禪的世界》（*The World of Zen*）；榮格《回憶、夢和反思》（*Memories, Dreams, Reflections*）。
- 西蒙與舒斯特公司（Simon & Schuster Inc.），紐約，金斯伯格（G. Ginsberg）《聖經故事》（*Legends of the Bible*）。
- 塔維斯托克出版有限公司（Tavistock Publications, Ltd.），倫敦，G.・阿德勒（G. Adler）編，《分析心理學當前趨勢》（*Current Trends in Analytical Psychology*）。
- 大學出版公司（University Books Inc.），海德公園，紐約，弗朗西斯・萊格（Francis Legge）《基督教的先驅與敵手》（*Forerunners and Rivals of Christianity*）；懷特編（A.E. Waite），《托馬斯・沃恩作品集》（*The Works of Thomas*

Vaughan）；

- 內布拉斯加州大學出版社（University of Nebraska Press），林肯，內布拉斯加州，約翰・奈哈特（John G. Neihardt）《黑麋鹿如是說》（*Black Elk Speaks*）。
- 維京出版公司（Viking Press Inc.），紐約，基恩・多瑪斯（Jean Doresse），《埃及諾斯替秘密書》（*The Secret Books of the Egyptian Gnostics*），1960 年 Hollis & Carter 有限公司版權。
- 約翰・M・沃特金斯（*John M. Watkins*），倫敦，G. R. S. 米德（G. R. S. Mead）《被遺忘之信仰的碎片》（*Fragments of a Faith Forgotten*）。

同時，我還要特別感謝普林斯頓大學出版社，感謝他們允許我引用榮格作品集原文，從格哈德・阿德勒（Gerhard Adler）的《活生生的象徵》（*The Living Symbol*），以及埃斯特・哈汀（M. Esther Harding）的《心靈能量：其源頭及轉化》（*Psychic Energy: Its Source and Its Transformation*），以及艾瑞旭・諾伊曼（Erich Neumann）的《大母神》（*The Great Mother*）和《意識的起源與歷史》（*The Origins and History of Consciousness*）中文字摘引。

愛德華・艾丁傑

索引

＊頁碼為本書原文書之頁碼，請參見頁面左右兩緣邊碼

A

B

C

D

E

K

L

M

N

O

P

Q

R

S

T

U

◆唐納·卡爾謝　Donald Kalsched

創傷的內在世界

【生命中難以承受的重，心靈如何回應】

譯者：彭玲嫻、康琇喬、連芯、魏宏晉

審閱：洪素珍　定價：600 元

卡爾謝翻轉心理界對創傷治療的觀點，主張造成解離、逃避的機制其實具有保護作用。他深信，榮格對受創心靈的內在世界的深刻見解，對當代心理分析格外重要。

創傷與靈魂

【深入內在神聖空間，啟動轉化歷程】

譯者：連芯、徐碧貞、楊菁薷

定價：880 元

卡爾謝提出的靈魂對創傷修復概念，不但融合了榮格強調內在的原型及神祕論，亦應用溫尼考特的母嬰關係，作者認為人心創傷必受到內外世界影響，而靈魂會於特殊時刻現身擁抱受創傷者。

◆莫瑞·史丹　Murray Stein

男人·英雄·智者

【男性自性追尋的五個階段】

譯者：王浩威　校閱：徐碧貞

定價：380 元

本書作者莫瑞·史丹將男人一生的心理發展歷程分為五分個階段，細緻動人的描寫，為身處父權崩解中的當代男性，提出如何立足、自處的重要啟示。

榮格心理分析的四大基石

【個體化、治療關係、夢與積極想像】

譯者：王浩威　校閱：徐碧貞

定價：380 元

是什麼讓榮格派的方法有其特殊性？作者以簡明文字說明四個基礎，分別是個體化歷程；治療關係，特別是移情和反移情的獨到觀點；夢的無意識訊息，以及積極想像帶來的轉化。

靈性之旅

【追尋失落的靈魂】

譯者：吳菲菲　定價：400 元

本書試圖為靈性需求找到合於當代情境的載具。作者認為，回歸宗教傳統或擁抱物質科學可能都行不通，而榮格心理學是新的可能性——「關注自性」，走上個體化歷程。

中年之旅

【自性的轉機】

譯者：魏宏晉

策劃、審閱：王浩威

定價：480 元

本書靈活運用兩部希臘神話故事來闡述中年之旅的三個轉化階段：分離、過渡、再整合。根據榮格的觀點，中年轉化是一趟追尋完整性的鍊金之旅。

英雄之旅

【個體化原則概論】

譯者：黃璧惠、魏宏晉等

審閱：黃璧惠　定價：480 元

個體化提供了一種可以理解並解釋個人與集體心靈改變的途徑，更建議了一種提昇並發展人類意識達到最大潛能的方法。

轉化之旅

【自性的追尋】

譯者：陳世勳、伍如婷等

策畫、審閱：王浩威

定價：480 元

榮格認為最有意義的轉化就發生在中年階段，這也是「自性」追尋的開端。個體意識可望全面開展的成熟能量，指引出一個人活出最深層渴望的自己。

PsychoAlchemy 041

自我與原型：深度剖析個體化與心靈的宗教功能

EGO AND ARCHETYPE: Individuation and the Religious Function of the Psyche

愛德華・艾丁傑 Edward F. Edinger—著　王浩威—審閱　王浩威、劉娜—譯

出版者—心靈工坊文化事業股份有限公司
發行人—王浩威　總編輯—徐嘉俊
執行編輯—趙士尊　特約編輯—王聰霖　封面設計—黃怡婷
內頁排版—龍虎電腦排版股份有限公司
通訊地址—10684 台北市大安區信義路四段 53 巷 8 號 2 樓
郵政劃撥—19546215　戶名—心靈工坊文化事業股份有限公司
電話—02）2702-9186　傳真—02）2702-9286
Email—service@psygarden.com.tw　網址—www.psygarden.com.tw

製版・印刷—彩峰造藝股份有限公司
總經銷—大和書報圖書股份有限公司
電話—02）8990-2588　傳真—02）2990-1658
通訊地址—248 新北市新莊區五工五路二號
初版一刷—2023 年 8 月　ISBN—978-986-357-321-0　定價—880 元

國家圖書館出版品預行編目(CIP)資料

自我與原型：深度剖析個體化與心靈的宗教功能／愛德華．艾丁傑（Edward F. Edinger）著；王浩威，劉娜譯．－－初版．－－臺北市：心靈工坊文化事業股份有限公司，2023.08

面；　公分. - -（PsychoAlchemy；41）

譯自：Ego and archetype : individuation and the religious function of the psyche

ISBN 978-986-357-321-0（平裝）

1.CST: 精神分析　2.CST: 自我心理學　3.CST: 宗教心理

175.7　　112012845

心靈工坊 PsyGarden 書香家族 讀 友 卡

感謝您購買心靈工坊的叢書，為了加強對您的服務，請您詳填本卡，
直接投入郵筒（免貼郵票）或傳眞，我們會珍視您的意見，
並提供您最新的活動訊息，共同以書會友，追求身心靈的創意與成長。

書系編號—PA 041　　書名—自我與原型：深度剖析個體化與心靈的宗教功能

姓名　　是否已加入書香家族？ □是 □現在加入

電話 (O)　　(H)　　手機

E-mail　　生日　　年　　月　　日

地址 □□□

服務機構　　職稱

您的性別—□1.女 □2.男 □3.其他

婚姻狀況—□1.未婚 □2.已婚 □3.離婚 □4.不婚 □5.同志 □6.喪偶 □7.分居

請問您如何得知這本書？

□1.書店 □2.報章雜誌 □3.廣播電視 □4.親友推介 □5.心靈工坊書訊 □6.廣告DM □7.心靈工坊網站 □8.其他網路媒體 □9.其他

您購買本書的方式？

□1.書店 □2.劃撥郵購 □3.團體訂購 □4.網路訂購 □5.其他

您對本書的意見？

□ 封面設計　1.須再改進 2.尚可 3.滿意 4.非常滿意
□ 版面編排　1.須再改進 2.尚可 3.滿意 4.非常滿意
□ 內容　1.須再改進 2.尚可 3.滿意 4.非常滿意
□ 文筆／翻譯　1.須再改進 2.尚可 3.滿意 4.非常滿意
□ 價格　1.須再改進 2.尚可 3.滿意 4.非常滿意

您對我們有何建議？

□本人同意＿＿＿＿＿＿（請簽名）提供（真實姓名/E-mail/地址/電話/年齡/等資料），以作為心靈工坊（聯絡/寄貨/加入會員/行銷/會員折扣/等之用，詳細內容請參閱http://shop.psygarden.com.tw/member_register.asp。

廣 告 回 信
台北郵政登記證
台北廣字第1143號
免 貼 郵 票

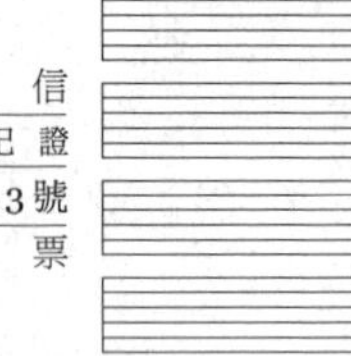

10684台北市信義路四段53巷8號2樓

讀者服務組 收

免 貼 郵 票

（對折線）

加入心靈工坊書香家族會員
共享知識的盛宴，成長的喜悅

請寄回這張回函卡（免貼郵票），
您就成爲心靈工坊的書香家族會員，您將可以——

⊙隨時收到新書出版和活動訊息

⊙獲得各項回饋和優惠方案